공무원 합격을 위한
영뽀 시리즈

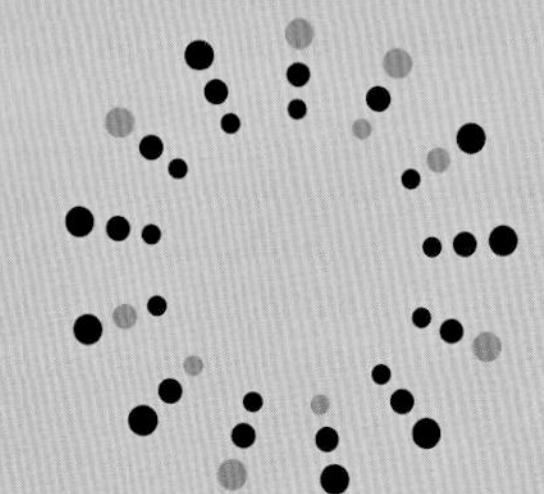

손태진
공무원 영어 뽀개기
문법

공무원 합격을 위한

영뽀 시리즈

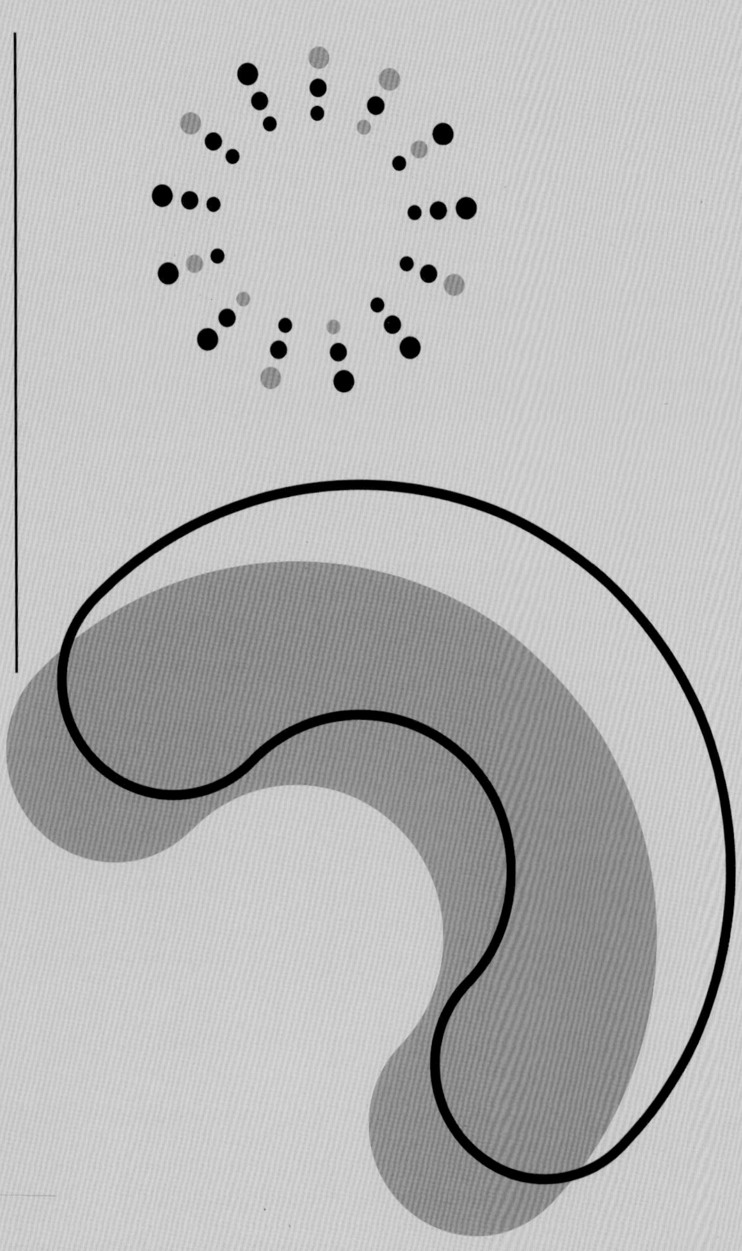

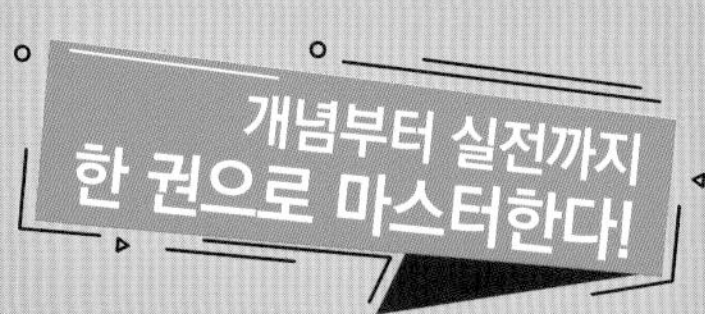

손태진 공무원 영어 뽀개기

문법

공무원 합격을 위한
영뽀 시리즈

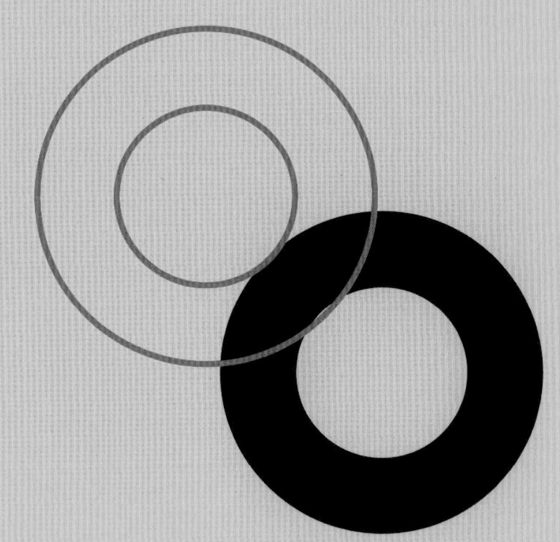

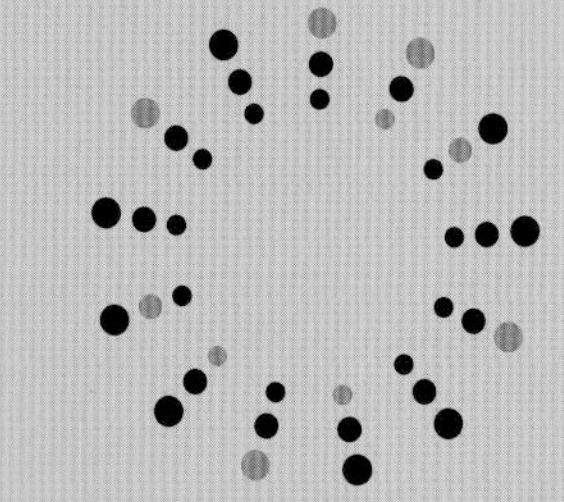

손태진
공무원 영어 뽀개기
문법

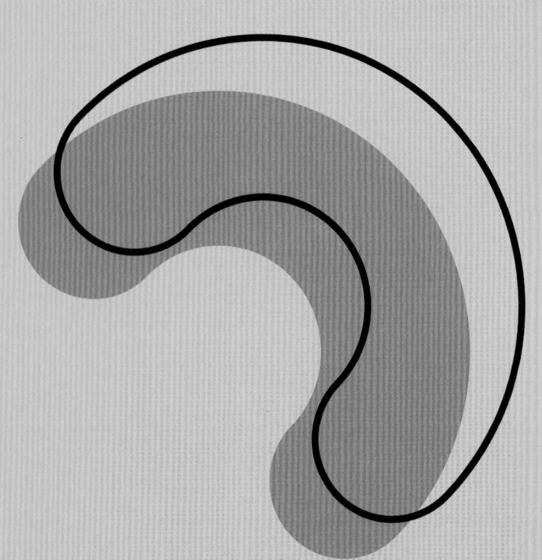

손태진

공무원 영어 뽀개기

문법

손태진
공무원 영어 뽀개기
문법

초판 인쇄일 2021년 5월 7일
초판 발행일 2021년 5월 14일
지은이 손태진
발행인 박정모
등록번호 제9-295호
발행처 도서출판 혜지원
주소 (10881) 경기도 파주시 회동길 445-4(문발동 638) 302호
전화 031)955-9221~5 팩스 031)955-9220
홈페이지 www.hyejiwon.co.kr

기획 김태호
진행 김태호, 박상호
디자인 김보리
영업마케팅 황대일, 서지영
ISBN 978-89-8379-737-7
정가 26,000원

개념부터 실전까지 한 권으로 마스터한다!

손태진 공무원 영어 뽀개기

손태진 지음

문법

혜지원

Preface
머리말

공무원 시험에서 누구에게나 가장 어렵고 부담스러운 과목이 영어입니다. 실제 응시자들의 60% 이상이 영어에서 과락(40점 이하)으로 떨어집니다. '영어만 되면 되는데'라는 한탄을 많이 듣습니다.

영어는 합격을 좌우하는 중요한 과목이지만, 출제 범위가 너무 광범위해서 체계적인 접근이 아니면 고득점을 받기 어려운 과목입니다. 반면 제대로 된 수험서와 제대로 된 강의를 만나서 처음부터 체계적으로 1년 정도 공부하면, 누구나 90점 이상의 고득점을 확실히 보장받을 수 있는 과목이기도 합니다. 영어 실력은 단기간에 형성이 되지 않지만, 또한 단기간에 실력이 줄어들지도 않습니다. 공무원을 처음 준비하는 수험생들은 처음에는 영어 공부에 다른 과목보다 2배 정도의 시간과 노력을 투자하는 게 좋습니다. 일단 영어를 잡고 가면 공무원 시험 자체가 훨씬 더 쉬워집니다.

이 책을 집필하는 과정에서 이미 시중에 나와 있는 많은 공무원 수험서보다 월등히 뛰어나지 않으면 책을 쓰지 않으리라는 각오로 준비했습니다. 이 책이 공무원을 준비하는 수험생들에게 합격으로 가는 확실한 길잡이가 될 수 있다는 자신감을 가지고 하나의 생명체를 잉태하듯이 세상에 내놓습니다.

이 책은 손태진 공무원 영어 뽀개기 시리즈 중 문법 책입니다. 공무원 시험을 처음 준비하는 수험생들에게 최적화된 수험서입니다. 대부분의 공무원 수험서들이 기출 문제를 먼저 다루어서 처음 입문하는 수험생들에게는 어려운 감이 있습니다. 이 책은 본문 중간중간에 개념을 확인하기 위해 '개념 완성' 문제를 넣어서, 중간중간에 학습한 개념이 맞는지를 확인할 수 있고, 각 챕터의 마지막에서는 실전 문제를 스스로 풀 수 있는 힘을 기르도록 설계되었습니다. 그리고 심화 문제를 통해 최근 기출문제뿐만 아니라 예상 문제 풀이를 동시에 할 수 있습니다.

끝으로 이 책이 나오는 데 많은 노력을 하신 도서출판 혜지원의 김태호 편집자님과, 파고다에서 영단기에 넘어올 때 길을 터주신 김석배 부대표님, 그리고 공단기 수업을 먼저 제안해 주신 김상호 본부장님, 사랑하는 아내 김은정과 올해 중학생이 된 우리 딸 손채연에게 감사의 마음을 전하고 싶습니다.

저는 요즘 수업이 없는 날이면 매일 집 근처 이기대공원의 갈맷길을 등산합니다. 산과 바다가 접하는 천혜의 해안 절경을 따라 걷다 보면 절벽 끝에 마치 신이 손으로 바위 2개를 포개어 놓은 것과 같은 '농바위'를 보게 됩니다. 원래는 해녀들이 특정 장소에서 만나자는 연락수단으로 이용했는데, 부처가 아기를 가슴에 안고 있는 듯한 모습으로 인해 배들의 무사안녕을 기원하는 돌부처상 바위라고도 합니다. 이 길을 지날 때면 누구나 가슴속에 소망 하나를 품게 되는데, 저는 매일 농바위를 지나면서 '우리 학생들이 꼭 한 번에 합격하게 해 주세요'라고 기원을 합니다. 여러분의 합격을 진심으로 기원합니다.

손태진

Guide
공무원 영어 문제 구성과 출제 경향

공무원 영어 문제 구성

영역		문항수	출제 비중
비독해	어휘, 표현	4	20%
	생활 영어	2	10%
	문법	4	20%
독해		10	50%
총계		20	100%

출제 경향

보통 생활 영어는 쉽게 출제되고, 문법은 중요 문법 포인트만 알면 그 안에서 다 나온다. 어휘와 독해에서 변별력을 주는데, 어휘 1문제, 독해 1문제가 상당히 어렵게 출제되고, 나머지는 체계적으로 준비하면 다 맞을 수 있도록 출제된다. 어휘와 독해는 절대 하루 아침에 실력을 쌓을 수 없다. 반면, 한 번 올려 놓은 실력이 쉽게 사라지지도 않는다. 따라서 평상시에 어휘와 독해 위주로 꾸준히 공부하는 것이 합격의 지름길이다.

Guide

책의 구성

책의 구성과 특징

모든 직렬의 공무원 시험에 완벽하게 대비할 수 있도록, 꼭 필요한 문법 내용을 선별하여 구성했다. 공무원 시험을 처음 준비하는 수험생들을 위해 각 중요 문법 포인트 바로 아래에 개념 완성을 할 수 있는 연습 문제로 최근의 출제 경향을 파악하고 배운 내용을 다시 확인하도록 설계하였다.
연습 문제-실전 문제-심화 문제 순서로 이어지면서 난이도가 조금씩 올라가도록 설계하여서, 자연스럽게 기출 문제를 풀 수 있도록 만들었으며 학습한 내용을 여러 번 확인해서 완전히 자신의 것으로 만들 수 있다.
특히 기초 영어 실력이 부족한 수험생들이 어려움 없이 공부할 수 있도록 만들었고, 어떤 문법 문제도 이 책 한 권으로 완벽한 대비가 되도록 만들었다.

구성은 다음과 같다.

구성

01 중요 개념과 중요 문법 포인트

02 개념 완성 연습 문제

03 실전 문제 - 괄호 안에 알맞은 것을 고르는 유형과 어법상 틀린 부분을 고치는 유형

04 심화 문제 - 영작형과 장문 문장형

Guide

공무원 영어 문법 공부 방법

공무원 영어 문법 공부 방법

정해진 틀에서만 나오고 모든 유형이 예상 가능하다. 이 책만 여러 번 학습해서 마스터하면, 100% 그 안에서 출제된다.

문법 문제는 문장형, 밑줄형, 영작형으로 출제되며 문장 구조를 분석할 수 있고 문법 포인트를 알고 있는지 묻는 문제가 출제된다. 책에 있는 21개의 챕터 안에서 100% 출제되므로 무조건 다 맞아야 하는 영역이다. 최근에는 문장 길이가 길어지고 한 문제에서 묻는 문법 요소가 다양해지고 있다. 문장의 기본 원리와 세부 문법을 체계적으로 정리하고 장문의 구문을 분석해서 문법적으로 옳은지의 여부를 판단하는 연습을 많이 해야 한다.

| 수록 문제 예시 |

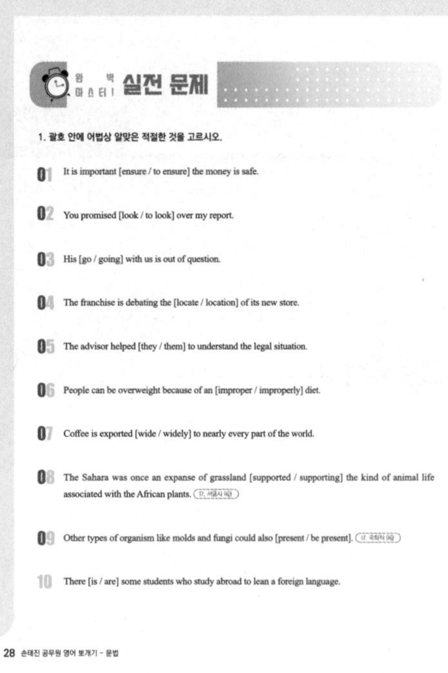

완벽 마스터! 실전 문제

1. 괄호 안에 어법상 알맞은 적절한 것을 고르시오.

01 It is important [ensure / to ensure] the money is safe.

02 You promised [look / to look] over my report.

03 His [go / going] with us is out of question.

04 The franchise is debating the [locate / location] of its new store.

05 The advisor helped [they / them] to understand the legal situation.

06 People can be overweight because of an [improper / improperly] diet.

07 Coffee is exported [wide / widely] to nearly every part of the world.

08 The Sahara was once an expanse of grassland [supported / supporting] the kind of animal life associated with the African plants. (17. 서울시 9급)

09 Other types of organism like molds and fungi could also [present / be present].

10 There [is / are] some students who study abroad to lean a foreign language.

28 손태진 공무원 영어 보개기 - 문법

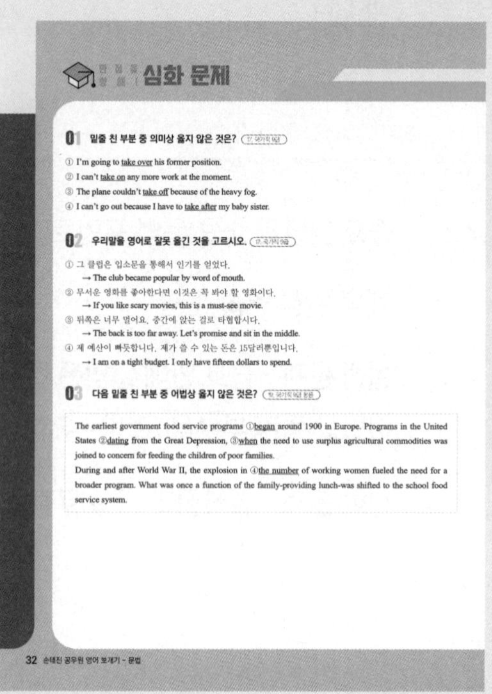

심화 문제

01 밑줄 친 부분 중 의미상 옳지 않은 것은? (17. 국가직 9급)

① I'm going to take over his former position.
② I can't take on any more work at the moment.
③ The plane couldn't take off because of the heavy fog.
④ I can't go out because I have to take after my baby sister.

02 우리말을 영어로 잘못 옮긴 것을 고르시오.

① 그 클럽은 입소문을 통해서 인기를 얻었다.
→ The club became popular by word of mouth.
② 무서운 영화를 좋아한다면 이것은 꼭 봐야 할 영화이다.
→ If you like scary movies, this is a must-see movie.
③ 뒤쪽은 너무 멀어요. 중간에 앉는 걸로 타협합시다.
→ The back is too far away. Let's promise and sit in the middle.
④ 제 예산이 빠듯합니다. 제가 쓸 수 있는 돈은 15달러뿐입니다.
→ I am on a tight budget. I only have fifteen dollars to spend.

03 다음 밑줄 친 부분 중 어법상 옳지 않은 것은?

The earliest government food service programs ①began around 1900 in Europe. Programs in the United States ②dating from the Great Depression, ③when the need to use surplus agricultural commodities was joined to concern for feeding the children of poor families.
During and after World War II, the explosion in ④the number of working women fueled the need for a broader program. What was once a function of the family-providing lunch-was shifted to the school food service system.

32 손태진 공무원 영어 보개기 - 문법

기출 문제와 풀이 방법

우리말을 영어로 가장 잘 옮긴 것을 고르시오. (21. 국가직 9급)

① 당신이 부자일지라도 당신은 진실한 친구들을 살 수는 없다.
→ Rich as if you may be, you can't buy sincere friends.

② 그것은 너무나 아름다운 유성 폭풍이어서 우리는 밤새 그것을 보았다.
→ It was such a beautiful meteor storm that we watched it all night.

③ 학위가 없는 것이 그녀의 성공을 방해했다.
→ Her lack of a degree kept her advancing.

④ 그는 사형이 폐지되어야 하는지 아닌지에 대한 에세이를 써야 한다.
→ He has to write an essay on if or not the death penalty should be abolished.

정답 ②

| 해설 |

② '매우(너무나) ~해서 ~하다'는 so that 구문으로 표현할 수 있다. 중간에 명사가 오는 경우 such를 사용할 수 있고, such가 사용되는 경우, 어순은 'such + a + 형용사 + 명사 + that'이므로 바르게 사용되었다.

| 오답 분석 |

① '형용사/부사/(무관사)명사 + as + 주어 + 동사'로 양보(비록 ~일지라도)를 표현할 수 있다. 이때 형용사를 사용할지 부사를 사용할지를 묻는 문제가 주로 출제되는데, 뒤에 나오는 동사가 be동사이면 형용사, 뒤에 나오는 동사가 일반동사이면 부사가 나온다. 그리고 접속사 as 대신에 as if나 as though 같은 것들이 주로 오답으로 제시되므로 주의해야 한다. 따라서 as if를 as로 고쳐야 한다.

② '~가 ~하는 것을 방해하다'는 'keep/hinder/deter + 사람 + from + Ring'로 표현할 수 있으므로 her 뒤에 from을 넣어야 한다. 항상 함정으로 from을 빼고 출제되거나 from Ring를 to R로 바꾸어서 출제되는 유형이다.

③ 전치사 on의 목적어로 명사절 접속사가 와야 한다. '~인지 아닌지'를 표현할 때 if나 whether를 사용할 수 있는데, if는 전치사 뒤에는 사용할 수 없으며, if or not과 같이 바로 뒤에 or not이 수반되는 경우에도 사용할 수 없다. 따라서 if를 whether로 고쳐야 한다.

Contents

Contents

학습 내용

❶ 8품사의 종류를 구분한다.

- 주요소 : 명사, 대명사, 동사
- 수식어 : 형용사, 부사
- 연결어 : 전치사, 접속사

❷ 8품사의 문장에서의 기능을 학습한다.

- 명사, 대명사 : 주어, 목적어, 보어
- 동사 : 동사
- 형용사 : 명사 수식, 불완전 동사의 보어
- 부사 : 동사, 형용사, 부사 등 수식
- 전치사 : 명사 연결
- 접속사 : 주어 + 동사 연결

❸ 문장의 4요소(주어, 동사, 목적어, 보어)와 문장의 구성 방식을 이해한다.

❹ 문장의 기본 구성과 문장의 확장을 공부한다.

❺ 끊어 읽는 방법을 익히고 연습한다.

품사, 구와 절

Chapter 01

품사, 구와 절

1 품사

1 품사란?

품사란 단어를 문장에서 사용되는 뜻과 역할에 따라 나눈 것이다. 명사, 대명사, 동사, 형용사, 부사, 전치사, 접속사, 감탄사와 같이 8가지 품사가 있다.

2 품사의 종류

1) 명사

의미 : 사람, 동물, 사물의 이름을 나타내는 품사이다(Seoul, Tom, Korea, book, cat, water 등).
기능 : 문장에서 주어, 목적어, 보어로 사용된다.

• The teacher likes novels. 그 선생님은 소설을 좋아한다.

2) 대명사

의미 : 명사를 대신하는 품사이다(I, you, he, she, they, it, this 등).
기능 : 문장에서 주어, 목적어, 보어로 사용된다.

• I met some of my friends, and they told me the truth. 나는 몇몇의 친구를 만났고, 그들은 사실을 말했다.

3) 동사

의미 : 사람, 동물, 사물의 동작이나 상태를 나타내는 품사이다(eat, study, read, run, like, have 등).
기능 : 주어의 동작이나 상태를 설명해 준다.

• Jim plays soccer on weekends. Jim은 주말에 축구를 한다.

• Laura is kind. Laura는 친절하다.

4) 형용사

의미 : 명사를 수식하거나 명사의 상태나 성질을 설명해 주는 품사이다(beautiful, good, new, happy, sad 등).
기능 : 명사를 수식하거나 보어로 사용된다.

• Laura is beautiful girl. Laura는 아름다운 소녀이다.

• She is kind. 그녀는 친절하다.

5) 부사

의미 : 동사, 형용사, 다른 부사, 또는 문장 전체를 수식하는 품사이다(very, slowly, always, easily, hard 등).
기능 : 수식어로 쓰인다.

• Steve works hard. Steve는 열심히 일한다.
• Laura is very kind. Laura는 매우 친절하다.
• Fortunately, I found the solution. 다행히, 나는 해결책을 찾았다.

6) 전치사

의미 : 명사 또는 대명사 앞에 놓여서 시간, 장소, 방향, 목적 등을 나타내는 품사이다(at, in, on, by, until 등).
기능 : 연결어로 쓰인다. 뒤에 나오는 명사나 명사상당어구(명사구, 대명사, 동명사, 명사절)를 연결하는 기능을 한다.

• I get up at 7:00 A.M. 나는 7시에 일어난다.
• I live in Busan. 나는 부산에 산다.

7) 접속사

의미 : 단어와 단어, 구와 구, 절과 절을 연결해 주는 품사이다(and, but, or, when, because, although 등).
기능 : 연결어로 쓰인다. 뒤에 나오는 '주어 + 동사' 형태인 절을 연결하는 기능을 한다.

• Please call me before you leave. 떠나기 전에 전화 주세요.

8) 감탄사

의미 : 기쁨, 놀람, 슬픔 등의 여러 가지 감정을 나타내는 품사이다(Oh, Oops, Bravo 등).

• Oops! I almost spilled the coffee. 이크, 하마터면 커피를 쏟을 뻔했네.

연습 문제

Q1 밑줄 친 단어의 품사를 쓰시오.

1. I'd like to <u>delay</u> the <u>delivery</u> of the copy machine.

2. Short-term rates have fallen <u>recently</u>, but long-term rates remain <u>high</u>.

3. The workers received a 10 percent <u>increase</u> in wages as an incentive to <u>increase</u> production.

4. The value of dollar rose yesterday <u>against</u> the yen <u>after</u> conflict in the Middle East died down.

정답 및 해설

Q1

1. delay : 동사 / delivery : 명사

해석 나는 복사기의 배송을 늦추기를 원한다.

해설 to delay는 to 뒤에 동사원형이 온 구조이다. 그리고 delivery는 delay의 목적어 자리에 사용된 명사이다.

2. recently : 부사 / high : 형용사

해석 단기 이자율은 최근에 하락했지만, 장기 이자율은 높다.

해설 recently는 have fallen이라는 동사를 수식하는 부사이고, high은 remain이라는 불완전 자동사의 보어이다.

3. 앞의 increase : 명사 / 뒤의 increase : 동사

해석 직원들은 생산을 증대시키기 위한 인센티브로 10% 임금 인상을 받았다.

해설 increase는 동사와 명사가 다 가능한 단어이므로, 위치에 따라서 품사를 결정한다. a 10 percent increase in에서는 앞에 부정관사가 있고, 뒤에 전치사 in이 수반되므로 명사이다. 반면 to increase production에서는 to 뒤에 동사원형이 사용된 형태로, 동사이다.

4. against : 전치사 / after : 접속사

해석 중동에서의 갈등이 잦아들고 나서 어제 엔화 대비 달러의 가치는 증가했다.

해설 against는 뒤에 나오는 명사 the yen을 연결해 주는 전치사이다. after는 전치사도 되고 접속사도 되는데, 어떤 경우가 전치사이고 어떤 경우가 접속사인지는 뒤에 나오는 성분에 의해서 결정된다. 뒤에 명사구가 나오면 전치사이고 뒤에 '주어 + 동사' 형태의 절이 나오면 접속사이다. 뒤에 나온 성분을 보면 conflict가 주어, died down이 동사이므로 이 문장에서 after는 접속사로 사용된 것이다.

2 구와 절

1 구란?

2개 이상의 단어가 모여 문장의 일부로 사용되지만, '주어 + 동사'를 포함하지 않는 것이다. 한 마디로 여러 개의 단어가 모인 덩어리 표현이라고 보면 된다. 구의 종류에는 명사구, 형용사구, 부사구가 있다.

① 명사구

• To get up early in the morning. 아침에 일찍 일어나는 것

② 형용사구

• the book on the desk. 책상 위에 있는 책

③ 부사구

• Steve sleeps on the bed. Steve는 침대에서 잔다.

2 절이란?

2개 이상의 단어가 모여 문장의 일부로 사용되며 '주어 + 동사'를 포함하는 것이다. 구와의 차이는 둘 다 두 단어 이상으로 구성되지만, 절은 '주어 + 동사'라는 문장 형식을 갖춘다는 점이다. 절의 종류에는 명사절, 형용사절, 부사절이 있다.

① 명사절

• What you said is not true. 당신이 말한 것은 사실이 아니다.
명사절 접속사 + 주어 + 동사

② 형용사절

• I like the girl who lives next door. 나는 옆집에 사는 소녀를 좋아한다.
관계대명사 + 동사 + 부사

③ 부사절

• I will lend you some money if you pay me back tomorrow. 만약 내일까지 갚아 주시면, 약간의 돈을 빌려 드릴게요.
부사절 접속사 + 주어 + 동사 + 목적어 + 부사

개·념·완·성 연습 문제

Q1 밑줄 친 부분이 구인지 절인지 쓰시오.

1. Steve lives in a city.

2. Steve lives in a city, and his daughter lives in the countryside.

3. I know the man in the picture.

4. I know that he is from China.

5. Lauren eats lunch after school.

6. Lauren eats lunch after school is over.

7. The expansion of the branch opened last year.

8. The expansion of the branch opened last year was postponed.

9. The letter received this morning.

10. The letter received this morning was returned.

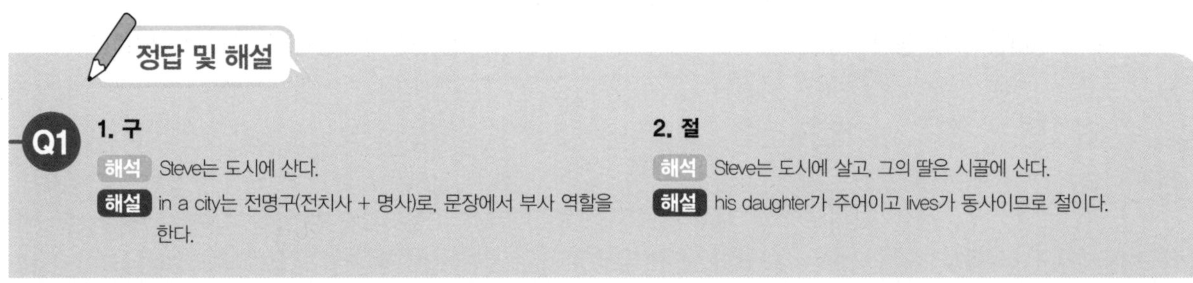

정답 및 해설

Q1

1. 구

해석 Steve는 도시에 산다.

해설 in a city는 전명구(전치사 + 명사)로, 문장에서 부사 역할을 한다.

2. 절

해석 Steve는 도시에 살고, 그의 딸은 시골에 산다.

해설 his daughter가 주어이고 lives가 동사이므로 절이다.

3. 구

해석 나는 사진에 있는 남자를 안다.

해설 in the picture는 전명구로, 앞에 있는 명사를 수식하는 형용사 기능을 한다.

4. 절

해석 나는 그가 중국 출신이라는 것을 안다.

해설 he가 주어, is가 동사인 절이다. that 이하는 know라는 동사의 목적어 자리에 사용된 명사절이다.

5. 구

해석 Lauren은 방과 후에 점심을 먹는다.

해설 after lunch에서 after는 명사 앞에서 사용되고 있으므로 전치사이다.

6. 절

해석 Lauren은 학교가 끝나고 나서 점심을 먹는다.

해설 after school is over에서의 after는 뒤에 '주어 + 동사' 형태의 문장이 수반되므로 접속사이다.

7. 구

해석 작년에 오픈한 지점의 확장

해설 여기에서의 opened는 동사가 아니라 과거분사이다. 과거동사와 과거분사가 같은 모양의 단어들이 많이 있는데, 이런 경우에는 뒤에 목적어가 수반되면 과거동사이고, 목적어가 없으면 과거분사이다. 이 문장의 경우 last year는 부사로, 뒤에 목적어가 없는 구조이다. 따라서 과거분사이다. 제시된 예문은 절이 아닌 구이다.

8. 절

해석 작년에 오픈한 지점의 확장은 연기되었다.

해설 expansion이 주어이고 was postponed가 동사이므로 절이다.

9. 구

해석 오늘 아침에 받은 편지

해설 received는 타동사이므로 동사로 사용될 때는 뒤에 목적어가 수반되어야 한다. 뒤에 목적어가 없으므로 과거동사가 아닌 과거분사이다. 따라서 절이 아닌 구이다.

10. 절

해석 오늘 아침에 받은 편지가 돌려 보내졌다.

해설 the letter가 주어이고 was returned가 동사이므로 절의 구조이다.

3 문장의 구성

1 문장의 4요소

영어 문장은 4가지 주요소(뼈대)로 구성된다. 나머지는 이러한 주요소를 수식하는 수식어(형용사와 부사)와 연결어(전치사와 접속사)이다. 문장의 형식을 따지고 구조를 분석할 때는 이러한 주요소만을 고려하여 한다.

① 주어(Subject) : 동작이나 상태의 주체가 되는 요소이다.

② 동사(Verb) : 주어의 동작이나 상태를 설명해 주는 요소이다.

③ 목적어(Object) : 주어가 어떤 동작을 할 때, 그 동작의 대상이 되는 요소이다.

④ 보어(Complement) : 동사가 불완전할 때 주어나 목적어의 보충 설명(형용사 / 명사)을 해 주는 요소이다.

개·념·완·성 연습 문제

Q1 문장에서 주어(S)와 동사(V)를 표시하시오.

1. There is a sales tax on all items.

2. The attraction of New York draw the attention of many visitors.

3. Ryan indicates that there are certainly more women than men who prefer clothes for style than the comfort.

Q2 밑줄 친 부분이 목적어(O)인지 보어(C)인지 쓰시오.

1. I agree that we need new filing cabinets.

2. Previous work experience will be an advantage for applicants.

3. The important thing is to include your phone number.

4. The new investments are profitable.

정답 및 해설

Q1

1. There is (V) a sales tax (S) on all items.

해석 모든 품목에 판매세가 있다.

해설 There은 유도부사로, 문장의 주어는 그 뒤에 나오는데 이때 주어와 동사가 도치되어 나온다. a sales tax가 주어이고, is가 동사이다.

2. The attraction (S) of New York draw (V) the attention of many visitors.

해석 New York의 매력은 많은 방문객의 관심을 끌었다.

해설 제일 앞에 있는 명사 The attraction이 문장의 주어이고, of New York은 전명구로 앞의 명사를 수식한다. 그리고 동사는 draw이다.

3. Ryan (S) indicates (V) that there are certainly more women than men who prefer clothes for style than the comfort.

해석 Ryan은 편안함보다 패션을 위해서 옷을 선호하는 경우가 남성보다는 분명히 여성이 더 많다고 말했다.

해설 제일 앞에 제시된 고유명사 Ryan이 문장의 주어이고, 그 뒤에 나오는 indicates가 동사이다. 그리고 that 이하는 목적어가 된다.

Q2

1. I agree that we need new filing cabinets (O).

해석 우리가 새로운 파일 캐비닛이 필요하다는 데 동의한다.

해설 that 이하는 agree라는 타동사의 목적이다.

2. Previous work experience will be an advantage (C) for applicants.

해석 이전 근무 경험은 지원자의 이점이 될 것이다.

해설 an advantage 앞에 be동사가 있다. be동사는 대표적인 불완전 자동사이므로 뒤에 보어가 필요하다. 따라서 an advantage는 주격 보어가 된다.

3. The important thing is <u>to include</u> your phone number.
(c)

해석 중요한 것은 당신의 전화번호를 포함하는 것이다.

해설 is라는 be동사 뒤에 있는 to include는 주격 보어이다. 보어 자리에는 형용사나 명사를 사용할 수 있는데, 이 문장에서 to include는 명사로 사용되었다.

4. The new investments are <u>profitable</u>.
(c)

해석 그 새로운 투자는 수익성이 있다.

해설 profitable은 are라는 be동사 뒤에 있는 형용사로, 문장에서 주격 보어 역할을 수행한다.

4 문장의 구성 방식

영어 문장은 4가지 주요소(뼈대)로 구성된다. 나머지는 이러한 주요소를 수식하는 수식어(형용사와 부사)와 연결어(전치사와 접속사)이다. 문장의 형식을 따지고 구조를 분석할 때는 이러한 주요소만을 고려해야 한다.

1 문장의 5가지 형태

1) 1형식(완전 자동사)

주어와 동사만으로 구성되는 문장이다.

• Tom arrived (early). Tom은 일찍 도착했다.

2) 2형식(불완전 자동사)

동사가 불완전하여 그 자체만으로는 의미를 완전히 전달할 수 없어서 주격 보어가 필요한 문장이다.

• Tom became + <u>주격 보어</u>

+ depressed(형용사 보어 '~하게') Tom은 우울하게 되었다.

+ a teacher(명사 보어 '~가') Tom은 선생님이 되었다.

3) 3형식(완전 타동사)

뒤에 반드시 목적어가 수반되어야 한다.

• Tom bought + <u>목적어</u>

+ a book. Tom은 책 한 권을 구매했다.

4) 4형식(수여 동사)

수여 동사는 목적어를 2개 데리고 다니는 동사이다. '~에게'라는 뜻의 간접 목적어와 '~을/를'이라는 뜻의 직접 목적어를 수반한다.

• Tom gave + <u>간접 목적어(~에게)</u> + <u>직접 목적어(~을)</u>

+ the man + a book. Tom은 그 남자에게 책을 주었다.

5) 5형식(불완전 타동사)

5형식 동사는 불완전 타동사이다. 뒤에 목적어가 있어야 하며 동사가 불완전하므로 목적어를 보충 설명해 주는 목적격 보어까지 나와야 한다. 공무원 시험에서 많이 나오는 문제 중 하나이다.

• Tome made + 목적어 + 목적격 보어

+ the house + beautiful. Tome는 그 집을 아름답게 만들었다.

5 문장의 확장

1 기본 구성: S(주어)+V(동사)

명령문을 제외한 모든 문장은 무조건 '주어 + 동사'라는 기본 구성을 갖추어야 한다.

2 문장의 확장

동사의 종류에 따라서 자동사는 단독으로 사용되고, 타동사는 뒤에 목적어를 수반한다. 그리고 완전 동사는 뒤에 보어가 필요없고, 불완전 동사는 뒤에 보어가 있어야 한다. 이를 종류별로 나누면 모든 문장은 5가지 형식으로 구분된다.

① 1형식: S(주어) + V(동사)

② 2형식: S(주어) + V(동사) + C(주격 보어)

③ 3형식: S(주어) + V(동사) + O(목적어)

④ 4형식: S(주어) + V(동사) + IO(간접 목적어) + DO(직접 목적어)

⑤ 5형식: S(주어) + V(동사) + O(목적어) + C(목적격 보어)

3 수식어 확장

주어, 동사, 목적어, 보어가 문장의 주 요소, 즉 뼈대를 구성한다. 여기에 이들을 꾸며 주는 수식어에 의해서 문장의 의미가 더 구체적으로 될 수 있다. 수식어에는 형용사와 부사가 있다.

• **기본 문장 :** The man gave the girl a book. 그 남자는 그 소녀에게 책 한 권을 주었다.

• **수식어 확장 :** The nice man living next door kindly gave the girl wearing a blue jacket a book released the day before yesterday. 옆집에 사는 그 친절한 남자는 파란 자켓을 입고 있는 그 소녀에게 엊그제 출시된 책 한 권을 친절하게 주었다.

① 형용사 : 형용사 + 명사 + 형용사구(절)

형용사는 명사 앞, 뒤에서 명사를 수식하거나 불완전 동사 뒤에서 보어로 사용된다.

② 부사 : 동사, 형용사(분사), 부사, 문장 수식

명사를 제외한 모든 성분은 부사가 수식을 한다.

4 연결어 확장

영어 문장에는 연결 기능을 가진 품사로 크게 2가지가 있다. 단어와 단어를 연결해 주는 것이 전치사이고, 문장과 문장을 연결해 주는 것이 접속사이다. 문장은 이러한 연결어에 의해서 더 길어질 수 있다.

① **전치사** + 명사

② **접속사** + 주어 + 동사

연습 문제

Q1 전치사와 접속사에 동그라미를 하세요.

1. Breaking news reported that the storm severely damaged the home of residents in the state of San Francisco.

Q1 **1. Breaking news reported (that) the storm severely damaged the home (of) residents (in) the state (of) San Francisco.**

해석 충격적인 뉴스는 그 태풍이 San Francisco 주의 주민들 주택에 심각하게 손상을 끼쳤다고 보도했다.

해설 that은 reported라는 동사의 목적어로 사용된 명사절 접속사이다. of는 the home, in은 the state, of는 San Francisco라는 명사를 연결해 주는 전치사이다.

6 끊어 읽기 방법

영어 공부를 본격적으로 시작하기 전에 문장을 끊어 읽는 방법을 알고 시작하면, 앞으로의 학습에 도움이 된다. 끊어 읽기는 절대적인 원칙이 아니므로 한눈에 문장이 파악되면 굳이 끊어 읽지 않아도 된다.

1) 주어/동사/목적어/보어를 끊는다

기본적으로 문장의 주요소(주어, 동사, 목적어, 보어) 앞에서 끊어 읽는다고 보면 된다. 그러나 지나치게 간단한 문장이면 굳이 끊어 읽지 않아도 된다.

2) 동사는 의미가 미치는 곳까지 끊는다

불완전 자동사이면 보어까지, 타동사이면 목적어까지, 그리고 불완전 타동사이면 목적어와 보어까지 한 번에 묶어서 끊어 읽는다.

① 1형식

- The workers / worked diligently / throughout the day. 그 직원들은 / 근면하게 일했다 / 하루 종일

② 2형식

- New products / are becoming to be profitable / in many countries. 새로운 제품들이 / 수익성이 나고 있다 / 많은 나라에서

③ 3형식

- Prime Electronics / has developed a system / in cooperation with Star Software.
  Prime Electronics는 / 시스템을 개발했다 / Star Software와 협력해서

④ 4형식

- The company / offers their clients various solutions / through subscriptions.
  그 회사는 / 고객들에게 다양한 해결책을 제공한다 / 정기 구독을 통해서

⑤ 5형식

- Joe / finds it helpful / to ask her colleagues / for suggestions.
  Joe는 / 도움이 된다는 것을 알게 되었다 / 동료들에게 문의하는 것이 / 제안을 얻기 위해서

3) 준동사 앞에서 끊는다

영어에는 부정사, 동명사, 분사라는 준동사가 있는데, 이러한 준동사 앞에서는 끊는다. 그리고 준동사 역시 동사의 성격을 가지므로 준동사 뒤에서 끊을 때는 그 준동사의 의미가 미치는 곳까지 끊는다.

- Certain applications and software programs / require the use / to upgrade their operating system / to the latest version.
  특정한 앱과 소프트웨어 프로그램들은 / 사용자들에게 요구한다 / 그들의 운영 시스템을 업그레이드할 것을 / 최신 버전으로

4) 수식어는 괄호로 묶는다

형용사, 부사, 전명구(전치사 + 명사), 부사절(접속사 + 주어 + 동사) 등은 수식해 주는 기능을 하는 것이므로 괄호로 묶어서 처리한다.

- The company's headquarters / is (conveniently) located / near the (famous) convention center.
  그 회사의 본사는 / (편리한 곳에) 위치하고 있다 / (유명한) 컨벤션 센터 근처에

5) 연결어(접속사/전치사/관계대명사) 앞에서 끊는다

접속사, 전치사, 관계대명사는 모두 연결하는 기능을 하는 것이므로 그 앞에서 끊어 읽는다.

- It is important / that you understand / what the job entails.
  중요하다 / 너가 이해하는 것이 / 그 일이 무엇을 필요로 하는지를

6) 한 번에 읽을 수 있는 것은 굳이 끊지 않는다

처음에는 위에서 언급한 끊어 읽기 원칙을 지키면서 문장을 독해한다. 이후에 실력이 붙어서 한눈에 보이는 단어의 수가 늘어나면, 굳이 끊어 읽지 않아도 된다.

연습 문제

Q1 다음 문장을 끊어 보시오.

1. The new Italian restaurant that opened last week was formerly a German bakery.
2. Meteorologist Karl Marks has studied how the climate has changed significantly over the last three decades.
3. Despite the difficulties he has faced in managing the company, Mr. Park remains the number one CEO nationwide.

정답 및 해설

1. The new Italian restaurant / that opened last week / was formerly a German bakery.

해석 그 새로운 이탈리안 레스토랑은 / 지난 주에 오픈한 / 이전에 독일 빵집이었다.

2. Meteorologist Karl Marks has studied / how the climate has changed significantly / over the last three decades.

해석 기상학자인 Karl Marks은 조사했다 / 어떻게 기후가 현저히 변해 왔는지를 / 지난 30년 동안에 걸쳐서

3. Despite the difficulties / he has faced / in managing the company,/ Mr. Park remains / the number one CEO nationwide.

해석 어려움에도 불구하고 / 그가 직면했던 / 회사를 운영하는 데 있어서 / Park 씨는 남아 있다 / 전국 최고의 경영자로

해설 이 문장에서 after는 접속사로 사용된 것이다.

MEMO

1. 괄호 안에 어법상 알맞은 적절한 것을 고르시오.

01 It is important [ensure / to ensure] the money is safe.

02 You promised [look / to look] over my report.

03 His [go / going] with us is out of question.

04 The franchise is debating the [locate / location] of its new store.

05 The advisor helped [they / them] to understand the legal situation.

06 People can be overweight because of an [improper / improperly] diet.

07 Coffee is exported [wide / widely] to nearly every part of the world.

08 The Sahara was once an expanse of grassland [supported / supporting] the kind of animal life associated with the African plants. (17. 서울시 9급)

09 Other types of organism like molds and fungi could also [present / be present]. (17. 국회직 9급)

10 There [is / are] some students who study abroad to lean a foreign language.

정답 및 해설

01 to ensure

| 해석 | 그 돈이 안전하다는 것을 보장하는 것이 중요하다.

| 해설 | 가주어 It이 사용되고 있으므로 뒤에는 진주어로 'to + 동사원형'이 와야 한다.

02 to look

| 해석 | 당신은 저의 보고서를 검토한다고 약속했습니다.

| 해설 | promised라는 본동사가 이미 제시되어 있으므로 빈칸에는 동사가 아닌 준동사가 와야 한다. 그리고 promise는 뒤에 'to + 동사원형'을 목적어로 수반한다.

03 going

| 해석 | 그가 우리와 같이 가는 것은 틀림없다.

| 해설 | 본동사가 is이므로 빈칸에는 또 다른 동사가 사용될 수 없다. 대신 동명사가 문장의 주어로 사용될 수 있으므로 going이 정답이다. 그리고 동명사의 의미상의 주어로는 소유격이 와야 한다. 뒤에 나오는 us는 전치사 with의 목적격이다.

04 location

| 해석 | 그 프랜차이즈는 새로운 매장의 위치에 대해 토론하고 있다.

| 해설 | debate라는 타동사의 목적어 자리이므로 명사형인 location이 정답이다.

05 them

| 해석 | 그 고문은 그들이 법적인 상황을 이해하는 데 도움을 주었다.

| 해설 | helped라는 타동사의 목적어 자리이므로 목적격 them이 정답이다.

06 improper

| 해석 | 사람들은 부적절한 식단 때문에 과체중이 될 수 있다.

| 해설 | 빈칸에는 빈칸 뒤에 제시된 diet라는 명사를 수식하는 형용사가 와야 한다.

07 widely

| 해석 | 커피는 거의 전 세계 모든 곳으로 널리 수출되고 있다.

| 해설 | 빈칸에는 is exported라는 동사를 수식하는 부사가 와야 한다.

08 supporting

| 해석 | 사하라 사막은 한때 아프리카 평원과 관련된 동물의 삶을 지탱하는 목초지였다.

| 해설 | was라는 본동사가 앞에 제시되어 있으므로 빈칸에는 동사가 올 수 없다. 그리고 뒤에 the kind of animal life라는 의미상의 목적어가 수반되고 있으므로 현재분사형이 정답이 된다.

09 be present

| 해석 | 곰팡이와 균류와 같은 다른 종류의 유기체 또한 존재할 수 있다.

| 해설 | present는 동사와 형용사 둘 다 가능하다. 동사일 때는 '제시하다'라는 뜻이고, 형용사일 때는 '출석한, 존재하는'이라는 뜻이다. 문맥상 '존재하는'이라는 뜻이 맞으므로 형용사를 사용해야 한다. 형용사는 단독으로 사용할 수 없고 그 앞에 be동사가 있어야 하므로 be present가 정답이다.

| 어휘 |

• mold 곰팡이 • fungi 균류

10 are

| 해석 | 외국어를 공부하기 위해서 유학을 가는 학생들이 있다.

| 해설 | there는 유도부사로 그 뒤에는 주어와 동사가 도치되어 나온다. 이때 주의해야 하는 것은 주어와 동사의 수 일치이다. 이 문장에서는 주어가 some students로 복수형이 제시되어 있다. 따라서 정답은 are가 된다.

2. 어법상 틀린 부분을 바르게 고치시오.

01 It's not surprising that book stores don't carry newspapers any more, doesn't it? (21. 국가직 9급)

02 When driving, it is important following the safety regulations.

03 The storm kept the members of the community worry throughout the night.

04 The service center guarantees that a vehicle will available in a week.

05 The delivery coming earlier than we initially expected.

06 The doctor believes it luck that her patient was not seriously injured in the car accident.

07 It didn't take long for the situation to turn badly.

08 The products made in the main factory was high quality.

09 Visit the island is a favorite activity for many families.

10 The large earthquake left many homes in the region destroy.

정답 및 해설

01 doesn't it → isn't it

| 해석 | 서점들이 더 이상 신문을 취급하지 않는 것은 놀랍지 않아. 그렇지 않니?

| 해설 | 부가의문문의 동사는 주절 동사에 맞추어야 한다. 주절 동사가 is이므로 doesn't it을 isn't it으로 고쳐야 한다.

02 following → to follow

| 해석 | 운전할 때는 안전 규정을 따르는 것이 중요하다.

| 해설 | 가주어 it이 주어로 사용되고 있으므로 뒤에는 진주어로 'to + 동사원형'이 사용되어야 한다.

03 worry → worried

| 해석 | 그 폭풍우는 그 지역 사회 구성원들이 밤새 걱정하게 만들었다.

| 해설 | keep은 5형식 동사로 그 뒤에는 '목적어 + 목적격 보어'가 수반되어야 한다. 목적격 보어 자리에는 분사가 사용될 수 있다. 그리고 worry는 타동사로 '~을 걱정하게 만들다'이다. 따라서 사람들이 걱정하게 되는 것이므로 worried으로 변경해야 한다.

04 will available → will be available

| 해석 | 그 서비스 센터는 자동차를 1주일 이내에 이용할 수 있다고 보장한다.

| 해설 | available은 형용사로 단독으로 사용될 수 없다. 반드시 그 앞에 be동사가 와야 한다.

05 coming → came

| 해석 | 배송은 우리가 원래 기대했던 것보다 더 일찍 도착했다.

| 해설 | coming은 동명사나 분사 형태이다. 본문에서 동사가 없으므로 동사형으로 바꾸어야 한다.

06 luck → lucky

| 해석 | 그 의사는 그녀의 환자가 자동차 사고로 심각하게 부상을 입지 않은 것을 다행으로 믿는다.

| 해설 | believe는 5형식 동사이다. it이 가목적어이고 that 이하가 진목적어이다. it 뒤에는 목적격 보어로 형용사형이 필요하므로 명사형인 luck을 lucky로 바꾸어야 한다. 목적격 보어 자리에 명사가 사용되는 경우는 굉장히 제한적인데, 반드시 '목적어 = 목적격 보어' 공식이 성립되어야 한다.

07 badly → bad

| 해석 | 상황이 악화되는 데는 오랜 시간이 걸리지 않았다.

| 해설 | 이 문장에서 turn은 2형식 불완전 자동사로 사용되고 있다. 불완전 자동사 뒤에는 형용사가 와야 하므로 부사인 badly를 bad로 바꾸어야 한다.

08 was → were

| 해석 | 그 본사에서 만들어진 제품은 품질이 뛰어나다.

| 해설 | 주어와 동사가 모두 제시되어 있으면 반드시 주어와 동사의 수의 일치를 따져 봐야 한다. 이 문장에서 주어는 the products로 복수형이므로 동사를 were로 바꾸어야 한다.

09 visit → visiting

| 해석 | 그 섬을 방문하는 것은 많은 가족들이 좋아하는 활동이다.

| 해설 | 문장의 주어가 is로 제시되어 있으므로 visit이 있는 자리는 주어 자리가 되어야 한다. 동명사는 주어 자리에 사용이 가능하므로 visiting으로 바꾸어야 한다.

10 destroyed

| 해석 | 그 커다란 지진은 그 지역의 많은 가정을 파괴시켰다.

| 해설 | 이 문장에서 left는 5형식 동사로 사용되고 있다. many homes가 목적어이고 destroy는 목적격 보어 자리이므로 분사형으로 바꾸어야 한다. 집들은 파괴되는 것이므로 과거분사형이 적절하다.

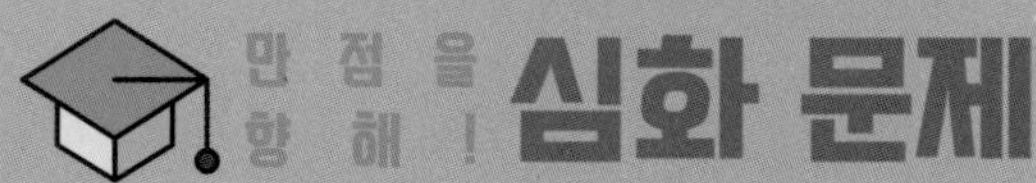

01 밑줄 친 부분 중 의미상 옳지 않은 것은? (17. 국가직 9급)

① I'm going to <u>take over</u> his former position.

② I can't <u>take on</u> any more work at the moment.

③ The plane couldn't <u>take off</u> because of the heavy fog.

④ I can't go out because I have to <u>take after</u> my baby sister.

02 우리말을 영어로 잘못 옮긴 것을 고르시오. (17. 국가직 9급)

① 그 클럽은 입소문을 통해서 인기를 얻었다.
→ The club became popular by word of mouth.

② 무서운 영화를 좋아한다면 이것은 꼭 봐야 할 영화이다.
→ If you like scary movies, this is a must-see movie.

③ 뒤쪽은 너무 멀어요. 중간에 앉는 걸로 타협합시다.
→ The back is too far away. Let's promise and sit in the middle.

④ 제 예산이 빠듯합니다. 제가 쓸 수 있는 돈은 15달러뿐입니다.
→ I am on a tight budget. I only have fifteen dollars to spend.

03 다음 밑줄 친 부분 중 어법상 옳지 않은 것은? (19. 국가직 9급 응용)

The earliest government food service programs ①<u>began</u> around 1900 in Europe. Programs in the United States ②<u>dating</u> from the Great Depression, ③<u>when</u> the need to use surplus agricultural commodities was joined to concern for feeding the children of poor families.
During and after World War II, the explosion in ④<u>the number</u> of working women fueled the need for a broader program. What was once a function of the family-providing lunch-was shifted to the school food service system.

정답 및 해설

01 ④ take after → take care of

| 해석 | ① 나는 그의 이전 직책을 인계받게 될 것이다.
② 나는 당분간 더 이상의 일을 맡을 수 없다.
③ 비행기는 짙은 안개 때문에 이륙할 수 없었다.
④ 나는 여동생을 돌봐야 해서 나갈 수가 없다.

| 해설 | ④ take after는 '~을 닮다'라는 뜻이다. 문맥상 '돌보다'라는 뜻을 가진 take care of(= look after)로 변경되어야 한다.

| 오답 분석 |

① take over : 인계받다, 양도받다
② take on : 떠맡다
③ take off : 이륙하다, 출발하다

02 ③ promise → compromise

| 해설 | ③ promise는 '약속하다'라는 뜻이다. 문맥상 '타협하다'라는 뜻의 compromise가 사용되어야 한다.

| 오답 분석 |

① 대표적인 2형식 동사인 become 뒤의 보어 자리에 형용사가 적절히 사용되었다. 또한 word of mouth는 '구전의, 구두의'라는 뜻으로 입소문과 의미가 상통한다.

② 조건 부사절의 if가 쓰였으므로 주절에는 현재시제 is가 사용되어야 한다. 또한 must-see는 '꼭 보아야 할 것'이라는 뜻을 가지고 있다.

④ be on a tight budget은 '돈이 없는, 빈곤한, 한정된 예산으로'라는 뜻이다. 두 번째 문장에서 명사 dollar를 수식하는 to부정사의 형용사적 용법으로 to spend가 사용되었다.

| 어휘 |

- word of mouth 구전의, 구두의
- must-see 반드시 보아야 할 것
- back 돌아가다, 후퇴하다, 등, 뒤
- compromise 타협하다, 절충하다, 손상시키다
- on a tight budget 돈이 없는, 빈곤한

03 ② dating → date

| 해석 | 가장 초기의 정부의 음식 서비스 프로그램은 1900년대쯤 유럽에서 시작했다. 미국의 프로그램은 잉여 농산물 활용의 필요성이 빈곤 가정의 아이들에게 식량을 제공하기 위한 관심과 맞물린 대공황으로부터 시작되었다. 2차 세계대전 당시와 그 후에는 일하는 여성들 수의 폭발적 증가가 광범위한 프로그램의 필요성에 불을 붙였다. 한때 가정의 기능이었던 것이 — 점심을 제공하는 것 — 학교 급식으로 변경되었다. .

| 해설 | ② Programs in the United States dating from the Great Depression에서 문장의 동사가 없으므로 dating을 동사형인 date로 바꾸어야 한다. date from는 '~부터 시작되다'라는 뜻이다.

| 오답 분석 |

① 1900년도가 과거이므로 시제가 맞다. 그리고 begin은 자동사이므로 태 역시 맞다.

③ 앞에 the Great Depression(대공황)이라는 시간이 선행사로 제시되어 있고, 뒤 문장이 완전한 구조이므로 관계부사 when을 사용하는 것은 맞다.

④ number는 앞에 the가 붙으면 '수'를 나타내는데, 문맥상으로 '여성이 수'이므로 맞는 표현이다.

04 다음 밑줄 친 부분 중 어법상 옳지 않은 것은? (19. 지방직 9급 응용)

In the nineteenth century, the most respected health and medical experts all insisted that diseases ①were caused by "miasma," a fancy term for bad air. Western society's system of health ②was based on this assumption: to prevent diseases, windows were kept open or closed, depending on whether there was more miasma inside or outside the room; ③it believed that doctors could not pass along disease because gentlemen did not inhabit quarters with bad air. Then the idea of germs came along. One day, everyone believed that bad air makes you sick. Then, almost overnight, people started realizing there were invisible things called microbes and bacteria that ④were the real cause of diseases.

05 어법상 옳은 것은? (16. 지방직 9급)

① The poor woman couldn't afford to get a smartphone.
② I am used to get up early in the morning.
③ The number of fires that occur in the city are growing every year.
④ Bill supposes that Mary is married, isn't he?

정답 및 해설

04 ③ it believed that → it was believed that

| **해석** | 19세기에, 가장 존경받는 건강 의학 전문가들 모두는 질병이 '독기'에서 야기된다고 주장했는데, 이것은 나쁜 공기를 뜻하는 고급 용어였다. 서양 사회의 보건 체계는 이러한 가정을 근거로 한다. 질병을 예방하기 위해서, 방 안이나 밖에 독기가 더 있는지 아닌지에 따라 창문은 열리거나 닫힌 상태로 유지되었다. 귀족들은 나쁜 공기가 있는 방에 거주하지 않기 때문에 의사는 질병을 옮길 수 없다고 여겨졌다. 그런 다음 세균에 대한 개념이 생겨났다. 어느 날 모든 사람들은 나쁜 공기가 사람들을 아프게 한다고 믿었다. 그 다음 거의 하룻밤 사이에 사람들이 진짜 질병을 유발하는 미생물과 박테리아라고 불리는 보이지 않는 무언가가 있다고 깨닫기 시작했다.

| 해설 | ③ it은 가주어이고 that절 이하가 진주어이다. 명사절이 뒤로 빠지고 주어 자리에 가주어 It이 사용된 구문이다. 진주어인 명사절 'that + 주어 + 동사'가 원래 주어 자리에 있었다고 생각하면, that 이하가 믿는 것이 아니고 믿기는 것이므로 수동태가 되어야 한다. 따라서 it was believed that의 형태가 되어야 한다.

| **오답 분석** |

① 주절 동사가 insisted라는 동사가 사용되었지만, '~해야 한다는'이라는 뜻이 아니라 과거의 사실을 주장하는 경우에는 동사원형이 아닌 과거시제를 사용한다. '질병이 유발되는 것'이므로 수동태도 맞는 표현이다.

② be based 뒤에는 전치사 in이나 on이 나올 수 있는데, be based in은 '본사가 ~에 있는'이라는 뜻이고 be based on은 '~에 근거로 한'이라는 뜻이다. 따라서 맞게 잘 사용했다.

④ 관계절 동사의 수는 선행사에 따라서 결정된다. 주격 관계대명사 that의 선행사는 microbes and bacteria으로 복수명사이므로 동사의 수 역시 맞다.

05 ①

| **해석** | ① 그 가난한 여자는 스마트폰을 구입할 여력이 안 된다.
② 나는 매일 아침 일찍 일어나는 것에 익숙하다.
③ 도시에서 발생하는 화재의 수가 매년 증가하고 있다.
④ Bill은 Mary가 기혼자라고 생각해, 그렇지 않아?

| 해설 | ① 'afford to R'은 '~할 여력, 여유가 있다'라는 표현으로, 제대로 사용했다.

| **오답 분석** |

② '~하는 데 익숙하다'라는 표현으로는 'be used to Ring'가 사용되어야 한다. 따라서 get을 getting으로 바꾸어야 한다.

③ 문장의 주어가 the number로 '수'를 나타내므로 동사는 단수가 되어야 한다. 따라서 are를 is로 바꾸어야 한다.

④ 부가의문문을 만들 때는 앞에 제시된 문장의 동사와 같은 종류를 사용한다. 앞에 제시된 동사가 일반동사인 경우 대동사인 do동사를 사용해서 부가의문문을 만든다. 여기서는 앞의 동사가 supposes이므로 doesn't he가 되어야 한다.

중요 포인트

부가의문문 만드는 방법

동의나 확인을 위해 문장 뒤에 붙이는 짧은 의문문을 부가의문문이라고 하는데, 만드는 방법은 다음과 같다.

① 본문이 긍정문이면 부가의문문은 부정문, 본문이 부정문이면 부가의문문은 긍정문으로 만든다.
② 본문의 동사의 종류에 따라 부가의문문의 동사를 결정한다. be동사면, be동사, 조동사면 조동사, 일반동사이면 do, does, did를 이용한다.
③ 주어로는 대명사를 사용하고, 동사는 축약형으로 만든다.

- You are students, aren't you? 너희 학생들이지, 그렇지?
- His father is not a teacher, is he? 그의 아버지는 선생님이 아니지, 그렇지?
- You went to the party, didn't you? 너 파티에 갔지, 그렇지?

명령문의 부가의문문은 will you?이고 제안형 명령문 Let's의 부가의문문은 shall we?이다.

- Keep the window open, will you? 창문 좀 열어 주실래요?
- Let's dance, shall we? 같이 춤 추실까요?

학습 내용

❶ 명사의 기능과 종류를 이해한다.

- 명사의 기능 : 문장에서 주어, 목적어, 보어 자리에 사용된다.

❷ 가산명사와 불가산명사를 구분하다.

❸ 3가지 종류의 집합명사(family, the police, people)의 특징을 이해한다.

❹ 시험에 출제되는 절대 불가산명사를 암기한다.

- money, time news, information, furniture, equipment, luggage, baggage, advice, evidence

❺ 3가지 종류의 관사의 쓰임을 익힌다(부정관사, 정관사, 무관사).

❻ 관사의 위치를 이해한다.

명사와 관사

01 명사

02 관사

Chapter 02

명사와 관사

1 명사

1 명사와 관사란?

명사는 사람이나 사물의 이름을 나타내는 말이다. 명사는 문장에서 주어, 목적어, 보어와 같이 문장의 주요소에서 사용된다. 그리고 관사는 명사 앞에 쓰여서 명사의 의미를 한정해 주는 말이다.

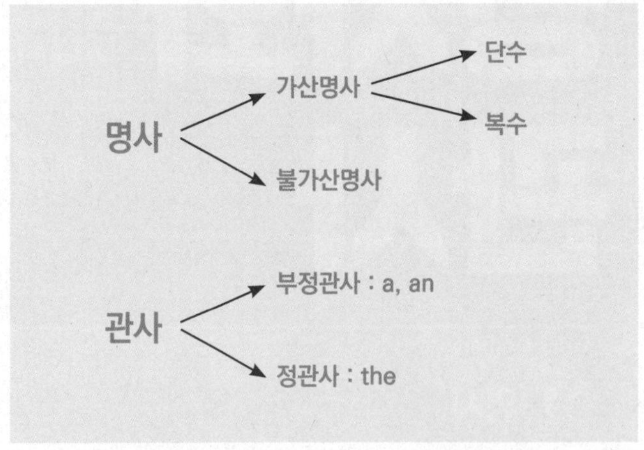

2 명사의 복수형

가산명사에는 단수명사와 복수명사가 있는데, 단수명사는 명사가 오직 하나임을 나타내고, 복수명사는 명사가 둘 이상 있음을 나타낸다. 복수명사는 주로 단수명사에 (e)s를 붙여서 만든다.

명사의 종류	방법	예시	
대부분의 명사	명사 + s	book→books car → cars	chair → chairs map → maps
s, ss, ch, sh, x, o로 끝나는 명사	명사 + es	bus → buses watch → watches	class → classes box → boxes
자음 + y로 끝나는 명사	y를 없애고 + ies	baby → babies	lady → ladies
f, fe로 끝나는 명사	f, fe를 없애고 + ves	leaf → leaves	knife → knives
불규칙 변화		man → men child → children tooth → teeth mouse → mice	woman → women foot → feet

개·념·완·성 연습 문제

Q1 다음 명사의 복수형을 쓰시오.

1. tree → ________________

2. roof → ________________

3. country → ________________

4. tooth → ________________

5. hero → ________________

6. box → ________________

7. child → ________________

8. potato → ________________

Q2 괄호 안에 알맞은 것을 고르시오.

1. Mark is [student / a student].

2. I have two [book / books] in my bag.

3. He has [idea / an idea].

4. They have three [child / children].

5. I usually eat [orange / an orange] and [a / a piece of] bread for breakfast.

정답 및 해설

Q1

1. trees
2. roofs
3. countries
4. teeth
5. heroes
6. boxes
7. children
8. potatoes

Q2

1. a student

해석 Mark는 학생이다.

해설 student는 셀 수 있는 명사이므로 한 명일 때는 부정관사가 필요하다. 보통 사람이나 사물이 하나임을 지칭할 때 부정관사를 사용한다.

2. books

해석 나는 가방에 책이 두 권 있다.

해설 book은 셀 수 있는 명사이고, 두 권이므로 복수형으로 표시한다.

3. idea

해석 그는 아이디어가 있다.

해설 idea는 셀 수 없는 명사이므로 관사 없이 단독으로 사용한다.

4. children

해석 그들에게는 세 명의 아이들이 있다.

해설 세 명이므로 child의 복수형인 children을 사용한다.

5. an orange, a piece of

해석 나는 주로 아침으로 오렌지 하나와 빵 한 조각을 먹는다.

해설 오렌지는 셀 수 있으므로 앞에 an을 붙여 사용한다. 반면 bread는 셀 수 없으므로 a를 사용해야 하는 경우 고유한 세는 단위를 이용해서 표시한다.

3 가산명사와 불가산명사

명사는 문법적으로 셀 수 있는 가산명사와 셀 수 없는 불가산명사로 구분된다.

1) 가산명사(보통명사, 집합명사)

셀 수 있는 명사로, 하나(단수)인지 여러 개(복수)인지를 반드시 표시해 주어야 한다. 단수일 때는 명사 앞에 관사 a/an을 쓰고, 복수일 때는 명사 뒤에 (e)s를 꼭 붙어야 한다.

- I bought a book. 나는 책 한 권을 구입했다
- He has two cars. 그는 차를 두 대 가지고 있다.

2) 불가산명사(물질명사, 추상명사, 고유명사)

셀 수 없는 명사로 명사 앞에 관사 a/an을 쓰거나 뒤에 (e)s를 붙일 수 없다.

- Mike has homework to do. Mike는 해야 할 숙제가 있다.
- Jane got advice from his teacher. Jane은 그의 선생님으로부터 조언을 얻었다.

불가산명사의 종류는 다음과 같다.

일정한 모양이 없는 명사(물질명사)	water, sugar, coffee, food, milk, salt, butter, air, paper
추상적인 개념의 명사(추상명사)	beauty, love, peace, friendship, happiness
사람이나 사물의 고유한 이름을 나타내는 명사(고유명사)	Mike, Laura, Korea, London, Busan

또한 불가산명사는 고유한 단위를 이용해서 셀 수 있다.

잔	a glass of water	two glasses of milk
쪽	a slice of bread	two slices of pizza
조각	a piece of furniture	two pieces of cake
컵	a cup of coffee	two cups of tea
스푼	a spoonful of sugar	two spoonfuls of salt
통, 갑	a pack of milk	two packs of medicine

개·념·완·성 연습 문제

Q1 다음 보기에서 셀 수 있는 명사에 동그라미, 셀 수 없는 명사에 삼각형 표시를 하시오.

salt	apple	milk	juice	book
child	paper	baby	brother	cup
power	beauty	money	coffee	food

Q2 괄호 안에 알맞은 것을 고르시오.

1. I want [a coffee / a cup of coffee]

2. I drink [milk / milks] in the morning.

3. The police [is / are] unwilling to help.

4. There are a lot of [book / books] on the table.

5. Economics [is / are] my favorite subject.

6. I have two pieces of [cake / cakes] in the refrigerator.

7. I always drink two [glass / glasses] of wine before bed.

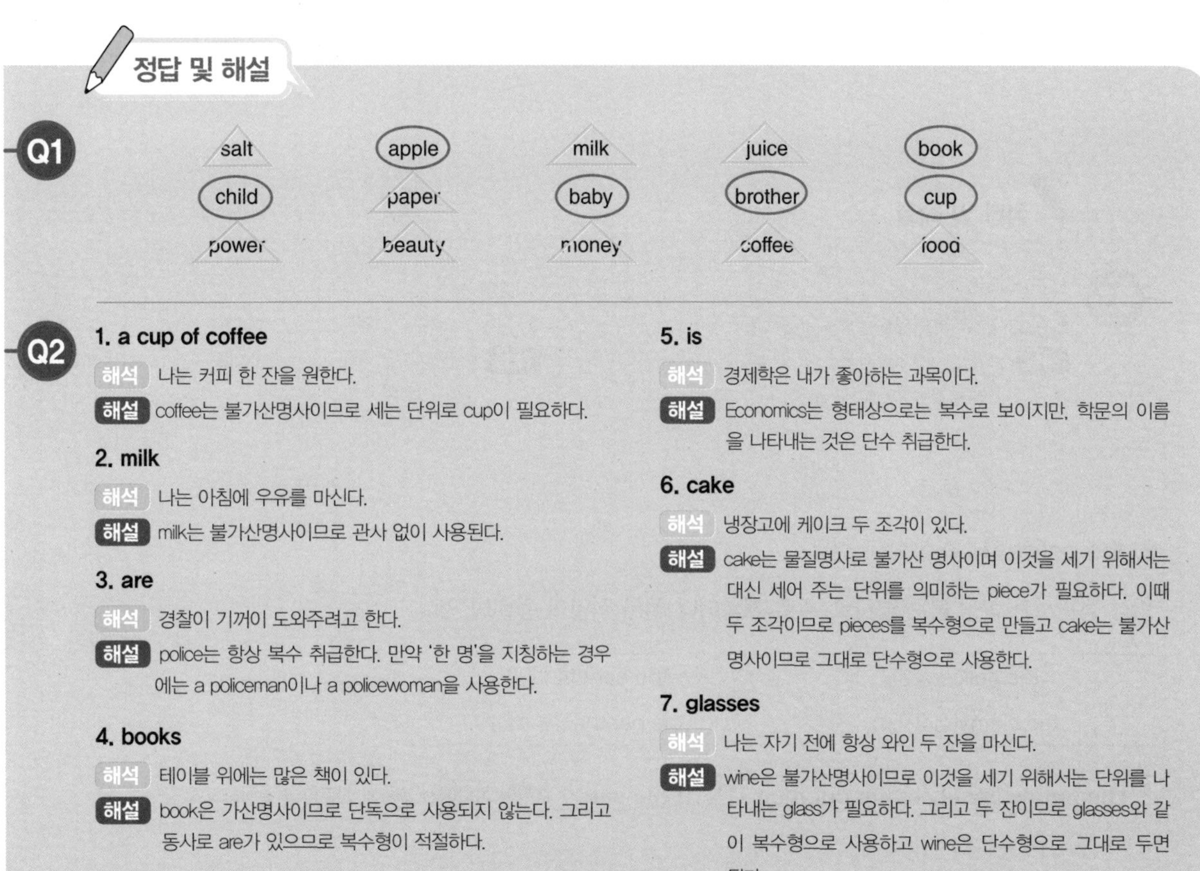

정답 및 해설

Q1

salt	apple	milk	juice	book
child	paper	baby	brother	cup
power	beauty	money	coffee	food

Q2

1. a cup of coffee

해석 나는 커피 한 잔을 원한다.

해설 coffee는 불가산명사이므로 세는 단위로 cup이 필요하다.

2. milk

해석 나는 아침에 우유를 마신다.

해설 milk는 불가산명사이므로 관사 없이 사용된다.

3. are

해석 경찰이 기꺼이 도와주려고 한다.

해설 police는 항상 복수 취급한다. 만약 '한 명'을 지칭하는 경우에는 a policeman이나 a policewoman을 사용한다.

4. books

해석 테이블 위에는 많은 책이 있다.

해설 book은 가산명사이므로 단독으로 사용되지 않는다. 그리고 동사로 are가 있으므로 복수형이 적절하다.

5. is

해석 경제학은 내가 좋아하는 과목이다.

해설 Economics는 형태상으로는 복수로 보이지만, 학문의 이름을 나타내는 것은 단수 취급한다.

6. cake

해석 냉장고에 케이크 두 조각이 있다.

해설 cake는 물질명사로 불가산 명사이며 이것을 세기 위해서는 대신 세어 주는 단위를 의미하는 piece가 필요하다. 이때 두 조각이므로 pieces를 복수형으로 만들고 cake는 불가산 명사이므로 그대로 단수형으로 사용한다.

7. glasses

해석 나는 자기 전에 항상 와인 두 잔을 마신다.

해설 wine은 불가산명사이므로 이것을 세기 위해서는 단위를 나타내는 glass가 필요하다. 그리고 두 잔이므로 glasses와 같이 복수형으로 사용하고 wine은 단수형으로 그대로 두면 된다.

4 집합명사

집합적인 의미를 나타내는 명사를 집합명사라고 하는데, 집합명사도 가산명사이고, 지칭하는 대상에 따라서 단수, 복수로 표현할 수 있다.

1) family형 : 해석에 따라 단수 혹은 복수 취급

구성원 전체를 **하나의 집단**으로 여길 때는 **단수 취급**하고, **집단의 각 구성원들을 강조**할 때는 **복수 취급**한다.

family(가족)	staff(직원)	team(팀)	committee(위원회)
audience(관객)	class(학급)	crew(선원)	jury(배심원)

- My family is large one. 우리 가족은 대가족이다.
- My family are all well. 우리 가족들은 모두 잘 지낸다.

개·념·완·성 연습 문제

Q1 괄호 안에서 알맞은 것을 고르시오.

1. The committee [consist / consists] of seven members.

2. The committee [is / are] all against the report.

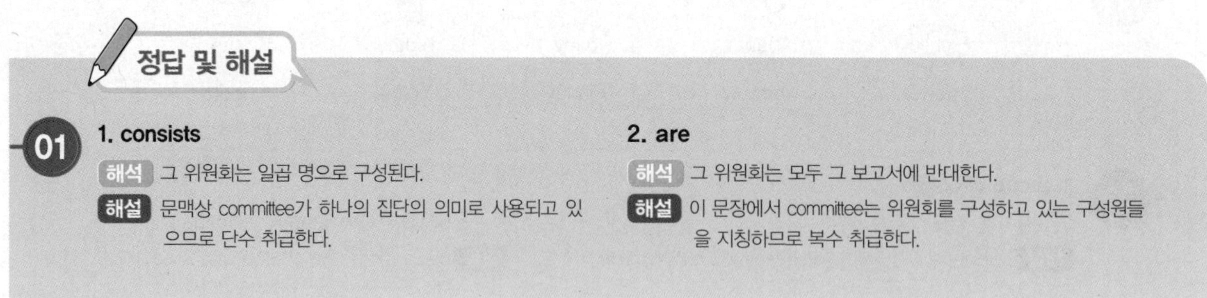

정답 및 해설

01

1. consists

해석 그 위원회는 일곱 명으로 구성된다.

해설 문맥상 committee가 하나의 집단의 의미로 사용되고 있으므로 단수 취급한다.

2. are

해석 그 위원회는 모두 그 보고서에 반대한다.

해설 이 문장에서 committee는 위원회를 구성하고 있는 구성원들을 지칭하므로 복수 취급한다.

2) the police형 : 항상 복수 취급

항상 정관사가 항상 붙는 명사로, 주로 계층이나 전문 직업과 관련이 있다.

the police(경찰)	the bar(변호인단)
the clergy(성직자들)	the gentry(상류계급)

- The police are checking out their IDs at the gate. 경찰이 정문에서 그들의 신분증을 확인하고 있다.

개·념·완·성 연습 문제

Q1 괄호 안에서 알맞은 것을 고르시오.

1. The police [is / are] looking for the missing child.

정답 및 해설

Q1 **1. are**

해석 경찰은 사라진 소년을 찾고 있다.

해설 police는 단수형이지만, 항상 복수 취급하므로 are가 정답이다.

3) cattle형 : 항상 복수 취급한다.

cattle(소(떼))	people(사람들)	poultry(가금류)

• People are waiting in line. 사람들이 줄을 서서 기다리고 있다.

개·념·완·성 연습 문제

Q1 괄호 안에서 알맞은 것을 고르시오.

1. The police [was / were] standing on the street.

2. He doesn't care what people [think / thinks] of him.

정답 및 해설

Q1 **1. were**

해석 경찰들이 거리에 서 있었다.

해설 police는 복수 취급하므로 were가 답이 된다. 만약 경찰 한 명을 지칭하고 싶으면, policeman이나 policewoman을 사용해야 한다.

2. think

해석 그는 사람들이 그에 대해 어떻게 생각하는지에 대해 신경 쓰지 않는다.

해설 people은 항상 복수 취급하므로 동사 역시 복수형을 사용한다. 만약 한 명을 지칭하고 싶으면 person을 사용해야 한다.

5 시험에 출제되는 절대 불가산명사

glass(유리), a glass(유리잔), glasses(안경)와 같이 불가산명사도 가산명사로 바꾸어서 사용되기도 한다. 그러나 절대 불가산명사는 가산명사 형태를 절대로 취할 수 없다. 시험에서 빈출되는 명사들이다. 절대 불가산명사의 특징은 다음과 같다.

① a/s 사용이 불가능하다(부정 관사와 같이 사용하거나 복수형으로 사용할 수 없다).
② 수 표현(many, few, a few)을 할 수 없다. 대신 양 표현(much, little, a little)을 사용해야 한다.

대표적인 절대 불가산명사는 다음과 같다. 시험에 최빈출되는 것들이므로 반드시 암기해야 한다!

돈 / 시간	money / time
뉴스 / 정보	news / information
가구 / 장비	furniture / equipment
짐 / 수화물	luggage / baggage
조언 / 증거	advice / evidence

연습 문제

Q1 다음 문장을 어법에 맞게 고치시오.

1. Sufficient information are still missing. (12. 지방직 9급)

2. Undergraduates are not allowed to use equipments in the laboratory. (17. 국가직 9급)

1. are → is

해석 충분한 정보가 여전히 빠져 있다.

해설 information은 불가산명사이므로 단수형이 맞다. 그리고 동사 역시 단수형이 되어야 한다.

2. equipments → equipment

해석 학부생들은 실험실의 장비를 사용하는 게 허락되지 않는다.

해설 equipment는 불가산명사이므로 복수형으로 사용될 수 없다.

6 명사 자리

1) 명사는 주어, 목적어, 보어 자리에 온다.

① 주어

• The bags are small and light. 그 가방들은 작고 가볍다.

② 목적어

• Mike dropped the pencil. Mike는 연필을 떨어뜨렸다.

③ 보어

• My sister is a reporter. 나의 동생은 기자이다.

2) 명사는 주로 관사, 소유격, 형용사, 전치사 뒤에 온다.

① 관사 뒤

• A foreigner approached me. 한 외국인이 나에게 접근했다.

② 소유격 뒤

• My boss was satisfied with my report. 사장님이 나의 보고서에 만족했다.

③ 형용사 뒤

• The book offers a lot of practical information 그 책은 많은 실용적인 정보를 제공한다.

④ 전치사 뒤

• She dreams of fame more than money. 그녀는 돈보다는 명예를 꿈꾼다.

2 관사

관사는 명사의 앞에 붙어서 명사의 수나 의미를 한정해 주는 단어이다. 부정관사, 정관사, 무관사가 있다. 우리말에는 관사가 따로 없으므로 주의해서 공부해야 한다.

1 부정관사(a/an)

부정관사에서 '부정'은 '정해지지 않은'이라는 뜻이다. 정해지지 않은 불특정한 명사를 한정해 주는 관사이다.

1) 하나(one)

• Do you have a pen? 연필 있습니까?

2) '~마다(per)'

• once a day 하루에 한 번

3) '같은'(the same)

• Birds of a feather flock together. 같은 깃털의 새는 같이 모인다(=유유상종).

2 정관사(the)

toss me a pen = 아무 연필이나 하나 던져 줘.
toss me the pen = 그 연필 던져 줘.

정관사에서 '정'은 '정해진'이라는 뜻이다. 무엇인가가 정해진 특정한 명사를 한정할 때 사용하는 관사이다. 부정관사는 정해지지 않는 명사를 지칭한다. 정관사는 상대방이나 본인이 이미 알고 있는 것, 쉽게 말하면 '그'라고 생각하면 된다.

1) 앞에서 언급된 명사

- I met a student yesterday and the student called me later. 나는 어제 한 학생을 만났고, 그 학생이 나중에 나에게 전화했다.

2) 뒤에서 수식을 받는 명사

- This is the car I told you last week. 이것은 내가 지난주에 말했던 자동차이다.

3) the + 서수/최상급/only/same + 명사

- the best city in Korea 한국에서 최고의 도시

4) 수량 한정사(all, most, some) + of + the(소유격) + 명사

- The teacher cannot watch all of the students all the time. 그 선생님이 항상 그 모든 학생들을 감시할 수는 없다.

연습 문제

Q1 다음 중 틀린 표현은?

1. most workers, most of his workers, most of the workers, most his workers

Q1 **1. most his workers → most workers 또는 most of the(his) workers**

해설 most는 형용사로 사용될 때는 바로 뒤에 명사가 오며, 대명사로 사용될 때는 most of와 같은 형태로 사용할 수 있다. 이때, most of 뒤에는 정관사나 소유격이 필요하다. 반면 most가 형용사로 사용되어서 바로 뒤의 명사를 수식하는 경우에는 most와 명사 사이에 정관사나 소유격이 중간에 위치하면 안 된다.

5) 악기 이름 앞에서 사용

- play the piano 피아노를 치다.

연습 문제

Q1 괄호 안에서 알맞은 것을 고르시오.

1. She plays [the piano / piano]. (00. 경찰)

정답 및 해설

Q1 **1. the piano**

해석 그녀는 피아노를 연주한다.

해설 악기 이름 앞에는 정관사 the를 사용한다.

6) 사람과 신체 부위를 분리표현하는 경우

신체 부위 앞에 정관사가 아닌 소유격이 오면 틀린다. 또한 동사에 따라 다른 전치사를 사용한다.

뜻	대표 동사	뒤따르는 형태
때리다, 치다	hit, strike, touch, beat, kiss, tap	+ 사람 + on the + 신체 부위
잡다	catch, take, hold, seize	+ 사람 + by the + 신체 부위
보다	look, stare, gaze	+ 사람 + in the + 신체 부위

- The teacher hit him on the head. 그 선생님은 그의 머리를 쳤다.
- He caught the robber by the arms. 그는 도둑의 양팔을 붙잡았다.
- The boy was shy to look her in the eyes. 그 소년은 그녀의 눈을 보는 게 부끄러웠다.

연습 문제

Q1 괄호 안에 알맞은 것을 고르시오.

1. I want to hold her by [her / the] hand.

2. I like people who look me in [the / my] eye when I have a conversation. (20. 지방직 9급)

정답 및 해설

Q1 **1. the**

해석 나는 그녀의 손을 잡기를 원한다.

해설 신체의 일부를 표현할 때는 정관사 the를 사용한다.

2. the

해석 나는 대화를 나눌 때 나의 눈을 보는 사람들을 좋아한다.

해설 신체의 일부를 표현할 때는 정관사를 사용한다. 이때 주의해야 할 점은 꼭 정관사 대신 의미상으로 맞아 보이는 소유격을 사용해서는 안 된다는 것이다.

7) the + 형용사 = 복수명사

the가 형용사나 분사 앞에서 사용되면 복수의 보통명사를 지칭하게 된다.

the young(젊은이들)	the old(노인들)
the rich(부자들)	the poor(가난한 사람들)
the living(살아 있는 사람들)	the wounded(부상자들)
the unemployed(실업자들)	the dead(죽은 사람들)

• The rich are not always happy. 부자라고 반드시 행복한 것은 아니다.

개·념·완·성 연습 문제

Q1 다음 문장을 어법에 맞게 고치시오.

1. Raisin was once an expensive food, and only the wealth ate them. (20. 국가직 9급)

2. The young is liable to be more impulsive than the old.

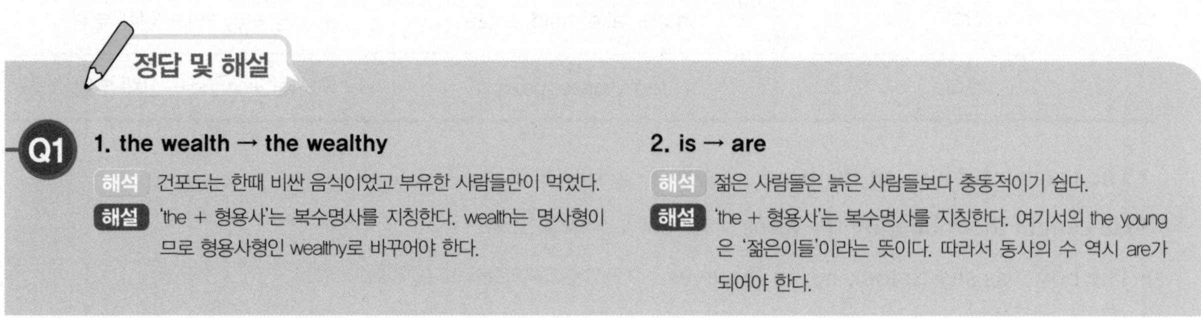

정답 및 해설

Q1

1. the wealth → the wealthy

해석 건포도는 한때 비싼 음식이었고 부유한 사람들만이 먹었다.

해설 'the + 형용사'는 복수명사를 지칭한다. wealth는 명사형이므로 형용사형인 wealthy로 바꾸어야 한다.

2. is → are

해석 젊은 사람들은 늙은 사람들보다 충동적이기 쉽다.

해설 'the + 형용사'는 복수명사를 지칭한다. 여기서의 the young은 '젊은이들'이라는 뜻이다. 따라서 동사의 수 역시 are가 되어야 한다.

3 무관사

부정관사나 정관사를 하지 않는 경우로, 아래의 용법은 익혀 두어야 한다.

1) 계절, 식사, 운동, 학과명

• in summer 여름에

• have breakfast 아침을 먹다

• play tennis 테니스 치다

• I want to major in economics 나는 경제학을 전공하고 싶다.

Q1 괄호 안에 알맞은 것을 고르시오.

1. What do you usually have for [breakfast / a breakfast]? (05. 경찰 1차)

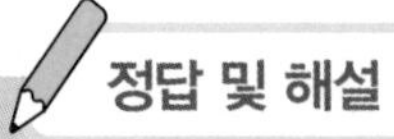

Q1 **1. breakfast**

해석 아침으로 무엇을 주로 먹나요?

해설 식사를 나타낼 때는 관사를 사용하지 않는다.

2) by + 교통, 통신, 결제 수단

- by subway 지하철로
- by email 이메일로
- by check 수표로
- Can I pay by credit card? 신용카드로 지불해도 될까요?

3) 무관사 + 특정 장소

무관사에 특정 장소가 따라붙으면 장소의 본래 목적을 나타낸다.

무관사 + 특정 장소 → 본래 목적	정관사 + 특정 장소 → 장소 자체
go to bed(자러 가다)	go to the bed(침대에 가다)
go to hospital(진찰받으러 가다)	go to the hospital(병원이라는 장소에 가다)
go to prison(투옥되다)	go to the prison(감옥이라는 장소에 가다)

개·념·완·성 연습 문제

Q1 빈칸에 알맞은 것을 고르시오.

1. Sue went to [prison / the prison] to visit her father last week. (06. 선관위 9급)

2. Remember to turn off the lights when you go to [bed / the bed].

정답 및 해설

Q1 **1. the prison**

해석 Sue는 지난주에 아버지를 방문하기 위해서 교도소에 갔다.

해설 문맥상 감옥에 투옥된 것이 아니라, 교도소라는 건물에 갔으므로 정관사 the가 필요하다.

2. bed

해석 자러 갈 때는 잊지 말고 전깃불을 끄도록 해라.

해설 문맥상 침대에 가는 것이 아니라 '자러 가다'가 자연스러우므로 정관사 the 없이 사용해야 한다.

개·념·완·성 연습 문제

Q1 빈칸에 알맞은 것을 고르시오.

1. I moved to ____________ apartment last month.

2. It is ____________ movie that I've ever seen.

3. Lauren is ____________ only female student in the school.

4. We plan to go Seoul by ____________ train.

5. Jack is ____________ honest and kind man.

6. The engineers went to ____________ hospital to fix its computer system.

7. My parents used to live in __________ U.S. and now live in __________ Korea.

정답 및 해설

Q1 **1. an**

해석 나는 지난주에 아파트에 이사했다.

해설 여기서 아파트는 처음 문맥으로 등장하기 때문에 정해지지 않은 아파트를 의미한다. 따라서 정관사 대신 부정관사를 사용한다.

2. the

해석 이것은 내가 지난주에 본 영화이다.

해설 이 문장에서 movie라는 명사를 뒤에서 that I've ever seen이라는 관계절이 수식하고 있으므로 정관사 the가 필요하다.

3. the

해석 Lauren은 이 학교에서 유일한 여자이다.

해설 유일한 대상을 나타낼 때는 정관사 the를 사용한다.

4. 무관사

해석 우리는 서울에 기차로 갈 계획이다.

해설 by 뒤에 수단이 나오는 경우 관사를 사용하지 않는다.

5. an

해석 Jack은 정직하고 친절한 사람이다.

해설 문맥상 honest와 kind가 Jack이라는 한 사람을 설명하고 있으므로 부정관사를 사용한다.

6. the

해석 그 기술자는 컴퓨터 시스템을 수리하기 위해서 병원에 갔다.

해설 문맥상 기술자가 입원한 것이 아니라 병원이라는 건물 자체에 갔으므로 정관사 the를 사용한다.

7. the, 무관사

해석 우리 부모님은 미국에서 살았고, 지금은 한국에서 살고 계신다.

해설 the U.S.는 원래 the United States의 약어이다. '미합중국'과 같이 여러 주나 여러 섬이 모여서 하나의 나라가 된 경우, 나라 이름에 → s가 붙고, 하나의 나라라는 것을 나타내기 위해 앞에 정관사 the를 사용한다. 반면 Korea와 같은 일반적인 나라명 앞에는 관사를 사용하지 않는다.

4 단위명사

1) 거리, 금액, 무게, 시간

거리, 금액, 무게, 시간 등은 전체를 하나의 단위로 생각해서 단수 취급한다.

- Three hours is enough to read a book. 3시간은 책 한 권 읽기에 충분하다.
- Five kilometers is a long way to walk. 5km는 걷기에는 먼 길이다.

개·념·완·성 연습 문제

Q1 괄호 안에 알맞은 것을 고르세요.

1. Ten years [is / are] a long time to make many changes.

정답 및 해설

Q1 **1. is**

해석 10년은 변화를 만드는 데 긴 시간이다.

해설 여기서 10년은 하나의 단위를 나타내므로 단수 취급한다.

2) 단위 명사가 뒤의 명사를 수식하는 경우 단수 취급한다.

a 10-years-old boy [X] → a 10-year-old boy.

- My son is ten years old. 나의 아들은 10살이다.
- My son is a ten-year-old boy. 나의 아들은 10살 된 소년이다.

3) by the 단위명사 : ~ 단위로

by 뒤에 킬로, 미터, 시간과 같은 단위를 나타내는 명사가 오는 경우, 정관사 the와 함께 사용해야 한다.

- be sold+ by the + meter(kilogram, pound) 미터(킬로그램, 파운드) 단위로 팔리다.
- be paid + by the + hour(day) 시간당(일당)으로 지불되다.

개·념·완·성 연습 문제

Q1 괄호 안에 알맞은 것을 고르세요.

1. Most of the temporary employees will be paid by [hour / the hour].

정답 및 해설

Q1 **1. the hour**

해석 대부분의 임시직 직원들은 시급으로 지급을 받을 것이다.

해설 by 뒤에 단위를 나타내는 명사가 오는 경우 정관사 the를 같이 사용해야 한다.

5 관사의 위치

1) 일반적 위치 : 관사 + 부사 + 형용사 + 명사

명사 앞에 사용되는 것들 중에서 관사는 수식어(형용사나 부사)보다 앞에 위치한다.

• a very diligent student. 매우 친절한 학생

중요 포인트 **관사를 사용할 때 주의사항**

so나 such 등은 관사보다 앞에 사용하는데, 이때 부정관사의 위치를 주의해야 한다!

so too as how	+ 형용사 + a(n) + 명사	such quite rather what	+ a(n) + 형용사 + 명사

• The manager is so **kind** that every guest likes him. 그 매니저는 매우 친절해서 모든 손님들이 그를 좋아한다.
= The manager is **so kind a man** that every guest likes him.
= The manager is **such a kind man** that every guest likes him.

개·념·완·성 연습 문제

Q1 다음 문장을 어법에 맞게 고치시오.

1. Never have I met such generous a man before. (17. 경찰 2차)

정답 및 해설

Q1 **1. such generous a man → such a generous man**

해석 나는 전에 이렇게 친절한 사람은 만난 적이 없다.

해설 such는 'such + a(n) + 형용사 + 명사'의 어순을 지켜서 사용해야 한다.

MEMO

완벽 마스터! 실전 문제

1. 괄호 안에 어법상 알맞은 것을 고르시오.

01 The [ten-story / ten-stories] building was designed by the famous designer.

02 We decided to buy [furniture / furnitures] in the new house.

03 She informed me of the news by [phone / a phone]. (20. 경찰 3차)

04 She held him by [the hand / his hand].

05 I wish Linda would drive us to the airport but she has [too small a car / such a small car] to take us all.

06 The college newspaper prints only the news that [is / are] of interest to students and faculty. (12. 사복직 9급)

07 The new subway line will enable residents to travel directly to the airport [by train / by the train].

08 The elderly [spend / spends] more on healthcare than any other group.

09 The police [is / are] very unwilling to interfere in family problems. (16. 지방직 9급)

10 As [difficult a task / a difficult task] as it was, Linda did her best to complete it. (17. 국가직 9급)

정답 및 해설

01 ten-story

| 해석 | 그 10층짜리 건물은 유명한 디자이너가 디자인했다.

| 해설 | ten-story가 building을 수식하는 경우에는 뒤에 나오는 명사를 수식하는 형용사 기능을 하는 것이므로 단수형으로 사용해야 한다.

02 furniture

| 해석 | 우리는 새 집에 가구를 구입하기로 결정했다.

| 해설 | furniture는 불가산명사이므로 항상 단수형으로 사용한다.

03 phone

| 해석 | 그녀는 그 소식을 전화로 나에게 알려 줬다.

| 해설 | by 뒤에 수단을 나타내는 명사가 오는 경우 관사를 붙이지 않는다.

04 the hand

| 해석 | 그녀는 그의 손을 잡았다.

| 해설 | 신체의 일부를 나타낼 때는 반드시 정관사 the를 사용한다.

05 too small a car

| 해석 | 나는 Linda가 우리를 공항까지 데려다주기를 원하지만, 그녀의 차는 너무 작아서 우리를 다 태울 수 없다.

| 해설 | too라는 부사는 뒤에 'too + 형용사 + a + 명사' 어순을 취한다. such a small car는 어순 자체는 맞지만 뒤에 나오는 to부정사와 어울리지 않는다.

06 is

| 해석 | 대학 신문은 오직 학생들과 교수들이 흥미가 있는 뉴스거리들만 출판한다.

| 해설 | that은 주격 관계대명사로 앞에 있는 명사 news를 받는다. 그리고 news는 복수 형태지만 불가산명사이므로 단수 취급해야 한다.

07 by train

| 해석 | 그 새로운 지하철 노선은 주민들이 공항에 기차로 곧장 갈 수 있도록 해 줄 것이다.

| 해설 | by 뒤에 수단을 나타내는 표현이 제시되면 관사를 사용하지 않는다.

08 spend

| 해석 | 노인들은 다른 어떤 그룹보다 의료 관리에 많은 돈을 지출한다.

| 해설 | 'that' 형용사가 복수명사를 지칭하므로 동사 역시 복수명사가 되어야 한다.

09 are

| 해석 | 경찰은 가족 문제에 개입하는 것을 꺼린다.

| 해설 | the police는 단수형이지만 복수 취급하므로 동사 역시 복수동사가 되어야 한다.

10 difficult a task

| 해석 | 비록 그 일이 어려운 것이지만, Linda는 그것을 끝내기 위해서 최선을 다했다.

| 해설 | as는 'as + 형용사 + a + 명사' 어순을 따라야 한다. 'as + 형용사 + a + 명사'가 도치되어 문두에 가는 경우 양보 부사절이므로 '비록 ~이지만'이라고 해석하면 된다.

2. 어법상 틀린 부분을 바르게 고치시오.

01 Linguistics share with other sciences a concern. (12. 서울시 9급)

02 She bought interesting book for her younger brother.

03 My sister was upset last night because she had to do too many homeworks. (13. 지방직 9급)

04 My family is all early risers.

05 Sometimes I feel like my best friend is only person I can trust.

06 The study's findings proved the relate between fast food and obesity.

07 The company's decision to move to the area was a good news for stockholders.

08 If you want more informations, talk to the manager.

09 I must leave now because I am starting works at noon today. (20. 지방직 9급)

10 More doctors were required to tend sick and wounded. (17. 지방직 9급)

정답 및 해설

01 share → shares

| 해석 | 언어학은 다른 학문과 관심사를 공유한다.

| 해설 | Linguistics는 형태상으로 복수형 같지만, 학문명은 단수 취급하므로 동사 역시 단수가 되어야 한다.

02 interesting book → an interesting book

| 해석 | 그녀는 남동생을 위해서 흥미로운 책을 구입했다.

| 해설 | book은 가산명사이므로 단독으로 쓸 수 없고, 관사가 붙거나 복수형이 되어야 한다.

03 many homeworks → much homework

| 해석 | 내 여동생은 지난 밤에 너무 많은 숙제를 해야 해서 화가 났다.

| 해설 | homework은 불가산명사이므로 복수형으로 사용할 수 없고, 이것을 꾸미는 한정사 역시 수를 나타내는 표현인 many가 아니라 양을 나타내는 표현인 much를 사용해야 한다.

04 is → are

| 해석 | 우리 가족들은 모두 일찍 일어난다.

| 해설 | 이 문장에서 family는 가족 구성원 전체를 나타내므로 복수형으로 취급되어야 한다.

05 only person → the only person

| 해석 | 때때로 나는 나의 가장 친한 친구가 내가 믿을 수 있는 유일한 사람처럼 느껴진다.

| 해설 | person은 가산명사이므로 단독으로 사용될 수 없다. 그리고 유일물이나 유일한 사람을 나타낼 때는 정관사 the를 사용한다. 따라서 only 앞에는 the가 있어야 한다.

06 relate → relation

| 해석 | 그 조사의 결과는 패스트푸드와 비만과의 관계를 입증했다.

| 해설 | 이 문장에서 prove은 타동사로 뒤에 목적어가 필요하다. 따라서 동사 대신 명사형을 사용해야 한다.

07 a good news → good news

| 해석 | 그 지역으로 이전하려는 그 회사의 결정은 주주들에게 좋은 소식이었다.

| 해설 | news는 뒤에 –s가 붙지만 불가산명사다. 따라서 a와 함께 사용할 수 없다.

08 informations → information

| 해석 | 만약 보다 많은 정보를 원하면, 매니저에게 이야기하세요.

| 해설 | information은 대표적인 불가산명사이므로 복수형으로 사용할 수 없다.

09 works → work

| 해석 | 나는 오늘 정오에 일을 시작해서 지금 떠나야 한다.

| 해설 | work이 '일'을 나타낼 때는 불가산명사다. 따라서 –s가 붙을 수 없다. works와 같이 복수형으로 사용되면, '작품'이라는 뜻을 가지는 가산명사가 된다.

10 sick and wounded → the sick and the wounded

| 해석 | 보다 많은 의사들이 아프고 부상당한 사람들을 돌볼 것이 요구되었다.

| 해설 | 'the + 형용사'가 복수보통명사를 나타내므로 '아픈 사람들과 부상당한 사람들'을 표시할 때 각각의 앞에 정관사 the가 필요하다. 따라서 the sick and the wounded가 되어야 한다.

만점을 향해! 심화 문제

01 **우리말을 영어로 잘못 옮긴 것을 고르시오.** (17. 지방직 9급 응용)

① 그를 당황하게 한 것은 그녀의 거절이 아니라 그녀의 무례함이었다.
→ It was not her refusal but her rudeness that perplexed him.

② 부모는 아이들 앞에서 그들의 말과 행동에 대해 아무리 신중해도 지나치지 않다.
→ Parents cannot be too careful about their words and actions before their children.

③ 이것은 상처를 주는 사람을 위한 것이고, 이쪽은 상처를 받은 사람들을 위한 것이다.
→ This is for the breathtakers, and this side is for brokenhearted.

④ 설상가상으로, 또 다른 태풍이 곧 올 것이라는 보도가 있다.
→ To make matters worse, there is a report that another typhoon will arrive soon.

02 **밑줄 친 부분 중 어법상 가장 옳지 않은 것은?** (16. 지방직 9급)

> He acknowledged that ①<u>the number</u> of Koreans were forced ②<u>into</u> labor ③<u>under harsh conditions</u> in some of the locations ④<u>during the 1940's.</u>

03 **다음 밑줄 친 부분 중 어법상 옳지 않은 것은?** (15. 서울시 9급)

> The cartoon character SpongeBob SquarePants is ①<u>in a hot water</u> from a study ②<u>suggesting</u> that watching just nine minutes ③<u>of that program</u> can cause short-term attention and learning problems ④<u>in 4-year-olds.</u>

정답 및 해설

01 ③ brokenhearted → the brokenhearted

| 해설 | ③ '상처를 받은 사람들'이라는 뜻으로 복수가산명사가 되기 위해서는 'the + 형용사(과거분사)'가 되어야 한다. 따라서 brokenhearted 앞에 정관사 the가 필요하다.

| 오답 분석 |

① 'not A but B'와 강조 용법을 이용한 표현이다.

② 'cannot ~ too' 구문으로 '아무리 ~해도 지나치지 않다'라는 뜻의 관용 표현이다.

④ To make matters worse는 '설상가상으로'라는 관용 표현이다.

02 ① the number → a number

| 해석 | 그는 1940년대 몇몇 장소에서 많은 한국인들이 가혹한 조건하에 강제 노동에 동원되었음을 인정했다.

| 해설 | ① 'He acknowledged that the number of Koreans were forced into labor~'에서 동사 were가 사용되었기 때문에 the number of를 a number of로 수정해야 한다.

| 오답 분석 |

② '~하도록 강요받다'는 'be forced to' 혹은 'be forced into 명사'로 나타낼 수 있다.

③ under conditions는 '~한 환경에서'라는 뜻으로, 형용사 harsh가 명사인 conditions를 수식하고 있다.

④ during 뒤에는 특정 시간과 관련된 명사가 온다.

03 ① in a hot water → in hot water

| 해석 | 만화 캐릭터 스폰지밥의 스퀘어 팬츠는 단지 그 프로그램을 9분 동안 보는 것만으로도 4살 아이들에게 짧은 기간 동안의 집중력과 학습에 있어서의 문제를 야기한다는 연구로부터(의해서) 곤경에 처해 있다.

| 해설 | ① be in hot water은 '곤경에 처하다'라는 뜻을 가지고 있는 관용어이다. water가 불가산명사이므로 관사 'a'를 빼야 한다.

| 오답 분석 |

② 앞의 명사 study를 꾸며 주고 뒤에 목적어 that절이 있으므로 현재 분사로 옳게 쓰였다.

③ that과 program의 수가 일치한다.

④ 4-year의 뒤에 수식하는 명사가 없다. 대신 형용사 old 뒤에 -s가 붙어서 '4살 아이들'이라는 뜻으로 사용되었다.

04 밑줄 친 부분 중 어법상 옳지 않은 것은? (15. 서울시 9급)

It was ①a little past 3 p.m. when 16 people gathered and sat cross-legged in a circle, blushing at the strangers they knew they'd ②be mingling with for the next two hours. Wearing figure-hugging tights and sleeveless tops in ③a variety of shape and size, each person took turns sharing their names and native countries. ④All but five were foreigners from places including the United States, Germany and the United Kingdom.

05 다음 밑줄 친 부분 중 어법상 옳지 않은 것은? (14. 서울시 9급)

My ①art history professors prefer Michelangelo's painting ②to viewing his sculpture, although Michelangelo ③himself was ④more proud of the ⑤latter.

정답 및 해설

04 ③ a variety of shape and size → a variety of shapes and sizes

| 해석 | 16명의 사람들이 모여 얼굴을 붉히면서 그들이 2시간 동안 어울려야 할 낯선 이들을 보며 양반다리를 하고 둥글게 둘러 앉아 있었을 때가 오후 3시가 조금 지났을 때였다. 다양한 모양과 사이즈의 몸매가 드러나는 타이즈(팬티스타킹)와 민소매 티를 입고, 각 사람들은 교대로 그들의 이름과 출신 국가를 공유하였다. 다섯 명을 제외하고는 모두 미국, 독일 그리고 영국에서 온 외국인들이었다.

| 해설 | ③ a variety of는 복수명사를 수식하기 대문에 shapes and sizes로 고쳐야 한다.

| 오답 분석 |

① a little은 부사로, 뒤에 오는 past를 수식한다.

② they knew와 they'd be mingling 사이에 관계대명사 that이 생략되었다. 관계절은 주격 관계대명사이면 뒤에 주어가 없고, 목적격 관계대명사이면 뒤에 목적어가 없는 불완전한 문장이 뒤따라야 한다. 이 문장의 경우 전치사 with의 목적어가 없는 불완전한 문장이므로 올바르게 쓰였다.

④ 이 문장에서 주어는 All이다. All과 were의 수는 일치한다. but은 '~을 제외하고'라는 뜻을 지닌 전치사로 사용되었다.

| 어휘 |

- sit cross-legged 양반다리를 하고 앉다
- blush 얼굴을 붉히다
- mingle with ~와 뒤섞이다, ~와 교제하다, 어울리다
- figure-hugging 몸매가 드러나는, 몸에 딱 맞는
- take turns -ing 교대로 ~하다

05 ② to viewing his sculpture → to his sculpture

| 해석 | 나의 미술사 교수님들은 비록 미켈란젤로는 후자(조각)를 더 자랑스러워 했음에도 불구하고 미켈란젤로의 조각보다 그의 그림을 더 선호한다.

| 해설 | ②'prefer A to B' 구문에서 A와 B는 서로 비교 대상이므로 '미켈란젤로의 그림'과 '미켈란젤로의 조각'이 비교되어야 하는 것이지, '미켈란젤로의 조각을 보는 것'과는 비교할 수 없다. 따라서 viewing을 삭제해야 한다.

| 오답 분석 |

① 동사가 prefer로 복수형이므로 주어 역시 professors로 수가 일치하고 있다.

③ 재귀대명사는 강조 용법으로 사용한다. 강조 용법은 명사나 대명사 바로 뒤에 사용이 가능하다.

④ more proud of the latter (than the former)에서 문맥상 알 수 있는 than the former가 생략된 것이므로 비교급이 맞게 사용되었다. proud도 뒤에 전치사 of를 바르게 수반하고 있다.

⑤ the latter는 '후자'(조각)를 가리키는 것으로 정관사 the와 함께 바르게 쓰였다.

학습 내용

❶ 인칭대명사의 격을 공부한다.

❷ 대명사 it의 3가지 용법을 이해한다.

- 가주어, 가목적어, 강조 구문

❸ it, one, that의 차이를 이해한다.

- 수식어가 없으면 it, 수식어가 앞에 있으면 one, 수식어가 뒤에 있으면 that

❹ those는 who나 분사 앞에 사용되어서 '~하는 사람들'의 의미를 가진다.

❺ 재귀대명사의 재귀 용법(목적어 자리)과 강조 용법(부사 자리)을 이해한다.

❻ 소유격과 소유대명사의 차이를 공부한다.

❼ 부정대명사 one, another, others, the other, the others를 구분한다.

❽ 부분 부정과 전체 부정의 차이를 이해한다.

- 부분 부정 : not + 전체어(all, every, both) = 모두 ~한 것은 아니다.
- 부분 부정 : not + 전체어(always, necessarily) = 언제나 ~한 것은 아니다

대명사

01 인칭대명사

02 지시대명사

03 재귀대명사

04 소유대명사

05 부정대명사

Chapter 03

대명사

1 인칭대명사

대명사란 동일한 명사가 반복되어서 사용되는 것을 막기 위해 명사 대신 사용되는 말이다. 그중 인칭대명사는 사람이나 사물을 가리키는 대명사이다. 말하는 사람은 1인칭, 듣는 사람은 2인칭, 그 밖의 사람을 3인칭이라고 한다.

1 인칭대명사의 종류

인칭대명사 문제로는 주로 수와 격을 결정하는 문제가 출제된다. 격은 문장에서 맡은 역할에 따라서 결정된다. 주어 자리에 들어간다면 주격, 명사 앞에 들어간다면 소유격, 목적어 자리에 들어간다면 목적격을 사용한다. 그리고 '~의 것'은 소유대명사, '~자신'은 재귀대명사로 표현한다.

			주격 (~이/가)	소유격 (~의)	목적격 (~을/를)	소유대명사 (~의 것)
1인칭	단수		I	my	me	mine
	복수		we	our	us	ours
2인칭	단수		you	your	you	yours
	복수					
3인칭	단수	남성	he	his	him	his
		여성	she	her	her	hers
		중성	it	its	it	–
	복수		they	their	them	theirs

2 인칭대명사의 쓰임

인칭대명사를 쓸 때는 가리키는 명사의 수와 성을 구별해야 한다.

단수	3인칭 남자	Steve, Mr. Park, my brother, my friend	He
	3인칭 여자	Laura, Ms. Kim, my mom, my sister	She
	3인칭 사물/동물	table, chair, dog, cat	It
복수	명사의 복수형	students, my friends, the boxes	They
	and로 묶인 명사들	She and I, he and his mom, the box and the chair	

• Laura is a student. She is beautiful. Laura는 학생이다. 그녀는 아름답다.

• I have a boyfriend. He loves me very much. 나는 남자친구가 있다. 그는 나를 매우 사랑한다.

• I have a dog. It is black. 나는 강아지 한 마리가 있다. 그것은 검정색이다.

• This book is not mine. It is his. 이 책은 내 것이 아니다. 이것은 그의 것이다.

중요 포인트

1인칭 인칭대명사와 me

1인칭 인칭대명사의 경우 주격 보어 자리에 me를 쓰는 것이 가능하다.

• A: Who lost this key? 누가 키를 분실했지?
B: It's me. 나야

개·념·완·성 연습 문제

Q1 괄호 안에 알맞은 것을 고르시오.

1. The attendees were all satisfied except Karl and [me / I].

2. We can't give up electricity, but we can control the ways we use [it / them]. (17. 경찰 2차)

정답 및 해설

Q1

1. me

해석 Karl과 나를 제외한 참석자들은 모두 만족했다.

해설 except이라는 전치사 뒤에는 목적어가 와야 하므로 목적격을 사용한다.

2. it

해석 우리는 전기를 포기할 수 없다. 그러나 우리는 우리가 그것을 사용하는 방법을 통제할 수 있다.

해설 electricity를 받는 대명사가 필요하므로 단수형인 it이 정답이다.

3 대명사 it의 주요 용법

it은 모양에서 알 수 있듯이, 가장 만만하게 자주 사용되는 대표 대명사이다. 주요 용법은 다음과 같다.

1) 가주어

2형식 문장에서 주어가 긴 경우 주어를 뒤로 빼고, 기존의 주어 자리에 가주어 it을 사용한다.

> **It** is + 형용사 + **to R**
> **that S V**

• To study English is difficult. → It is difficult to study English. 영어 공부 하는 것은 어렵다.

2) 가목적어

5형식 문장에서 목적어가 긴 경우 목적어를 뒤로 빼고, 기존의 목적어 자리에 가목적어 it을 사용한다.

> **주어** + 5형식 동사(make, keep) + **it** + 형용사 **to R**
> **that S V**

• The teacher made it possible for me to enter the school. 그 선생님은 내가 그 학교에 입학하는 것을 가능하게 했다.

• He made it clear that he wishes to report to the board. 그는 이사회에 보고하는 것을 원하다는 것을 분명하게 했다.

연습 문제

Q1 어법에 맞게 고치시오.

1. Most of the companies found challenging to stay ahead.

2. The students found it easily to pass the test.

정답 및 해설

Q1

1. found challenging → found it challenging

해석 대부분의 회사들은 앞서 나가는 것이 어렵다고 생각했다.

해설 find는 5형식 동사이므로 바로 뒤에 목적어가 와야 한다. 이 문장의 목적어는 to stay ahead이다. 목적어가 너무 길어서 뒤로 빠졌기 때문에 기존의 목적어 자리에 가목적어 it이 필요하다.

2. found it easily → found it easy

해석 그 학생들은 시험에 통과하는 것이 쉽다고 생각했다.

해설 find는 대표적인 5형식 동사이다. 목적어가 to pass the test인데, 뒤로 간 형태이다. 기존의 목적어 자리에 가목적어 it을 쓴 것은 맞다. 그런데 그 뒤에 목적격 보어가 수반되어야 한다. 목적격 보어 자리에는 부사가 아니라 형용사형이 들어간다.

3) It ~ that 강조 구문

동사를 제외한 나머지 문장 성분을 강조할 때 It ~ that 구문을 사용한다. 강조하는 대상을 It be동사와 that 사이에 넣는다. that 이후에는 문장의 나머지 성분을 순서대로 넣으면 된다.

It + be동사 + **강조 대상(명사 / 부사)** + **that** + 문장의 나머지 성분

- Tom retired before the company went bankrupt. Tom은 회사가 부도나기 전에 은퇴했다.
  → It was Tom that retired before the company went bankrupt. 회사가 부도나기 전에 은퇴한 사람은 바로 Tom이었다.

개·념·완·성 연습 문제

Q1 빈칸에 알맞은 대명사를 사용해서 문장을 완성하시오.

1. Laura is my daughter. I see ________________ every day.

2. Mark is my friend. I share everything with _____________.

3. I have a diary. _________________ cover is yellow.

4. We have a problem. Please help _____________.

5. Jeffery has a nice watch. I want a watch like _____________.

6. We have trees in the garden. _____________ leaves are yellow now.

정답 및 해설

Q1

1. her

해석 Laura는 나의 딸이다. 나는 그녀를 매일 본다.

해설 빈칸은 see의 목적어 자리이고 주어가 여성이므로 her를 사용한다.

2. him

해석 Mark는 나의 친구이다. 나는 그와 모든 것을 공유한다.

해설 빈칸은 전치사 with의 목적어 자리이고 Mark가 남성이므로 him을 사용한다.

3. Its

해석 나에게는 일기장이 있다. 그것의 표지는 노란색이다.

해설 앞의 명사 a diary를 받고 있고, cover라는 명사 앞에 소유격 Its가 와야 한다.

4. us

해석 우리에게는 문제가 있습니다. 도와주세요.

해설 앞에 제시된 we를 받고 있고, help라는 타동사의 목적어 자리이므로 us를 사용한다.

5. his

해석 Jeffry는 좋은 시계를 가지고 있다. 나는 그의 것과 같은 시계를 원한다.

해설 빈칸에는 의미상 his watch가 들어가야 한다. '소유격 + 명사'는 소유대명사로 대신 받아 준다.

6. Their

해석 우리는 정원에 나무를 가지고 있다. 그것들의 잎은 이제 노란색이다.

해설 trees라는 복수명사를 받고 있고, 뒤에 있는 leaves라는 명사를 수식하므로 소유격을 사용해야 한다. Their가 정답이다. Their는 사람뿐만 아니라 사물에도 사용할 수 있다.

2 지시대명사

1 this

'이것, 이 사람, 이 ~의'라는 뜻을 가지고 있다. 가까이 있는 사물이나 사람을 가리키다. 복수형은 these이다.

- This is a gift for you. 이것은 너의 선물이다.
- This book is very helpful. 이 책은 매우 유용하다.
- These are my books. 이것들은 나의 책이다.
- These books are very interesting. 이 책들은 매우 흥미롭다.

2 that

'저것, 저 사람, 저 ~의'라는 뜻을 가지고 있다. 멀리 떨어져 있는 사람이나 사물을 가리키다. 복수형은 those 이다.

- That is my chair. 저것은 나의 의자이다.
- That car is very expensive. 그 차는 매우 비싸다.
- Those are my favorite books. 저것들은 내가 좋아하는 책이다.
- Those people are very kind. 저 사람들은 매우 친절하다.

3 주의해야 할 지시대명사 용법

1) 전자(that) vs 후자(this)

that과 this는 각각 전자와 후자를 나타낼 수 있다. this는 상대적으로 가까이 있는 요소인 후자를, that은 상대적으로 멀리 있는 요소인 전자를 가리킨다.

- Health is above wealth, for this doesn't give so much happiness as that.
  건강은 부보다 위에 있다. 왜냐하면 후자가 전자보다 많은 행복을 주지는 않기 때문이다.

2) one(ones) vs that(those) vs it(them)

대명사 문제 중 one, that, it 등을 구분하는 문제가 까다롭다. yellow one과 같이 수식어가 앞에 위치해서 꾸며 주면 one(ones)를, that of Seoul과 같이 수식어가 뒤에 위치해서 꾸며 주면 that(those)를, 그리고 수식어가 없으면 it(they)를 사용한다.

	단수	복수
수식어가 앞에 위치해서 꾸며 주면	one	ones
수식어가 뒤에 위치해서 꾸며 주면	that	those
수식어가 없는 경우	it	them

Q1 괄호 안에 알맞은 것을 고르시오.

1. The climate of Osaka is milder than [that / those] of Busan.

2. The boss wanted sales figures. Let's present [those / them] next week.

3. The traffic of a big city is busier than [that / those] of a small city. (20. 국가직 9급)

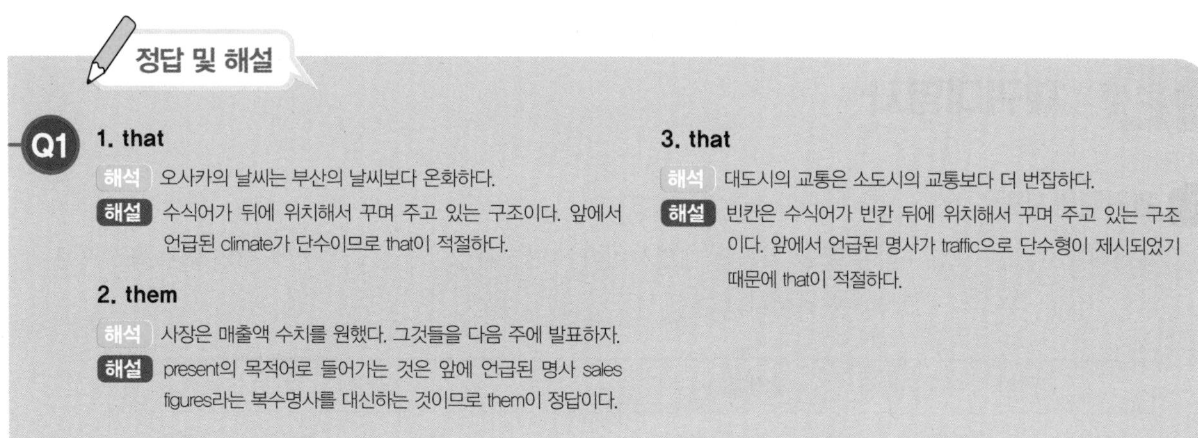
정답 및 해설

Q1

1. that

해석 오사카의 날씨는 부산의 날씨보다 온화하다.

해설 수식어가 뒤에 위치해서 꾸며 주고 있는 구조이다. 앞에서 언급된 climate가 단수이므로 that이 적절하다.

2. them

해석 사장은 매출액 수치를 원했다. 그것들을 다음 주에 발표하자.

해설 present의 목적어로 들어가는 것은 앞에 언급된 명사 sales figures라는 복수명사를 대신하는 것이므로 them이 정답이다.

3. that

해석 대도시의 교통은 소도시의 교통보다 더 번잡하다.

해설 빈칸은 수식어가 빈칸 뒤에 위치해서 꾸며 주고 있는 구조이다. 앞에서 언급된 명사가 traffic으로 단수형이 제시되었기 때문에 that이 적절하다.

3) 불특정 일반인을 나타내는 those

관계절, 분사, 전명구와 같은 것들이 뒤에서 꾸며 주고 '사람들'이라는 뜻을 나타낼 때는 those를 사용한다.

- Heaven helps <u>those</u> who help themselves. 하늘은 스스로 돕는 자들을 돕는다.

Q1 다음 밑줄 친 부분을 바르게 고쳐 쓰시오.

1. Lauren broke <u>hers</u> vase by accident.

2. <u>Its</u> my first visit to Japan.

3. <u>My sister and me</u> are twins.

4. Jenny didn't invite <u>you and I</u> to her birthday party.

정답 및 해설

Q1

1. hers → her

해석 Lauren은 그녀의 화분을 실수로 깨뜨렸다.

해설 vase라는 명사를 꾸며 주는 것이 필요하므로 소유대명사 hers가 아닌 인칭대명사 소유격 her가 되어야 한다.

2. Its → It's

해석 이것은 내가 일본에 가는 첫 여행이다.

해설 문장에서 동사가 없다. 따라서 소유격 its가 아니라 it is의 축약형인 it's가 되어야 한다.

3. My sister and me → My sister and I

해석 우리 동생과 나는 쌍둥이이다.

해설 are라는 동사 앞에 밑줄이 있으므로 주어 자리이다. 따라서 목적격 me가 아닌 주격 I를 사용해야 한다.

4. you and I → you and me

해석 Jenny는 당신과 나를 그녀의 생일 파티에 초대하지 않았다.

해설 밑줄이 invite라는 타동사 뒤에 있으므로 목적어 자리임을 알 수 있다. 따라서 주격이 아닌 목적격이 되어야 한다.

3 재귀대명사

1 재귀대명사란?

재귀대명사는 '~자신'이라는 뜻을 가지는 대명사이다. 1인칭과 2인칭은 소유격에, 3인칭은 목적격에 각각 단수는 -self, 복수는 -selves를 붙여서 만든다.

1인칭		2인칭		3인칭			
단수	복수	단수	복수	남성	여성	중성	복수
myself	ourselves	yourself	yourselves	himself	herself	itself	themselves

2 재귀대명사의 용법

1) 재귀 용법

주어와 목적어가 같은 경우 목적어 자리에 반드시 재귀대명사를 사용해야 한다.

- People love themselves. 사람들은 자신들을 사랑한다.
  주어 동사 목적어(주어 = 목적어)

2) 강조 용법

부사 자리에 사용되어서 '직접'이라는 의미를 지닌다.

- Steve carried the heavy bag himself. Steve는 직접 그 무거운 가방을 옮겼다.
  주어 동사 목적어 부사 자리

3) 관용 표현

'전치사 + 재귀대명사' 구조가 하나의 관용 표현으로 사용되는 것들이다.

by oneself(= alone) 혼자서
for oneself(= on one's own) 다른 사람의 도움 없이
of itself 저절로

개·념·완·성 연습 문제

Q1 빈칸에 알맞은 것을 고르시오.

1. Human beings quickly adapt [them / themselves] to the environment. (20. 국가직 9급)

2. The children's mother bought [them / themselves] dolls.

Q2 우리말과 일치하도록 괄호 안에 알맞은 것을 고르시오.

1. 그는 자신을 거울에 비쳐 보았다.
He looked at [him / himself] in the mirror.

2. 그녀는 자신을 공주님이라고 부른다.
She calls [her / herself] Princess.

3. 나는 그 배우가 마음에 들지 않았다. 그러나 영화 자체는 좋았다.
I didn't like the actor, but I like the movie [it / itself].

정답 및 해설

Q1

1. themselves

해석 인간들은 자기 자신들을 환경에 빠르게 적응시킨다.

해설 adapt라는 타동사 뒤에는 목적어가 와야 한다. 문장을 해석해 보면 주어와 목적어가 같은 대상을 지칭하는 경우이므로 재귀대명사를 사용한다.

2. them

해석 그 아이들의 엄마는 그들에게 인형을 사 주었다.

해설 buy는 4형식 동사로, 뒤에 간접 목적어와 직접 목적어를 취할 수 있다. 이런 유형의 문제는 굉장히 조심해야 하는데, 문장의 주어가 children이 아니고 children's mother이다. 그리고 목적어는 children이므로 주어와 목적어가 다르다. 따라서 재귀대명사를 사용하면 안 되고, 인칭대명사 목적격을 사용해야 한다.

Q2

1. himself

해설 주어와 목적어가 같으므로 목적어 자리에 재귀대명사를 사용한다.

2. herself

해설 calls라는 타동사의 목적어 자리에 주어 자신이 들어가므로 재귀대명사를 사용한다.

3. itself

해설 I like the movie가 완전한 문장이므로 빈칸에는 부사가 들어올 수 있다. 부사 자리에 사용할 수 있는 대명사는 재귀대명사 강조 용법이다. '그 자체는'으로 해석하면 된다.

4 소유대명사

1 소유대명사란?

소유대명사는 '~의 것'을 지칭하는 대명사이다. **'인칭대명사 + 앞에 나온 명사'**를 대신한다. 소유대명사의 모양은 주로 '소유격 + s'의 형태를 취한다.

- This book is mine. 그 선생님은 내가 그 학교에 입학하는 것을 가능하게 했다.
- Is it yours? 이거 너 것이니?
- Which tickets are ours? 어떤 티켓이 우리 것이니?

1인칭		2인칭		3인칭			
단수	복수	단수	복수	남성	여성	중성	복수
mine	ours	yours		his	hers	–	theirs

개·념·완·성 연습 문제

Q1 괄호 안에 알맞은 것을 고르시오.

1. His bag is bigger than [me / mine].

2. This briefcase is [him / his].

3. His experience at the hospital was worse than [her / hers]. (20. 지방직 9급)

4. We told them about our project, but they wouldn't tell us about [themselves / theirs].

정답 및 해설

Q1

1. mine

해석 그의 가방은 나의 가방보다 무겁다.

해설 빈칸은 my bag을 받는 자리이므로 소유대명사 mine을 사용한다.

2. his

해석 이 서류 가방은 그의 것이다.

해설 문맥상 his briefcase가 들어가야 하므로 소유대명사를 사용한다. 이때 조심해야 하는 것은 his는 인칭대명사 소유격과 소유대명사 둘 다로 사용이 가능하다는 점이다.

3. hers

해석 병원에서의 그의 경험은 그녀의 경험보다 더 나빴다.

해설 앞에 '그의 경험'이 제시되고 있으므로 빈칸에는 문맥상 her experience가 들어가야 한다. '소유격 + 명사'가 축약된 것이 소유대명사이기 때문에 hers가 들어가야 한다.

4. theirs

해석 우리는 그들에게 우리의 프로젝트에 관해 이야기했다. 그러나 그들은 우리에게 그들의 프로젝트에 관해 이야기하지 않았다.

해설 앞에 our project라는 '소유격 + 명사' 구조가 제시되었으므로, 빈칸에는 their project를 대신하는 소유대명사 theirs가 와야 한다.

5 부정대명사

1 부정대명사란?

부정대명사란 정해진 것이 아닌 불특정한 사람이나 사물을 가리키는 대명사이다.

2 대표적인 부정대명사

1) it vs one

it과 one의 차이를 많이들 혼동스러워한다. it은 앞에 언급된 '바로 그것'을 의미하고, one은 불특정한 것, 즉 '같은 종류지만 다른 것'을 지칭할 때 사용한다.

it	앞에 나온 것을 가리킴(= **the** + 명사)
one	불특정한 하나를 가리킴(= **a** + 명사)

• Oh my God! My computer broke down again. I don't like it. I want a new one!
이런. 컴퓨터가 또 고장이야. 나는 그게 싫어. 새로 하나 사고 싶어.

개·념·완·성 연습 문제

Q1 괄호 안에 알맞은 것을 고르시오.

1. I have a pen and you can use [it / one].

2. I need a pen. Can I borrow [it / one]?

3. I need to buy a workbook. Would you recommend [it / one]? (15. 기상직 9급)

Q2 [보기]에서 알맞은 말을 골라 빈칸을 채우시오.

one	it	ones	them

1. I lost my keys but I soon found ________ under the sofa.

2. Jeffery lost her umbrella, so he bought a new ____________.

3. I'm washing the dirty dishes, and she's drying the clean __________.

4. A: Where's your car?

B: I parked ___________ in the garage.

5. A: Will you try these pants?

B: Which __________ do you mean?

정답 및 해설

Q1

1. it

해석 펜이 한 자루 있는데, 너가 사용해도 돼.

해설 문맥상 빈칸은 앞에 언급된 a pen을 받는 자리이므로 it이 적절하다.

2. one

해석 내가 펜이 필요한데, 하나 빌릴 수 있나요?

해설 이 문장에서 pen은 불특정한 펜 하나를 지칭하므로 one으로 받아 준다.

3. one

해석 내가 연습장을 하나 사야 하는데, 하나 추천해 줄래?

해설 문맥상 정해진 연습장이 아니라 불특정한 연습장 하나를 지칭하므로 one으로 받아 준다.

Q2

1. them

해석 나는 키를 분실했지만 곧 소파 아래에서 찾았다.

해설 빈칸에는 my keys를 받는 복수명사가 와야 하므로 them이 정답이다.

2. one

해석 Jeffery는 우산을 분실했다. 그래서 그는 새것을 하나 구입했다.

해설 구매한 우산은 불특정한 우산 하나를 지칭하므로 one이 적절하다.

3. ones

해석 나는 더러운 접시를 닦고 있고, 그녀는 깨끗한 것들을 말리고 있다.

해설 빈칸 앞에 있는 clean이라는 형용사가 빈칸을 수식하고 있는 구조이다. 앞에서 언급된 명사가 복수이므로 ones가 정답이다.

4. it

해석 A: 차는 어디 있니? B: 주차장에 주차했어.

해설 앞에서 언급된 명사 your car가 단수이므로 it으로 받는다.

5. ones

해석 A: 이 바지 한번 입어 볼래? B: 어떤 거 말하는 거야?

해설 빈칸 앞에 있는 which는 의문형용사로, 뒤에 있는 명사를 꾸며 준다. 앞에서 언급된 pants가 복수형이므로 ones가 적절하다.

2) one vs another vs the other

시험에 빈출되는 부정명사로 one, another, the other 등이 있다. 기본적으로 처음에 언급하는 '하나'는 one, '또 다른 하나'는 another이다. 그리고 나머지를 지칭할 때는 other 앞에 the를 붙이는데, 나머지가 하나이면 the other, 나머지가 두 개 이상이면 the others를 사용한다.

- There are three rooms. **One** is mine, **another** is my sister's and **the other** is my parents'.

  방이 세 개 있다. 하나는 내 방이고 또 하나는 동생 방이고 나머지 하나는 부모님 방이다.

> **one**(처음 하나)
> **another**(또 다른 하나)
> **the other**(마지막 남은 하나)
> **some**(처음 몇 개)
> **others**(또 다른 것들)
> **the others**(마지막 남은 것들)

개·념·완·성 연습 문제

Q1 어법상 알맞은 것을 고르시오.

1. There are four necklaces to choose from. Two are expensive, but [the other / the others] are not.

2. [Some / Others] students live with their parents. [Others / The others] live on campus. Still others live in apartments near campus.

3. Three boys are exercising. Two boy can jump rope but [the other / the others] can't.

정답 및 해설

Q1

1. the others

해석 네 개의 목걸이를 선택할 수 있다. 두 개는 비싸지만, 나머지 것들은 그렇지 않다.

해설 네 개 중에서 앞에서 두 개를 언급했으니, 남아 있는 것은 두 개이다. 복수형이므로 the others가 정답이다.

2. some, others

해석 일부 학생들은 부모님들과 산다. 다른 일부는 캠퍼스에 거주하고, 여전히 일부는 캠퍼스 근처에 있는 아파트에 산다.

해설 처음에 일부를 지칭하는 표현으로는 some이 와야 한다. 두 번째 문장에서는 나머지 중에서 다른 일부를 지칭하고 있으므로 others를 사용한다. the others는 나머지 전부를 지칭하는 것이므로 적절하지 않다.

3. the other

해석 소년 세 명이 운동을 하고 있다. 두 명은 줄넘기를 할 수 있고, 나머지 한 명은 못한다.

해설 세 명 중에서 앞에서 두 명을 언급했으므로 빈칸에는 나머지 한 명을 지칭하는 the other가 와야 적절하다.

3) some vs any

some은 긍정문에서 사용하고, any는 부정문, 의문문, 조건문에서 사용한다. 예외적으로, 의문문에 some을 사용하는 경우에는 '요청'이나 '제안'을 나타내고, 긍정문에 any를 사용하는 경우에는 '어떠한'이라는 뜻을 나타낸다.

	사용할 때	뒤따르는 형태
some	긍정문에 사용(일부, 몇몇, 조금, 약간)	(+of) + 단수명사 + 단수동사 (+of) + 복수명사 + 복수동사
any	부정문에 사용(조금도) 의문문, 조건문에 사용(무슨, 어떤) 긍정문에 사용(어떤 ~라도)	

- Would you like **some** help? 도와 드릴까요?
- Come **any** day you like. 어떠한 날이라도 네가 좋을 때 와라.
- There is **some** (of the) water in the bottle. 병에 물이 약간 있다.

• Do you have any question? 질문 있으세요?

• Take any book you like. 좋아하는 책을 어떤 거라도 가져가세요.

4) each vs every

each는 형용사나 대명사로 사용이 가능하다. 반면 every는 형용사만 가능하고 대명사로는 사용하지 않는다.

	부정대명사	부정형용사
each	+ 단수동사 + of + 복수명사 + 단수동사	+ 단수명사 + 단수동사
every	대명사로 쓸 수 없음	+ 단수명사 + 단수동사

연습 문제

Q1 어법상 알맞은 것을 고르시오.

1. Each of the employees [is / are] using copiers.

2. I couldn't see [anything / something] in the dark.

3. [Both / Neither] of the twins is blond.

4. Would you like [some / any] pizza?

5. Every person at the meeting [is / are] fond of the idea.

정답 및 해설

Q1

1. is

해석 각각의 직원들은 복사기를 이용하고 있다.

해설 'each of the + 복수명사'에서 주어는 each이므로 동사 역시 단수가 와야 한다.

2. anything

해석 나는 어둠 속에서 아무것도 볼 수 없었다.

해설 앞에 couldn't 라는 부정어가 있는 부정문이므로 anything이 적절하다.

3. Neither

해석 쌍둥이 둘 다 금발이 아니다.

해설 이 문장에서 단서는 동사 is이다. 동사가 단수이므로 주어 역시 단수가 되어야 한다. both가 주어가 되면 동사는 복수형이 되어야 한다.

4. some

해석 피자 좀 드실래요?

해설 의문문이라고 무조건 any를 답하면 안 된다. any는 '어떠한'이라는 뜻을 지니고 있는데, 문맥상 '어떠한'이 아니라 '약간의'라는 뜻이 어울린다. 따라서 의문문이지만 some을 사용한다.

5. is

해석 미팅에 참석한 모든 사람들은 그 아이디어를 좋아한다.

해설 every는 '모든'이라는 뜻을 가지고 있지만 각각의 하나하나를 지칭하는 표현으로 단수 취급한다. 따라서 동사 역시 단수가 와야 한다.

부분 부정 vs 전체 부정

부분 부정과 전체 부정을 구분하는 문제는 영작 부문에서 자주 나오는 문제이다. 전체를 의미하는 all, every, both, necessarily, always 등이 부정어와 결합하면 '모두 ~한 것은 아니다'라는 부분 부정의 의미를 가지게 된다. 예를 들어, '나 영어, 수학 다 못해'는 전체 부정이다. 반면 '나 영어, 수학 둘 다 못하는 건 아니야'라고 말하면 부분 부정이 된다.

- I **don't** like all of them. 나는 모든 사람을 좋아하는 것은 아니다. [부분 부정]
- I **don't** like them. 나는 모든 사람들을 싫어한다. [전체 부정]
- I like **none** of them. 나는 어떤 사람도 좋아하지 않는다. [전체 부정]

1. 부분 부정

부정어	전체어	해석
	all, every, both	모두 ~ 한 것은 아니다
	always, necessarily	언제나 ~ 한 것은 아니다

- I **don't** like **all** of them. 나는 모두를 좋아하는 것은 아니다.
- The rich are **not always** happy. 부자들이 항상 행복한 것은 아니다.

2. 전체 부정

부정어			해석
no	neither	none	아무도 ~하지 않다
never	nobody	nothing	

개·념·완·성 연습 문제

Q1 다음 문장을 의미에 맞게 부분 부정으로 영작해 보시오.

1. [전제 부정] 나 인터넷 안 해 : I never do the Internet.

[부분 부정] 나는 항상 인터넷하는 것은 아니야 : ______________________________

2. [전체 부정] 그 아이들 전부 안 착해 : None of them are kind.

[부분 부정] 그 아이들 전부 착한 것은 아니야 : ______________________________.

3. [전체 부정] 그 계획에 아무도 동의하지 않았다 : Nobody agreed to the plan.

[부분 부정] 그 계획에 모두가 동의하는 것은 아니었다 : ______________________________

Q2 우리말 영작이 문법적으로 옳다면 ○, 틀리면 X를 표시하고, 틀린 부분을 옳게 고치시오.

1. 같은 나이의 두 소녀라고 해서 반드시 생각이 같은 것은 아니다.

Two girls of an age are not always of a mind. [　　　]

2. John과 Mary 둘 다 이전에 프랑스에 가 본 것은 아니다.

Both John and Mary have not been to France before. [ ]

3. 그는 그것에 대해 아무것도 모른다.

He doesn't know everything about it. (03. 국가직 9급) [ ]

정답 및 해설

Q1

1. [부분 부정] 나는 항상 인터넷하는 것은 아니야
: I don't always do the Internet.

2. [부분 부정] 그 아이들 전부 착한 것은 아니야
: They aren't all kind.

3. [부분 부정] 그 계획에 모두가 동의하는 것은 아니었다
: Not all of them agreed to the plan.

Q2

1. O

해설 부정관사 a에는 '동일한, 같은'이라는 뜻이 있어서, an age와 a mind는 맞는 표현이다. 그리고 not always는 부분 부정으로 '항상 ~하는 것은 아니다'이므로 맞는 표현이다.

2. O

해설 전체어 both와 부정어 not이 함께 사용되고 있으므로 부분 부정이 잘 사용되었다.

3. X everything → anything

해설 not과 everything을 같이 사용하면, 부분 부정으로 '그는 모든 것을 아는 것은 아니다'라는 뜻이 된다. 따라서 anything으로 바꾸어야 한다.

MEMO

1. 괄호 안에 어법상 알맞은 것을 고르시오.

01 The skeleton supporting this ancient shark's gills is completely different from [that / those] of a modern shark's. (15. 국가직 7급)

02 Neither of the two applicants [is / are] eligible for the job. (08. 경찰 1차)

03 [Both / Either] of the singers has a rich voice with great range.

04 Yet the significance of some of their finds was such that they were willing to leave [it / them] untouched on the seabed. (18. 교육직 9급)

05 Every person at the convention [is / are] fond of the proposal.

06 His job leaves [no / none] time to meet and socialize with friends. (12. 사복직 9급)

07 The worker finished [most / almost] of his assignment in a single day.

08 Grapes from Chile are considered better for wine-making than [these / those] in other countries.

09 Athletes who feel exhausted from intensive exercise often reward [them / themselves] with delicious food to regain their motivation.

10 Several volunteers will follow Mr. Sawyer to assist [him / himself] with the preparation for the next experiment.

정답 및 해설

01 that

| 해석 | 고대 상어의 아가미를 받치는 뼈대는 현대 상어의 뼈대와는 완전히 다르다.

| 해설 | 빈칸은 앞에 나온 명사 skeleton을 지칭하고 뒤에서 수식을 받고 있으므로 that이 정답이다.

| 어휘 |

• skeleton 뼈대 • shark 상어 • gill 아가미

02 is

| 해석 | 두 명의 지원자 중에서 누구도 그 일에 자격이 되지 않는다.

| 해설 | 주어가 neither이므로 동사 역시 단수가 되어야 한다.

03 Either

| 해석 | 두 가수 중 한 명은 엄청난 음역대를 가진 풍부한 목소리를 지니고 있다.

| 해설 | 본동사가 has로 단수이므로 주어 역시 단수가 되어야 한다. both는 복수동사로 받아야 한다.

04 them

| 해석 | 그러나 그들이 발견한 것 중 일부는 손대지 않은 채 방치하는 것을 꺼릴 정도로 중요했다.

| 해설 | 빈칸의 대명사는 앞의 명사 some of the finds를 지칭하고 있으므로 복수형인 them이 정답이다. 이때 finds는 명사로 사용되고 있다.

| 어휘 |

• finds 발견물 • untouched 손대지 않은 • seabed 해저

05 is

| 해석 | 컨벤션의 모든 사람들이 그 안건을 좋아한다.

| 해설 | every는 각각의 하나하나를 지칭하는 것으로 단수 취급한다.

06 no

| 해석 | 그의 일은 친구들을 만나고 사귈 만한 시간을 주지 않는다.

| 해설 | time이라는 명사를 꾸미는 것이 필요하므로 형용사 역할을 하는 no가 정답이다. none은 대명사이다.

07 most

| 해석 | 그 직원은 하루만에 그의 임무를 대부분 마쳤다.

| 해설 | 빈칸은 뒤에서 of his assignment라는 전명구가 수식하고 있으므로 대명사 역할을 하는 most가 정답이다. almost는 부사이다.

08 those

| 해석 | 칠레의 포도는 다른 나라의 포도보다 와인을 만드는 데 낫다고 여겨진다.

| 해설 | 뒤에서 전명구가 수식을 하고 있으므로 대명사 자리이다. grapes라는 복수명사를 지칭하는 대명사인 those가 적절하다.

09 themselves

| 해석 | 강렬한 운동으로 기진맥진한 선수들은 종종 동기부여를 다시 얻기 위해서 맛있는 음식으로 스스로를 보상한다.

| 해설 | reward라는 타동사의 목적어 자리가 빈칸이다. 문맥상 목적어와 주어가 같으므로 재귀대명사를 사용한다.

10 him

| 해석 | 여러 자원 봉사자들은 다음 실험에서 준비를 돕기 위해서 Sawyer의 말을 따를 것이다.

| 해설 | 목적어 자리이므로 인칭대명사 목적격과 재귀대명사 모두 사용이 가능하다. assist의 의미상 주어는 several volunteers이고 목적어는 Mr. Sawyer이다. 주어와 목적어가 같지 않으므로 him을 사용한다.

1. 어법상 틀린 부분을 바르게 고치시오.

01 Any vaccines don't exist to prevent infection. (13. 서울시 9급)

02 Human share food, while monkeys fend for itself.

03 They waited for so long that they were losing themselves patience.

04 Besides calling, mobile phones have the other functions.

05 They requesting technical assistance should come to the front desk.

06 Air Canada' uniforms seem to be of higher quality than that of other airlines.

07 The design on the cover of our copy of the book is not the same as those on yours.

08 Students wishing to change course schedules should first contact them professor to obtain approval.

09 They exposed to violence behave more aggressively immediately afterward. (17. 교육직 9급)

10 The adaptation of mammals to almost all possible modes of life parallels those of the reptiles in Mesozoic time. (15. 서울시 7급)

정답 및 해설

01 Any vaccines don't exist → No vaccines exist

| 해석 | 감염을 예방하기 위한 어떠한 백신도 존재하지 않는다.

| 해설 | 부정문에서는 any를 주어로 쓰지 않고, no나 none을 주어로 사용한다.

02 itself → themselves

| 해석 | 인간은 음식을 나누고, 반면 원숭이들은 자립한다.

| 해설 | 주어가 monkeys로 복수형이므로 themselves를 사용한다.

| 어휘 |

• fend for oneself 스스로를 돌보다(자립하다)

03 themselves → their

| 해석 | 그들은 매우 오래 기다려서 인내심을 잃었다.

| 해설 | 재귀대명사는 목적어 자리나 부사 자리에만 사용이 가능하고, 명사를 수식할 수는 없다. 재귀대명사 themselves 대신 뒤에 나오는 명사 patience를 수식하는 역할을 하는 소유격이 들어가야 한다.

04 the other functions → other functions

| 해석 | 전화 이외에도, 휴대폰은 다른 기능을 가지고 있다.

| 해설 | the other은 둘 중에서 나머지 하나를 지칭할 때 사용한다. 문맥상 '다른'이라는 뜻이 자연스러우므로 other이 적절하다.

05 They → Those

| 해석 | 기술 지원을 요청하는 사람들은 프론트 데스크로 와야 한다.

| 해설 | 뒤에서 수식을 받아서 '사람들'이라는 뜻을 지니는 대명사는 those이다.

06 that of other airlines → those of other airlines

| 해석 | Air Canada의 유니폼은 다른 항공사의 유니폼보다 품질이 더 뛰어나 보인다.

| 해설 | 뒤에서 수식을 받고 있고, 앞에 제시된 명사 uniforms가 복수형이므로 those로 바꾸어야 한다.

07 those → that

| 해석 | 우리 책의 커버 디자인은 당신 책 커버 디자인과 같지 않다.

| 해설 | on yours라는 전명구가 뒤에서 수식을 하고 있고, 앞에 제시된 명사가 design이라는 단수이므로 those를 that으로 바꾸어야 한다.

08 them → their

| 해석 | 과목 일정을 변경하기를 희망하는 학생들은 허락을 얻기 위해서 우선 그들의 교수님에게 연락해야 한다.

| 해설 | professor라는 명사 앞에는 목적격이 아닌 소유격이 필요하다.

09 They → Those

| 해석 | 폭력에 노출된 사람들은 이후에 더 공격적으로 행동한다.

| 해설 | 뒤에서 수식을 받으면서 '사람들'을 지칭할 때는 지시대명사 those를 사용한다.

10 those → that

| 해석 | 포유류의 거의 모든 가능한 삶의 방식에 대한 적응은 중생대의 파충류들의 적응과 유사하다.

| 해설 | 앞에서 제시된 명사가 adaptation이라는 단수이므로 지시대명사 역시 those가 아닌 that으로 바꾸어야 한다.

| 어휘 |

• adaptation 적응 • mammal 포유류

• parallel 평행하다, 유사하다 • reptile 파충류

• Mesozoic time 중생대

01 밑줄 친 부분 중 어법상 가장 옳은 것은? (18. 서울시 9급)

More than 150 people ①have fell ill, mostly in Hong Kong and Vietnam, over the past three weeks. And experts ②are suspected that ③another 300 people in China's Guangdong province had the same disease ④begin in mid-November.

02 어법상 옳은 것은? (17. 지방직 9급)

① A week's holiday has been promised to all the office workers.

② She destined to live a life of serving others.

③ A small town seems to be preferable than a big city for raising children.

④ Top software companies are finding increasingly challenging to stay ahead.

03 우리말을 영어로 옮긴 것 중 가장 어색한 것은? (15. 지방직 9급)

① 제인은 보기만큼 젊지 않다.
→ Jane is not as young as she looks.

② 전화하는 것이 편지 쓰는 것보다 더 쉽다.
→ It's easier to make a phone call than to write a letter.

③ 너는 나보다 돈이 많다.
→ You have more money than I.

④ 당신 아들 머리는 당신 머리와 같은 색깔이다.
→ Your son's hair is the same color as you.

04 다음 글의 밑줄 친 부분 중 어법상 틀린 곳은? (19. 지방직 9급 응용)

Followers are a critical part of the leadership equation, but ①their role has not always been appreciated. For a long time, in fact, "the common view of leadership was ②that leaders actively led and subordinates, later called followers, passively and obediently followed." Over time, especially in the last century, social change shaped people's views of followers, and leadership theories gradually recognized the active and important role that followers play in the leadership process. Today ③they seem natural to accept the important role followers play. One aspect of leadership is particularly worth ④noting in this regard: Leadership is a social influence process shared among all members of a group.

정답 및 해설

01 ③

| **해석** | 지난 3주 동안 주로 홍콩과 베트남에서 150명이 넘는 사람들이 병에 걸렸다. 그리고 300명 이상의 사람들이 중국 광동 지방에서 11월 중순부터 시작된 동일한 질병에 걸렸을 것이라고 전문가들은 의심한다.

| 해설 | ③ another는 주로 단수명사와 쓰이지만 수사(숫자)가 뒤에 나오면 복수명사와 쓰일 수 있다.

| **오답 분석** |

① fall의 3단 변화는 fall–fell–fallen이다. 따라서 현재완료형(have + P.P.)에 적합한 형태는 fallen이다.

② 주어인 experts가 that절의 사실을 suspect(의심하다)하는 것은 능동 관계이므로 suspect를 수동태로 쓰는 것은 옳지 않다. 또한 suspect는 '~을 의심하다'라는 뜻의 타동사로, that절이 목적어 기능을 하므로 동사는 능동태가 적절하다고 판단할 수 있다. 일반적으로 타동사 뒤에 목적어가 있으면 동사를 능동태로, 타동사 뒤에 목적어가 없으면 동사를 수동태로 사용한다.

④ 사역 동사 have 뒤에 오는 목적격 보어는 목적어와의 관계가 능동이면 동사원형, 수동이면 과거분사를 써야 한다. begin이 목적격 보어 자리에 사용되어 5형식 문장으로 적절해 보이나 이는 '동일한 질병이 시작되게 만들다'라고 해석되어 어색한 문장이다. 따라서 have를 사역 동사가 아닌 일반 타동사로 생각해야 한다. 그리고 begin in은 분사 형태로 바꾸어 beginning으로 고쳐야 한다. → beginning in mid–November

| **어휘** |

• fall ill 병이 나다 • suspect (확실하지 않지만 나쁜 일이 있을 것이라고)의심하다 • province (수도 외의) 지방

02 ①

| **해석** | ① 일주일의 휴가가 모든 사무실 직원들에게 약속되었다.
② 그녀는 다른 이들에게 봉사하는 삶을 살 운명이었다.
③ 작은 도시에서 아이들을 키우는 것이 큰 도시보다 선호되는 듯하다.
④ 일류 소프트웨어 회사들은 앞선 상태를 유지하는 것이 점점 더 도전적인 일이라는 사실을 발견하게 된다.

| 해설 | ① 주어와 동사의 수가 일치하고 있고, 약속이 되는 것이므로 수동태를 제대로 사용하고 있다.

| **오답 분석** |

② 주어가 '~할 운명이다'라는 뜻이 되려면, 수동태인 'be destined to R' 형태가 올바르다.

③ preferable을 '~보다 더 선호되다'라는 뜻으로 사용할 경우에는 비교 대상 앞에 to를 사용해야 한다. prefer도 역시 to가 뒤따른다.

④ 대표적인 5형식 동사인 find는 목적어와 목적격 보어가 따라와야 하지만, 제시문의 경우 목적어가 없다. 하지만 목적격 보어 뒤에 to부정사가 존재하므로 가목적어 it을 추가하여 'find + it(가목적어) + 형용사(목적격 보어) + to부정사(진목적어)' 구조가 되도록 바꾸어야 한다.

03 ④ you → yours

| 해설 | ④ 비교 구문으로, 비교 대상이 서로 일치해야 한다. 이 문장에서 주어는 Your sons hair이므로 you가 yours(소유대명사)로 바뀌어야 한다.

| **오답 분석** |

① 'not as ~ as'(~ 만큼 아니다) 구문으로 Jane is young과 She looks young이 서로 병치 관계이다.

② 'it 가주어 to 진주어' 구문으로, to make a phone call과 to write a letter가 서로 병치를 이루고 있다.

③ You와 I가 둘 다 주격으로 병치 관계이다.

04 ③ they seem → it seems

| **해석** | 부하 직원들은 리더십 상황에서 중요한 역할을 하지만, 그들의 역할이 언제나 인정받았던 것은 아니다. 오랫동안, 사실상 "리더십에 대한 일반적인 견해는 리더가 적극적으로 리드하고, 후에 부하 직원이라고 불리는 하급자들이 수동적으로 순순히 따라간다는 것이었다." 시간이 흐르고, 특히 지난 세기에 사회적 변화는 부하 직원에 대한 사람들의 견해를 형성했고, 리더십 이론은 점차 리더십 과정에서 부하 직원들이 행하는 적극적이고 중요한 역할을 인정했다. 오늘날에는 부하 직원들의 역할이 중요하다는 것을 받아들이는 게 자연스러운 듯하다. 리더십의 한 측면은 특히 이러한 점에서 눈여겨볼 만하다. 리더십은 사회적 영향의 과정으로 그룹 내의 모든 구성원들이 공유하는 것이다.

| 해설 | ③ 뒤에 진주어 to accept가 수반되고 있으므로, 가주어 it을 사용하고, 동사의 수 역시 단수를 사용해야 한다. 따라서 they seem은 it seems가 되어야 한다. 그리고 seem은 자동사이므로 수동태를 사용하지 않는다.

| **오답 분석** |

① their가 앞에 제시된 명사 followers를 받고 있으므로 수가 맞다. 격 역시 뒤에 명사를 수식하는 역할을 하므로 '소유격'이 맞다.

② 명사절 that절은 be동사 뒤에서 주격 보어 역할을 수행하고 있으므로 제대로 사용된 것이다.

④ 'be worth –ing'는 '~할 가치가 있다'라는 표현으로, 제대로 사용되고 있다.

| **어휘** |

• follower 부하 직원 • equation 방정식, 상황 • subordinate 부하 • obediently 순종적으로 • in this regard 이와 관련해서

학습 내용

❶ 자동사와 타동사를 구분한다.

- 자동사 : 뒤에 목적어가 오지 않고, 만약 목적어가 오는 경우 '자동사 + 전치사'의 형태가 되어야 한다.
- 타동사 : 뒤에 바로 목적어를 수반하므로 타동사와 목적어 사이에 전치사가 들어갈 수 없다.
- 1형식과 2형식 동사는 자동사이고, 3형식, 4형식, 5형식 동사는 타동사이다.

❷ 완전 동사와 불완전 동사를 수반한다.

- 완전 동사는 뒤에 보어가 필요 없고, 불완전 동사는 뒤에 보어(형용사)가 필요하다.
- 완전 동사 : 1형식(완전 자동사), 3형식(완전 타동사), 4형식(수여 동사)
- 불완전 동사 : 2형식(불완전 자동사 – 주격 보어 필요), 5형식(불완전 타동사 – 목적격 보어 필요)

❸ 문장의 5형식을 공부하고, 각 형식의 특징을 이해하고, 각 형식별 대표 동사를 암기한다.

- 1형식 동사(완전 자동사) – 왕/래/발/착/생/사/존/발/구(go, come, arrive)
- 2형식 동사(불완전 자동사) – 감각/상태/판단 동사(be, become remain)
- 3형식 동사(완전 타동사) – 요/제/명/주
- 4형식 동사(수여 동사) – give, offer, send
- 5형식 동사(불완전 타동사) – 지각 동사, 사역 동사(make, keep, find)

문장의 형식

Chapter 04

문장의 형식

1 문장의 4요소

문장의 5형식은 Chapter 1에서 문장의 구성 방식을 설명할 때 간단히 다루었다. 이번 Chapter에서 한 번 더 복습하고, 구체적으로 각 형식마다 어떤 동사들이 있고, 특징이 무엇인지를 알아보자.

앞에서 언급했듯이 영어의 모든 단어는 8가지 품사로 나눌 수 있다. 그 품사들이 영어 문장에서 사용될 때는 영어 문장에서 하는 역할에 따라서 4가지 주요소(주어, 동사, 목적어, 보어)로 나눌 수 있다. 이와 별도로, 동사의 종류에 따라서 문장은 5가지 종류로 나누어지는데, 이를 문장의 5형식이라고 한다. 문장의 4요소에는 주어, 동사, 목적어, 보어가 있다.

1) 주어(Subject)

동사가 나타내는 동작이나 상태의 주체가 되는 말이다. 명사(구/절)가 이에 해당하며, '~은/는/이/가'로 해석된다.

- My friend lives in Osaka. 내 친구는 오사카에 산다.

2) 동사(Verb)

주어가 나타내는 동작이나 상태를 나타내는 말이다. 동사(구)가 이에 해당하며, '~하다/~이다'로 해석된다.

- I walk. 나는 걷는다.
- I am a student. 나는 학생이다.

3) 목적어(Object)

동사가 나타내는 행위의 대상이다. 명사(구/절)가 이에 해당하며, '~을/를'로 해석된다.

- I love my girlfriend. 나는 여자친구를 사랑한다.
- They study English every day. 그들은 영어를 매일 공부한다.

4) 보어(Complement)

주어나 목적어를 보충 설명해 주는 말이다. 형용사나 명사가 이에 해당한다. 형용사일 경우 '주어/목적어가 ~하다'로 해석되며, 명사일 경우 '주어/목적어가 ~이다'로 해석된다.

- My daughter is beautiful. 내 딸은 아름답다.
- She became a lawyer. 그녀는 변호사가 되었다.
- My daughter always makes me happy. 내 딸은 항상 나를 웃게 만든다.

2 문장의 5형식

1 1형식 동사

S + Vi(완전 자동사) + 부사 형태이다. 목적어나 보어가 필요 없는 완전 자동사가 사용되는 문장이다. 뒤에는 부사나 전명구가 올 수 있다.

- I walk. 나는 걷는다.
- They study. 그들은 공부한다.
- They study (hard). 그들은 (열심히) 공부한다.
- They study (for the mid-term). 그들은 (중간고사를 대비해서) 공부한다.

1형식 동사의 출제 포인트

1. 1형식 동사 뒤에는 부사가 올 수 있다.

- I walk (fast). 나는 (빨리) 걷는다.
- He disappeared (suddenly). 그는 (갑자기) 사라졌다.

2. 1형식 동사 뒤에 목적어가 오는 경우, 동사 뒤에 전치사가 필요하다.

자동사 + 전치사 + 명사

consist of(~로 구성되다)	**deal with**(~을 다루다)
result in(~을 야기하다)	**depend on**(~에 의존하다)
object to(~에 반대하다)	**look for**(~을 찾다)
account for(~을 설명하다)	**participate in**(~에 참석하다)
contribute to(~에 기여하다)	**belong to**(~에 속하다)
dispense with(~없이 지내다)	

개·념·완·성 연습 문제

Q1 옳은 것은 O, 틀린 것은 X하고 틀린 부분을 바르게 고치시오.

1. The man is waiting his wife. (O / X)

2. I object the proposal. (O / X)

Q1 1. X waiting → waiting for

해석 그 남자는 아내를 기다리고 있다.

해설 wait은 자동사로, 뒤에 목적어가 오는 경우 전치사 for가 필요하다

2. X object → object to

해석 나는 그 안건에 반대한다.

해설 object는 자동사로, 뒤에 목적어가 오는 경우 전치사 to가 필요하다

---

3. 1형식 동사는 수동태가 될 수 없다.

수동태는 목적어가 주어 자리에 가는 경우에 사용된다. 그런데 1형식 동사는 목적어 자체가 없으므로 수동태가 될 수 없다.

Q1 옳은 것은 ○, 틀린 것은 X하고 틀린 부분을 바르게 고치시오.

1. The magician was suddenly disappeared. (O / X)

2. The car accident was taken place this morning. (O / X)

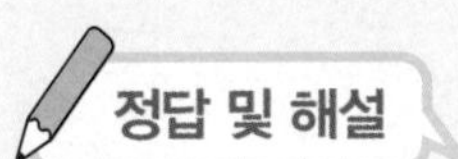

1. X was suddenly disappeared → suddenly disappeared

해석 그 마술사는 갑자기 사라졌다.

해설 disappear는 자동사이므로 수동형으로 사용되지 않는다.

2. X was taken place → took place

해석 그 차사고는 오늘 오전에 갑자기 발생했다.

해설 take place는 자동사이므로 수동형으로 사용되지 않는다.

주요 1형식 동사(완전 자동사)

1형식 동사를 전부 다 외우는 것은 한계가 있다. 우선 시험에 나오는 것부터 확실하게 암기하자. 왕(가다)래(오다)발(출발하다)착(도착하다)생(살다)사(죽다)존(존재하다)발(발생하다)구(구성하다)로 1형식 빈출 동사를 정리하자!

왕	go	생	live
래	come	사	die
발	depart	존	exist, appear, disappear
작	arrive	발	happen, occur, take place
		구	consist

 연습 문제

 어법에 맞게 고치시오.

1. He will graduate the school in three years. (20. 지방직 9급)

2. Most bank tellers cannot dispense without ATM these days. (11. 서울시 9급)

정답 및 해설

Q1

1. graduate → graduate from

해석 그는 그 학교를 3년 안에 졸업할 것이다.

해설 graduate는 자동사이므로 뒤에 전치사 from이 와야 한다.

2. dispense without → dispense with

해석 대부분의 현금 출납원들은 요즘에 자동 지급기 없이는 지낼 수 없다.

해설 dispense는 전치사 with와 같이 사용한다.

어휘 dispense with ~없이 지내다

2 2형식 동사

S + Vi(불완전 자동사) + C 형태이다. 보어가 필요한 동사이다. 동사만으로는 뜻이 완전하지 않아서 주어의 상태를 보충 설명해 주는 말이 있어야 하는 동사이다. 보어 자리에는 형용사나 명사가 사용된다.

- She stayed peaceful. 그녀는 평화롭게 머물렀다.
- Keep calm and peaceful. 차분하게 진정하세요.

 중요 포인트

대표 2형식 동사

1. 감각 동사

look, smell, taste, sound, feel + 형용사/like 명사(구/절)

- She looks tired. 그녀는 피곤해 보인다.
- The heat made me feel faint. 그 열이 나를 어지럽게 만들었다.

2. 상태 지속 동사(계속 ~이다)

be, remain, stay, keep + 형용사

- The weather will stay cold tomorrow. 내일 날씨는 추울 것이다.
- The birds stay still on the bench. 그 새들이 벤치에 가만히 앉아 있다.

3. 상태 변화 동사(~되다)

become, get, grow, go, come fall, run + 형용사

• The project became successful. 그 프로젝트는 성공적으로 되었다.
• The flowers grow wild. 그 꽃들은 야생으로(에서) 자란다.
• Dreams come true. 꿈은 실현된다.
• The milk went bad. 우유가 상했다.

4. 판단, 입증 동사(~인 것 같다, ~임이 판명되다)
seem, appear, prove, turn out + to 동사원형/(to be) 형용사

• She seems (to be) ill. 그녀는 아픈 것처럼 보였다.
• The man turned out to be an enemy. 그 남자는 적으로 판명되었다.

개·념·완·성 연습 문제

Q1 괄호 안에 알맞은 것을 고르시오.

1. You look [good / well] with that hair style.

2. This dish tastes [bitter / bitterly].

3. When we are alone, problems become more [serious / seriously]. (15. 국회직 9급)

4. If properly stored, broccoli will stay [fresh / freshly] for at least three hours. (18. 경찰 3차)

5. Her test scores were [good / well] because she did [good / well] on her tests. (12. 경찰 2차)

정답 및 해설

Q1

1. good
해석 너는 그 헤어스타일이 잘 어울린다.
해설 look은 불완전 자동사로, 뒤에 보어가 와야 한다. 그리고 보어 자리에는 형용사를 사용한다.

2. bitter
해석 그 요리는 맛이 쓰다.
해설 taste는 감각 동사로 2형식 동사이다. 따라서 뒤에는 형용사 보어가 와야 한다.

3. serious
해석 우리가 혼자 있을 때, 문제는 더 심각해진다.
해설 become은 불완전 자동사이므로 뒤에 보어가 와야 한다. 따라서 형용사 serious가 와야 한다.

4. fresh
해석 적절하게 보관되면, 브로콜리는 적어도 3시간 동안 신선도를 유지한다.
해설 stay는 '머물다'라는 뜻일 때는 완전 자동사이지만, 뒤에 형용사를 수반해서 '~한 상태로 있다'라는 뜻일 때는 불완전 자동사이다.

5. good, well
해석 그녀가 시험을 잘 쳤기 때문에, 시험 성적은 좋았다.
해설 앞 문장에서는 were라는 be동사 뒤의 보어 자리에 형용사 good이 들어가고, 뒷문장에서는 did라는 일반 동사를 수식하는 부사 well이 들어간다.

3 3형식 동사

S + Vt(완전 타동사) + O 형태이다. 동사만으로는 뜻이 완전하지 않아서 '무엇을(를)'에 해당하는 목적어가 있어야 하는 동사이다. 3형식 동사는 뒤에 바로 목적어를 수반하므로, 동사 뒤에는 전치사가 올 수 없다.

• They announced a new policy. 그들은 새로운 정책을 발표했다.

• She don't know what he wants. 그녀는 그가 무엇을 원하는지 모른다.

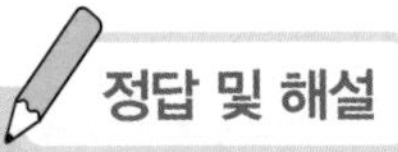

개·념·완·성 연습 문제

Q1 옳은 것은 ㅇ, 틀린 것은 X하고 틀린 부분을 바르게 고치시오.

1. They reached at the station. (O / X)

2. I will marry with my girlfriend. (O / X)

정답 및 해설

Q1

1. X reached at → reached

해석 그들은 역에 도착했다.

해설 reach는 타동사이므로 뒤에 전치사가 오지 않는다.

2. X marry with → marry

해석 나는 여자친구와 결혼할 것이다.

해설 marry는 우리말로 '~와 결혼하다'라는 뜻이므로 전치사 with와 어울릴 것 같지만, 타동사이기 때문에 전치사 없이 바로 뒤에 목적어가 와야 한다.

1) 전치사가 올 수 없는 대표 완전 타동사

tell, mention, announce, discuss	+ about [X]
reach, approach, answer, oppose survive, call, contact, obey	+ to [X]
join, enter	+ into [X]
marry, resemble, face, accompany	+ with [X]
approve	+ for [X]

개·념·완·성 연습 문제

Q1 옳은 것은 ○, 틀린 것은 X하고 틀린 부분을 바르게 고치시오.

1. I want to discuss about the matter with you. (O / X)

2. The jury objected the opinion in the court. (O / X)

Q2 어법에 맞게 고치시오.

1. He obeyed to his parents all the time when he was young.

2. The police officer approached to the suspected murderer. (18. 경찰 1차)

정답 및 해설

Q1

1. X discuss about → discuss

해석 나는 그 문제를 너와 토론하기를 원한다.

해설 discuss는 타동사로, 뒤에 전치사 없이 바로 목적어를 수반한다.

2. X objected → objected to

해석 그 배심원은 법정에서 그 의견에 반대했다.

해설 object는 자동사로, 뒤에 전치사 to가 수반되어야 한다.

Q2

1. obeyed to → obeyed

해석 그는 어린 시절 항상 부모님을 순종했다.

해설 obey는 타동사이므로 뒤에 전치사 to가 올 수 없다.

2. approached to → approached

해석 그 경찰관은 살인 용의자에게 접근했다.

해설 approach는 타동사이므로 뒤에 전치사가 올 수 없다.

2) 주의해야 할 자동사와 타동사

	타동사	자동사 + 전치사
참석하다	attend	participate in
도달하다	reach	arrive at/in
기다리다	await	wait for
반대하다	oppose	object to
살다, 거주하다	inhabit	live in

3) 요구, 제안, 명령, 주장 등의 동사

이런 동사들은 that절 안의 주어가 '~해야 한다'라는 당위성 의미를 가진다. 따라서 동사를 쓸 때는 (should) + R 형태를 사용한다.

요구	ask, demand, require, request	+ that + 주어 + (should) + R
제안	suggest, propose, recommend, advise	
명령	order, command	
주장	insist	

개·념·완·성 연습 문제

Q1 괄호 안에 알맞은 것을 고르시오.

1. The boss insisted that he [works / work] harder.

2. The suspect insisted that he [steal / didn't steal] the purse.

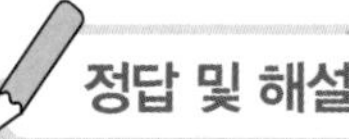

정답 및 해설

Q1

1. work

해석 그 사장은 그가 더 열심히 일해야 한다고 주장했다.

해설 본동사로 insisted가 사용되고 있다. 대표적인 주장 동사이다. 따라서 that절 안의 동사로는 should가 생략된 work가 와야 한다.

2. didn't steal

해석 그 용의자는 그가 그 지갑을 훔치지 않았다고 주장했다.

해설 insist가 본동사로 사용되는 경우 that절의 동사로 무조건 (should) R 형태를 사용해야 하는 것은 아니다. 당위성이 있어서 '~해야 한다'라는 뜻이 있을 때만 (should) R 형태를 사용한다. 이 문장은 문맥상 과거에 훔치지 않았다고 주장하는 것이므로 과거 동사를 그대로 사용해야 한다.

4) 완전 타동사와 어울리는 주요 전치사

특정 동사는 목적어 뒤에 또 다른 목적어를 수반하기 위해서 특정한 전치사를 사용하는데, 이들을 세트로 암기해 두어야 한다.

뜻	대표 동사	사용 전치사
알리다	inform, notify, remind, convince, assure	A(사람) of B(대상)
막다	prevent, prohibit, preclude, deter, discourage	A from –ing
제거하다	rob, deprive, relieve	A(사람) of B(대상)
제공하다	provide, supply, fill, equip, furnish	A(사람) with B(대상)
칭찬, 비난하다	praise, blame	A(사람) for B(대상)
바꾸다	turn, change, transform, convert	A into B

- inform me of your decision. 저에게 결정을 알려 주세요.
- prevent him from speaking out. 그가 크게 말하는 것을 막다.
- rob her of her freedom. 그녀에게서 자유를 빼앗다.
- provide me with some information. 저에게 정보를 주세요.
- praise the student for his continuous efforts. 그 학생에게 계속된 노력을 칭찬하다.
- turn the studio into a runway. 스튜디오를 런어웨이로 바꾸다.

연습 문제

Q1 옳은 것은 ○, 틀린 것은 X하고 틀린 부분을 바르게 고치시오.

1. The boss informed me the reason. (O / X)

2. The man robbed her bag. (O / X)

3. The weather prevented us to go to the party. (O / X)

Q2 괄호 안에 맞는 것을 고르시오.

1. The school will start a program designed to deter kids [to watch / from watching] TV too much. (15. 사복직 9급)

정답 및 해설

Q1

1. X me of the reason

해석 그 사장은 나에게 이유를 말해 줬다.

해설 inform은 뒤에 '+ 사람 + of + 대상' 구조를 취한다.

2. X robbed her bag → robbed her of the bag

해석 그 남자는 그녀에게서 지갑을 앗아 갔다.

해설 rob은 뒤에 '+ 사람 + of + 대상' 구조를 취한다.

3. X prevented us to go
→ prevented us from going

해석 날씨 때문에 파티에 갈 수 없었다.

해설 prevent는 뒤에 '+ 사람 + from Ring' 구조를 취한다.

Q2

1. from watching

해석 그 학교는 아이들이 TV를 지나치게 많이 보는 것을 막기 위한 프로그램을 시작할 것이다.

해설 deter는 뒤에 '+ 사람 + from Ring' 구조를 취한다.

4 4형식 동사

S + V + IO + DO 형태로 이루어져 있다. '~에게'에 해당하는 간접 목적어와 '~을'에 해당하는 직접 목적어가 있어야 하는 동사이다. 4형식 문장은 3형식으로 전환이 가능하다.

3형식 : 주어 + **완전 타동사** + 목적어 4형식 : 주어 + 완전 타동사(수여 동사) + 간접 목적어 + 직접 목적어

- She gave a book. 그녀는 책 한 권을 주었다.
- She gave me a book. 그녀는 나에게 책 한 권을 주었다.
- She gave a book (to me). 그녀는 책 한 권을 (나에게) 주었다.

개·념·완·성 연습 문제

Q1 간접 목적어에 동그라미, 직접 목적어에 세모 표시를 해 보시오.

1. This necklace brings me good luck.

2. I don't buy my son expensive shoes.

3. My husband makes me coffee after lunch.

4. My parents give me ten dollars every week.

5. Adam gave lilies to her.

Q1

1. This necklace brings me good luck.

해석 이 목걸이는 나에게 행운을 가져다준다.

2. I don't buy my son expensive shoes.

해석 나는 아들에게 비싼 신발을 사 주지 않는다.

3. My husband makes me coffee after lunch.

해석 남편은 나에게 점심 후에 커피를 만들어 준다.

4. My parents give me ten dollars every week.

해석 우리 부모님은 나에게 매주 10달러를 준다.

5. Adam gave lilies to her.

해석 Adam은 백합을 그녀에게 줬다.

1) 3형식으로 전환 시 전치사를 주의해야 하는 4형식 동사

특정 동사는 목적어 뒤에 또 다른 목적어를 수반하기 위해서 특정한 전치사를 사용하는데, 이들을 세트로 암기해 두어야 한다.

give, offer, send	+ Sth + **to** + Sby
make, buy	+ Sth + **for** + Sby
ask, require	+ Sth + **of** + Sby

- He'll give a present to her 그는 그녀에게 선물을 줄 것이다.
- I'll make some coffee for you. 커피를 타 드릴게요.
- May I ask a question of you? 당신에게 질문을 해도 될까요?

개·념·완·성 연습 문제

Q1 빈칸에 알맞은 전치사를 넣으시오.

1. They didn't give me a chance. → They didn't give a chance ___________ me.

2. She made me a cup of coffee. → She make me a cup of coffee ___________ me.

3. He asked me a question. → He asked a question ___________ me.

4. Can I ask you a favor? → Can I ask a favor ___________ you?

Q2 괄호 안에 맞는 것을 고르시오.

1. The accomplishment of this work requires a lot of patient [in / of] you. (13. 지방직 7급)

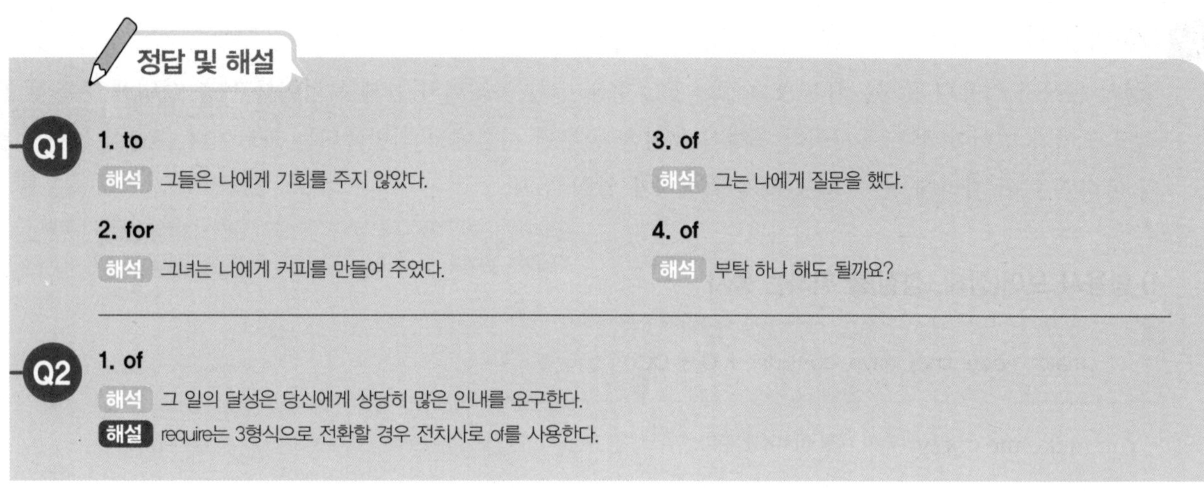

정답 및 해설

Q1

1. to
해석 그들은 나에게 기회를 주지 않았다.

2. for
해석 그녀는 나에게 커피를 만들어 주었다.

3. of
해석 그는 나에게 질문을 했다.

4. of
해석 부탁 하나 해도 될까요?

Q2

1. of
해석 그 일의 달성은 당신에게 상당히 많은 인내를 요구한다.
해설 require는 3형식으로 전환할 경우 전치사로 of를 사용한다.

2) 4형식 동사로 착각하기 쉬운 3형식 동사들(빈출)

explain 설명하다	say 말하다
mention 언급하다	announce 발표하다
introduce 소개하다	suggest 제안하다

개·념·완·성 연습 문제

Q1 1. 옳은 것은 ○, 틀린 것은 X하고 틀린 부분을 바르게 고치시오.

1. The boss explained me how to solve the problem. (O / X)

Q2 괄호 안에 맞는 것을 고르시오.

1. John [said / told] Mary that he would leave early. (17. 서울시 9급)

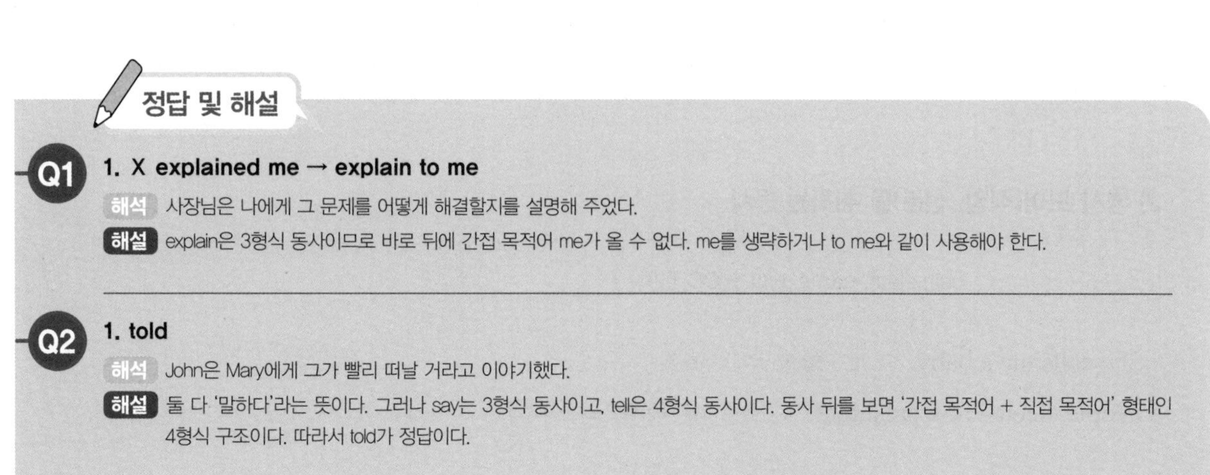

정답 및 해설

Q1

1. X explained me → explain to me
해석 사장님은 나에게 그 문제를 어떻게 해결할지를 설명해 주었다.
해설 explain은 3형식 동사이므로 바로 뒤에 간접 목적어 me가 올 수 없다. me를 생략하거나 to me와 같이 사용해야 한다.

Q2

1. told
해석 John은 Mary에게 그가 빨리 떠날 거라고 이야기했다.
해설 둘 다 '말하다'라는 뜻이다. 그러나 say는 3형식 동사이고, tell은 4형식 동사이다. 동사 뒤를 보면 '간접 목적어 + 직접 목적어' 형태인 4형식 구조이다. 따라서 told가 정답이다.

5 5형식 동사

5형식 동사가 사용된 문장은 S + V + O + OC 형태이다. 목적어와 함께 목적어를 보충 설명해 주는 말인 목적격 보어가 있어야 하는 동사이다. 5형식 문장은 공무원 시험에서 최빈출되는 파트이다. 5형식 동사의 종류와 목적격 보어 자리에 올 수 있는 것을 확실하게 알아 두자.

1) 형용사 보어(상태, 성질)를 취하는 동사

make, keep, find, leave, consider + **O + OC**(형용사/분사)

- You make me crazy. 너가 나를 미치게 만든다.
- I found the book interesting. 그 책이 흥미롭다는 것을 알게 되었다.

개·념·완·성 연습 문제

Q1 괄호 안에 맞는 것을 고르시오.

1. The daughter made her parents [happy / happily].

2. Just eating a lot of vegetables may keep you [perfect / perfectly] healthy.

정답 및 해설

Q1

1. happy

해석 그 딸은 그녀의 부모님들을 행복하게 만들었다.

해설 make은 5형식 동사로, 뒤에 목적어와 목적격 보어를 수반한다. 목적격 보어 자리에는 부사가 아닌 형용사가 들어가야 한다.

2. perfectly

해석 단지 채소를 많이 먹는 것이 당신을 완벽하게 건강하게 만들 것이다.

해설 빈칸 뒤의 healthy는 keep이라는 5형식 동사의 목적격 보어이다. 그러니 빈칸에는 healthy라는 형용사를 꾸며 주는 부사가 필요하다.

2) 명사 보어(직업, 신분)를 취하는 동사

call, elect, name + **O + OC**(명사)

- She calls me a baby. 그녀는 나를 아기라고 부른다.
- People elected him president. 사람들은 그를 대통령으로 선출했다.

3) to부정사 보어를 취하는 동사

행위 유발 동사라고도 한다. 뜻은 '~에게 ~하게 하다'이다.

대표 동사	동사의 뜻	뒤따르는 형태
ask	부탁하다	+ O + to R
allow	허락하다	
enable	가능하게 하다	
encourage	격려하다	
persuade	설득하다	
require	요구하다	

- The service encourages customers to remain online longer.

  그 서비스는 고객들이 온라인에 더 오래 머무르도록 장려한다.

개·념·완·성 연습 문제

Q1 괄호 안에 맞는 것을 고르시오.

1. He hoped me to go there. (O / X)

Q2 어법에 맞게 고치시오.

1. We had much snow yesterday, which caused lots of people slip on the road. (12. 국가직 9급)

2. Charles tried his best to become great by allowing himself learn from mistakes.

정답 및 해설

Q1 **1.** X

해석 그는 내가 거기에 가기를 원했다.

해설 hope는 5형식 동사로 사용하지 않는다. 따라서 3형식으로 전환해야 한다. He hoped that I would go there가 적절하다.

Q2 **1. slip → to slip**

해석 어제 상당히 많은 눈이 내렸는데, 그것은 많은 사람들이 도로에서 미끄러지게 만들었다.

해설 cause는 목적격 보어 자리에 to R를 취한다.

2. learn → to learn

해석 Charles는 자기 자신을 실수로부터 배우게 함으로써 대단한 사람이 되려고 최선을 다했다.

해설 동명사 역시 동사의 성격을 똑같이 가진다. allow는 5형식 동사로 뒤의 목적격 보어 자리에 to R을 취한다.

4) 전명구 보어를 취하는 동사

대표 동사	동사의 뜻	뒤따르는 형태
regard	간주하다	+ A + as B
think of	생각하다	
look upon	여기다	
refer to	부르다	
take	여기다, 착각하다	+ A + for B

- They regard her as angel. 그들은 그녀를 천사로 여긴다.
- They regard the problem as serious. 그들은 그 문제를 심각하게 여긴다.
- People took her for her sister. 사람들은 그녀를 동생으로 여겼다.

take + 목적어 + **for granted**

뜻은 '~을 당연시 여기다'이다.

5) 원형 부정사 보어를 취하는 동사

① 사역 동사

'~하도록 시키다'라는 뜻의 동사로, 목적격 보어 형태를 바탕으로 한 문제가 주로 출제된다. '~에게 ~하도록 시키다'라는 뜻일 때는 동사원형을 사용하고, '~가 ~되도록 만들다'라는 뜻일 때는 과거분사를 사용한다.

대표 동사	동사의 뜻	뒤따르는 형태
make	~하게 만들다	+ sby + R
have	~하게 하다	
let	~하도록 허락하다	+ sth + p.p

- I made him repair the computer. 나는 그에게 컴퓨터를 수리하게 시켰다.
- I made the computer repaired. 나는 컴퓨터를 수리시켰다.

② 준사역 동사

get은 사역 동사와 같은 뜻을 지니지만, '~에게 ~하도록 시키다'라는 뜻일 때는 목적격 보어 자리에 'to R'를 사용해야 한다. 그리고 help는 '시키다'라는 뜻은 없지만 목적격 보어 자리에 동사원형을 사용한다.

대표 동사	동사의 뜻	뒤따르는 형태
help	돕다	+ 목적어 + (to) R
get	시키다	+ 목적어 + (to) R(능동일 때) + 목적어 + P.P(수동일 때)

- He helped install the program. 그는 프로그램을 설치하는 것을 도왔다.
- He helped me (to) install the program. 그는 내가 프로그램 설치하는 것을 도왔다.
- I get him to finish the work. 나는 그에게 일을 마치게 했다.
- I got the work done. 나는 일을 끝냈다.

개·념·완·성 연습 문제

Q1 괄호 안에 맞는 것을 고르시오.

1. He had his political enemies [imprison / imprisoned]. (15. 국가직 9급)

2. Tom got his license [to take away / taken away] for driving too fast.

정답 및 해설

Q1 **1. imprisoned**

해석 그는 그의 정치적인 적들을 투옥시켰다.

해설 had는 사역 동사다. 문맥상 적들은 투옥이 되는 것이므로 목적격 보어 자리에 과거분사형을 사용한다.

2. taken away

해석 Tom은 과속으로 인해 운전 면허증을 압류당했다.

해설 get은 준사역 동사다. 문맥상 운전 면허증을 빼앗기는 것이므로 목적격 보어 자리에 과거분사형을 사용한다.

③ 지각 동사

'보다, 듣다'와 같이 지각 능력과 관련된 동사이다. '목적어가 ~하는 것을 보다, 듣다'라는 뜻일 때는 목적격 보어 자리에 동사원형이나 현재분사형을 사용한다. 반면 '목적어가 ~되는 것을 보다, 듣다'라는 뜻일 때는 목적격 보어 자리에 과거분사를 사용한다.

대표 동사	동사의 뜻	뒤따르는 형태
see, watch observe, notice	보다	+ sby + R/Ring
hear, listen to	듣다	+ sth + P.P
feel	느끼다	

- I saw him cross/crossing the road. 나는 그가 도로를 건너는 것을 보았다.
- We saw her dance/dancing. 우리는 그녀가 춤추는 것을 보았다.
- I saw him arrested. 나는 그가 체포당하는 것을 보았다.

감각 동사와 지각 동사의 차이

감각 동사는 뒤에 목적어가 없다. 뜻은 '주어가 어떻게 보이다(들리다, 느끼다)'이다.

- I fell so tired. 나 정말 피곤해.
- Your hair feels so soft. 너 머리 정말 부드러워.

반면 지각 동사는 '주어가 어떤 것(목적어)이 무엇을 하는 것을 보다(듣다, 느끼다)'이다.
핵심적인 차이는 목적어의 유무이다. 뒤에 목적어가 나오면 지각 동사이다.

- I felt someone tap(tapping) my shoulder. 나는 누군가가 나의 어깨를 치는 것을 느꼈다.
- I heard the dog barking outside. 나는 개가 짖는 소리를 들었다.
- I sat by the window and watched people walking past this morning.
  나는 오늘 오전 창가에 앉아서 사람들이 지나가는 것을 봤다.

개·념·완·성 연습 문제

Q1 괄호 안에 맞는 것을 고르시오.

1. I saw the lion [capturing / captured].

2. Nobody noticed the boss [coming / to come] in during the meeting.

3. Even dogs yawn in response to seeing their owners or even strangers [yawn / to yawn]. (19. 지방직 7급)

Q2 목적어에 동그라미, 목적격 보어에 세모 표시를 해 보시오.

1. People call him a genius.

2. I want him to get up early in the morning.

3. My coach always tells me to lose weight.

4. We need to keep the window open for fresh air.

Q3 어법상 옳은 것을 고르시오.

1. She [wants / makes] me happy.
2. My mom tells me [eat / to eat] health food.
3. I find the waiter very [rude /rudely].
4. Science [becomes / makes] our life comfortable.
5. Jack always asks me [help / to help] him with his homework.
6. Please let me [know / to know] your address.
7. The teacher made him [do / to do] their homework.

Q4 다음 문장이 몇 형식 구조인지 적으시오.

1. He usually makes coffee in the morning. _______________
2. The soup smells very good to us. _______________
3. I want to make my friends interested in the topic. _______________
4. The manager wants to encourage employees to work very hard. _______________
5. That Hues corporation's sales has increased sharply is not surprising. _______________
6. The number of people exercising in the gym has risen dramatically over the last five years. _______________
7. Mr. Wilson was encouraged to participate in the next election. _______________
8. Certain applications require the user to update their operating system to the latest version. _______________

정답 및 해설

Q1

1. captured

해석 나는 사자가 포획당하는 것을 보았다.

해설 문맥상 사자가 잡히는 것이 자연스러우므로 목적격 보어 자리에 과거분사를 사용한다.

2. coming

해석 아무도 회의 도중에 사장님이 들어오는 것을 알아차리지 못했다.

해설 notice가 지각 동사이므로 목적격 보어 자리에 동사원형이나 현재분사형을 사용한다.

3. yawn

해석 심지어 개들은 주인이나 다른 사람들이 하품하는 것을 보는 것만으로도 하품을 한다.

해설 see는 지각 동사이므로 목적격 보어 자리에 동사원형을 사용한다.

1.People call him a genius.

해석 사람들은 그를 천재라고 부른다.

2. I want him to get up early in the morning.

해석 나는 그가 아침에 일찍 일어나기를 원한다.

3. My coach always tells me to lose weight.

해석 나의 코치는 나에게 살을 빼라고 항상 말한다.

4. We need to keep the window open for fresh air.

해석 우리는 신선한 공기를 위해서 창문을 열어 둘 필요가 있다.

Q3

1. makes

해석 그녀는 나를 행복하게 만든다.

해설 동사 문제는 뒤에 나오는 구조를 파악하는 것이 핵심이다. 뒤에 목적어와 목적격 보어가 제시되어 있으므로 5형식 구조이다. want는 3형식 동사이므로 정답이 될 수 없다.

2. to eat

해석 엄마는 나에게 건강한 음식을 먹으라고 말한다.

해설 tell은 3, 4, 5형식 구조에서 다 사용 가능한 동사이다. 이 문장은 5형식 구조이므로 목적격 보어 자리에 to R가 와야 한다.

3. rude

해석 나는 그 웨이터가 매우 무례하다고 생각한다.

해설 find는 5형식 동사이고 목적격 보어 자리에 형용사를 데리고 다닌다.

4. makes

해석 과학은 우리 삶을 편안하게 만든다.

해설 문장 구조가 5형식이므로 make가 정답이다. become은 2형식 동사이다.

5. to help

해석 Jack은 항상 나에게 숙제를 도와달라고 요구한다.

해설 ask는 목적격 보어 자리에 to부정사를 데리고 다닌다.

6. know

해석 당신의 주소를 알려 주세요.

해설 let은 사역 동사이므로 목적격 보어 자리에 동사원형이 와야 한다.

7. do

해석 그 선생님은 그에게 숙제를 하게 만들었다.

해설 make는 사역 동사이므로 목적격 보어 자리에 동사원형이 와야 한다.

Q4

1. 3형식

해석 그는 주로 오전에 커피를 만든다.

해설 주어가 he, 동사가 makes, 목적어가 coffee이다. in the morning은 전명구로, 사실상 없다고 봐도 된다.

2. 2형식

해석 그 수프는 냄새가 매우 좋다.

해설 the soup가 주어이고 smells가 불완전 자동사, good이 주격 보어이다. to me는 전명구로, 사실상 없다고 봐도 된다.

3. 5형식

해석 나는 내 친구들이 이 주제에 관심을 가지게 만들고 싶다.

해설 I가 주어, want to make가 동사구, my friends가 목적어, interested가 목적격 보어이다. in the topic은 전명구로, 사실상 없다고 봐도 된다.

4. 5형식

해석 그 매니저는 직원들에게 열심히 일하려고 고무시키기를 원한다.

해설 the manager가 주어, wants to encourage가 동사구, employees가 목적어, to work가 목적격 보어이다. very hard는 work를 수식하는 부사구이다.

5. 2형식

해석 Hue corporation의 매출액이 급격히 증가한 것은 놀랍지 않다.

해설 That Hue corporation's sales has increased sharply가 명사절로, 주어이다. is는 불완전 자동사, surprising은 주격 보어이다.

6. 1형식

해석 체육관에서 운동하는 사람들의 수는 지난 5년 동안 급격히 증가했다.

해설 number가 주어, of people가 전명구, exercising in the gym이 분사, has risen이 완전 자동사이다. dramatically는 동사를 수식하는 부사이고 over the last five years은 전명구로, 사실상 없다고 봐도 된다.

7. 1형식

해석 Wilson 씨는 다음 선거에 참여하도록 고무되었다.

해설 Mr. Wilson이 주어, was encouraged to participate가 동사구이다. participate는 완전 자동사이다. in the next election은 전명구로 사실상 없다고 봐도 된다.

8. 5형식

해석 특정한 앱은 사용자가 최근 버전으로 운영 체계를 업데이트할 것을 요구한다.

해설 certain applications가 주어, requires가 동사, the user가 목적어, to update가 목적격 보어이다. their operation system은 앞에 있는 to 부정사의 의미상 목적어이고 to the latest version은 전명구로 사실상 없다고 봐도 된다.

1. 괄호 안에 어법상 알맞은 것을 고르시오.

01 We will let you know if the guide can [accompany / accompany with] you on your tour. (17. 지방직 9급 응용)

02 Even externally they are different from newspaper, mainly because magazines [resemble / resemble like] a book. (14. 국가직 9급 응용)

03 We took the copier to the service center to get it [fixing / fixed]. (17. 지방직 9급 응용)

04 Most of the workers want to be [financial / financially] sound. (17. 국가직 9급 응용)

05 This is the reason children all over the world [await / wait] for Christmas.

06 My parents advised me [to quit / quitting] smoking because of the health.

07 The sand desert was once an expanse of grassland [supported / supporting] the kind of animal life associated with the Central Asia.

08 Social Scientific research of women who become mothers late than usual [is / are] scarce.

09 The replication process [overseen / was overseen] by Paul Smith, an Irish artist who specializes in molding techniques.

10 I was really happy to see this kind and caring face, but there wasn't anything he could do to make the flu [go / to go] away. (17. 지방직 9급)

정답 및 해설

01 accompany

| 해석 | 만약 가이드가 투어에서 당신을 따라 갈 수 있다면 알려 드릴게요.

| 해설 | accompany는 타동사이므로 뒤에 전치사 없이 바로 목적어를 수반한다.

02 resemble

| 해석 | 심지어 외관상으로도 신문과 다르다. 왜냐하면 잡지는 책을 닮았기 때문이다.

| 해설 | resemble은 타동사로, 뒤에 전치사가 올 수 없다.

03 fixed

| 해석 | 우리는 복사기를 수리하기 위해서 서비스 센터에 가져갔다.

| 해설 | get은 준사역 동사다. 문맥상 복수기가 수리되는 것이므로 목적격 보어 자리에 과거분사를 사용해야 한다.

04 financially

| 해석 | 대부분의 직원들은 재정적으로 건강해지기를 원한다.

| 해설 | 이 문장에서 sound는 동사가 아니라 형용사이다. 빈칸에는 형용사를 수식하는 부사가 필요하다.

05 wait

| 해석 | 이것이 전 세계의 어린이들이 크리스마스를 기다리는 이유이다.

| 해설 | 빈칸 뒤에 for라는 전치사가 있다. 따라서 타동사인 await가 아니라 자동사인 wait를 사용해야 한다.

06 to quit

| 해석 | 부모님이 건강상의 이유로 담배를 끊으라고 충고했다.

| 해설 | advise라는 동사는 목적격 보어 자리에 to부정사를 데리고 다닌다.

07 supporting

| 해석 | 그 모래 사막은 한때 중앙아시아와 관련된 동물의 삶을 지원하는 광범위한 목초지였다.

| 해설 | grassland까지 완전한 문장이 제시되었으므로 빈칸에는 분사가 필요하다. 분사 역시 동사의 성격을 그대로 지니는데, 빈칸 뒤에 명사구가 있으므로 현재분사를 사용한다.

08 is

| 해석 | 늦게 엄마가 되는 여성들에 관한 사회 과학적인 조사는 드물다.

| 해설 | 주어와 동사의 수 일치 문제이다. 이 문장에서의 주어는 research이므로 단수이다. 따라서 동사 역시 단수동사를 사용해야 한다.

09 was overseen

| 해석 | 그 복제 과정은 주형 기술을 전문으로 하는 아일랜드 예술가 폴 스미스에 의해서 감독되었다.

| 해설 | 이 문장에서는 본동사가 없으므로 빈칸에는 동사 역할을 수행하는 것이 필요하다. overseen은 과거분사이므로 단독으로 동사 역할을 할 수 없다.

10 go

| 해석 | 나는 이런 종류의 보살핌 많은 얼굴을 보아서 너무 좋았다. 그러나 독감을 사라지게 하기 위해서 그가 할 수 있는 것은 아무것도 없었다.

| 해설 | make는 '~에게 ~하도록 만들다, 시키다'라는 뜻일 때는 사역 동사다. 이때 목적어와 목적격 보어가 능동 관계이면 목적격 보어 자리에 동사원형을 사용한다.

2. 어법상 틀린 부분을 바르게 고치시오.

01 We've finished this chapter. Let's read the next, will you?

02 The country also agreed that day temporarily stop firing rockets into the enemy.

03 Many teachers find difficult to teach students with various capabilities in the same classroom.

04 Without plants to eat, animals must leave from their habitat. (12. 지방직 9급)

05 Most European countries failed to welcome Jewish refugees after the war, which caused many Jewish people immigrate elsewhere. (15. 서울시 9급)

06 He promised to lend me with money provided I pay him back by the end of the month. (15. 국가직 7급 응용)

07 The fear of getting hurt didn't prevent him engaging in reckless behaviors. (17. 지방직 9급)

08 Hiding behind the curtain, I waited the shadow to reappear. (13. 서울시 9급)

09 Brakes are also used in many cases to keep a stopped vehicle to move. (03. 법원직 9급)

10 We can rid ourselves from our suspiciousness only by procuring more knowledge. (09. 지방직 9급)

정답 및 해설

01 will you → shall we

| 해석 | 우리는 이 장을 다 읽었다. 다음 장으로 넘어갈까?

| 해설 | Let's로 시작하는 청유문 형태의 부가 의문문에서는 shall we를 사용한다.

02 stop → to stop

| 해석 | 그 나라는 그날 적에게 로켓 발사를 일시적으로 중단한다는 데 동의했다.

| 해설 | that day temporarily는 부사구이기 때문에 없다고 보면, 동사와 동사가 바로 연결될 수 없으므로 stop 앞에 to가 필요하다.

03 find difficult to teach → find it difficult to teach

| 해석 | 많은 선생님들은 다양한 능력을 가진 학생들을 같은 교실에서 가리키는 게 어렵다고 생각한다.

| 해설 | find는 5형식 동사이다. 목적어가 to R 형태로 길어지면 뒤로 뺄 수 있다. 이때 기존의 목적어 자리에 가목적어 it이 반드시 들어가야 한다.

04 leave from → leave

| 해석 | 먹을 식물이 없어서, 동물들은 그들의 서식지를 떠나야 한다.

| 해설 | leave는 '~을 떠나다'라는 뜻으로 사용할 때는 타동사이다. 따라서 뒤에 전치사가 없어야 한다.

05 immigrate → to immigrate

| 해석 | 많은 유럽 나라들은 전쟁 후에 유대인 난민들을 환영하지 못했다. 그것은 많은 유대인들로 하여금 다른 곳으로 이주하게끔 만들었다.

| 해설 | cause는 목적격 보어 자리에 to R을 사용하는 5형식 동사이다.

06 lend me with money → lend me money

| 해석 | 그는 만약 내가 이달 말까지 돈을 갚으면, 돈을 빌려 준다고 약속했다.

| 해설 | lend는 4형식 수여 동사이다. 따라서 뒤에 전치사 없이 '간접 목적어 + 직접 목적어'를 수반한다.

07 prevent him engaging → prevent him from engaging

| 해석 | 부상에 대한 두려움은 그가 무모한 행동에 참가하는 것을 막지 못했다.

| 해설 | prevent + 목적어+ from Ring' 형태를 취한다.

08 waited the shadow → waited for the shadow

| 해석 | 커튼 뒤에 숨어서 나는 그림자가 다시 나타나기를 기다렸다.

| 해설 | wait는 자동사이므로 뒤에 목적어가 수반되기 위해서는 전치사 for와 같이 사용해야 한다.

09 to move → moving

| 해석 | 브레이크는 또한 많은 경우에 정지된 차량이 움직이게 하는 데 사용된다.

| 해설 | keep은 5형식 동사이고 목적격 보어 자리에 to부정사는 사용할 수 없다. 대신 형용사나 형용사 역할을 수행하는 분사가 올 수 있다.

10 from → of

| 해석 | 우리는 보다 많은 지식을 얻음으로써만 의심을 제거할 수 있다.

| 해설 | ride는 뒤에 '+ 사람 + of + 대상' 형태를 취하는 동사이다.

만점을 향해! 심화 문제

01 우리말을 영어로 가장 잘 옮긴 것은? (20. 국가직 9급)

① 몇 가지 문제가 새로운 회원들 때문에 생겼다.
→ Several problems have raised due to the new members.

② 그 위원회는 그 건물의 건설을 중단하라고 명했다.
→ The committee commanded that construction of the building cease.

③ 그들은 한 시간에 40마일이 넘는 바람과 싸워야 했다.
→ They had to fight against winds that will blow over 40 miles an hour.

④ 거의 모든 식물의 씨앗은 혹독한 날씨에도 살아남는다.
→ The seeds of most plants are survived by harsh weather.

02 밑줄 친 부분 중 어법상 가장 옳지 않은 것은? (19. 서울시 9급)

By 1955 Nikita Khrushchev ①had been emerged as Stalin's successor in the USSR, and he ②embarked on a policy of "peaceful coexistence" ③whereby East and West ④were to continue their competition, but in a less confrontational manner.

03 밑줄 친 부분 중 어법상 옳은 것은? (17. 지방직 9급)

Last week I was sick with the flu. When my father ①heard me sneezing and coughing, he opened my bedroom door to ask me ②that I needed anything. I was really happy to see his kind and caring face, but there wasn't ③anything he could do it to ④make the flu to go away.

정답 및 해설

01 ②

| **해설** | ② '주장 요구, 명령, 제안'의 동사 다음 that절이 오는 경우 that절의 동사는 '(should) + 동사원형'이 되어야 하므로 동사원형인 cease의 사용은 적절하다. 또한 cease는 자/타동사 둘 다 가능하다. 제시된 문장에서는 자동사로 쓰였다.

| **오답 분석** |

① raise는 '~을 올리다'라는 뜻의 타동사로, 목적어가 필요하다. have raised 다음에 목적어가 없으므로 수동태인 have been raised 또는 '(사건 등이) 발생하다'라는 뜻을 자동사인 arise를 써서 have arisen으로 고쳐야 한다. have raised → have arisen

③ 주절의 시제는 과거인데 종속절의 시제가 미래여서 비문인 문장이다. 주절의 시제가 과거일 경우 종속절의 시제는 과거 또는 과거완료가 되어야 하므로 will blow를 문맥상 과거시제인 blew로 고쳐야 한다. will blow → blew

④ survive는 자동사로 '살아남다', 타동사로 '보다 더 오래 살다'라는 뜻이다. 주어진 우리말에서 '살아남는다'라고 제시되었으므로 자동사로 사용해야 함을 알 수 있다. 따라서 수동태인 are survived by를 능동태인 survive로 고쳐야 한다. are survived by → survive

02 ① **had been emerged → had emerged**

| **해석** | 1955년까지 니키타 흐루시초프는 소련에서 스탈린의 후계자로 부상하였으며 그는 "평화 공존" 정책에 착수했는데, 그 정책을 통해 동양과 서양은 계속해서 경쟁은 하나 덜 대립적인 태도를 취할 것이었다.

| **해설** | ① emerge는 1형식 완전 자동사로, 수동태로 쓸 수 없다. 따라서 had been emerged as를 had emerged as로 고쳐야 한다.

| **오답 분석** |

② embark on은 '~에 착수하다'라는 뜻의 타동사구이다.

③ whereby는 관계부사로 by which와 같은 뜻이다. 뒤에 완전한 문장이 온다.

④ 주어가 East and West이므로 동사 were는 주어에 맞게 올바르게 쓰였다. were to는 be to 용법으로 '예정'을 뜻한다.

03 ①

| **해석** | 지난주에 나는 독감으로 아팠다. 아버지는 내가 재채기를 하고 기침하는 것을 듣고서 나의 침실 문을 열고 무엇인가가 필요한지를 물으셨다. 나는 그의 친절하면서도 걱정하는 얼굴을 보고서 정말 행복했지만, 독감을 떨쳐 내기 위해 아버지가 하실 수 있는 것은 아무것도 없었다.

| **해설** | ① hear는 지각 동사이다. 5형식 지각 동사는 목적어와 목적격 보어가 필요한데, 이 문장에서는 목적어(me)와 목적격 보어(sneezing and coughing)가 올바르게 사용되었다.

| **오답 분석** |

② 4형식 동사 ask의 간접 목적어(me)는 올바르게 사용되었으나, 직접 목적어 자리에는 명사절 접속사인 if나 whether절을 사용해야 한다. 즉 ask that 또는 ask me if로 전환되어야 한다.

③ 관계대명사는 일반적으로 선행사가 필요하고 뒤 문장으로는 주로 주어나 목적어가 생략된 불완전한 문장이 따른다. 선택지에서 선행사 (anything) 다음에 목적격 관계대명사 that이 생략된 구문이므로 뒷 문장의 구성은 불완전해야 한다. 하지만 완전한 문장 구조를 갖추고 있으므로 목적어 역할을 하는 it이 생략되어야 한다.

④ make가 사역 동사이므로 목적격 보어 자리에는 동사원형이나 과거분사가 와야 적합하다. 이 문장에서는 목적어와 목적격 보어의 관계가 능동이므로 to go를 동사원형인 go로 바꾸어야 한다.

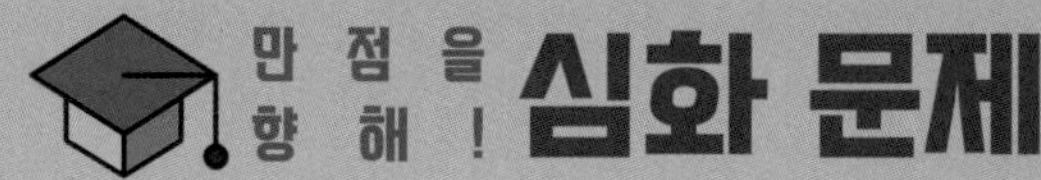

04 다음 문장 중 어법상 가장 옳지 않은 것은? (17. 서울시 9급)

① John promised Mary that he would clean his room.
② John told Mary that he would leave early.
③ John believed Mary that she would be happy.
④ John reminded Mary that she should get there early.

05 어법상 틀린 것은? (15. 사복직 9급)

① Surrounded by great people, I felt proud.
② I asked my brother to borrow me five dollars.
③ On the platform was a woman in a black dress.
④ The former Soviet Union comprised fifteen union republics.

06 어법상 가장 옳지 않은 것은? (19. 서울시 7급)

① I would rather not go out for dinner tonight because I am totally exhausted.
② I had no idea about where to place my new furniture including desks, sofas, and beds in my new house.
③ She is seeing her family doctor tomorrow to check the result of the medical check-up she had a month ago.
④ The professor strongly suggested one of his students to apply for the job he had recommended because the application deadline was near.

정답 및 해설

04 ③ believe Mary that → believe that

| 해석 | ① 존은 메리에게 그가 방을 청소할 것이라고 약속했다.
② 존은 메리에게 그가 일찍 떠날 것이라고 말했다.
③ 존은 메리가 행복할 것이라고 믿었다.
④ 존은 메리에게 그녀가 그곳에서 일찍 떠나야만 한다고 상기시켜 주었다.

| 해설 | ③ believe는 수여 동사로 사용할 수 없는 동사이므로 ③번이 옳지 않은 문장이다.

| 오답 분석 |

① promise A that : ~A에게 ~라고 약속하다
② tell A that : ~ A에게 ~을 말하다
④ remind A that : ~ A에게 ~을 상기시키다

05 ② borrow → lend

| 해석 | ① 많은 사람들에게 둘러싸여서, 나는 자랑스러웠다.
② 나는 형에게 5달러를 빌려달라고 요구했다.
③ 플랫폼에 검은색 드레스를 입은 여인이 있었다.
④ 이전의 소비에트 유니언은 15개의 공화국으로 구성되었었다.

| 해설 | ② borrow(~에게 빌리다)는 3형식 동사인데, 이 문장은 목적어가 my brother(간접 목적어), five dollars(직접 목적어) 두 개이다. 따라서 borrow를 4형식으로 쓸 수 있는 동사인 lend로 고쳐야 한다.

| 오답 분석 |

① Surrounded의 의미상의 주어는 뒷문장의 사람 주어인 'I'이므로 수동의 의미를 가진 과거분사가 적절하게 사용되었다.
③ on the platform이라는 장소부사가 문두에 와서 주어인 a woman과 동사인 was가 도치된 문장이다.
④ 타동사인 comprise가 올바르게 쓰였다.

06 ④ suggested one of his student to apply → suggested that one of his student (should) apply

| 해석 | ① 나는 오늘밤 저녁을 먹으러 나가지 않는 것이 좋겠어. 왜냐하면 난 완전히 지쳤거든.
② 나는 새 집에 책상, 소파, 침대를 포함한 새 가구를 어디에 두어야 할지 몰랐다.
③ 그녀는 한 달 전에 받은 건강검진 결과를 확인하기 위해 내일 그녀의 가족 주치의에게 진찰을 받을 것이다.
④ 교수는 제자들 중 한 명에게 지원 마감일이 임박했기 때문에 자신이 추천한 직장에 지원할 것을 강력히 제안했다.

| 해설 | ④ suggest는 5형식으로 '목적어 + 목적격 보어(to R)' 형태를 쓰지 않는다. 목적어 자리에 의미상 주어를 넣고 싶을 때는 that절을 사용하며, 이때 '요구, 주장 제안' 동사의 특징으로 인해 that절 동사에는 should가 생략된 동사원형이 온다. The professor strongly suggested that one of his students (should) apply for the job he had recommended because the application deadline was near가 올바른 문장이다.

| 오답 분석 |

① would rather는 조동사처럼 쓰이며 not의 위치가 올바르다. exhaust는 '기진맥진하게 만들다'라는 뜻으로, 과거분사형 형용사 exhausted는 주격 보어로 올바르게 쓰였다.

② furniture는 불가산명사이므로 복수형으로 쓸 수 없다. 따라서 my new furniture는 어법상 올바르다.

③ 현재 진행형 'am/are/is + ing'는 현재 일어나고 있는 일을 설명할 때뿐만 아니라 현시점의 상황과 긴밀히 관계되어 틀림없이 일어날 미래의 일을 표현할 때에도 쓰인다. 이 문장에서는 한 달 전에 건강검진을 받았다는 사실과 연결되어 가까운 미래를 표현하고 있으며 tomorrow라는 미래 시제 표시 어구와도 어울린다.

학습 내용

❶ 각 인칭별 be동사를 숙지한다.

❷ 조동사의 특징과 종류를 공부한다.

❸ 조동사의 시제를 공부한다.

- 추측 : must have p.p.(~했음에 틀림없다)
  cannot have p.p.(~했을 리가 없다)
- 유감, 후회 : should have p.p.(~했어야 했는데)

❹ 구조동사의 종류와 부정형을 암기한다.

❺ 당위의 조동사 should를 사용하는 2가지 경우를 암기한다.

- 요/제/명/주
- 판단의 형용사

❻ 조동사 숙어 관련 표현을 암기한다.

❻ need와 dare는 뒤에 동사원형이 수반되는 경우는 조동사로 사용되는 것이므로 not이 조동사 뒤에 위치한다.

be동사와 조동사

01 be동사

02 조동사

Chapter 05 be동사와 조동사

1 be동사

am, is, are, was, were와 같은 동사를 be동사라고 한다.

1 be동사의 특징

1) be동사는 주어의 인칭과 수에 따라 형태가 달라진다.

	단수			복수		
	주어	현재동사	과거동사	주어	현재동사	과거동사
1인칭	I	am	was	We	are	were
2인칭	You	are	were	You		
3인칭	He	is	was	They		
	She					
	It					

- I **am** a student. 나는 학생이다.
- You **are** a teacher. 당신은 선생님이다.
- She **is** beautiful. 그녀는 아름답다.
- It **is** a watch. 이것은 시계이다.
- They **are** my friends. 그들은 나의 친구이다.

2 be동사의 부정형

	주어	be동사 + not	주어 + be동사 + not 축약형	
1인칭	I	am not	I'm not	
	We	are not	We're not	We aren't
2인칭	You	are not	You're not	You aren't
3인칭	He/She/It	is not	He's / She's / It's not	He's / She's / It
	They	are not	They're not	No, they aren't

3 be동사의 의문문

	의문문	대답(긍정)	대답(부정)
1인칭	Am I ~?	Yes, you are	No, you aren't
	Are we ~?	Yes, we/you are	No, we/you aren't
2인칭	Are you~?	Yes I am	No, I'm not
3인칭	Is he/she/it ~?	Yes, he/she/it is	No, he/she/it is isn't
	Are they ~?	Yes, they are	No, they aren't

개·념·완·성 연습 문제

Q1 다음 빈칸에 맞는 be 동사를 쓰시오.

1. I ____________ a diligent student.

2. You and Steve ___________ my best friends.

3. Mrs. Johns ________ willing to help us.

4. The news ________ very surprising.

5. My mom and I _________ very lazy.

6. The pens and pencils _________ on the table.

Q2 다음 문장을 부정문으로 바꾸시오.

1. Harry needs a rest. → ________________________________.

2. Tigers eat grass. → ________________________________.

3. You looked happy. → ________________________________.

4. They went to school yesterday. → ________________________________.

5. She kept her promise. → ________________________________.

6. Owls sleep at night. → ________________________________.

정답 및 해설

Q1

1. am
해석 나는 매우 근면한 학생이다.

2. are
해석 너와 Steve는 나의 가장 친구이다.

3. is

해석 Johns 부인은 우리를 도울 의지가 있다.

4. is

해석 그 뉴스는 매우 흥미롭다.

5. are

해석 엄마와 나는 매우 게으르다.

6. are

해석 필기도구들이 테이블 위에 있다.

Q2

1. Harry doesn't need a rest.

해석 Harry는 휴식이 필요하지 않다.

2. Tigers don't eat grass.

해석 호랑이들은 풀을 먹지 않는다.

3. You didn't look happy.

해석 너는 행복해 보이지 않았다.

4. They didn't go to school yesterday.

해석 그들은 어제 학교에 가지 않았다.

5. She didn't keep her promise.

해석 그녀는 약속을 지키지 않았다.

6. Owls don't sleep at night.

해석 올빼미들은 밤에 잠을 자지 않는다.

2 조동사

조동사는 동사의 의미를 덧붙여, 말하는 사람의 생각이나 태도를 부각시키는 보조 동사이다. 조동사는 아래와 같은 특징을 가진다.

1 조동사의 특징

1) 조동사의 형태

① 평서문 : **조동사 + 동사원형(R)**

조동사 뒤에는 주어의 인칭과 수에 관계 없이 항상 동사원형이 사용된다. 문제는 보통 '조동사 + (부사) + 동사원형'식으로 중간에 부사를 끼우는 형태가 출제된다.

• He **will** soon **ride** a bus. 그는 곧 버스를 탈 것이다.

② 부정문 : **조동사 + not + 동사원형(R)**

조동사를 부정할 때는 부정어의 위치를 묻는 문제가 출제된다. 부정어는 조동사와 동사원형 사이에 위치한다.

• You **must not take** a day off. 너는 하루 쉬어서는 안 된다.

③ 의문문 : **조동사 + S + 동사원형(R)**

의문문은 주어와 동사가 도치되어서 만들어지므로 '조동사 + 주어 + 동사원형?' 어순이 된다.

• **Will you attend** the meeting? 회의에 참여하실 건가요?

2 조동사의 의미와 시제

1) 기본 조동사

must	반드시(99%) ~해야 한다(= have to), ~임에 틀림없다	must not	반드시 ~아니다
	I must go to school.		I must not go to school.
should	당연히(90%) ~해야 한다 / ~일 것이다	should not	당연히 ~아니다
	I should go to school.		I should not go to school.
may	아마 ~ 것이다(60%)	may not	아마 ~아니다
	I may go to school.		I may not go to school.
can	~할 수 있다(= be able to)	cannot	~할 수 없다 / ~할 리 없다
	I can go to school.		I cannot go to school.
will	~할 것이다	will not	~하지 않을 것이다
	I will go to school.		I will not go to school.

연습 문제

Q1 괄호 안에서 알맞은 것을 고르시오.

1. You [has to / have to] study harder.

2. Jeffery will [must / have to] wait for his wife.

3. I'm sorry, but you [must not / don't have to] park here.

4. Linda [must / had to] get up early the day before yesterday.

5. Oh, you [have to be / must be] Sylvia's husband. (09. 경찰 2차)

정답 및 해설

Q1

1. have to

해석 너는 더 열심히 공부해야 한다.

해설 2인칭 주어 you는 have와 어울린다. has는 주어가 3인칭 단수일 때 사용한다.

2. have to

해석 Jeffery는 그의 아내를 기다려야 한다.

해설 조동사는 동시에 2개를 사용할 수 없다. 따라서 will과 must는 같이 사용할 수 없다. must를 미래로 표시하려면 will have to를 사용해야 한다.

3. must not

해석 죄송하지만, 여기에 주차하면 안 됩니다.

해설 이 문제는 형태상으로는 둘 다 맞다. 이럴 때는 해석을 해야 한다. must not 동사원형은 '~해서는 안 된다' don't have to 동사원형은 '~할 필요가 없다'라는 뜻이다.

4. had to

해석 Linda는 엊그제 일찍 일어나야만 했다.

해설 must는 '앞으로 ~해야 한다'라는 뜻이므로, 시제를 과거나 미래로 바꾸어 표현하려면 must 대신에 have to를 이용해야 한다.

5. must be

해석 오, 너가 Sylvia의 남편이지.

해설 have to는 '~해야 한다'라는 뜻만 가지지만, must는 '~해야 한다'라는 뜻 이외에도 '~임에 틀림없다'라는 강한 추측의 의미로도 사용할 수 있다.

2) 조동사의 시제

'조동사 + have p.p.'는 과거의 일에 대한 추측이나 후회 등을 나타낸다. 조동사를 과거형으로 표시할 때는 조동사 뒤에 have p.p.가 붙는다고 보면 된다.

조동사 have p.p	해석
must have p.p.	~했음에 틀림없다
should have p.p.	당연히 ~했어야만 했는데 하지 않았다
shouldn't have p.p.	~하지 말았어야 했다
may(might) have p.p.	아마 ~했을 것이다
cannot have p.p.	~했을 리가 없다
could have p.p.	~했을 수도 있다

- The ground is wet. It **must have rained** last night. 땅이 젖었다. 비가 왔음에 틀림없다.
- You **should have studied** English harder. 너는 영어를 더 열심히 공부했어야만 했다.
- You **shouldn't have eaten** too much. 너무 많이 먹지 말았어야 했다.
- Lauren is late. She **may have missed** the bus. Lauren이 늦네, 아마 버스를 놓쳤을 거야.
- She **cannot have written** the story. 그녀가 그 이야기를 작성했을 리가 없다.
- The accident **could have been avoided**. 그 사고는 방지할 수도 있었을 것이다.

개·념·완·성 연습 문제

Q1 우리말과 일치하도록 조동사를 쓰시오.

1. 그는 아침을 먹었어야 했다.

He ________ have had breakfast.

2. Cathy는 진실을 알았음에 틀림없다.

Cathy _________ have known the truth.

3. 그녀는 그 문제를 이해했을 리가 없다.

She ________ have understand the problem.

4. 너는 모자를 썼어야 했다. 심하게 탔다.

You ____________ worn a hat. You were badly burnt.

Q2 빈칸에 알맞은 것을 고르시오.

1. You may [drop / have dropped] your purse somewhere yesterday.

2. I didn't hear the doorbell. I must [be / have been] asleep.

3. You can't [see / have seen] me. I was not there at that time.

4. John [can't / should] have stolen the money.

5. Something [must / should] have happened to Steve to make him behave in such a way.

정답 및 해설

Q1

1. should

해설 should have p.p는 '~했어야 했다'라는 뜻이다. 했어야 했는데 하지 않았다는 뜻일 때 사용한다.

2. must

해설 must have p.p는 '~했음에 틀림없다'라는 뜻이다.

3. cannot

해설 cannot p.p는 '~했을 리가 없다'라는 뜻이다.

4. should have

해설 should have p.p는 '~했어야 했다'라는 뜻이다.

Q2

1. have dropped

해석 너는 어제 어딘가에서 지갑을 아마 떨어뜨렸을 거야.

해설 may have p.p.는 '아마 ~했을 것이다'라는 뜻으로, 약한 추측을 나타낼 때 사용한다.

2. have been

해석 내가 초인종을 못 들었다. 잠들었음에 틀림없다.

해설 must have p.p.는 '~했음에 틀림없다'라는 뜻으로, 강한 추측을 나타낼 때 사용한다.

3. have seen

해석 너는 나를 봤을 리가 없다. 나는 그때 그곳에 없었다.

해설 cannot have p.p.는 '~했을 리가 없다'라는 뜻이다.

4. can't

해석 John이 돈을 훔쳤을 리가 없다.

해설 should have p.p.는 '~했어야만 했다'이므로 의미가 자연스럽지 않다.

5. must

해석 Steve가 그렇게 행동하다니 뭔가 일이 있었음에 틀림없다.

해설 should have p.p.는 '~했어야 했다'라는 과거의 후회나 유감을 나타낸다. 문맥상 must가 자연스럽다.

3) 조동사구

조동사구는 2단어 이상으로 구성되는 조동사를 의미한다. 조동사와 마찬가지로 조동사구 뒤에도 동사원형이 온다.

대표 조동사구	해석
ought to R	~해야만 한다
may well R	~하는 것도 당연하다
had better A (than B)	(B 하는 것보다) A 하는 것이 더 낫다
would rather A (than B)	
may as well A (as B)	

- You **ought to** do your duty. 당신은 의무를 다해야 한다.
- She **may well** be proud of her son. 그녀가 아들을 자랑스러워하는 것은 당연하다.
- I **had better(would rather)** stay home **than** go outside on such a rainy day.
  이렇게 비 오늘 날에는 밖에 나가는 것보다 집에 있는 것이 더 낫다.
- We may as well go home now as stay longer. 우리는 더 머무는 것보다 지금 집에 가는 게 더 낫다.

조동사구의 부정문

조동사구에서 not의 위치는 기본적으로 조동사 뒤에 위치한다. 준조동사는 예외인데, ought to R → ought **not** to R, have to R → **don't** have to R이다. 그리고 be동사를 포함하는 경우에는, not은 be동사 뒤에 위치한다(be **not** able to R, be **not** going to R).

ought **not** to R	may well **not** R	
had better **not** R	would rather **not** R	may as well **not** R

연습 문제

Q1 괄호 안에 알맞은 것을 고르시오.

1. We'd better [delay / delaying] the meeting until then end of the month. (11. 국가직 7급 응용)

2. You may as well [do / doing] the assignment right now.

3. The students may [not as well / as well not] miss the first class.

4. Children [had not better / had better not] watch too much TV.

정답 및 해설

Q1

1. delay

해석 이달 말까지 회의를 연기하는 것이 낫겠다.

해설 had better이 조동사구이므로 뒤에는 동사원형이 와야 한다.

2. do

해석 지금 당장 과제를 하는 것이 낫다.

해설 may as well 자체가 조동사구이므로 뒤에는 동사원형이 와야 한다.

3. as well not

해석 학생들은 첫 수업을 빠지지 않는 것이 좋다.

해설 조동사구의 부정은 부정어를 조동사 뒤에 위치시키면 된다. may as well 자체가 하나의 조동사이므로 부정은 may as well not의 형태가 되어야 한다.

4. had better not

해석 어린이들은 TV를 너무 많이 보지 않는 것이 좋다.

해설 had better 자체가 하나의 조동사구이므로 부정어는 그 뒤에 위치한다.

3 당위의 조동사 should

1) 요구, 제안, 명령, 주장 동사 that S + (should) R

요구, 제안, 명령, 주장 등의 동사들이 '~해야 한다'라는 뜻을 가질 때는 that절 안의 동사는 (should) + R의 형태를 취한다. 현대 영어에서는 should는 거의 대부분 생략해서 사용한다.

요구	ask, demand, require, request
제안	suggest, propose, recommend, advise
명령	order, command
주장	insist

개·념·완·성 연습 문제

Q1 빈칸에 알맞은 것을 고르시오.

1. The manager requested that we [not smoke / do not smoke] indoors.

2. The instruction manual requires that we [not use / do not use] a glue. (12. 사복직 9급)

정답 및 해설

Q1

1. not smoke

해석 매니저는 우리가 실내에서 흡연을 해서는 안 된다고 요청했다.

해설 주절 동사가 requested이므로 that절의 동사는 (should) not smoke에서 (should)가 생략된 not smoke가 맞다.

2. not use

해석 사용 설명서는 우리가 접착제를 사용하지 말 것을 요구한다.

해설 주절에 require라는 동사가 있으므로 that절의 동사는 (should) not use에서 (should)가 생략된 not use가 맞다.

2) 판단 형용사 + that S + (should) R

가주어, 진주어 구문에서 형용사가 판단의 뜻을 가질 때는 that절 안의 동사는 (should) + R 형태를 취한다.

중요한	important, vital, crucial, critical
필요한	necessary, essential, mandatory, imperative
당연한	natural, desirable

개·념·완·성 연습 문제

Q1 빈칸에 알맞은 것을 고르시오.

1. It is natural that the repairman [submit / submits] the report on time.

2. It is important that Jack [understands / understand] what his decision mean.

정답 및 해설

Q1

1. submit

해석 그 수리공이 보고서를 정각에 제출하는 것이 당연하다.

해설 주절에 판단의 형용사 natural이 있으므로 that절 동사는 (should)가 생략된 submit이 맞다.

2. understand

해석 Jack이 그의 결정이 무엇을 의미하는지를 아는 것이 중요하다.

해설 주절에 판단의 형용사 important가 있으므로 that절의 동사는 (should)가 생략된 understand가 맞다.

4 기타 주요 조동사

1) need(~할 필요가 있다), dare(감히 ~하다)

need와 dare는 일반동사와 조동사로 사용이 가능한데, 각 용법에 따라 뒤따르는 형태가 출제된다. 일반동사일 때는 뒤에는 다른 동사가 올 수 없어서, to R가 뒤따른다. 부정어는 need, dare 앞에 위치한다. 반면, 조동사로 사용할 때는 뒤에는 동사원형이 와야 하며 부정어는 need, dare 뒤에 위치한다.

일반동사일 때	**don't** **doesn't** + need / dare **didn't**	+ to R	**didn't** need to do **didn't** dare to do
조동사일 때	need / dare + **not**	+ R	need **not** do dare **not** do

dare는 조동사로 사용할 경우, 긍정문에서는 사용할 수 없고 부정문, 의문문에서만 사용할 수 있다.

- He needs to lead the team. 그가 팀을 이끌 필요가 있다. [일반동사]
- He **doesn't** need to lead the team. 그가 팀을 이끌 필요는 없다. [일반동사]
- They told him that he need **not** answer. 그들은 그에게 대답할 필요가 없다고 말했다. [조동사]
- He dares to look down upon me. 그는 감히 나를 깔본다. [일반동사]
- He dared **not** look me in the face. 그는 감히 내 얼굴을 쳐다보지 않았다. [조동사]
- How dare you say such a thing? 어떻게 감히 네가 그런 말을 하니? [조동사]

연습 문제

Q1 빈칸에 알맞은 것을 고르시오.

1. He need not [lead / leads] the team.

2. Customers [do not need / need not] comply with the company policies.

3. If you use a smartphone, you [need not to / need not] have film developed. (11. 기상직 9급 응용)

정답 및 해설

Q1

1. lead

해석 그가 팀을 이끌 필요는 없다.

해설 need 뒤에 not이 위치하고 있으므로 need는 이 문장에서 조동사이다. 조동사 뒤에는 항상 동사원형이 와야 한다.

2. need not

해석 고객들이 회사의 방침을 준수할 필요는 없다.

해설 뒤에 comply with가 동사원형으로 제시되고 있으므로 이 문장에서 need는 조동사이다. 부정어는 조동사 뒤에 위치한다.

3. need not

해석 만약에 스마트폰을 이용하면, 당신은 사진을 현상할 필요는 없다.

해설 빈칸 뒤에 have가 동사원형으로 제시되어 있으므로 이 문장에서 need는 조동사이다. 부정어는 조동사 뒤에 위치한다.

2) used to vs be used to

used에는 3가지 용법이 있다. used to는 조동사이다. 뒤에 동사원형이 오며 '~하곤 했다'라는 뜻이다. be used to Ring는 숙어 표현으로 '~하는 데 익숙하다'라는 뜻이다. 그리고 '~하는 데 사용되다'라는 뜻을 나타낼 때는 'be used to + 동사원형'을 사용한다.

used to + R	~하곤 했다
be used to + -ing/명사	~하는 데 익숙하다
be used to + R	~하는 데 사용되다

- I used to work overnight. 나는 밤새 일하곤 했다.
- I am used to getting up early in the morning. 나는 아침에 일찍 일어나는 데 익숙하다.
- The raw material is used to make semiconductors. 원자재는 반도체를 만드는 데 사용된다.

연습 문제

Q1 빈칸에 알맞은 것을 고르시오.

1. They used to [exercise / exercising] much more when they were younger.

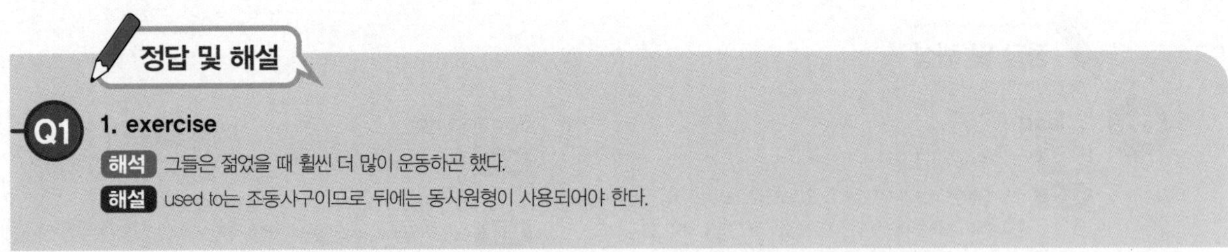

Q1 **1. exercise**

해석 그들은 젊었을 때 훨씬 더 많이 운동하곤 했다.

해설 used to는 조동사구이므로 뒤에는 동사원형이 사용되어야 한다.

3) '~하지 않을 수 없다'라는 뜻을 가진 조동사구

매번 볼 때마다 혼동이 되고 어려워하는 구문이다. 이번에 완전히 정복하자!

대표 조동사구	해석
cannot but R	~하지 않을 수 없다
cannot help -ing	
cannot help(choose) but R	
have no choice but to R	

cannot help –ing에서 help는 '피하다'라는 뜻의 avoid와 같은 의미이다. avoid도 뒤에 동명사가 온다. '피할 수 없다'에서 → '~하지 않을 수 없다'라는 뜻으로 된 것이다.

• I cannot help **believing** him. 나는 그를 믿지 않을 수 없다.

cannot but + R은 cannot help but + R과 같다. 여기서 but은 '~을 제외하고'라는 뜻이다. '~을 제외하고는 ~할 수 없다 → '~하지 않을 수 없다'라는 뜻으로 된 것이다. cannot but이나 cannot help but이 하나의 조동사라고 생각하고, 뒤에 동사원형이 온다고 보면 된다.

• I couldn't help but **overhear**. 엿듣지 않을 수 없었다.
• He couldn't help but **feel** frustrated. 그는 실망하지 않을 수 없었다.

단, have no choice but to R과 헷갈리지 말자. 이 표현에서는 but 뒤에 to R이 온다는 점을 주의해야 한다. '~을 제외하고는 선택이 없다' →'~하지 않을 수 없다'라는 뜻으로 된 것이다. have (no choice but) to R에서 no choice but이 강조하려고 들어갔다고 보면 된다. have to R가 사용되듯이 뒤에는 to R이 사용된다.

• I have no choice but **to refuse**. 나는 거절하지 않을 수 없다.
• We had no choice but **to sign** the contract. 우리는 계약서에 서명하지 않을 수 없었다.

개·념·완·성 연습 문제

Q1 빈칸에 알맞은 것을 고르시오.

1. I couldn't help but [fall / falling] in love with her at a first sight. (20. 경찰 2차 응용)

2. They had no choice but [cancel / to cancel] the conference.

정답 및 해설

1. fall
해석 나는 첫눈에 그녀와 사랑에 빠지지 않을 수 없었다.
해설 cannot help but 뒤에는 동사원형이 나와야 한다.

2. to cancel
해석 그들은 회의를 취소하지 않을 수 없었다.
해설 have no choice but to R 표현이다.

4) '아무리 ~해도 지나치지 않다'라는 뜻을 가진 조동사구

대표 조동사구	해석
cannot - too much	아무리 ~해도 지나치지 않다
cannot over R (주의: over와 too much를 함께 쓸 수 없다)	

• We **cannot** emphasize the high quality **too much**. 우리는 품질을 아무리 강조해도 지나치지 않는다.

연습 문제

Q1 다음 문장을 어법에 맞게 고치세요.

1. We cannot overemphasize the importance of education too much. (03. 국가직 9급)

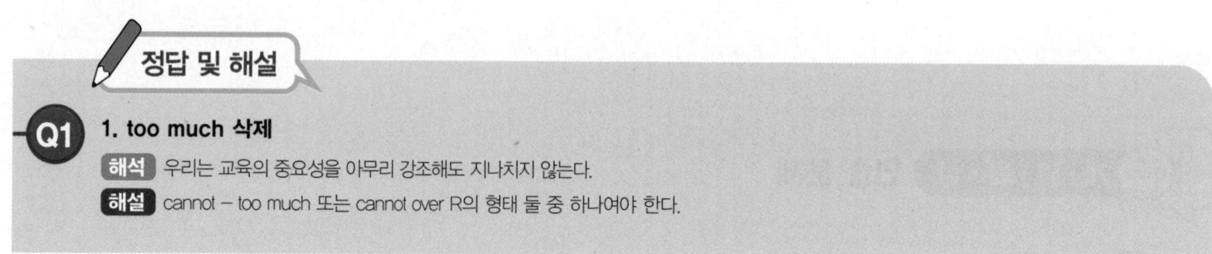

Q1 **1. too much 삭제**

해석 우리는 교육의 중요성을 아무리 강조해도 지나치지 않는다.

해설 cannot – too much 또는 cannot over R의 형태 둘 중 하나여야 한다.

5) '~할 때마다 ~하다'라는 뜻을 가진 조동사구

원래는 '~하지 않고는 ~하지 않다'라는 뜻이다. 현재는 '~할 때마다 ~하다'라는 뜻으로 사용한다.

대표 조동사구	해석
cannot - without -ing	~할 때마다 ~하다
naver - without -ing	
cannot - but S + V	

• They **cannot** meet **without** quarrel**ing**. 우리는 품질을 아무리 강조해도 지나치지 않는다.

MEMO

1. 괄호 안에 어법상 알맞은 것을 고르시오.

01 I ought [to have formed / to inform] a habit of reading in my boyhood. (17. 국가직 9급)

02 You cannot [so / too] careful when it comes to safety. (12. 경찰 3차)

03 I would [rather not go / rather go not] out for dinner because I am totally exhausted. (19. 서울시 7급)

04 Computers in the 80's used to [be / being] so huge that they took up a lot of space. (13. 지방직 7급 응용)

05 The police demanded that she [not leave / didn't leave] the country for the time being. (16. 국가직 9급)

06 The general election breached the law requiring that the polling process [be / is] completed on the same day nationwide. (14. 서울시 7급 응용)

07 I'm feeling sick, I [must / should] not have eaten so much. (20. 경찰 1차)

08 You'd better [stay / to stay] till the rain stops. (12. 교행직 9급)

09 I would rather [lie / to be lying] on a beach than sit in class now. (09. 서울시 9급 응용)

10 The minister insisted that a bridge [is / be] constructed over the river to solve the traffic problem. (17. 국가직 9급)

정답 및 해설

01 to have formed

| 해석 | 나는 소년 시절에 독서하는 버릇을 길러 놓았어야만 했다.

| 해설 | '조동사 + have p.p.'는 과거에 대한 추측이나 후회를 나타낸다. 따라서 ought to have p.p.는 '~했어야만 했는데 하지 않았다'라는 뜻이 된다.

02 too

| 해석 | 안전에 관한 것이라면 아무리 조심해도 지나치지 않다.

| 해설 | cannot ~ too much가 '아무리 ~해도 지나치지 않는'이라는 뜻이다. 이 구문에서 much 대신에 careful이 사용된 것이다.

03 rather not go

| 해석 | 나는 완전히 기진맥진했기 때문에 오늘 저녁은 외식하지 않는 게 낫겠다.

| 해설 | would rather은 조동사구이므로 부정어는 그 뒤에 와야 한다.

04 be

| 해석 | 80년대의 컴퓨터는 너무나 커서 상당한 공간을 차지했다.

| 해설 | used to가 하나의 조동사구이므로 뒤에는 동사원형이 와야 한다.

05 not leave

| 해석 | 경찰은 그녀에게 당분간 나라를 떠나지 말 것을 요구했다.

| 해설 | demanded는 '~해야 할 것을 요구하다'라는 뜻의 동사이다. 따라서 that절 동사는 (should)가 생략된 not leave가 되어야 한다.

06 be

| 해석 | 그 총선은 전국적으로 같은 날 투표 절차를 완료해야 하도록 요구하는 법을 위반했다.

| 해설 | require가 '요구하다'라는 뜻을 가진 동사이므로 that절 동사는 (should)가 생략된 be가 되어야 한다.

07 should

| 해석 | 나는 몸이 안 좋다. 너무 많이 먹지 말았어야 했다.

| 해설 | should not have p.p.는 '~하지 말았어야 했다'라는 뜻을 가진다.

08 stay

| 해석 | 너 비가 그칠 때까지 머무는 게 좋겠다.

| 해설 | had better는 조동사구로 뒤에는 동사원형이 온다.

09 lie

| 해석 | 지금 수업 시간에 앉아 있느니 차라리 해변에 누워 있겠다.

| 해설 | would rather는 조동사구로 뒤에는 동사원형이 와야 한다.

10 be

| 해석 | 그 장관은 교통 문제를 해결하기 위해서 다리가 그 강 위로 건설되어야 한다고 주장했다.

| 해설 | insisted가 '~할 것을 주장하다'라는 동사이므로 that절 동사는 (should)가 생략된 be가 되어야 한다.

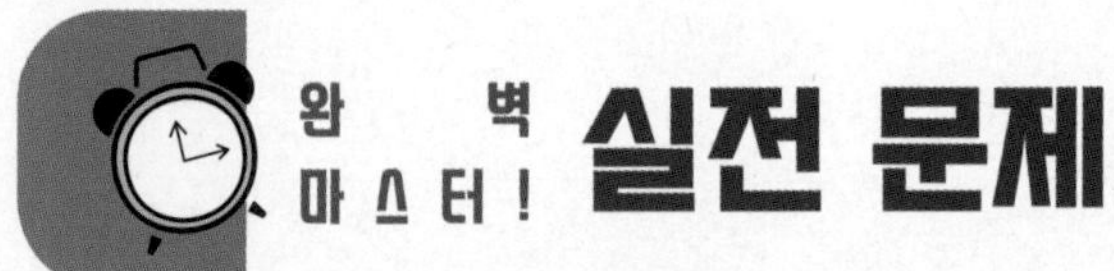

2. 어법상 틀린 부분을 바르게 고치시오.

01 She should have started exercising because she looks much thinner than before.

02 The medical checkup requires that the patient eats nothing for 24 hours.

03 Students have no choice but study harder for better grades.

04 You might as well hanging the washing out to dry as help your mother set the table. (18. 기상직 9급)

05 Egypt has also reacted coolly to requirements that European troops are stationed on the border between Gaza and Egypt to monitor activity in smugglers' tunnels. (14. 지방직 7급)

06 Because Oriental ideas of woman's subordination to man prevailed in those days, she did not dare meet with men on an equal basis. (13. 경찰 3차)

07 He used to reading a book before going to bed.

08 The lecture series are intended for those who are not used to deal with financial issues. (15. 국가직 7급)

09 Parents cannot be so careful about their words and actions before their children. (17. 지방직 9급)

10 A utopian society might demand that the press printed nothing until it has reached absolute certainty. (17. 법원직 9급)

정답 및 해설

01 should have started → must have started

| **해석** | 그녀는 예전보다 훨씬 말라 보이니 운동을 시작했음이 틀림없다.

| 해설 | '~했음에 틀림없다'라는 과거에 대한 강한 추측을 나타내는 표현은 must have p.p.이다. should have p.p는. '~했어야 했는데 하지 않았다'로 과거의 후회나 유감을 나타내는 표현이다.

02 eats → eat

| **해석** | 의료 검진은 환자가 24시간 동안 아무것도 먹지 않을 것을 요구한다.

| 해설 | requires가 '~할 것을 요구하다'이므로 that절 동사로는 동사원형이 와야 한다.

03 study → to study

| **해석** | 학생들은 보다 좋은 성적을 위해 공부를 더 열심히 하지 않을 수 없다.

| 해설 | have no choice but to R 구문이다.

04 hanging → hang

| **해석** | 어머니가 테이블을 세팅하는 동안 너는 빨래를 건조시키기 위해서 너는 것이 낫다.

| 해설 | might as well이 하나의 조동사구이므로 뒤에는 동사원형이 와야 한다.

05 are → be

| **해석** | 이집트는 또한 밀수 트럭 활동을 감시하기 위해 유럽군이 가자지구와 이집트 사이의 국경에 배치되어야 한다는 요구에도 냉정하게 반응했다.

| 해설 | requirement는 require라는 동사의 명사 형태로, 뒤에 '~해야 한다'라는 당위성 의미를 가진다. 따라서 that절 안의 동사는 (should) + R 형태가 되어야 한다.

06 did dare not → dared not

| **해석** | 남성에 대한 여성의 복종에 관한 동양적인 사고가 그 당시에는 팽배했기 때문에, 그녀는 감히 남성들과 대등하게 만날 엄두를 내지 못했다.

| 해설 | dare는 조동사로 사용할 경우, 긍정문에서는 사용할 수 없고 부정문, 의문문에서만 사용할 수 있다. 그리고 조동사이므로 뒤에는 동사원형이 와야 하고, 부정어 not도 조동사 뒤에 위치해야 한다.

07 reading → read

| **해석** | 그는 자기 전에 책을 읽곤 했다.

| 해설 | used to가 '~하곤 했다'라는 뜻으로 사용되는 경우, 조동사이므로 뒤에는 동사원형이 와야 한다.

08 deal → dealing

| **해석** | 그 강의 시리즈는 재무문제를 다루는 데 익숙하지 않은 사람들을 대상으로 한다.

| 해설 | '~하는 데 익숙하다'라는 표현으로는 be used to Ring를 사용한다.

09 so → too

| **해석** | 부모는 자녀 앞에서 그들의 말과 행동에 대해서 아무리 조심해도 지나치지 않는다.

| 해설 | cannot ~ too가 '아무리 ~해도 지나치지 않다'라는 뜻이다. 이때 too 대신에 so를 사용하지 않아야 한다.

10 printed → print

| **해석** | 이상적인 사회는 절대적인 확실성에 이를 때까지 언론이 어떤 것도 게재하지 않을 것을 요구할지도 모른다.

| 해설 | 주절 동사가 demand이다. '~할 것을 요구하다'라는 뜻이므로 that절의 동사는 (should)가 생략된 동사원형 print가 되어야 한다.

만점을 향해! 심화 문제

01 우리말을 영어로 잘못 옮긴 것은? (16. 지방직 9급)

① 오늘 밤 나는 영화 보러 가기보다는 집에서 쉬고 싶다.
→ I'd rather relax at home than going to the movies tonight.

② 경찰은 집안 문제에 대해서는 개입하기를 무척 꺼린다.
→ The police are very unwilling to interfere in family problems.

③ 네가 통제하지 못하는 과거의 일을 걱정해 봐야 소용없다.
→ It's no use worrying about past events over which you have no control.

④ 내가 열쇠를 자주 엉뚱한 곳에 두어서 내 비서가 나를 위해 여분의 열쇠를 갖고 다닌다.
→ I misplace my keys so often that my secretary carries spare ones for me.

02 밑줄 친 부분 중 어법상 옳지 않은 것은? (15. 사복직 9급)

A college girl was really ①<u>upset</u> with her father. She was ashamed of him because he didn't treat his workers well. She demanded that he ②<u>shared</u> the profits with the employees. She explained to him ③<u>how</u> unfairly workers ④<u>were treated</u>.

03 우리말을 영어로 잘못 옮긴 것은? (12. 국가직 7급)

① 그렇게 하느니, 차라리 하지 않는 것이 좋다.
→ You would be better not to do it at all than to do it that way.

② 그는 새로운 정책이 모든 노동자들을 위해 이행되어야 한다고 주장했다.
→ He suggested that the new policy be implemented for all workers.

③ 너의 꿈을 추구하기 위해 학위를 가져야 할 필요는 없다.
→ You don't have to have a degree to pursue your dream.

④ 전 세계에 Bolt보다 빠른 사람은 없다.
→ No other man is faster than Bolt in the whole world.

04 밑줄 친 부분 중 어법상 옳지 않은 것은? (19. 지방직 9급 응용)

①<u>It has been suggested that</u> Stone Age cave dwellers ②<u>should have treated</u> behavior disorders with a surgical method ③<u>called trephining</u>, in which part of the skull was chipped away to provide an opening ④<u>through which</u> the evil spirit could escape.

정답 및 해설

01 ① going → go

| 해설 | ① 'would rather A than B'(B하기 보다는 차라리 A하다)라는 관용 표현으로, would rather 다음에 동사원형이 위치하고 있는데 병렬 관계를 이루기 때문에 than 뒤에도 동사원형이 필요하다. 따라서 going을 go로 고쳐야 한다.

| 오답 분석 |

② the police는 복수이다. 동사는 were로 수가 일치하고 있다. 그리고 'be unwilling to부정사는 '~하기를 꺼리다'라는 관용 표현이다.

③ '전치사 + 관계대명사' 뒤에는 완전한 문장이 위치해야 한다.

④ 'so ~ that" 구문은 '매우 ~해서 그 결과 ~하다'라고 해석해야 한다. 그리고 often은 misplace를 수식하는 부사로 제대로 사용되었다.

02 ② shared → (should) share

| 해석 | 한 여대생은 그녀의 아버지에게 매우 화가 났다. 그녀는 그를 부끄러워했는데, 왜냐하면 그는 그의 고용인들을 좋게 대우하지 않았기 때문이다. 그녀는 그에게 이익을 고용인들과 나눌 것을 요구하였다. 그녀는 그에게 고용인들이 얼마나 부당하게 대우받는지 설명하였다.

| 해설 | ② demand와 같이 요구동사가 있는 문장에서는 종속절인 that절 이하에 '주어 + (should) + 동사원형'이 와야 한다.

| 오답 분석 |

① upset은 형용사로 주격 보어의 위치에 알맞다.

③ how는 의문부사로 올바르게 쓰였다. how 뒤에는 형용사나 부사가 올 수 있는데, 불완전한 문장으로 끝나면 형용사를, 완전한 문장으로 끝나면 부사를 사용한다. 이 문장의 경우 동사가 were treated로 수동태이므로 완전한 문장이다. 따라서 동사를 꾸미는 부사가 맞게 사용되었다.

④ 해석하면 '직원들이 대우받는 것'이므로 수동태로 쓰인 것이 알맞다.

03 ①

| 해설 | ① '~하기 보다는 차라리 ~하다'라는 표현으로는 had better A than B를 사용한다. 이때 A와 B는 둘 다 동사원형이 되어야 한다. 따라서 You had better not do it at all than do it that way가 맞는 표현이다.

| 오답 분석 |

② 주절 동사에 요구, 제안, 명령, 주장 등의 동사가 사용될 때는 that절 안의 동사는 '(should) + R' 형태가 되어야 한다. be implemented로 제대로 사용되고 있다.

③ '~할 필요가 없다'는 don't have to R로 표현한다.

④ 비교급을 이용한 최상급 표현이다. No other ~ than은 '~보다 더 ~한 사람은 없다'라는 표현이므로 최상급 의미를 가지게 된다.

04 ② should have treated → may have treated

| 해석 | 석기 시대의 동굴인들은 천공이라고 하는 외과수술법으로 행동 장애를 치료했을지도 모른다고 제기되었는데, 이 수술에서 악령이 빠져나갈 수 있는 구멍을 만들기 위해 두개골의 일부가 잘려져 나갔다.

| 해설 | ② '~했을 지도 모른다'라는 과거의 추측을 나타낼 경우에는 may have p.p.를 사용한다. should have p.p.는 '~했어야 했다'라는 과거의 유감이나 후회를 나타내는 표현이다.

| 오답 분석 |

① it + 가주어 + that + 진주어 구문이다. '~가 제기되었다'라는 문맥이므로 수동태가 맞는 표현이다.

③ called trephining은 앞에 있는 명사 a surgical method를 수식하는 과거분사가 맞다. 'A라고 불리는 명사'라는 뜻을 나타낼 때는 '명사 + called + A'가 맞는 표현이다.

④ which는 선행사 opening을 지칭하며, '오프닝을 통해서'라는 뜻이므로 전치사 through가 맞게 쓰였다. '전치사 + 관계대명사' 뒤에는 완전한 문장이 수반되는 것도 올바르다.

학습 내용

❶ 모든 문장은 주어와 동사를 찾고 나머지는 괄호로 묶고, 주어에 따라서 동사의 수를 일치시키다.

❷ 주어가 부정사, 동명사, 명사절인 경우, 동사는 단수동사를 사용한다.

❸ 관계절의 동사의 수는 선행사에 따라 결정한다.

❹ '부분 명사 + of the + 전체 명사'가 주어로 주어지는 경우, 동사의 수는 전체 명사에 따라 결정된다.

❺ a number of와 the number of를 확실히 구분한다.

주어와 동사의 수 일치

Chapter 06

주어와 동사의 수 일치

1 수 일치 개념

1 3단현

수 일치란 주어에 따라서 동사의 수를 일치시키는 것을 말한다. 즉, 주어가 단수이면 동사가 단수가 되고, 주어가 복수이면 동사는 복수가 되는 것을 의미한다. 이 문제는 결국 동사에 대응하는 진짜 주어가 무엇인가를 찾는 것에 있다.

주어와 동사의 수 일치에서 가장 중요한 개념은 '3인칭, 단수, 현재'이다. 주어가 3인칭이고 단수이며 현재시제이면 동사에는 '-(e)s'가 붙는다는 점이다. '3단현'이라고 외우자.

1인칭	I	arrive	do	have	am	was	will
2인칭	You	arrive	do	have	are	were	will
3인칭 단수	He she It	arrives	does	has	is	was	will
3인칭 복수	They	arrive	do	have	are	were	will

① 단수 주어 + 단수동사

- Your bag **is** too heavy. 너의 가방은 매우 무겁다.
- The library **has** many books. 그 도서관은 책을 많이 가지고 있다.
- The report **was** ready for publication. 그 보고서는 출판이 준비되었다.
- Eugene **had** a talent. Eugene은 재능이 있었다.

② 복수 주어 + 복수동사

- Your bags **are** too heavy 너의 가방은 매우 무겁다.
- The libraries **have** many books. 그 도서관은 책을 많이 가지고 있다.
- The reports **were** ready for publication. 그 보고서는 출판이 준비되었다.
- They **had** talents. 그들은 재능이 있었다.

개·념·완·성 연습 문제

Q1 괄호 안의 동사를 현재형으로 바꾸어 빈칸에 쓰시오.

1. He ______________ (get) up early in the morning.

2. You always ____________ (leave) for the day on time.

3. He ___________ (go) fishing this Sunday.

4. She ____________ (have) a beautiful smile.

5. My friend ____________ (study) Spanish.

Q2 괄호 안에 알맞은 것을 고르시오.

1. Every man, woman, and child [need / needs] love.

2. There [is / are] a number of shirts in the shop.

3. The shows on TV [is / are] boring.

4. A quarter of classmates [has / have] caught a cold.

정답 및 해설

Q1

1. gets

해석 그는 아침에 일찍 일어난다.

해설 주어가 3인칭 단수이므로 동사에 –s가 붙는다.

2. leave

해석 너는 항상 정시에 퇴근한다.

해설 you는 2인칭 주어이므로 현재동사에 –s가 붙지 않는다.

3. goes

해석 그는 이번 일요일에 낚시를 간다.

해설 주어가 3인칭 단수이므로 동사에 –s가 붙는다.

4. has

해석 그녀는 아름다운 미소를 가지고 있다.

해설 주어가 3인칭 단수이므로 동사인 have 역시 has가 되어야 한다.

5. studies

해석 내 친구는 스페인어를 공부한다.

해설 주어가 3인칭 단수이므로 동사에 –s가 붙는다.

Q2

1. needs

해석 모든 남자, 여자, 어린이는 사랑을 필요로 한다.

해설 every는 '모든'이라는 뜻을 가지고 있지만, 각각의 하나하나를 지칭하는 단수 개념이므로 동사 역시 단수동사를 사용해야 한다.

2. are

해석 매장에 많은 셔츠가 있다.

해설 there는 유도부사이다. 따라서 뒤의 주어와 동사는 도치되어 나온다. 이 문장의 주어는 shirts라는 복수명사이므로 동사 역시 복수형인 are가 정답이다.

3. are

해석 TV 쇼들은 지루하다.

해설 이 문장의 주어는 shows로 복수형이므로 동사 역시 복수동사를 사용해야 한다.

4. have

해석 1/4의 급우들이 감기에 걸렸다.

해설 이 문장의 주어는 classmates라는 복수명사이므로 동사 역시 복수동사인 have가 정답이다.

2 주의해야 할 수 일치 유형

1 주어와 동사 사이의 수식어구

주어 뒤에 전치사구, 관계절, 분사구, to부정사 등의 수식어를 집어넣어 주어와 동사를 멀리 떨어뜨려 놓고 수 일치를 묻는 문제가 자주 출제된다. 수식어구는 아무리 길어도 동사의 수에는 전혀 영향을 주지 않으므로 주어 다음의 수식어구를 제외하고 동사를 파악하는 연습을 하는 것이 중요하다.

개·념·완·성 연습 문제

Q1 빈칸에 알맞은 것을 고르시오.

1. The increase shown on this month's utility bills [is / are] due to the high consumption of electricity.

2. A welcome reception for the newly hired employees [is / are] scheduled for Monday at 3 p.m.

3. Those who do not remember the past [are / is] doomed to repeat again.

4. The existence of consistent rules [is / are] important if a teacher wants to run a classroom efficiently.

정답 및 해설

Q1

1. is

해석 이번 달의 공과금 영수증에서 보인 상승은 높은 전기 소비 때문이다.

해설 문장의 주어는 increase이고 뒤에 나오는 것들은 수식어이다. 따라서 동사 역시 단수가 되어야 한다.

2. is

해석 새로운 신입 직원을 위한 환영 행사는 월요일 오후 3시로 예정되어 있다.

해설 문장의 주어는 reception으로 단수이다. 따라서 동사 역시 단수동사를 사용해야 한다.

3. are

해석 과거를 기억하지 않은 사람들은 반복할 운명이다.

해설 문장의 주어가 those이므로 동사로는 복수동사인 are를 사용해야 한다.

4. is

해석 만약 선생님이 학급을 효율적으로 운영하기를 원하면, 일관된 규칙의 존재가 중요하다.

해설 문장의 주어가 existence이다. 따라서 동사는 단수형이 되어야 한다.

2 긴 주어(부정사, 동명사, 명사절)

문장의 주어가 부정사, 동명사, 명사절인 경우 동사는 단수동사를 사용한다. 복수라는 개념은 주어가 명사나 대명사이면서 두 개 이상일 때를 의미한다.

개·념·완·성 연습 문제

Q1 빈칸에 알맞은 것을 고르시오.

1. Taking photographs [is / are] strictly limited.

2. To save enough money to buy a house [is / are] very important to married couples.

3. That Hues Corporation's sales increased sharply [is / are] not surprising.

4. The inability to remember your name and identity [is / are] exceedingly rare in reality. (20. 법원직 9급)

정답 및 해설

Q1

1. is

해석 사진 찍는 것은 엄격하게 제한된다.

해설 문장의 주어가 taking으로 동명사이다. 따라서 동사는 단수형이 되어야 한다.

2. is

해석 집을 구매하기 위해서 돈을 아끼는 것은 부부들에게 매우 중요하다.

해설 문장의 주어가 To save money로 부정사이다. 따라서 동사는 단수형이 되어야 한다.

3. is

해석 Hues Corporation의 매출액이 급격히 증가한 것은 놀랍지 않다.

해설 문장의 주어는 That Hues Corporation's sales increased sharply이다. 명사절이 주어로 올 경우 단수 취급한다.

4. is

해석 당신의 이름과 신원을 기억하지 못하는 것은 현실적으로 극히 드물다.

해설 문장의 주어는 inability로 단수명사이다. 따라서 동사 역시 단수동사를 사용해야 한다.

3 관계대명사절 내 동사의 수 일치

관계대명사는 앞에 나오는 명사를 대신하는 대명사의 기능과 뒤에 문장을 연결하는 접속사의 기능을 동시에 한다. 주격 관계대명사 who, which, that은 뒤에 동사가 수반되는데, 이때 관계대명사절의 동사의 수는 선행사에 의해서 결정된다.

개·념·완·성 연습 문제

Q1 빈칸에 알맞은 것을 고르시오.

1. The events that [is / are] organized by the management involve activities for promoting teamwork.

2. The oceans contain many forms of life that [has / have] not yet been discovered. (17. 지방직 9급)

3. The laptop allows people who [is / are] away from their offices to continue to work. (18. 지방직 9급)

정답 및 해설

Q1

1. are

해석 경영진에 의해서 조직된 행사들은 팀워크를 증진하는 활동을 포함하고 있다.

해설 주격 관계대명사 that은 앞에 있는 선행사 events를 받아 주는 것이다. 따라서 동사는 복수형이 되어야 한다.

2. have

해석 바다에는 아직 발견되지 않은 많은 형태의 생명체가 있다.

해설 주격 관계대명사 that의 선행사가 many forms of life라는 복수명사이다. 따라서 동사는 복수동사가 와야 한다.

3. are

해석 노트북은 출장을 간 사람들이 업무를 계속할 수 있도록 해준다.

해설 주격 관계대명사 who의 선행사는 people이다. 그리고 people은 단수형이지만 복수 취급을 하는 명사이다. 따라서 동사 역시 복수형이 되어야 한다.

4 상관접속사

상관접속사는 등위접속사로 연결되는 덩어리 표현을 말한다. 이때 동사의 수는 주로 동사와 근접한 B에 의해서 결정된다.

B에 수 일치	
(either) A or **B** neither A nor **B**	A 또는 **B**가 A도 **B**도 아닌
not only A but (also) **B** =**B** as well as A	A뿐만 아니라 **B**도
not A but **B**	A가 아니라 **B**가

개·념·완·성 연습 문제

Q1 빈칸에 알맞은 것을 고르시오.

1. Neither the boss nor the manager [plan / plans] to attend the trade fair.

2. You as well as he [is / are] responsible for the accident. (10. 국가직 9급)

3. Not only you but also Laura [is / are] going to miss the seminar.

정답 및 해설

Q1

1. plans

해석 사장뿐만 아니라 매니저도 무역 박람회에 참가할 것을 계획하고 있지 않다.

해설 neither A nor B 구조에서 동사는 B에 따라서 결정된다. the manager가 단수명사이므로 동사 역시 단수동사를 사용한다.

2. are

해석 그뿐만 아니라 너도 그 사고에 책임이 있다.

해설 B as well as A 구조에서 동사는 B에 의해서 결정된다. you와 어울리는 be동사는 are이다.

3. is

해석 너뿐만 아니라 Laura도 세미나에 빠질 것이다.

해설 Not only A but also B 구조에서 동사는 B에 의해서 결정된다. Laura는 단수이므로 동사 역시 단수동사를 사용한다.

중요 포인트

A and B

1. 원칙

A and B는 원칙적으로는 복수 취급을 한다.

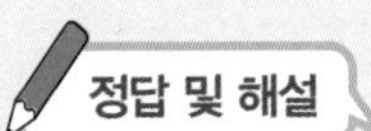

연습 문제

Q1 빈칸에 알맞은 것을 고르시오.

1. You and I [am / are] responsible for the matter.

정답 및 해설

Q1

1. are

해석 너와 내가 그 문제에 책임이 있다.

해설 (Both) A and B 구조는 주어가 복수이므로 동사 역시 복수동사를 사용한다.

---

2. 예외

주어가 A and B로 제시되는 경우, 원칙적으로는 복수 취급하지만, 단일 개념일 때에는 단수 취급해서 동사 역시 단수동사를 사용한다. 단일 개념이라 함은 다음과 같다.

① 동일 인물(사물)

관사(소유격) + A and B + <u>단수동사</u>

'관사 + A and 관사 + B'와 같이 각각의 명사에 관사나 소유격이 붙는 경우가 아니라 A and B 앞에 관사나 소유격이 하나만 붙는 경우에는 '하나'나 '한 명'을 의미하므로 단수 취급한다.

- **A** poet and **a** novelist **are** discussing the issues. 시인과 소설가가 그 문제를 토론할 것이다.
- **A** poet and novelist **is** being interviewed. 시인이자 소설가가 인터뷰를 받고 있다.
- **A** watch and chain **is** going to be discounted this weekend. 줄이 달린 시계가 이번 주말에 할인될 것이다.

개·념·완·성 연습 문제

Q1 빈칸에 알맞은 것을 고르시오.

1. My colleague and friend [is / are] coming to see us.

Q1 **1. is**

해석 나의 동료이자 친구가 우리를 보러 오고 있다.

해설 colleague와 friend라는 명사 앞에 각각의 소유격이 있는 것이 아니라 하나의 소유격이 있으므로, 동일인을 지칭하는 것이다. 따라서 동사는 단수동사를 사용한다.

---

② '명사 and 명사'가 단일 개념인 경우

trial and error 시행착오 time and tide 세월 bread and butter 버터를 바른 빵 curry and rice 카레라이스 research and development 연구 개발 a needle and thread 바늘과 실

개·념·완·성 연습 문제

Q1 빈칸에 알맞은 것을 고르시오.

1. Trial and error [is / are] the source of our knowledge. (08. 경찰 3차)

2. Early to bed and early to rise [make / makes] a man healthy. (03. 경찰 3차)

Q1 **1. is**

해석 시행착오는 지식의 원천이다.

해설 trial and error는 '시행착오'라는 하나의 표현이므로 단수 취급한다.

2. makes

해석 일찍 자고 일찍 일어나는 것은 사람을 건강하게 만든다.

해설 early to bed and early to rise는 '일찍 자고 일찍 일어나다'라는 하나의 표현이므로 단수 취급한다.

5 주어와 동사가 도치된 경우

부정어, only + 부사, 장소, 방향의 부사구, 유도부사 등이 문두에 위치하는 경우에는 주어와 동사가 도치된다. 이때 동사의 수는 뒤에 나오는 주어에 의해서 결정된다. 도치가 되었으니 앞이 아닌 뒤에 주어가 있기 때문에 뒤를 봐야 한다.

도치는 Chapter 21에서 자세히 다루는데, 우선 아래의 다섯 가지 경우를 먼저 보자. 이런 경우에는 강조하기 위해서 도치가 발생한다.

① 장소 부사구 + 동사 + 주어

- Under a tree was sleeping a man. 나무 아래 한 남자가 자고 있었다.
  장소 부사구 / 동사 / 주어

② 보어 + 동사 + 주어(2형식 문장)

- So famous is she that we can barely see her. 그녀는 너무 유명해서 우리는 좀처럼 볼 수 없었다.
  보어 / 동사 / 주어
  = She was so famous that we can barely see her.

③ 유도부사(There) + 동사 + 주어

- There is handful of homework to do tonight. 오늘밤에 해야 할 숙제가 많다.
  유도부사 / 동사 / 주어

④ 부정부사 + 동사 + 주어

- Seldom have I studied English since I graduated from the high school.
  유도부사 / 동사 / 주어
  나는 고등학교를 졸업한 이래로 영어 공부를 거의 하지 않았다.

⑤ only + 부사(구/절) + 동사 + 주어

- Only then did I realize that she had tried to help me.
  only + 부사 / 동사 / 주어
  그때가 되어서야 나는 그녀가 나를 도우려 했다는 것을 깨달았다.

개·념·완·성 연습 문제

Q1 빈칸에 알맞은 것을 고르시오.

1. Under the desk [lie / lies] a wastebasket.

2. There [was / were] more than 100 participants for the competition.

정답 및 해설

Q1

1. lies

해석 책상 아래에는 쓰레기통이 있다.

해설 위치나 장소를 나타내는 부사구가 문두에 오면 주어와 동사는 도치된다. 이 문장에서 주어는 빈칸 뒤의 wastebasket이라는 단수명사이다. 따라서 동사 역시 단수동사가 되어야 한다.

2. were

해석 그 대회를 위해 100명이 넘는 참가자들이 있었다.

해설 There는 유도부사로 뒤에 주어와 동사가 도치되어 나온다. 이 문장의 주어는 more than 100 participants로 복수명사이므로 동사 역시 복수동사가 되어야 한다.

6 '부분 명사 of 전체 명사'의 수 일치

'부분 명사(혹은 부분을 나타내는 부정사) of 전체 명사'의 경우 of 뒤의 전체 명사가 동사의 수를 결정한다.

'부분'을 나타내는 부정대명사		all, most, some, any, half	+ of **복수명사** + 복수동사 + of **단수명사** + 단수동사
부분 명사	일부	part, portion, the rest	
	분수	two thirds(3분의 2)	
	백분율	percent	

개·념·완·성 연습 문제

Q1 빈칸에 알맞은 것을 고르시오.

1. All of the information [was / were] false. (08. 지방직 9급)

2. Most of the suggestions proposed at the sales meeting [was / were] not very practical.

3. Roughly half of the employees [commute / commutes] to work by subway. (10. 교행직 9급)

4. Some of the books [was / were] out of print.

정답 및 해설

Q1

1. was

해석 모든 정보가 틀렸다.

해설 '부분명사 + of + 전체명사' 구조에서 동사의 수는 전체명사가 결정한다. information은 불가산명사로 단수이기 때문에 동사 역시 단수여야 한다.

2. were

해석 영업 회의에서 제안된 대부분의 제안은 매우 실용적이지 않았다.

해설 이 문장에서 전체 명사는 suggestions이므로 동사 역시 복수형이 되어야 한다.

3. commute

해석 직원들 대략 반은 지하철로 통근한다.

해설 이 문장에서 전체 명사는 employees라는 복수명사이다. 따라서 동사 역시 복수형이 되어야 한다.

4. were

해석 일부 책은 절판되었다.

해설 이 문장에서 전체 명사는 books이다. 따라서 동사 역시 복수형이 되어야 한다.

one/each + of Ns + 단수동사

one과 each는 특히 시험에 빈출된다. 형용사로 사용되는 경우, 뒤에 단수명사가 온다. 그러나 이들이 대명사로 사용되어서 뒤에 'of the 명사'가 따라오는 경우, '~중에서 하나(각각)라는 뜻이므로 이때는 뒤의 명사로는 복수명사가 오지만 동사로는 단수동사를 사용해야 한다.

one, each, either, neither	+ of + 복수명사 + 단수동사

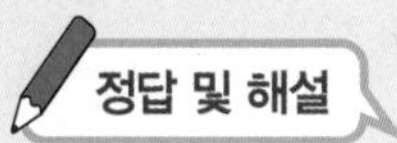

연습 문제

Q1 빈칸에 알맞은 것을 고르시오.

1. One of the most interesting topics [was / were] how to increase profit.

2. Each of the discussions [relate / relates] to the international market.

정답 및 해설

Q1

1. was

해석 가장 흥미로운 주제 중 하나는 수익을 어떻게 증가시킬지였다.

해설 문장의 주어는 one이다. 따라서 동사는 단수동사를 사용한다.

2. relates

해석 각각의 토론은 해외 시장과 관련되었다.

해설 문장의 주어는 each이다. 따라서 동사는 단수동사를 사용한다.

7 기타

1) number

number는 앞에 있는 관사에 따라서 동사의 수가 달라진다. 정관사 the가 붙어 'the number of + 복수명사' 형태인 경우에는 number가 주어가 되어서 동사의 수는 단수가 된다. 반면, 'a number of + 복수명사'인 경우, a number of는 형용사와 같이 뒤의 명사를 수식하는 기능을 하므로 그 뒤에 나오는 복수명사가 주어가 된다. 따라서 동사 역시 복수동사가 와야 한다.

많은	a number of + 복수명사 + 복수동사
~의 수	the number of + 복수명사 + 단수동사

- A number of **students** are studying English nowadays. 요즘에 많은 학생들이 영어를 공부한다.
- The **number** of students studying English is increasing gradually.
  영어를 공부하는 학생들의 수는 점차적으로 증가하고 있다.

개·념·완·성 연습 문제

Q1 빈칸에 알맞은 것을 고르시오.

1. The number of students who are studying English [is / are] increasing.

2. A number of people [was / were] late for work because there was an accident. (11. 국회직 9급)

3. The number of ants in the world [is / are] much larger than we think.

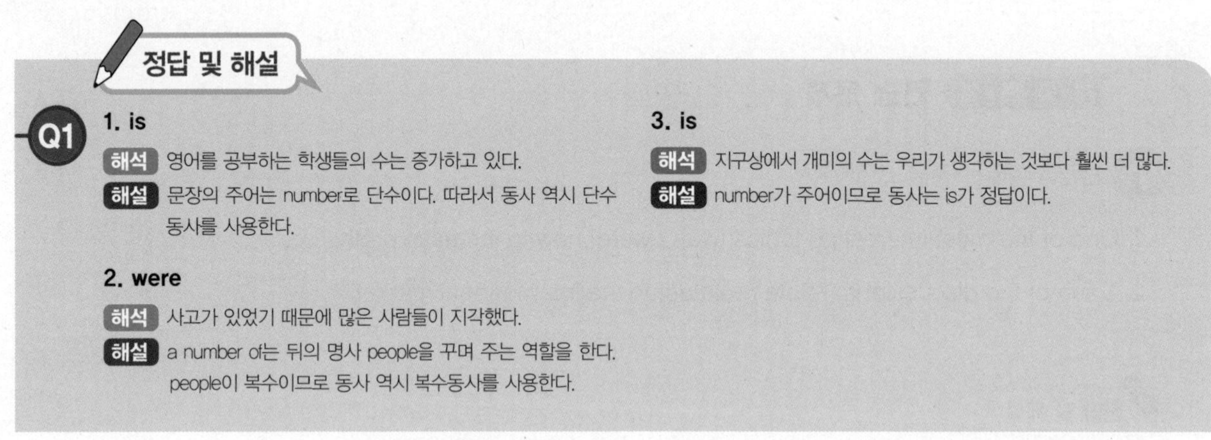

정답 및 해설

Q1

1. is

해석 영어를 공부하는 학생들의 수는 증가하고 있다.

해설 문장의 주어는 number로 단수이다. 따라서 동사 역시 단수동사를 사용한다.

2. were

해석 사고가 있었기 때문에 많은 사람들이 지각했다.

해설 a number of는 뒤의 명사 people을 꾸며 주는 역할을 한다. people이 복수이므로 동사 역시 복수동사를 사용한다.

3. is

해석 지구상에서 개미의 수는 우리가 생각하는 것보다 훨씬 더 많다.

해설 number가 주어이므로 동사는 is가 정답이다.

2) many

many 바로 뒤에 명사가 오는 경우, 복수명사가 수반되고 동사 역시 복수동사를 사용한다. 반면 many a 뒤에는 단수명사가 오고 동사 역시 단수동사를 사용한다.

many + 복수명사 + 복수동사
many **a** + 단수명사 + 단수동사

- **Many** people **were** expecting the peace talk would break down. 많은 사람들은 그 평화 협상이 결렬될 것으로 예상했다.
- **Many a** person **was** saved from the fire. 많은 사람들이 그 화재에서 구조되었다.

개·념·완·성 연습 문제

Q1 빈칸에 알맞은 것을 고르시오.

1. Many tombs [was / were] sealed so tightly that the outside air cannot get inside.

2. Many a salesperson [know / knows] how to present the products. (17. 국회직 9급 응용)

정답 및 해설

Q1

1. were

해석 많은 무덤들이 너무나 타이트하게 밀봉이 되어서 외부의 공기가 들어갈 수 없다.

해설 many 뒤에는 복수명사가 수반되고, 동사 역시 복수형이 온다.

2. knows

해석 많은 영업 사원이 제품을 어떻게 제시할지를 알고 있다.

해설 many a 뒤에는 단수명사가 수반되고 동사 역시 단수형이 온다.

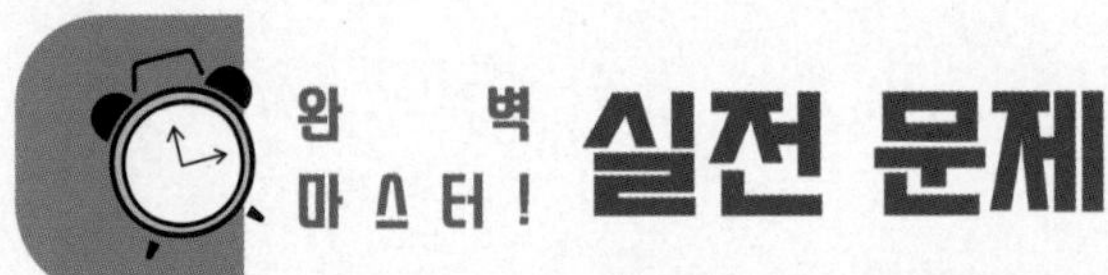

1. 괄호 안에 어법상 알맞은 것을 고르시오.

01 Mr. Morris [approve / approves] the construction of a new stadium.

02 Each of the candidates [has / have] strengths in specific areas.

03 Setting realistic goals [is / are] a great step toward building personal motivation.

04 Two thirds of my classmates [is / are] going to look for jobs after graduation. (14. 국가직 7급)

05 A number of students [is / are] studying very hard to get a job after their graduation. (14. 국가직 9급)

06 One of the exciting games I saw [was / were] the World Cup final in 2010. (14. 국가직 9급)

07 The best way to find out if you can trust somebody [is / are] to trust that person. (15. 국가직 9급)

08 Many a careless walker [was / were] killed in the street. (14. 지방직 9급)

09 Approximately more than seventy-five percent of the Canadian citizens [speak / speaks] English as their primary language.

10 A recent study finds that listening to music before and after surgery [help / helps] patients cope with related stress.

정답 및 해설

01 approves

| **해석** | Morris 씨는 새로운 실내 경기장의 건설을 승인했다.

| 해설 | 주어가 3인칭 단수이므로 동사에는 –s가 붙어야 한다.

02 has

| **해석** | 각각의 후보들은 특정한 분야에서 강점을 가지고 있다.

| 해설 | 'each of the 복수명사' 구조에서 주어는 each이므로 동사 역시 단수동사를 사용해야 한다.

03 is

| **해석** | 현실적인 목표를 설정하는 것은 개인적인 동기부여를 만들기 위한 좋은 단계이다.

| 해설 | 동명사가 주어로 사용되는 경우 단수 취급한다.

04 are

| **해석** | 나의 급우들의 2/3는 졸업 후에 일자리를 찾을 것이다.

| 해설 | '부분명사 + of + 전체명사' 구조에서 동사의 수를 결정하는 것은 전체명사이다. 이 문장의 경우 classmates가 복수이므로 동사 역시 복수가 되어야 한다.

05 are

| **해석** | 많은 학생들이 졸업 후에 취업을 하기 위해서 매우 열심히 일한다.

| 해설 | 'a number of + 복수명사' 구조에서 주어는 복수명사이다. 따라서 동사는 단수형이 되어야 한다.

06 was

| **해석** | 내가 보았던 흥미로운 경기 중 하나는 2010년 월드컵 결승전이었다.

| 해설 | 'one of the + 복수명사' 구조에서 주어는 one이다. 따라서 동사는 단수형이 되어야 한다.

07 is

| **해석** | 당신이 누군가를 믿을 수 있는지 알기 위한 최선의 방법은 그 사람을 믿는 것이다.

| 해설 | 문장의 주어는 way이다. 따라서 단수동사를 사용해야 한다.

08 was

| **해석** | 많은 부주의한 보행자가 도로에서 죽었다.

| 해설 | many a 뒤에는 단수명사가 나오고 동사 역시 단수형이 온다.

09 speak

| **해석** | 대략 75% 이상의 캐나다 시민들은 영어를 제1언어로 구사한다.

| 해설 | 분수는 부분명사에 해당하므로 동사의 수를 결정하기 위해서는 그 뒤에 나오는 전체명사를 봐야 한다. 이 문장의 경우 citizens가 복수이므로 동사의 수 역시 복수형이 되어야 한다.

10 helps

| **해석** | 최근의 조사는 수술 전과 후에 음악을 듣는 것이 환자가 관련된 스트레스를 극복하는 데 도움을 준다고 밝혔다.

| 해설 | that절 안의 주어는 listening이다. 동명사는 주어로 사용되는 경우 단수 취급한다.

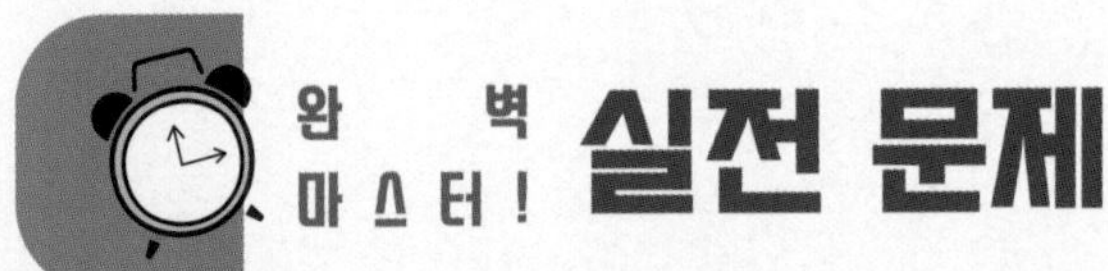

2. 어법상 틀린 부분을 바르게 고치시오.

01 Nestled in the atmosphere is clouds of liquid water and ice crystals. (15. 기상직 9급)

02 There seem to have been a mistake; my name and contact number aren't on the list.

03 A tenth of the automobiles in this distract alone was stolen last year. (14. 지방직 9급)

04 Burning fossil fuels are one of the leading cause of climate change.

05 A decrease in the supply of clean water sources aide sales in water purification products.

06 Almost 99 percent of the atmosphere lie within a mere 30 km of Earth's surface. (15. 기상직 9급)

07 The federal government, along with the cooperation of leading industrial companies, are pushing to create more jobs for skilled workers.

08 After completing his degree in business administration, Jeff Damon began working for a research organization that specialize in marketing strategies.

09 All of the consultants' suggestions about the company's position regarding the upcoming merger has been taken into consideration by the CEO.

10 He acknowledged that the number of Koreans were forced into labor under harsh conditions in some of the locations during the 1940s. (16. 서울시 9급)

정답 및 해설

01 is → are

| 해석 | 액체 상태의 물로 된 구름과 얼음 결정이 이 대기 안에 자리 잡고 있다.

| 해설 | 분사인 nestled가 문두로 가서 주어와 동사가 도치된 구문이다. 문장의 주어는 clouds로 복수이므로 동사를 are로 바꾸어야 한다.

02 seem → seems

| 해석 | 실수가 있었던 것으로 보입니다. 제 이름과 연락번호가 리스트에 없어요.

| 해설 | There 뒤에서 주어와 동사는 도치된다. 이 문장에서 주어는 a mistake인 단수명사이다. 따라서 동사를 seems로 바꾸어야 한다.

03 was → were

| 해석 | 작년에 이 지역에서만 자동차의 1/10이 도난당했다.

| 해설 | a tenth는 1/10이라는 분수를 나타내는 말이다. 분수와 같은 부분명사는 그 뒤에 나오는 전체명사가 동사의 수를 결정한다. automobiles가 복수이므로 동사를 were로 바꾸어야 한다.

04 are → is

| 해석 | 화석 연료를 태우는 것이 기후 변화의 주요 원인 중 하나이다.

| 해설 | 동명사가 주어로 사용되는 경우 단수 취급하므로 동사를 is로 바꾸어야 한다.

05 aide → aides

| 해석 | 깨끗한 수자원의 공급 감소는 수질 정화 제품의 매출에 도움을 주었다.

| 해설 | 문장의 주어는 최종적으로 수식을 받는 a decrease이다. 따라서 동사도 단수형으로 바꾸어야 한다.

06 lie → lies

| 해석 | 거의 99%의 공기는 지구 표면의 30km 이내에 있다.

| 해설 | 퍼센트는 부분을 나타내는 말이다. 부분명사는 그 뒤에 나오는 명사가 동사의 수를 결정한다. atmosphere가 단수이므로 동사 역시 단수형으로 바꾸어야 한다.

07 are → is

| 해석 | 주요 산업 회사들의 협력과 함께 연방 정부는 숙련된 직원들을 위한 보다 많은 일자리를 창출하려고 노력하고 있다.

| 해설 | 문장의 주어는 최종적으로 수식을 받는 the federal government이다. 따라서 동사 역시 단수형이 되어야 한다.

08 specialize → specializes

| 해석 | 경영학 학위를 끝내고 나서, Jeff Damon은 마케팅 전략을 전문으로 하는 연구소에서 일을 시작했다.

| 해설 | 주격 관계대명사 that은 앞의 단수명사 a research organization을 받는 것이다. 따라서 관계절의 동사는 단수형이 되어야 한다.

09 has → have

| 해석 | 다가오는 합병에 관한 회사의 입장에 대한 컨설턴트의 모든 제안은 최고 경영자에 의해서 고려되었다.

| 해설 | 문장의 주어는 suggestions이다. 따라서 동사 역시 복수형이 되어야 한다.

10 the number → a number

| 해석 | 그는 1940년대에 일부 지역에서 많은 한국인들이 혹독한 상황에서 근로하도록 강요되었다는 것을 인정했다.

| 해설 | 문맥상 number가 '수'를 나타내는 것이 아니고 'a number of + 복수명사'로 사용이 되어서 '많은'이라는 뜻을 가져야 자연스러우므로 number 앞의 관사를 a로 바꾸어야 한다.

01 밑줄 친 부분 중 어법상 옳지 않은 것은? (20. 서울시 9급)

Elizabeth Taylor had an eye for beautiful jewels and over the years amassed some amazing pieces, once ①<u>declaring</u> "a girl can always have more diamonds." In 2011, her finest jewels were sold by Christie's at an evening auction ②<u>that</u> brought in $115.9 million. Among her most prized possessions sold during the evening sale ③<u>were</u> a 1961 bejeweled timepiece by Bulgari. Designed as a serpent to coil around the wrist, with its head and tail ④<u>covered</u> with diamonds and having two hypnotic emerald eyes, a discreet mechanism opens its fierce jaws to reveal a tiny quartz watch.

02 밑줄 친 부분 중 어법상 가장 옳지 않은 것은? (18. 서울시 9급)

I'm ①<u>pleased</u> that I have enough clothes with me. American men are generally bigger than Japanese men so ②<u>it's</u> very difficult to find clothes in Chicago that ③<u>fits</u> me. ④<u>What</u> is a medium size in Japan is a small size here.

03 밑줄 친 부분 중 어법상 가장 옳지 않은 것은? (17. 서울시 7급)

The idea that justice ①<u>in allocating</u> access to a university has something to do with ②<u>the goods</u> that ③<u>universities properly</u> pursue ④<u>explain</u> why selling admission is unjust.

정답 및 해설

01 ③ were → was

| **해석** | 엘리자베스 테일러는 아름다운 보석들을 보는 안목이 있었고, 수년에 걸쳐 놀라운 보석 몇 점을 수집했는데, 한 번은 "여자라면 언제나 더 많은 다이아몬드를 가질 수 있다."라고 선언했다. 2011년 1억 1,590만 달러의 이익을 벌어들인 어느 저녁 경매에서 그녀가 소장하고 있던 최상품 보석이 크리스티(경매 회사)에게 팔렸다. 그날 이브닝 세일 동안에 팔린 그녀가 아끼는 소장품 중 하나는 불가리가 1961년에 만든, 보석으로 장식된 시계 한 점이었다. 손목을 감아 도는 뱀의 모습으로 디자인되어 머리와 꼬리는 다이아몬드로 덮여 있고 최면을 거는 듯한 에메랄드로 된 두 눈을 가진 이 세심한 구조는 무시무시한 입을 열면 작은 쿼츠 시계를 드러낸다.

| **해설** | ③ among/with 전명구(부사구)가 문두로 이동할 경우 주절의 길이와 균형을 맞추기 위해 주어와 동사가 도치된다. 여기에서 문장의 주어는 a 1961 bejeweled timepiece이므로 동사는 were가 아닌 was가 되어야 한다.

| **오답 분석** |

① 분사 구문의 의미상 주어인 Elizabeth Taylor가 선언한 것이므로 능동을 의미하는 현재분사가 올바르게 사용되었다.

② 관계대명사 that의 선행사는 evening auction이며, that절에 주어가 없으므로 여기서는 주격 관계대명사로 쓰였다.

④ with 분사구문'(with + 목적어 + 목적격 보어)에서 covered는 목적격 보어에 해당하는데, 뱀의 머리와 꼬리가 다이아몬드로 덮였다는 수동의 의미이므로 과거분사로 쓴 것은 적절하다.

02 ③ fits → fit

| **해석** | 나는 내가 입을 충분한 옷이 있어서 기쁘다. 미국 남자들은 일반적으로 일본 남자들보다 크기 때문에 시카고에서 나에게 맞는 옷을 찾는 것은 매우 어려운 일이다. 일본에서 M사이즈인 것은 이곳에서는 S사이즈이다.

| **해설** | ③ 관계대명사 that이 수식하는 선행사는 clothes로 복수명사이다. 따라서 이와 호응하는 fit이 적절하다.

| **오답 분석** |

① 형용사 pleased는 '기쁜, 기뻐하는, 만족해하는'이라는 뜻이다. I'm pleased는 '나는 기쁘다'라는 뜻이다.

② to find clothes in Chicago가 이 문장의 주어지만 주어가 다소 길고 중요한 정보이므로 가주어 it을 사용하고 진주어는 문장의 뒤로 이동시켰다.

④ what은 주로 명사절로 사용되어 문장에서 주어나 목적어의 역할을 할 수 있다. 이 문장에서 what절은 주어로 기능을 하며, what절이 주어일 때는 단수 취급한다.

03 ④ explain → explains

| **해석** | 대학에 접근(입학)을 할당하는 것에 있어서의 공정성이 대학들이 올바르게 추구해 온 가치와 관련이 있다는 생각은 입학(증)을 파는 것이 왜 부당한지를 설명한다.

| **해설** | ④ 주어가 idea이고 동사가 explain이므로 수 일치가 올바르지 않다. explains가 되어야 한다.

| **오답 분석** |

① 'in -ing'는 '~하는 데 있어서'로, 제대로 표현되었다.

② goods는 기본적으로 '상품, 제품'이라는 뜻이며 여기서는 '가치'라고 해석될 수 있다.

③ 동사가 pursue로 복수이므로 주어 역시 복수명사가 맞고, 주어와 동사 사이에 부사가 바르게 사용되었다.

| **어휘** |

- justice 공정성
- have something to do with ~와 관련이 있다
- admission 허가 • allocat 할당하다
- unjust 부당한

04 밑줄 친 부분에 들어갈 가장 적절한 것을 고르시오. (14. 지방직 9급 응용)

Roughly ten percent of the mobile phones produced in this factory last year __________ defective.

① was
② had been
③ were
④ have been

05 어법상 옳지 않은 것은? (14. 서울시 9급)

Sometimes there is nothing you can do ①<u>to stop</u> yourself falling ill. But if you lead a healthy life, you will probably be able to get better ②<u>much</u> more quickly. We can all avoid ③<u>doing</u> things that we know ④<u>damages</u> the body, such as smoking cigarettes, drinking too much alcohol or ⑤<u>taking</u> harmful drugs.

정답 및 해설

04 ③

| **해석** | 작년에 공장에서 제조된 휴대폰의 대략 10%가 결함이 있었다.

| **해설** | ten percent of 다음에 나오는 전체 명사인 mobile phones와 수를 일치시킨다. 또한 밑줄 친 부분 뒤에는 과거를 나타내는 last year가 있으므로 동사의 과거형 were가 들어가야 한다.

05 ④ **damages → damage**

| **해석** | 때때로 병드는 것을 막기 위해 당신이 스스로 할 수 있는 것은 아무것도 없다. 그러나 만약 당신이 건강한 인생을 이끌어간다면, 당신은 아마 더 빨리 좋아질 수 있을 것이다. 우리는 담배를 피우거나 과음을 하거나, 해로운 약을 복용하는 것 같이 우리가 알고 있는 몸을 손상시키는 행동들을 모두 피할 수 있다.

| **해설** | ④ 관계대명사 뒤에 know와 damages처럼 동사 두 개가 나란히 있는 경우, 삽입절이 들어가 있음을 파악해야 한다. we know가 삽입절이며 damages의 주어는 things이므로 주어의 수에 맞춰 damage로 고쳐야 한다.

| **오답 분석** |

①'~하기 위해서'라는 뜻의 to부정사가 올바르게 사용되었다.

② very가 아닌 much로 비교급이 올바르게 쓰였다.

③ avoid는 동명사를 목적어로 취하는 동사이므로 doing이 온다.

⑤ 앞의 smoking, drinking과 함께 or로 taking이 묶였고 형태가 올바르다.

학습 내용

❶ 각 문장의 형식별 수동태를 이해한다.

- 자동사(1형식 동사, 2형식 동사)는 수동태가 될 수 없다.

❷ 3형식 동사의 능동태와 수동태의 구분은 해석과 구조로 판단한다.

- '~하다'는 능동태, '~되다'는 수동태이다.
- 뒤에 목적어가 있으면 능동태, 목적어가 없으면 수동태이다.

❸ 4형식 동사는 2가지 형태의 수동태가 존재한다.

- Sby(사람) + be given/offered/sent + Sth : '~가 ~을 받다'
- Sth(사물) + be given/offered/sent to + Sby : '~가 ~에게 주어지다'

❹ 지각 동사, 사역 동사의 수동태는 뒤에 동사원형이 아닌 to R가 수반된다.

- be made to R : ~하도록 되다
- be seen to R: : ~하는 것이 목격되다'

수동태

01 수동태의 기본 개념

02 수동태를 쓸 수 없는 동사

03 문장의 형식에 따른 수동태

Chapter 07

수동태

1 수동태의 기본 개념

1 수동태란?

영어는 유달리 수동태를 많이 사용한다. 능동태와 수동태를 구분하는 방법은 두 가지이다. 우선 해석으로 '~하다'는 능동태이고, '~되다'는 수동태이다. 그런데 실제 해석이 애매해서 해석으로만 구분하기 어려운 경우가 더 많다. 이때는 구조적으로 접근하면 되는데, 타동사의 경우 뒤에 목적어가 있으면 능동태이고, 뒤에 목적어가 없으면 수동태이다. 그리고 자동사는 뒤에 전치사를 수반하는 경우를 제외하고는 수동태가 안 된다.

- **능동태 : '~가 ~하다'로 해석되며, 주어가 동작을 직접 행하는 것을 나타낼 때 쓴다.**
- **수동태 : '~가 ~당하다, 되다'로 해석되며, 주어가 동작의 영향을 받거나 행동을 당할 때 쓴다.**

2 능동태를 수동태로 전환하기

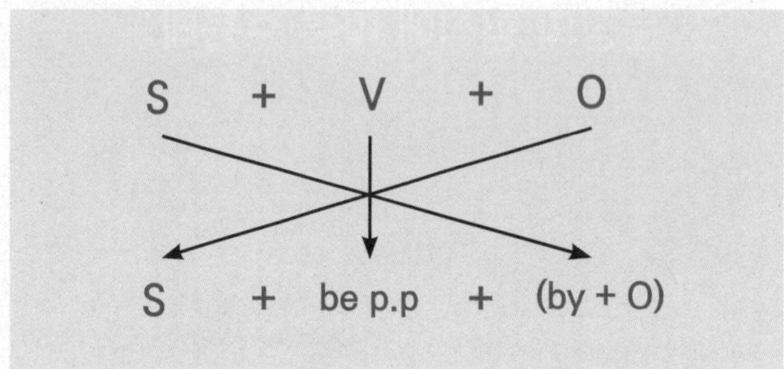

① 능동태의 목적어를 수동태의 주어로 둔다.
② 동사를 'be p.p.' 형태로 바꾼다.
③ 능동태의 주어를 'by + 목적격'의 형태로 동사 뒤에 둔다.

- Columbus **discovered** America. Columbus가 미국을 발견했다.
- America **was discovered** by Columbus. 미국은 Columbus에 의해서 발견되었다.

3 수동태의 시제

모든 시제별로 능동태와 수동태가 따로 있다. 수동태의 공통 사항은 'be + p.p.'가 포함된다는 것이다.

시제	수동태	예시
현재	am/is/are + p.p.	A ball is kicked by a student.
과거	was/were + p.p.	A ball was kicked by a student.
미래	will be + p.p.	A ball will be kicked by a student.
현재완료	has/have been + p.p.	A ball has been kicked by a student.
과거완료	had been + p.p.	A ball had been kicked by a student.
미래완료	will have been + p.p	A ball will have been kicked by a student.
현재진행	am/is/are being + p.p.	A ball is being kicked by a student.
과거진행	was/were being + p.p.	A ball was being kicked by a student.

4 능동태와 수동태의 구분

① 해석 : 해석을 통해 주어가 동작을 '하는지' 아니면 '당하는지'를 따진다.

② 목적어의 유무 : 목적어가 있으면 능동태이고, 목적어가 없으면 수동태이다.

• People speak Spanish in South America. 남미 사람들은 스페인어를 구사한다.

[사람들이 스페인어를 구사하는 것이므로 의미상 능동태이고 speak라는 동사 뒤에 Spanish라는 명사가 목적어로 제시되어 있으므로 구조적으로도 능동태이다.]

• Spanish is spoken in South America. 스페인어는 남미에서 사용된다.

[주어인 Spanish는 말하는 것이 아니라 사용되는 것이므로 의미상 수동태이고, 동사 뒤에 목적어 없이 전치사 in이 바로 제시되어 있으므로 구조적으로도 수동태이다.]

개·념·완·성 연습 문제

Q1 괄호 안에 알맞은 것을 고르시오.

1. John [bought / was bought] a new pair of pants.

2. The schedule can [be changed / is changed].

3. The baseball game [cancelled / was cancelled].

4. This song is going to [play / be played] for his girlfriend.

5. The TV [not was repaired / was not repaired] by the technician.

정답 및 해설

Q1

1. bought

해석 John은 새로운 바지를 구입했다.

해설 동사 뒤에 a new pair of pants라는 목적어가 있으므로 능동태가 되어야 한다.

2. be changed

해석 스케줄은 변경될 수 있다.

해설 can이라는 조동사 뒤에는 동사원형이 와야 한다.

3. was cancelled

해석 그 야구 게임은 취소되었다.

해설 뒤에 목적어가 없으니 수동태가 되어야 한다.

4. be played

해석 이 노래는 그의 여자친구가 연주할 것이다.

해설 동사 뒤에 목적어가 없고 전치사 for가 수반되고 있으므로 수동태가 되어야 한다.

5. was not repaired

해석 그 TV는 수리공에 의해서 수리되지 않았다.

해설 부정어 not의 위치는 be동사 뒤, 일반동사 앞에 위치한다.

2 수동태를 쓸 수 없는 동사

수동태는 기본적으로 뒤에 목적어를 수반하는 타동사에 해당된다. 자동사는 특수한 경우를 제외하고 수동태형이 존재하지 않는다.

1 수동태를 쓸 수 없는 동사

1) 주요 1형식 동사(완전 자동사)

문장 구조에서도 강조했지만, 그 많은 1형식 동사를 다 외울 수는 없다. 우선 시험에 빈출되는 왕/래/발/착, 생/사/존/발/구부터 확실하게 암기하자. 이들 동사는 완전 자동사이므로 수동태가 될 수 없다.

왕	go	생	live
래	come	사	die
발	depart	존	exist, appear, disappear
착	arrive	발	happen, occur, take place
		구	consist

2) 2형식 대표 동사

2형식 동사는 불완전 자동사로, 뒤에 보어를 수반하지만 자동사이므로 수동태가 될 수 없다.

1. 감각 동사 : look, smell, taste, sound, feel + 형용사/like 명사(구/절)
2. 상태 지속 동사((계속) ~이다) : be, remain, stay, keep + 형용사
3. 상태 변화 동사(~되다) : become, get, grow + 형용사
4. 판단, 입증 동사(~인 것 같다, ~임이 판명되다) : seem, appear, prove, turn out + to 동사원형/(to be) 형용사

'그녀는 아파 보였다'를 영어로 영작하면 '그녀가 보는 게 아니라 보이는 것'이므로 수동태로 만들기 쉽다. 그러나 look은 자동사이므로 수동태가 되지 않는다는 점에 주의해야 한다.

• She **was looked** sick. [X] → She **looked** sick. [O] 그녀는 아파 보였다.

3) 상태 동사, 소유 동사

상태 동사	resemble, lack
소유 동사	have, possess

• She **is resembled** by her sister. [X] → Her sister resembles her. [O] 그녀의 동생은 그녀를 닮았다.

개·념·완·성 연습 문제

Q1 괄호 안에 알맞은 것을 고르시오.

1. Problems [can appear / can be appeared] unsolvable.

2. The orchestra [consisted / was consisted] of 30 members.

3. These things [happened /are happened] as everything is all in a lifetime. (15. 기상직 9급)

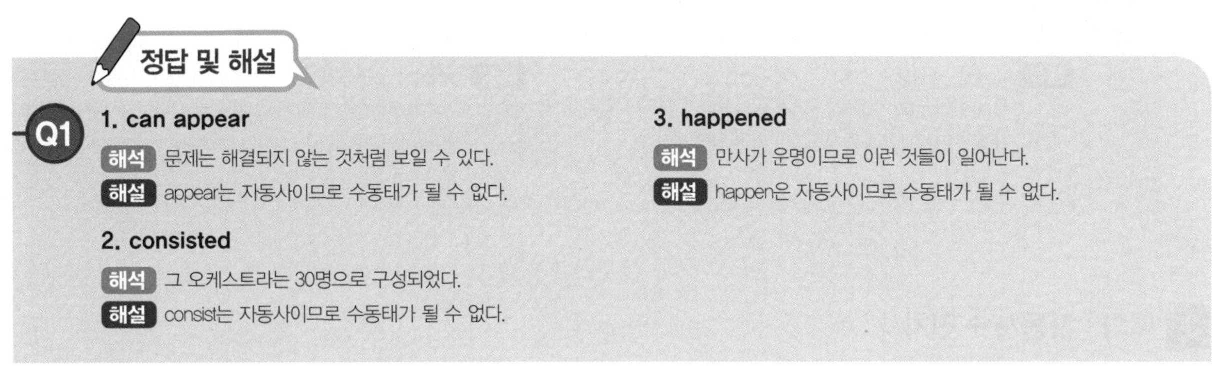
정답 및 해설

Q1 **1. can appear**

해석 문제는 해결되지 않는 것처럼 보일 수 있다.

해설 appear는 자동사이므로 수동태가 될 수 없다.

2. consisted

해석 그 오케스트라는 30명으로 구성되었다.

해설 consist는 자동사이므로 수동태가 될 수 없다.

3. happened

해석 만사가 운명이므로 이런 것들이 일어난다.

해설 happen은 자동사이므로 수동태가 될 수 없다.

2 능동태와 수동태가 다 되는 동사

특정한 동사는 자동사로도 사용되고, 타동사로도 사용되기도 한다. 따라서 능동형으로 사용될 수도 있고 수동형으로 사용될 수도 있다.

end (be ended)	끝나다	focus on (be focused on)	~에 집중하다
cease (be ceased)	중단하다	improve (be improved)	개선하다
increase (be increased)	증가하다	engage in (be engaged in)	~에 관여하다
develop (be developed)	성장하다	determined to R/that (be determined to R/that)	~하기로 결심하다

연습 문제

Q1 괄호 안에 알맞은 것을 고르시오.

1. Many people [focuses on / are focused on] sharing their thoughts.

2. The committee commanded that the construction of the building [cease / is ceased].

정답 및 해설

Q1

1. are focused on

해석 많은 사람들이 그들의 생각을 공유하는 데 집중한다.

해설 focus는 능동태와 수동태가 다 가능한 동사이다. focuses가 정답이 안 되는 이유는 주어가 people이기 때문이다. 주어가 복수이기 때문에 동사도 복수형이 와야 한다.

2. cease

해석 위원회는 그 건물의 공사가 중단되어야 한다고 명령했다.

해설 cease는 능동태와 수동태가 다 가능한 동사이다. 주절 동사가 command로, '~할 것을 명령하다'라는 동사이므로 that절의 동사는 (should)가 생략된 cease나 be ceased가 되어야 한다.

3 예외 : 자동사 + 전치사

'자동사 + 전치사'는 수동태가 가능하다. '자동사 + 전치사' 구조는 자동사 뒤에 나오는 전치사가 목적어를 수반한다. 따라서 자동사가 사용되었다고 해도 수동태형이 존재한다. 이때 중요한 점이 있는데, 전치사는 타동사구의 일부이므로 수동태로 바꾸더라도 생략해서는 안 된다.

look at (be looked at)	~을 보다	rely on (be relied on)	~에 의존하다
listen to (be listened to)	~을 듣다	dispose of (be disposed of)	~을 처분하다
laugh at (be laughed at)	비웃다	run over (be run over)	~을 치다
refer to A as B (be referred to as B)	~을 ~라고 부르다	deal with (be dealt with)	~을 처리하다
think of A as B (be thought of as B)	~을 ~라고 생각하다	agree on (be agreed on)	~에 합의하다

- A truck ran over **a dog**. 트럭이 개를 치었다. [능동태]
- A dog **was run over** by a truck. 트럭이 개를 치었다. [수동태]

개·념·완·성 연습 문제

Q1 다음 문장을 어법에 맞게 고치시오.

1. His attempts were laughed by them.

2. Radioactive waste must be disposed safely. (19. 경찰 1차)

정답 및 해설

Q1

was laughed → was laughed at

해석 그의 시도는 그들에 의해서 비웃음을 받았다.

해설 laugh라는 동사는 laugh at의 형태로 사용되기 때문에, 수동태로 전환되는 경우에도 전치사 at을 데리고 다녀야 한다.

2. be disposed → be disposed of

해석 방사능 물질은 안전하게 처분되어야 한다.

해설 dispose는 dispose of와 같이 전치사 of와 항상 같이 사용한다. 따라서 수동태로 전환되는 경우에도 of가 생략되어서는 안 되고 be disposed of가 되어야 한다.

3 문장의 형식에 따른 수동태

1 3형식 동사의 수동태

1) 전치사와 함께 사용되는 완전 타동사 : 수동태 전환 시 전치사 누락에 주의!

아래와 같이 특정한 타동사는 뒤에 목적어를 수반하고, 그 뒤에 다시 전치사를 수반해서 '타동사 + 목적어1 + 전치사 + 목적어2'와 같은 구조가 된다. 이런 동사가 수동태가 될 때는 목적어 뒤에 나오는 전치사가 누락되지 않도록 주의해야 한다. 분리, 박탈/인지/제공/금지 동사의 수동태와 짝을 이루는 전치사는 다음과 같다.

분리, 박탈	be [robbed, deprived, relieved, cleared] **of**
인지	be [informed, reminded, convinced, assured] **of**
제공	be [provided, supplied, furnished, presented] **with**
금지	be [prevented, prohibited, hindered, kept, deterred] **from**

- **능동태 :** The man robbed her(목1) **of** her purse(목2). 그 남자는 그녀의 지갑을 강탈했다.
- **수동태 :** She was robbed **of** her purse. 그녀는 지갑을 강탈당했다.

개·념·완·성 연습 문제

Q1 다음 문장을 어법에 맞게 고치시오.

1. The customer was robbed for her jewels. (00. 경찰 1차 응용)

2. Start-up companies need to be provided tax incentives.

정답 및 해설

Q1 for → of

해석 그 고객은 보석을 강탈당했다.

해설 rob A of B에서 목적어 자리에 있던 A가 주어 자리에 간 것이므로 수동태형 뒤의 전치사는 of가 되어야 한다.

2. provided → provided with

해석 신흥 회사들은 세제 혜택을 제공받을 필요가 있다.

해설 provide A with B 형태에서 목적어 자리에 있던 A가 주어 자리에 가서 수동태가 된 것이므로 수동태 동사 뒤에 전치사 with가 수반되어야 한다.

2) 목적어가 명사절인 경우

목적어가 that절과 같이 명사절인 경우 세 가지 형태의 수동태가 가능하다. ① that절이 주어 자리에 가는 경우, ② 수동태로 전환되어 주어 자리에 간 that절이 뒤로 빠지고 주어 자리에 가주어 it을 사용하는 경우, 그리고 ③ that절의 주어가 문장의 주어 자리에 가는 경우가 있다.

③번의 경우 that절의 주어가 문장의 주어로 가는 경우, 동사가 수동태로 전환되고 나면, 동사 뒤에 다시 동사가 오는 형태가 되므로 수동태로 전환된 동사와 그 뒤로 이어서 연결되는 동사는 중간에 to를 넣어 연결해야 한다.

• They say that she is honest. 그들은 그녀가 정직하다고 말한다. [능동태]
→ **That she is honest** is said. 그녀가 정직하다는 게 이야기된다. [수동태 1]
= **It** is said that she is honest. 그녀가 정직하다는 게 이야기된다. [수동태 2]
= **She** is said to be honest. 그녀가 정직하다는 게 이야기된다. [수동태 3]

2 4형식 동사의 수동태

4형식 동사는 목적어를 두 개 가지므로 목적어 두 개가 각각 주어로 가는 두 형태의 수동태 문장이 가능하다. 이때 간접 목적어 자리에 있던 명사(사람 명사)가 주어 자리에 가면, 동사가 수동태임에도 불구하고 뒤에 명사가 남는다는 점에 주의해야 한다.

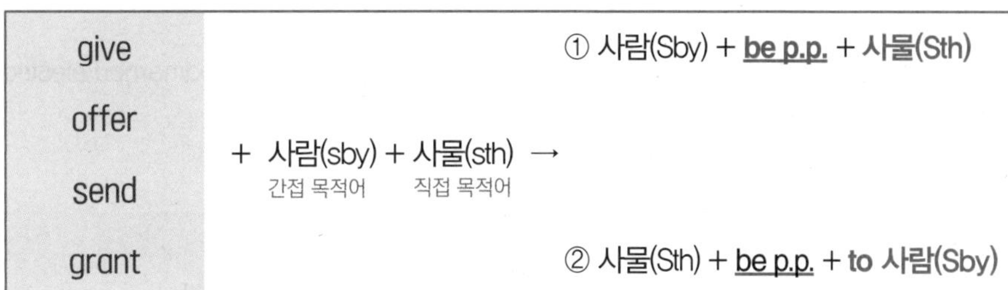

• She gave me some money. 그녀는 나에게 돈을 주었다. [능동태]
→ I **was given some money**. 나는 돈을 받았다. [수동태 1]
= Some money **was given to me**. 돈이 나에게 주어졌다. [수동태 2]

개·념·완·성 연습 문제

Q1 괄호 안에 알맞은 것을 고르시오.

1. He was really amazed when he [offered / was offered] the job.

2. Your passport copy should be sent [me / to me] by tomorrow.

3. They [offered / were offered] the photos after the event.

4. Kelly was [given / given to] a birthday gift by Jeffery.

정답 및 해설

Q1

1. was offered

해석 그는 일자리를 제공받았을 때 매우 놀랐다.

해설 offer는 4형식 동사이므로 수동태로 'be offered +명사'가 가능하다.

2. to me

해석 당신의 여권 복사본이 내일까지 나에게 보내져야 한다.

해설 send는 4형식 동사이다. 4형식 동사에서 직접 목적어가 주어 자리에 가는 수동태형의 경우 동사 뒤에는 전치사가 수반되어야 한다.

3. were offered

해석 그들은 행사 후에 사진을 받았다.

해설 offer는 4형식 동사이므로 수동태로 'be offered + 명사'가 가능하다. 뜻은 '~을 받다'가 된다.

4. given

해석 Kelly는 Jeffery한테 생일 선물을 받았다.

해설 give는 4형식 동사이므로 수동태로 'be given + 명사'가 가능하다. 뜻은 '~을 받다'가 된다.

3 5형식 동사의 수동태

5형식 동사는 뒤에 목적어와 목적격 보어를 수반한다. 목적어가 주어 자리에 가서 동사가 수동태가 되면, 그 뒤에 목적격 보어 자리에 있는 것이 그대로 온다.

1) 명사를 목적격 보어로 취하는 동사

동사	
call name elect consider	+ 명사(목적어) + 명사(목적격 보어) → 명사 + be called/named/elected + 명사(보어)

- They elected him(목적어) captain of the team(목적격 보어). 그들은 그를 팀의 장으로 선출했다. [능동태]

→ He **was elected captain of the team.** 그는 팀의 장으로 선출됐다. [수동태]

개·념·완·성 연습 문제

Q1 빈칸에 알맞은 것을 고르시오.

1. Though somewhat new at making presentation, Paul Smith is [considering / considered] the best public speaker of the team.

Q1 1. considered

해석 발표하는 게 약간 새로웠지만, Paul Smith는 팀에서 최고의 연사로 여겨진다.

해설 consider는 5형식 동사로 사용이 가능하다. consider A (as) B 형태에서 A가 주어 자리에 가서 수동태형이 된 것이므로 동사 뒤에는 목적격 보어로 명사가 온다.

2) 지각 동사, 사역 동사의 수동태

지각 동사와 사역 동사는 특히 주의해야 한다. 사역 동사의 경우 능동태에서는 뒤에 목적어가 오고, 목적격 보어로 자리에 동사원형을 사용한다. 이때 수동태가 되는 경우, 동사 뒤에 to R 형태가 온다는 점을 유념해야 한다.

• My brother made <u>me</u> <u>**clean**</u> the room. 형은 나를 청소하게 시켰다. [능동태]
(me: 목적어, clean: 목적격 보어)

→ I <u>was made</u> **to clean** the room. 나는 청소하게 되었다. [수동태]

지각 동사의 경우 뒤에 목적어가 오고, 목적격 보어 자리에는 동사원형과 '~하고 있는 것을'이라는 진행의 의미가 부각되는 경우 현재분사(Ring)가 사용된다. 이때 수동태가 되는 경우, 동사와 동사는 바로 연결될 수 없으므로 to R의 형태가 사용되거나 현재분사(Ring)가 사용될 수 있다.

• I saw <u>her</u> <u>**enter**</u> the room. 나는 그녀가 방에 들어오는 것을 보았다. [능동태]
(her: 목적어, enter: 목적격 보어)

→ She <u>was seen</u> **to enter** the room. 그녀는 방에 들어오는 것이 목격되었다. [수동태]

→ She <u>was seen</u> **entering** the room. 그녀는 방에 들어오고 있는 것이 목격되었다. [수동태]

개·념·완·성 연습 문제

Q1 괄호 안에 알맞은 것을 고르시오.

1. He was made [study / to study] more after school.

2. The phone was heard [ring / to ring] all day long.

3. I was made [park / to park] my car across the street.

4. Susan was seen [play / playing] the flute.

정답 및 해설

Q1

1. to study

해석 그는 방과 후에 더 공부하게 되었다.

해설 make은 사역 동사다. 사역 동사의 수동태는 뒤에 to R을 수반한다.

2. to ring

해석 그 전화는 하루 종일 울리는 것이 들렸다.

해설 hear는 지각 동사이다. 지각 동사의 수동태는 뒤에 to R을 수반한다.

3. to park

해석 나는 길 맞은 편에 주차하게 되었다.

해설 make은 사역 동사다. 사역 동사의 수동태는 뒤에 to R을 수반한다.

4. playing

해석 Susan이 플룻을 연주하는 게 목격되었다.

해설 see는 지각 동사이다. 지각 동사는 목적격 보어로 동사원형이나 현재분사를 사용한다. 따라서 지각 동사의 수동태 뒤에는 to R이나 Ring의 형태가 가능하다.

4 by 이외의 전치사를 사용하는 수동태

'be + p.p.'의 수동태 뒤에 by 말고 다른 전치사를 사용하는 경우는 암기해야 한다.

다른 전치사	수동태
놀람 - at	be [surprised, astonished, alarmed, amazed] at
기쁨, 만족, 실망 - with	be [pleased, amused, satisfied, disappointed] with
~로 채워진 - with	be [covered, filled, equipped, furnished] with
걱정, 염려 - about	be [worried, concerned] about
몰두, 열중 - in	be [interested, absorbed, engaged, involved] in
대상 - to	be [assigned, committed] to
구성 - of	be [made up, composed] of
완제품 - from, of	완제품 be made from 원재료(화학적 변화) 완제품 be made of 원재료(물리적 변화)
그 외	be known + to + 대상 as + 자격, 신분 for + 이유 by + 판단의 근거

• Books cannot be known by the cover. 책은 표지로 판단되어서는 안 된다.

연습 문제

Q1 괄호 안에 알맞은 것을 고르시오.

1. The singer is known [to / for] his various talents.

2. The actor is known [to / for] lots of Asian people.

3. They were satisfied [for / with] dinner.

4. The audience was surprised [at / with] her performance.

정답 및 해설

Q1

1. for

해석 그 가수는 그녀의 재능으로 유명하다.

해설 be known은 뒤에 유명한 이유가 나오는 경우, 전치사 for를 사용한다.

2. to

해석 그 배우는 많은 아시아인들에게 유명하다.

해설 be known은 뒤에 유명한 대상이 나오는 경우 전치사 to를 사용한다.

3. with

해석 그들은 저녁식사에 만족했다.

해설 be satisfied with는 '~로 만족하다'라는 뜻이다.

4. at

해석 청중은 그녀의 공연에 놀랐다.

해설 놀람을 나타낼 때 사용하는 전치사는 at이다.

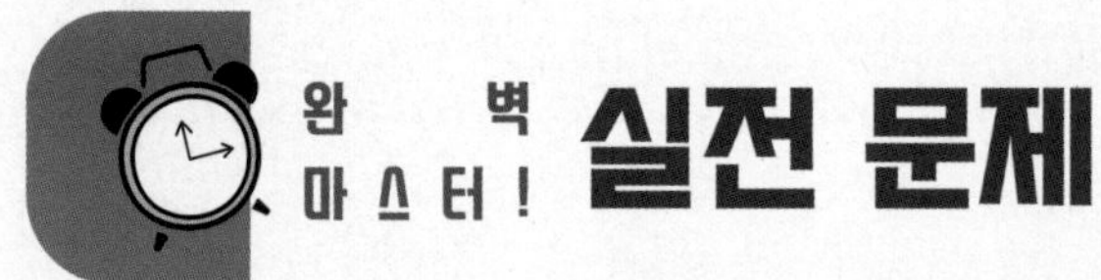

1. 괄호 안에 어법상 알맞은 말을 고르시오.

01 Urban agriculture (UA) has long been dismissed as a fringe activity that has no place in cities; however, its potential is beginning to [realize / be realized].

02 The defective item [was exchanged / has exchanged] for a brand-new one.

03 Many people [killed / were killed] during the war.

04 Despite his name, Freddie Frankenstein has a good chance of [electing / being elected] to the local school board. (09. 서울시 9급)

05 My daughter [plays / is played] the flute every day.

06 The whole family is [suffering /suffered] from the flu. (17. 국가직 9급)

07 This belief may reflect the way amnesia is usually [portraying / portrayed] in movies, televisions, and literature. (20. 법원직 9급)

08 [To expedite / To be expedited] the mailing of the package, you will need to add five dollars more to the shipping fee.

09 This phenomenon [has described / has been described] so often as to need no further clichés on the subject. (12. 국가직 9급)

10 No matter what the brand, computers purchased at the store will be [servicing / serviced] free of charge for a full year from the date of purchase.

정답 및 해설

01 be realized

| 해석 | 도시 농업은 오랫동안 도시에 설 자리가 없는 변두리 활동이라고 일축되어 왔지만, 그것의 잠재력이 실현되기 시작하고 있다.

| 해설 | 의미상의 주어인 its potential이 '실현되는' 것이므로, 수동인 be realized는 적절하다. 또한 realize가 타동사인데 뒤에 목적어가 없으므로 구조적으로도 수동태가 되어야 한다.

02 was exchanged

| 해석 | 결함이 있는 제품은 새 것으로 교환이 되었다.

| 해설 | exchange는 타동사이다. 타동사는 뒤에 목적어가 안 오고 전치사가 수반되는 경우 수동태가 되어야 한다.

03 were killed

| 해석 | 많은 사람들이 전쟁 중에 살해되었다.

| 해설 | kill은 타동사이다. 타동사는 뒤에 목적어가 안 오고 전치사가 수반되는 경우 수동태가 되어야 한다.

04 being elected

| 해석 | 그의 이름에도 불구하고, Freddie Frankenstein은 지역 학교의 위원회에 선출될 가능성이 높다.

| 해설 | 동명사 역시 준동사로 동사의 성격을 그대로 가져온다. 뒤에 목적어가 없고 전치사 to가 있으므로 수동태가 되어야 한다.

05 plays

| 해석 | 우리 딸은 매일 플루트를 연주한다.

| 해설 | 동사 뒤에 the flute라는 목적어가 있으므로 능동태가 되어야 한다.

06 suffering

| 해석 | 온 가족이 독감으로 고생하고 있다.

| 해설 | suffer는 자동사이다. 자동사는 능동형으로 사용한다.

07 portrayed

| 해석 | 이러한 믿음은 보통 영화, 텔레비전 문학에서 기억 상실이 묘사되는 방식을 반영할 수 있다.

| 해설 | 빈칸 뒤에 목적어 없이 전치사 in이 제시되고 있으므로 수동태가 되어야 한다.

08 To expedite

| 해석 | 소포의 우편을 촉진하기 위해서, 선적 요금에 5달러를 추가할 필요가 있을 것이다.

| 해설 | to부정사는 준동사로, 동사의 성격을 그대로 가져온다. 뒤에 the mailing이라는 명사가 목적어로 제시되고 있으므로 능동태가 되어야 한다.

09 has been described

| 해석 | 이러한 현상은 이 주제에 관해 향후 더 이상 어떠한 진부한 표현도 필요하지 않을 정도로 충분히 설명되어 왔다.

| 해설 | 이러한 현상이 설명하는 것이 아니라 설명되는 것이므로 수동태가 정답이다. 그리고 뒤에 목적어가 없으니 구조적으로도 수동태가 되어야 한다.

10 serviced

| 해석 | 브랜드와는 관계없이, 그 가게에서 구매된 컴퓨터는 구매 날짜로부터 1년 동안 무상으로 수리될 것이다.

| 해설 | 컴퓨터가 수리하는 것이 아니라 수리되는 것이므로 수동태가 되어야 한다. 그리고 빈칸 뒤에 목적어 없이 부사가 제시되고 있으므로 구조적으로도 수동태가 정답이다.

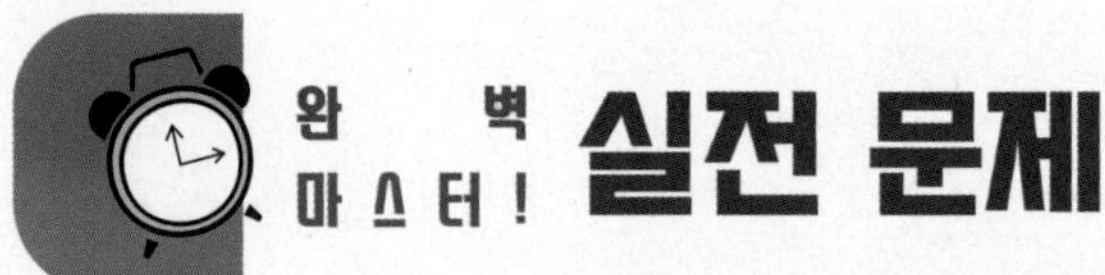

2. 어법상 틀린 부분을 바르게 고르시오.

01 That wonderful thought was suddenly occurred after I came to Jeju. (15. 교행직 9급)

02 Digital maps can be instantly distributed and share via the Internet. (18. 기상직 9급)

03 The winners of the logo contest are planned to be at the dinner this evening, which will begin at 6 P.M. at Hilton Hotel.

04 Did your English lesson cancelled by your teacher? (09. 서울시 9급)

05 Mark Twins submitted a requisition form to make certain he is giving a projector for today's presentation.

06 I surpised to find out that he was 15 years older than me.

07 The workers offered practical information by a special library. (13. 지방직 9급)

08 A huge research fund was given a local private university by the Ministry of Education. (19. 서울시 7급)

09 You must fill out the tax form, a copy of which is attaching to the contractual agreement you received on the first day.

10 The Aswan High Dam has been protected Egypt from famines of its neighboring countries. (17. 지방직 7급)

정답 및 해설

01 was 삭제

| **해석** | 그 멋진 생각은 내가 제주도에 오고 나서 갑자기 들었다.
| 해설 | occur는 자동사이므로 수동태가 될 수 없다. 능동태로 바꾸어야 한다.

02 share → shared

| **해석** | 디지털 지도는 인터넷을 통해 즉각적으로 유포되고 공유될 수 있다.
| 해설 | 등위 접속사 and 뒤로는 앞에서 반복되는 부분이 생략 가능하다. and (can be) shared에서 can be가 생략된 것이다. 따라서 p.p.형으로 전환되어야 한다.

03 planned → planning

| **해석** | 로고 대회의 우승자들은 힐튼 호텔에서 오후 6시에 시작하는 오늘 저녁 행사에 올 것을 계획하고 있다.
| 해설 | plan은 plan to R과 같이 to부정사를 목적어로 수반한다. plan 뒤에 to be라는 목적어가 있으므로 능동형이 되어야 한다.

04 Did → Was

| **해석** | 당신의 영어 강의가 선생님에 의해서 취소가 되었나요?
| 해설 | cancel은 타동사이다. 타동사는 뒤에 목적어가 없으면 수동태로 전환된 것이다.

05 giving → given

| **해석** | Mark Twins는 그가 오늘 발표를 위한 프로젝트를 받을 수 있도록 요청서를 제출했다.
| 해설 | given은 4형식 동사이므로 간접 목적어가 주어 자리에 갈 수 있다. 이때 수동태형의 경우 'be given + 명사' 형태가 된다.

06 surprised → was surprised

| **해석** | 나는 그가 나보다 15살이 위인 것을 알게 되어 놀랐다.
| 해설 | surprise는 '놀라게 만들다'라는 타동사이다. 따라서 '놀라다'라는 뜻으로 사용하기 위해서는 수동태형이 되어야 한다.

07 offered → were offered

| **해석** | 그 직원들은 도서관에 의해서 실용적인 정보를 제공받았다.
| 해설 | offer는 4형식 동사이다. 간접 목적어가 주어 자리에 가서 수동태가 되면, 'be offered + 명사' 형태로 사용되어서 '~을 받다'라는 뜻이 된다.

08 was given → was given to

| **해석** | 엄청난 연구 자금이 교육부에 의해서 지역 민간 대학에 제공이 되었다.
| 해설 | give는 4형식 동사이다. 직접 목적어가 주어 자리에 가는 수동태가 되면 'be given to'와 같이 사용되고, '~에게 주어진다'라는 뜻이 된다.

09 attaching → attached

| **해석** | 당신은 이 세무 양식을 작성해야 하는데, 한 부는 당신이 첫날 받았던 계약서에 첨부되어 있습니다.
| 해설 | attach A to B 구조에서 A가 주어 자리에 가서 be attached to의 수동태 구조가 된 문장이다.

10 has been protected → has protected

| **해석** | 아스완 하이 댐은 이웃 국가들의 기근으로부터 이집트를 보호해 왔다.
| 해설 | protect라는 타동사 뒤에 Egypt가 목적어로 제시되어 있으므로 수동태가 아닌 능동태 동사를 사용해야 한다.

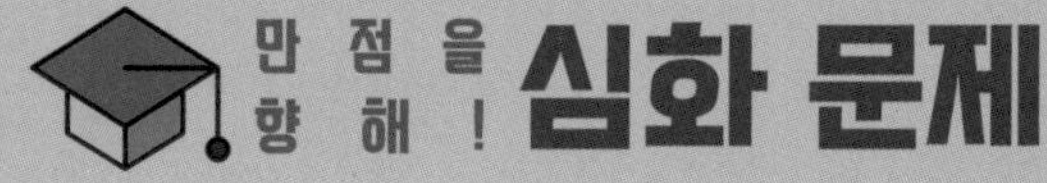

01 우리말을 영어로 잘못 옮긴 것은? (20. 국가직 9급)

① 인간은 환경에 자신을 빨리 적응시킨다.
→ Human beings quickly adapt themselves to the environment.

② 그녀는 그 사고 때문에 그녀의 목표를 포기할 수밖에 없었다.
→ She had no choice but to give up her goal because of the accident.

③ 그 회사는 그가 부회장으로 승진하는 것을 금했다.
→ The company prohibited him from promoting to vice-president.

④ 그 장난감 자동차를 조립하고 분리하는 것은 쉽다.
→ It is easy to assemble and take apart the toy car.

02 밑줄 친 부분 중 어법상 가장 옳지 않은 것은? (19. 지방직 9급)

Each year, more than 270,000 pedestrians ①lose their lives on the world's roads. Many leave their homes as they would on any given day never ②to return. Globally, pedestrians constitute 22% of all road traffic fatalities, and in some countries this proportion is ③as high as two thirds of all road traffic deaths. Millions of pedestrians are non-fatally ④injuring—some of whom are left with permanent disabilities. These incidents cause much suffering and grief as well as economic hardship.

03 우리말을 영어로 잘못 옮긴 것은? (19. 지방직 9급)

① 혹시 내게 전화하고 싶은 경우에 이게 내 번호야.
→ This is my number just in case you would like to call me.

② 나는 유럽 여행을 준비하느라 바쁘다.
→ I am busy preparing for a trip to Europe.

③ 그녀는 남편과 결혼한 지 20년 이상 되었다.
→ She has married to her husband for more than two decades.

④ 나는 내 아들이 읽을 책을 한 권 사야 한다.
→ I should buy a book for my son to read.

04 밑줄 친 부분 중 어법상 가장 옳지 않은 것은? (18. 국가직 9급)

It would be difficult ①to imagine life without the beauty and richness of forests. But scientists warn we cannot take our forest for ②granted. By some estimates, deforestation ③has been resulted in the loss of as much as eighty percent of the natural forests of the world. Currently, deforestation is a global problem, ④affecting wilderness regions such as the temperate rainforests of the Pacific.

01 ③ promoting → being promoted

| 해설 | ③ promote는 타동사로 '승진시키다'라는 뜻을 가진다. 이 문장에서는 promote의 목적어가 없고, 의미상 목적어인 him이 승진되는 것이므로 수동형 동명사인 being promoted가 되어야 한다. 한편 prohibit은 완전 타동사로서, 'prohibit 목적어 from ~ing'(목적어가 ~하는 것을 금지하다) 구문은 적절하게 사용되었다.

| 오답 분석 |

① 주어와 동사의 수 일치가 적절하게 이루어졌으며 재귀대명사인 themselves 역시 바르게 쓰였다.

② 'have no choice but to부정사' 구문은 '~하지 않을 수 없다'라는 뜻으로, but 뒤에 to부정사가 올바르게 쓰였다. 같은 뜻 표현으로는 'cannot help but R', 'cannot help ~ing'가 있다.

④ it은 가주어, 진주어는 to assemble and take apart the toy car로 가주어-진주어 구문이 바르게 쓰였다. easy, difficult 등의 난이 형용사는 가주어-진주어 구문으로 쓰는 것이 일반적이다.

02 ④ injuring → injured

| 해석 | 매년 27만 명 이상의 보행자들이 세계의 도로 위에서 목숨을 잃는다. 많은 사람들은 여느 때처럼 집을 떠나서 다시 돌아오지 못한다. 전 세계적으로 보행자는 전체 도로 교통 사망자의 22%를 차지하는데, 일부 국가에서는 이 비율이 전체 도로 교통 사망자의 2/3를 차지할 만큼 높다. 수백만 명의 보행자들은 치명적이지 않은 상해를 입는다. 일부는 영구적인 장애를 갖게 된다. 이러한 사고들은 경제적 어려움뿐만 아니라 많은 고통과 슬픔을 야기한다.

| 해설 | ④ injure는 타동사로 '부상을 입히다'라는 뜻이다. 문장의 목적어가 없고 주어인 보행자가 부상을 당하는 것이므로 과거분사 injured로 바꿔야 한다.

| 오답 분석 |

① lose는 현재시제 동사로, 주어와 수를 일치시켜야 한다. 주어는 27만 명 이상의 보행자들이므로 복수형 동사 lose가 올바르게 쓰였다.

② 결과를 나타내는 to부정사의 부사적 용법으로, 평소처럼 집을 나서고 그 결과로 결코 돌아오지 못했다는 내용을 담고 있다.

③ 원급 비교 구문인 'as 원급 as' 사이에는 형용사나 부사가 들어가므로 형용사 high가 올바르게 사용되었다. 또한 be동사의 보어 자리이므로 형용사가 와야 한다.

| 어휘 |

• pedestrian 보행자 • lose one's life 목숨을 잃다, 죽다
• constitute ~이 되다, ~을 구성하다
• proportion 비율, 부분 • fatally 치명적으로

03 ③ has married → has been married

| 해설 | ③ marry는 타동사이기 때문에 목적어를 취하는 경우 전치사를 따로 수반하지 않지만 수동태로 전환될 경우 be married to로 사용해야 한다. 따라서 has been married to가 되어야 한다.

| 오답 분석 |

① in case는 '만일의 경우를 대비하여'라는 뜻으로 사용하는 접속사이다. would like to에서의 to는 전치사가 아닌 부정사로, 뒤에 동사원형을 올바르게 사용했다.

② 하느라 바쁘다'를 표현할 때는 be busy Ring를 사용한다.

④ to read는 a book을 수식하는 형용사적 용법이다. 앞의 for my son은 to부정사의 의미상의 주어이다.

04 ③ has been resulted → has resulted

| 해석 | 숲의 아름다움과 풍요로움이 없는 삶을 상상한다는 것은 어려울 것이다. 하지만 과학자들은 우리가 우리의 숲을 당연하게 여겨서는 안 된다고 경고한다. 어떠한 평가들에 따르면, 삼림 파괴는 전 세계 자연숲의 80%에 달하는 손실을 낳아 왔다. 현재 삼림 파괴는 지구적인 문제이며, 태평양의 온대 우림과 같은 야생 지역들에 영향을 끼치고 있다.

| 해설 | ③ result는 자동사로서 '원인 + result in +결과' '~을 초래하다' 또는 '결과 + result from + 원인' '~에서 기인되다'의 형태로 사용된다. 자동사이므로 수동태가 안 된다는 점이 중요하다. 따라서 수동태인 has been resulted가 아니라 능동태인 has resulted로 고쳐야 한다.

| 오답 분석 |

① 가주어 it을 대신할 수 있는 명사는 to부정사이므로 to imagine은 올바른 표현이다.

② take something for granted는 '~을 당연하게 여기다'라는 관용 표현이다.

④ 두 문장을 접속사 없이 연결해 주는 분사구문이다. affect는 타동사로, 목적어가 존재하므로 현재분사인 ing 형태가 올바르다.

05 우리말을 영어로 잘못 옮긴 것은? (15. 국가직 9급)

① 가능한 모든 일자리를 알아보았음에도 불구하고, 그는 적당한 일자리를 찾지 못했다.
→ Despite searching for every job opening possible, he could not find a suitable job.

② 당신이 누군가를 믿을 수 있는지 알아보는 최선책은 그 사람을 믿는 것이다.
→ The best way to find out if you can trust somebody is to trust that person.

③ 미각의 민감성은 개인의 음식 섭취와 체중에 크게 영향을 미친다.
→ Taste sensitivity is largely influenced by food intake and body weight of individuals.

④ 부모는 그들의 자녀가 성장하고 학습하는 데 알맞은 환경을 제공할 책임이 있다.
→ Parents are responsible for providing the right environment for their children to grow and learn in.

06 밑줄 친 우리말 문장을 영어로 가장 적절하게 옮긴 것은? (14. 지방직 9급)

Goods for which the marginal costs are close to zero are inherently public goods and should be made publicly available. Bridges and roads are good examples. Once society has incurred the capital costs of constructing a bridge or road, maximum benefit from the initial investment is gained only if use is not restricted by charging. 따라서 사람들은 무료로 그러한 시설들을 이용할 수 있어야 한다.

① Therefore, people freely such facilities must be able to use.
② Hence, people should be allowed free access to such facilities.
③ Therefore, people must make access to such facilities without charging.
④ Hence, people should be given freedom to such facilities' accession.

07 밑줄 친 부분 중 어법상 옳지 않은 것은? (14. 지방직 9급)

When I was growing up, many people asked me ①if I was going to follow in my father's footsteps, to be a teacher. As a kid, I remember ②saying, "No way. I'm going to go into business." Years later I found out that I actually love teaching. I enjoyed teaching because I taught in the method ③in which I learn best. I learn best via games, cooperative competition, group discussion, and lessons. Instead of punishing mistakes, I encouraged mistakes. Instead of asking students to take the test on their own, they ④required to take tests as a team. In other words, action first, mistakes second, lessons third, laughter fourth.

05 ③ is largely influenced by → largely influenced

| 해설 | ③ be influenced는 영향을 받는 것이다. 문장을 해석하면, 미각의 민감성이 개인의 음식 섭취와 체중에 크게 영향을 미치는 것이 아니라, 개인의 음식 섭취와 체중이 미각의 민감성에 영향을 주는 것이다. 우리말대로 영문을 바꾸려면 is largely influenced by를 largely influences로 바꾸어서 능동형이 되게 해야 한다.

| 오답 분석 |

① despite는 전치사이므로 전치사의 목적어인 searching이 올바르다.

② to부정사구가 앞의 명사를 수식하고 있으며 if절은 find out의 목적어이다.

④ be responsible for(~에 책임이 있는)에서 for는 전치사이기 때문에 뒤에 (동)명사가 온다.

06 ②

| 해석 | 한계 비용이 0에 가까운 물품들은 본질적으로 공공재이며 공적으로 이용 가능하게 만들어져야 한다. 다리와 도로가 좋은 예이다. 일단 사회가 다리나 도로를 건설하는 자본 비용을 발생시킨다면, 초기 투자로부터 최대 이익은 오직 그 사용이 유료로 제한되지 않는 경우에만 얻게 된다.

| 해설 | '사람들이 그런 시설에 무료로 접근할 수 있도록 허락을 받아야 한다'는 수동태 문장이므로 ②번이 가장 적절하다. hence는 '이런 이유로', '따라서'라는 뜻이며 therefore와 같은 뜻이어서 이로써 답을 구별할 수는 없다.

| 오답 분석 |

① 주어(people) 뒤에 목적어(such facilities)가 와서 비문이다. 동사가 주어 뒤로 와야 한다.

③ '사람들은 무료로 그런 시설에 접근해야 한다'로 해석되어 뜻이 다르다. 또한 charge는 '청구하다'라는 뜻인데 people이 요금을 청구하는 것이 아니므로 수동형인 without being charged가 되어야 한다.

④ accession은 '취임', '가입'을 뜻한다.

| 어휘 |

- marginal cost 한계 비용
- inherently 본질적으로, 근본적으로
- incur 발생시키다 • restrict 제한하다
- hence 이런 이유로

07 ④ required → were required

| 해석 | 내가 자랄 때, 많은 사람들이 나에게 선생님이신 아버지의 발자취를 따를 것인지를 물었다. 아이였던 나는 "전혀요, 저는 사업을 할 거예요"라고 말한 것을 기억한다. 몇 년이 지나고 나는 내가 교육을 진정으로 사랑한다는 것을 깨달았다. 내가 가장 잘 배웠던 그 방법으로 가르치기 때문에 나는 가르치는 것을 즐겼다. 나는 놀이, 협력 경쟁, 집단 토론, 그리고 수업을 통해서 가장 잘 배웠다. 실수를 처벌하는 대신 격려했다. 학생들에게 혼자 시험을 치르기를 요구하기보다는 팀으로 시험을 보도록 했다. 다시 말해서, 행동이 첫 번째, 실수가 두 번째, 수업이 세 번째, 웃음이 네 번째인 것이다.

| 해설 | ④ 주어인 they(학생들)는 시험 치는 것이 요구된다. 따라서 수동태인 they were required to take tests~로 고쳐야 한다.

| 오답 분석 |

① ask의 직접 목적어 자리이므로 명사절을 이끄는 if가 바르게 사용되었다.

② remember 뒤에 Ring가 오면 '~했던 것을 기억하다'이고 뒤에 to R이 목적어로 오면, '~할 것을 기억하다'이다. 이 문장은 문맥상 '~한 것을 기억하다'가 적절하므로, 동명사인 saying이 올바르다.

③ 전치사 + 관계대명사(in which) 다음에는 완전한 문장이 오는데, 여기서 learn은 자동사이므로 완전한 문장이 뒤따르고 있다.

학습 내용

❶ 모든 문장은 주어와 동사를 찾고, 그 사이의 수식어구는 괄호로 처리하고 나서
① 수 → ② 태 → ③ 시제 순서로 접근한다.

❷ 각 시제와 어울리는 시간 부사를 공부한다.

❸ 과거시제와 현재완료시제를 구분한다.
- 과거시제 : 시점 개념– 과거의 시점(현재와 관련이 없다)
- 현재완료시제 : 기간 개념 – 과거의 일이 현재까지 영향을 미치는 경우

❹ 확정적인 계획은 현재진행시제로 미래를 나타낼 수 있다.

❺ 현재완료시제의 대표 구문을 공부한다.
- S + have p.p + since(~이래도) + 과거 시점
- S + have p.p + for(~동안에) + 일정 기간

❻ 과거완료시제와 미래완료시제를 이해한다.

❼ 시제 관련 관용 표현을 이해한 후 암기한다.

❽ 시제 일치를 이해한다.
- 시제 일치 : 주절 동사가 과거이면, 종속절 동사는 과거 또는 과거완료를 사용한다.

❾ 시제 일치 예외를 이해한다.
- 불변의 진리 → 현재
- 역사절 사실 → 과거
- 시간, 조건 부사절에서는 미래 대신에 현재시제를 사용한다.

시제

Chapter 08

시제

1 시제란?

주어의 동작이나 상태를 나타내는 동사는 시간에 따라서 여러 가지 형태를 가지는데 이것을 시제라 한다. 우리말은 시제가 비교적 단순하지만, 영어에는 12가지의 시제가 존재한다.

현재	John **studies** Economics. [단순]	존은 경제학을 공부한다
	John **is studying** Economics. [진행]	존은 경제학을 공부하고 있다.
	John **has studied** Economics. [완료]	존은 경제학을 공부해 왔다.
	John **has been studying** Economics. [완료진행]	존은 경제학을 공부해 오고 있다.
과거	John **studied** Economics. [단순]	존은 경제학은 공부했다.
	John **was studying** Economics. [진행]	존은 경제학을 공부하고 있었다.
	John **had studied** Economics. [완료]	존은 경제학을 공부했었다.
	John **had been studying** Economics. [완료진행]	존은 경제학을 공부해 오고 있었다.
미래	John **will study** Economics. [단순]	존은 경제학을 공부할 것이다.
	John **will be studying** Economics. [진행]	존은 경제학을 공부하고 있을 것이다.
	John **will have studied** Economics. [완료]	존은 경제학을 공부해 올 것이다.
	John **will have been studying** Economics. [완료진행]	존은 경제학을 공부해 오고 있을 것이다.

2 단순시제

1 현재시제

현재시제는 일반적인 사실이나 습관적, 반복적, 계속적, 주기적인 일을 나타낼 때 사용한다.

1) 형태

주로 동사원형을 쓰고, 주어가 3인칭 단수 현재일 때는 -(e)s가 붙는다.

2) 용법

① 현재의 습관이나 반복적인 동작

- I get up at 7:30 a.m. 나는 7시 30분에 일어난다.
- I usually take a shower every evening. 나는 매일 저녁 샤워를 한다.

② 현재의 동작이나 상태

- The nurse is very kind. 그 간호사는 매우 친절하다.
- My brother lives in New York. 우리 동생은 New York에서 산다.

③ 불변의 진리, 과학적 사실

- The sun rises in the east. 태양은 동쪽에서 뜬다.

개·념·완·성 연습 문제

Q1 괄호 안에 알맞은 것을 고르시오.

1. I [don't / doesn't] get up at 7 a.m.

2. He [don't / doesn't] have free time.

3. [Do / Does] she like the movie?

4. Do they [know / knows] it's Christmas?

5. [Do / Does] it taste good?

정답 및 해설

1. don't

해석 나는 7시에 일어나지 않는다.

해설 1인칭 주어는 do와 어울린다. does는 3인칭 단수 현재일 때 사용한다. 부정문도 마찬가지이다.

2. doesn't

해석 그는 자유 시간이 없다.

해설 He는 3인칭 주어이고 시제가 단수이므로 동사로는 does를 사용한다.

3. Does

해석 그녀는 영화를 좋아하니?

해설 주어가 3인칭 단수이고 현재시제이면 does를 사용한다.

4. know

해석 그들은 크리스마스라는 것을 알까?

해설 의문문이라서 주어와 동사가 도치된 것이다. 조동사 do 뒤에는 항상 동사원형이 온다.

5. Does

해석 이거 맛있니?

해설 it은 3인칭 단수이고 현재시제이므로 동사로는 does를 사용한다.

2 과거시제

과거시제는 이미 끝난 동작이나 상태를 설명할 때 사용한다.

1) 용법

① 과거의 동작이나 상태

- I met her yesterday. 나는 어제 그녀를 만났다.
- We lived in Busan five years **ago**. 우리는 5년 전에 부산에 살았다.

② 과거의 습관이나 반복적인 동작

- I used to live in Busan. 나는 부산에 살았었다.

③ 역사적 사실

- The Korean War broke out in 1950. 한국전쟁은 1950년에 발발했다.

2) 명백한 과거 시점 부사(구)

명백한 과거 시점을 나타내는 부사(구)가 나오면 현재완료시제는 쓸 수 없다. 이때는 반드시 과거시제를 사용한다.

시간 + ago
in + 과거 시간
yesterday
last + 시점
when ~
just now
then

개·념·완·성 연습 문제

Q1 다음 문장이 맞는지 틀린지 표시하고, 틀린 문장은 바르게 고치시오.

1. When have you come back from your trip? (○ / X)

정답 및 해설

Q1 **1. [X] When have you come back → When did you come back**

해석 너는 언제 여행에서 돌아왔니?.

해설 현재완료는 when, what time 등과 같이 확실한 과거의 시점을 나타내는 표현과는 함께 쓰지 않는다.

3) 과거형을 만드는 법

동사의 종류	방법	예시
대부분의 동사	동사원형 + ed	work → worked play → played help → helped move → moved
-e로 끝나는 동사	동사원형 + d	live → lived like → lived
'자음 + y'로 끝나는 동사	y를 없애고 + ied	cry → cried try → tried
'단모음 + 단자음'으로 끝나는 동사	자음을 1번 더 쓰고 + ed	stop → stopped plan → planned drop → dropped

4) 예외(빈출 불규칙 변화)

put → put	read → read	get → got	give → gave
hang → hung	go → went	eat → ate	buy → bought
win → won	meet → met	see → saw	drink → drink
make → made	write → wrote	come → came	take → took

5) 불규칙 변화 동사표

현재	과거	과거분사	현재	과거	과거분사
be(이다)	was/were	been	do(하다)	did	done
become(되다)	became	become	feed(먹이다)	fed	fed
begin(시작하다)	began	begun	fight(싸우다)	fought	fought
bite(물다)	bit	bitten	find(발견하다)	found	found
blow(불다)	blew	blown	fit(꼭 맞다)	fit	fit
break(깨다)	broke	broken	fly(날다)	flew	flown
bring(가져오다)	brought	brought	forget(잊다)	forgot	forgotten
build(짓다)	built	built	forgive(용서하다)	forgave	forgiven
buy(사다)	bought	bought	freeze(얼다)	froze	frozen
catch(잡다)	caught	caught	get(얻다)	got	gotten
choose(선택하다)	chose	chosen	give(주다)	gave	given
cut(자르다)	cut	cut	go(가다)	went	gone
deal(다루다)	dealt	dealt	grow(자라다)	grew	grown
draw(그리다)	drew	drawn	hang(걸다)	hung	hung
drink(마시다)	drank	drunk	hear(듣다)	heard	heard
drive(운전하다)	drove	driven	hide(숨기다)	hid	hidden
eat(먹다)	ate	eaten	hold(잡다)	held	held
fall(떨어지다)	fell	fallen	hurt(다치게 하다)	hurt	hurt

leave(떠나다)	left	left	keep(유지하다)	kept	kept
lend(빌려주다)	lent	lent	know(알다)	knew	known
lie(눕다)	lay	lain	lay(놓다)	laid	laid
lose(잃다)	lost	lost	lead(이끌다)	led	led
mean(의미하다)	meant	meant	show(보여 주다)	showed	shown
meet(만나다)	met	met	sing(노래하다)	sang	sung
pay(지불하다)	paid	paid	sink(가라앉다)	sank	sunk
read(읽다)	read	read	sit(앉다)	sat	sat
ride(올라타다)	rode	ridden	sleep(자다)	slept	slept
rise(일어나다)	rose	risen	speak(말하다)	spoke	spoken
say(말하다)	said	said	spend(소비하다)	spent	spent
see(보다)	saw	seen	spill(엎지르다)	spilt	spilt
sell(팔다)	sold	sold	stand(서 있다)	stood	stood
send(보내다)	sent	sent	steal(훔치다)	stole	stolen
set(놓다)	set	set	swim(수영하다)	swam	swum
think(생각하다)	thought	thought	take(잡다)	took	taken
wear(입다)	wore	worn	teach(가르치다)	taught	taught
win(이기다)	won	won	tear(찢다)	tore	torn
			tell(말하다)	told	told

개·념·완·성 연습 문제

Q1 다음 괄호 안에 주어진 동사를 알맞은 형태로 쓰시오.

1. I __________ economics ten years ago. (study)

2. I __________ my girlfriend last Friday. (see)

3. John ________ us the truth yesterday. (tell)

4. She ___________ home late last night. (come)

5. My farther _________ a new car three years ago. (buy)

6. They ___________ for the first time in 2010. (meet)

Q2 어법에 맞게 고치시오.

1. Last night the police have said that they had found the missing girl. (19. 경찰 1차)

정답 및 해설

Q1

1. studied

해석 나는 10년 전에 경제학을 공부했다.

2. saw

해석 나는 지난 금요일에 여자친구를 만났다.

3. told

해석 John은 어제 우리에게 사실을 말했다.

4. came

해석 그녀는 어제 저녁에 늦게 왔다.

5. bought

해석 아버지는 3년 전에 새 차를 구입했다.

6. met

해석 그들은 2010년에 처음으로 만났다.

Q2

1. have said → said

해석 지난밤에 경찰은 그들이 실종된 소녀를 찾았다고 말했다.

해설 last night은 명백한 과거 시간 부사구이므로 현재완료시제가 아닌 과거시제를 사용해야 한다.

3 미래시제

미래시제는 미래 상황에 대한 추측이나 의지를 표현할 때 사용한다.

1) 용법

① 미래 계획이나 의지 : will + R

• I will leave for the day at 5. 나는 5시에 퇴근할 것이다.

② 미래의 예정이나 계획 : be going to R

• The train is going to leave now. 기차는 곧 떠날 예정이다.

③ 현재진행형으로 미래시제 표현 : am/is/are –ing

왕래발착동사는 현재진행시제로 미래를 표현할 수 있다.

• The boss is leaving Busan tomorrow. 사장님은 내일 부산에 방문할 것이다.

④ 확실한 계획, 약속 : 미래는 기본적으로 불확실성을 포함하고 있다. 그러나 확실히 결정된 계획이나 약속 등은 현재진행시제로 미래를 표현할 수 있다.

• The boss is retiring at the end of month. 사장님은 월말에 은퇴할 것이다.

개·념·완·성 연습 문제

Q1 다음 괄호 안에 알맞은 것을 고르시오.

1. It [snows / is snowing] right now.

2. Jack [wears / is wearing] glasses every day.

3. Mr. Franklin [walks / walked] to work yesterday.

4. I [drink / drank] coffee every morning. It [help / helps] me stay awake.

5. Mike [take / will take] pictures of the garden.

6. My family [visit / is visiting] my grandma's next week.

정답 및 해설

Q1

1. is snowing

해석 지금 눈이 내리고 있다.

해설 반복해서 내리는 것이 아니라 지금 내리고 있는 것이므로 현재진행시제를 사용한다.

2. wears

해석 Jack은 매일 안경을 착용한다.

해설 안경을 매일 착용한다는 것은 반복되는 것이므로 현재시제를 사용한다.

3. walked

해석 Franklin은 어제 걸어서 출근했다.

해설 yesterday가 있으므로 과거시제를 사용한다.

4. drink, helps

해석 나는 매일 오전에 커피를 마신다. 그것은 깨어 있는 데 도움을 준다.

해설 every morning이 반복되는 것을 나타내므로 현재시제를 사용한다. 그리고 그 뒤 문장은 일반적인 사실을 나타내는 것이므로 현재시제를 사용한다.

5. will take

해석 Mike는 정원 사진을 찍을 것이다.

해설 Mike가 3인칭 단수이므로 현재시제를 사용하는 경우에는 동사에 –s가 붙어야 한다.

6. is visiting

해석 우리 가족은 할머니를 다음 주에 방문할 것이다.

해설 확실한 계획이나 약속을 나타낼 때는 현재진행시제로 미래를 표현할 수 있다.

3 진행시제

1 진행시제란?

진행형은 진행 중인 일을 나타내며 '~하고 있다, ~하는 중이다'라는 뜻이다. 'be동사 + 동사원형–ing' 형태이다. be동사는 주어의 인칭과 수에 따라 결정되며, be동사의 시제를 달리하면 과거진행, 현재진행, 미래진행이 된다.

① 현재진행시제 : am/is/are + –ing(~하고 있는 중이다)

• Steve <u>is studying</u> English now. Steve는 영어를 공부하고 있다.

② 과거진행시제 : was/were + –ing(~하고 있던 중이었다)

• Steve was studying English when I was in the couch. Steve는 내가 소파에 있었을 때 영어를 공부하고 있었다.

③ 미래진행시제 : will be + –ing(~하고 있을 것이다)

• Steve will be studying English if we go camping. 만약 우리가 캠핑을 가면, Steve는 영어를 공부하고 있을 것이다.

④ 현재완료진행시제: has/have been + –ing(~해 오고 있는 중이다)

• She has been working at the branch office **for two years**. 그녀는 2년 동안 지점에서 일해 오고 있다.

2 진행시제를 쓸 수 없는 동사

진행시제는 진행 중인 동작을 표현하는 것이다. 따라서 상태를 나타내거나 감각을 나타내는 동사들은 진행형을 사용하지 않는다.

상태 동사	want(원하다) know(알다) have(가지다) possess(소유하다) like(좋아하다) include(포함하다)
감각 동사	seem / look(~처럼 보이다) feel(~라고 느껴지다) taste(~한 맛이 나다) smell(~한 냄새가 나다) sound(~처럼 들리다)

연습 문제

Q1 다음 문장에서 옳지 않은 부분을 고치시오.

1. He is having a very nice voice.

2. Tom isn't liking his lazy pet dog

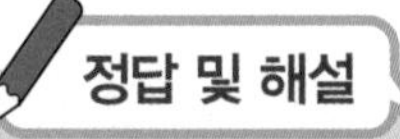

Q1

1. is having → has

해석 그는 매우 좋은 목소리를 가지고 있다.

해설 have가 '가지다'라는 뜻으로 사용되는 경우에는 상태 동사이므로 진행시제를 사용하지 않는다.

2. isn't liking → doesn't like

해석 Tom은 그의 게으른 강아지를 좋아하지 않는다.

해설 like는 상태 동사이므로 진행시제를 사용하지 않는다.

4 완료시제

1 현재완료시제(have + p.p.)

1) 개념

과거부터 지금까지 이어지는 동작을 설명하거나, 과거 동작이 지금의 상태에 영향을 미쳤음을 나타낸다.

- I **lost** my watch last week. 나는 지난 주에 시계를 잃어버렸다. [과거]
- I **don't have** it now. 나는 지금 그것을 가지고 있지 않다. [현재]

→ I have lost my watch. 나는 시계를 잃어버려서 (현재) 없다. [현재완료]

2) 현재완료의 쓰임

① 완료(~해 버렸다)

과거에 완료된 일로 현재의 상태를 강조할 때 already, just, yet 등의 부사와 자주 쓰인다.

- I have just finished the report. 나는 보고서를 끝냈다.

② 경험(~한 적이 있다)

현재까지 경험한 것을 나타낼 때 ever, never, before 등과 함께 쓰인다.

- I have seen the novel before. 나는 전에 그 소설을 본 적이 있다.

③ 계속(계속~하고 있다)

과거부터 현재까지 계속된 동작이나 상태를 나타낼 때는 'since + 과거 시점', 'for + 일정 기간' 등과 함께 잘 쓰인다.

S + has/have p.p. + since + 과거 시점(~이래로)
+ for + 기간(~동안에)
+ over the last/past + 기간(~걸쳐서)

- We have known each other **since** 2020. 우리는 2020년 이래로 서로 알아 왔다.
- I have lived in Busan **for** ten years. 나는 10년 동안 부산에 살아 왔다.
- He has worked for the company **over** the last ten years. 그는 지난 10년 동안 그 회사를 위해 일해 왔다.

④ 결과(~한 결과로 ~해 버렸다)

- I have lost my wallet. 나는 지갑을 분실했다.

3) 현재완료시제와 함께 쓰이는 시간 부사구

~ 이래로	since + 과거 시점
지금까지	until, now, up to now, so far
~동안	for + 기간, over the last(past) + 기간

개·념·완·성 연습 문제

Q1 두 문장이 뜻이 같도록 빈칸에 알맞은 말을 쓰시오.

1. She went to China several year ago. Now she's in Korea.

= She ____________________ to China before.

2. He first bought lottery tickets in 2018. He still buys lottery tickets.

= He ____________________ lottery tickets since 2018.

3. Lauren started to study English five years ago, and she is still studying it.

= Lauren _______________ English for five years.

Q2 다음 괄호 안에 알맞은 것을 고르시오.

1. [Did you / Have you seen] the movie last year?

2. My friend [broke / has broken] his leg yesterday.

3. I have been repairing the computer [for / since] this morning.

4. My father has stopped drinking [for / since] five months.

5. He [left / has left] the company in 2010.

6. I [was / have been] in Korea since 2018.

7. For the last fifty years, advances in medication [brought / have brought] many positive changes to our lifestyle. (14. 경찰 2차)

정답 및 해설

Q1

1. has been

해석 그녀는 몇 년 전에 중국에 갔다. 그녀는 지금 한국에 있다.
= 그녀는 이전에 중국에 간 적이 있다.

2. has bought

해석 그는 복권을 2018년에 처음 구입했다. 그는 여전히 복권을 구매한다.
= 그는 2018년 이래로 복권을 구매해 왔다.

3. has studied

해석 Lauren은 영어 공부를 5년 전에 시작했다. 그리고 여전히 공부하고 있다.
= Lauren은 5년 동안 영어 공부를 해 오고 있다.

Q2

1. Did you

해석 작년에 그 영화를 봤니?
해설 last year는 명백한 과거 시간 부사구이므로 과거시제를 사용해야 한다.

2. broke

해석 내 친구는 어제 다리가 부러졌다.
해설 yesterday는 명백한 과거 시간 부사구이므로 과거시제를 사용해야 한다.

3. since

해석 나는 오늘 오전 이래로 컴퓨터를 수리해 오고 있다.
해설 현재완료 뒤에는 for나 since를 사용할 수 있다. this morning은 과거 시점이므로 since를 사용해야 한다.

4. for

해석 아버지는 5달 동안 금주를 해 왔다.
해설 현재완료 뒤에는 for나 since를 사용할 수 있다. five month는 기간이므로 for를 사용해야 한다.

5. left

해석 그는 2010년에 회사를 떠났다.
해설 in 2010은 과거 시간 부사구이므로 과거시제를 사용해야 한다.

6. has been

해석 나는 2018년 이래로 한국에 있어 왔다.
해설 뒤에 since 2018이 있으므로 동사의 시제는 현재완료가 되어야 한다.

7. have brought

해석 지난 5년 동안에 의학 분야에서의 발전은 우리의 라이프 스타일에 많은 변화를 가져왔다.
해설 For the last five years가 제시되고 있으므로 동사의 시제는 현재완료가 되어야 한다.

2 과거완료시제(had + p.p.)

과거완료는 과거보다 이전의 시점을 나타내거나 대과거에서 과거 시점까지의 기간을 나타낼 때 사용한다.

① 과거보다 한 시제 빠른 시제(대과거)

- My friend **sent** me a coat that he had bought in New York. 내 친구는 New York에서 구매했던 코트를 나에게 보냈다.

② 대과거에서 과거까지 이어지는 기간(과거완료)

- He had worked for five years before he **resigned**. 그는 사임하기 전에 5년 동안 근무했다.

개·념·완·성 연습 문제

Q1 빈칸에 알맞은 것을 고르시오.

1. We [has / had] been playing soccer for about half an hour when it started to rain heavily. (20. 경찰 1차)

Q1 **1. had**

해석 우리는 비가 엄청 내리기 시작했을 때 약 30분 동안 축구를 했었다.

해설 비가 내리는 시점이 과거시제로 제시되어 있고, 축구는 그 전부터 해 왔으므로 동사의 시제는 과거완료가 되어야 한다.

3 미래완료시제(will have + p.p.)

미래의 특정 시점까지 이어지는 동작 또는 상태의 완료, 경험, 결과 등을 의미한다.

- He **will have finished** the report by this time tomorrow. 그는 내일 이 맘 때까지 그 보고서를 끝낼 것이다.
- He **will have worked** for five years by the end of this month. 그는 이달 말까지 5년 동안 근무하게 될 것이다.

미래완료와 함께 쓰이는 시간 부사구는 다음과 같다.

by + 미래 시점(next month/week 등) by the time S + V(현재시제) 횟수(3 times, four times 등)

- I will have worked for this company for ten years **by this time next year**.
  나는 내년 이 맘 때까지는 이 회사에 10년간 근무하게 될 것이다.
- It I read this novel again, I will have read it **four times**. 이 소설을 다시 읽게 되면, 나는 네 번째 읽는 것이다.

개·념·완·성 연습 문제

Q1 괄호 안에 알맞은 것을 고르시오.

1. Charles [will have waited / has waited] for the train for 30 minutes.

2. When Edward arrived at the store, the coat [has / had] already been sold out.

3. When I got home, a parcel [has / had] arrived.

정답 및 해설

1. has waited

해석 Charles는 30분 동안 기차를 기다렸다.

해설 문맥상 30분 전부터 지금까지 기다려 온 것이므로 현재완료 시제가 적절하다.

2. had

해석 Edward가 가게에 도착했을 때, 그 코트는 이미 팔리고 없었다.

해설 Edward가 가게에 도착한 시점이 과거이므로 코트가 팔린 것은 그 이전 시점이 된다.

3. had

해석 내가 집에 도착했을 때, 소포가 도착해 있었다.

해설 내가 집에 도착한 시점이 과거이므로, 소포가 도착한 것은 그 이전 시점이 된다.

5 영작 문제에 빈출되는 시제 관용 표현

1) have been to vs have gone to

have been to	~에 간 적 있다(경험)
have gone to	~에 가고 없다(결과)

개·념·완·성 연습 문제

Q1 빈칸에 알맞은 것을 고르시오.

1. Have you ever [been / gone] to Paris? (19. 지방직 7급 응용)

정답 및 해설

Q1 **1. been**

해석 파리에 가 본 적이 있니?

해설 have gone to는 '~에 가고 지금 여기에 없다'라는 표현이다.

2) ~한 지 ~가 되었다

It is(has been) + 시간 + since + S + 과거 동사

개·념·완·성 연습 문제

Q1 빈칸에 알맞은 것을 고르시오.

1. It [was / has been] three years since I moved to this house. (17. 사복직 9급)

Q1 1. has been

해석 내가 이 집으로 이사 온 후 3년이 지났다.

해설 '~이래로 ~지났다'라는 의미가 자연스러우므로 현재완료시제가 적절하다.

3) ~하자 마자 ~했다

S + had + **no sooner** + p.p. ~ **than** + S + V
S + had + **hardly/scarcely** + p.p. ~ **when/before** + S + V
No sooner + had + S + P.P. + **than** + S + 과거동사
Hardly / Scarcely + had + S + P.P. + **when/before** + S + 과거동사
As soon as / The moment + S + 과거 동사, S + 과거동사

- The thief had **no sooner** seen me **than** he ran away. 그 도둑은 나를 보자마자 달아났다.

  = **No sooner** had the thief seen me **than** he ran away.

  = The thief had **hardly(scarcely)** seen me **when(before)** he ran away.

  = **Hardly(Scarcely)** had the thief seen me **when(before)** he ran away.

  = As soon as the thief saw me, he **ran away**.

4) 머지않아 ~ 할 것이다

It will not be long before + S + V(현재시제)

개·념·완·성 연습 문제

Q1 빈칸에 알맞은 것을 고르시오.

1. It will not be long before he [comes / will come] back home. (04. 국가직 9급)

Q1 1. comes

해석 머지 않아 그가 돌아올 것이다.

해설 before절은 시간 부사절이므로 미래시제 대신 현재시제를 사용한다.

5) B 되어서 (비로소) A 하다

not A until B
= **Not until** B A(A는 도치) : 부정부사가 문두에 있으므로 A는 도치된다
= It was **not until** B that A(A는 도치 X) : not until B가 It ~ that 강조 구문 안에 있으므로 A는 도치되지 않는다.

- We didn't **know** the news **until** this morning. 오늘 아침이 되어서야 그 소식을 알게 되었다.

  = **Not until this** morning **did we know** the news.

  = It was **not until** this morning that **we know** the news.

6 시제 일치와 예외

1 시제 일치

시제 일치란 주절의 시제에 따라서 종속절 동사의 시제를 일치시키는 것을 말한다. 주절의 시제가 과거일 때 종속절의 시제는 같은 시제이면 과거를, 이전 시제이면 과거완료를 사용한다.

- He **knew** that she **was** diligent. 그는 그녀가 근면하다는 것을 알았다.
- He **knew** that she **had been** diligent. 그는 그녀가 근면했다는 것을 알았다.

개·념·완·성 연습 문제

Q1 빈칸에 알맞은 것을 고르시오.

1. They had to fight against winds that [blew / will blow] over 40 miles an hour. (20. 국가직 9급)

2. The housewife realized that commodity prices [have / had] risen in recent weeks.

정답 및 해설

Q1

1. blew

해석 그들은 시속 40마일 이상의 바람과 맞서 싸워야 했다.

해설 주절 동사가 had to로 과거시제이므로 that절 안의 동사는 과거시제로 일치시킨다.

2. had

해석 그 가정 주부는 상품 가격이 최근 몇 주 동안에 올랐다는 것을 깨달았다.

해설 주절 동사가 realized로 과거시제이고, 상품 가격이 오른 것은 깨달은 시점보다 이전이므로 과거완료시제를 사용한다.

2 시제 일치의 예외

① 불변의 진리, 속담, 격언 : 항상 현재를 사용한다.

② 역사적 사실 : 항상 과거시제를 사용한다.

개·념·완·성 연습 문제

Q1 빈칸에 알맞은 것을 고르시오.

1. Columbus proved that the earth [is / was] round. (08. 국가직 9급)

2. The teacher used to tell us that diligence [is / was] the best strategy.

3. The scientist reminded us that light [traveled / travel] at a tremendous speed. (09. 국회직 8급)

정답 및 해설

Q1

1. is

해석 Columbus는 지구가 둥글다는 것을 입증했다.

해설 불변의 진리에는 항상 현재시제를 사용한다.

2. is

해석 선생님은 근면함이 최고의 전략이라고 말씀하셨다.

해설 일반적인 사실, 불변의 진리에는 항상 현재시제를 사용한다.

3. travel

해석 과학자들은 빛이 상당한 속도로 이동한다는 것을 상기시켰다.

해설 불변의 진리에는 항상 현재시제를 사용한다.

개·념·완·성 연습 문제

Q1 빈칸에 알맞은 것을 고르시오.

1. Most of the elementary students didn't know that the Korean War [broke out/ had broken out] in 1950.

정답 및 해설

Q1

1. broke out

해석 대부분의 초등학생들은 한국전쟁이 1950년에 발발했다는 것을 몰랐다.

해설 역사적인 사실은 항상 과거시제를 사용한다.

③ 시간, 조건의 부사절 : 시간, 조건의 부사절에서는 내용상 미래(완료)시제인 경우에도 현재(완료)시제로 표시한다.

개·념·완·성 연습 문제

Q1 빈칸에 알맞은 것을 고르시오.

1. If it [rains / will rain] tomorrow, I won't go to school. (11. 지방직 9급)

2. I will go out if the rain [stops/ will stop]. (11. 지방직 9급)

정답 및 해설

Q1

1. rains

해석 내일 만약 비가 오면, 학교를 가지 않을 것이다.

해설 조건 부사절에서는 미래시제 대신에 현재시제를 사용한다.

2. stops

해석 비가 멈추면, 나는 밖으로 나갈 거다.

해설 조건 부사절에서는 미래시제 대신에 현재시제를 사용한다.

중요 포인트

when과 if절이 명사절로 사용될 때

when과 if절이 부사절이 아닌 명사절로 사용되는 경우에는 내용상 미래일 때 미래시제를 그대로 사용한다.

개·념·완·성 연습 문제

Q1 빈칸에 알맞은 것을 고르시오.

1. Do you know if the CEO [attends / will attend] the meeting?

2. Nobody knows when the buyer [visits / will visit] the factory.

정답 및 해설

Q1

1. will attend

해석 최고 경영자가 회의에 참여할지를 알고 있니?

해설 이 문장에서 if 이하의 절은 부사절이 아닌 know라는 타동사의 목적어 자리에 사용되고 있는 명사절이다. 명사절에서는 미래의 의미일 때 그대로 미래시제를 사용한다.

2. will visit

해석 구매자가 언제 공장을 방문할지를 아무도 모른다.

해설 when 이하는 knows라는 타동사의 목적어 자리에 있으므로 부사절이 아닌 명사절이다. 명사절에서는 미래의 의미일 때 그대로 미래시제를 사용한다.

MEMO

1. 괄호 안에 어법상 알맞은 것을 고르시오.

01 I'll think of you when I [am lying / will be lying] on the beach next week. (20. 국가직 9급)

02 I was born in Taiwan, but I [lived / have lived] in Korea since I started work. (21. 국가직 9급)

03 The next time I [go / will go] to New York, I am going to see a ballet. (08. 국회직 8급)

04 Management was informed that the shipment from the branch office in Paris [would arrive / will arrive] the following Friday.

05 This year the car industry [has attracted / had attracted] many investors because automobile products now make up 17 percent of the country' exports.

06 Jamie learned from the book that World War I [had broken / broke] in 1914. (17. 국가직 9급)

07 If management [asks / will ask] James to rewrite the project analysis over the weekend, they will have to pay him for overtime.

08 I [had known / have been knowing] Lauren until I was fifteen.

09 In the past ten years, the number of Americans using 90 percent of their income to pay off credit card debts [rose / has risen] by 30 percent.

10 It was not until he arrived home that he found he [left / had left] his cell phone in the subway. (18. 기상직 9급)

정답 및 해설

01 am lying

| 해석 | 다음 주에 해변에 누워 있을 때 당신을 생각할 것이다.

| 해설 | 시간 부사절에서는 미래시제 대신에 현재시제를 사용한다.

02 have lived

| 해석 | 나는 대만에서 태어났다. 그러나 취업한 이래로 한국에서 살고 있다.

| 해설 | since 이하에 started라는 과거 시점이 제시되어 있으므로 주절 동사는 현재완료시제 have lived가 되어야 한다.

03 go

| 해석 | 내가 다음에 New York을 가면 발레를 볼 것이다.

| 해설 | the new time 이하의 절은 시간 부사절이므로 미래시제 대신에 현재시제를 사용한다.

04 would arrive

| 해석 | 경영진은 파리 지점으로부터의 선적물이 그 다음 금요일에 도착할 것이라는 통보를 받았다.

| 해설 | 시제 일치 문제이다. 주절 동사의 시제가 과거이므로 that절 이하의 동사의 시제로는 미래를 사용할 수 없다.

05 has attracted

| 해석 | 올해 자동차 산업은 자동차 제품이 나라 수출의 17%를 차지하기 때문에 많은 투자자들을 유치했다.

| 해설 | 과거완료시제는 단독으로는 사용될 수 없다. 올해 초부터 올해 말까지의 기간을 표시하는 시제로는 현재완료가 적절하다.

06 broke

| 해석 | Jamie는 제1차 세계대전이 1914년에 발발했다는 것을 책을 통해 배웠다.

| 해설 | 역사적인 사실을 나타낼 때는 항상 과거시제를 사용한다.

07 asks

| 해석 | 만약 경영진이 James에게 주말에 걸쳐서 프로젝트 분석을 다시 쓰라고 요청하면, 그들은 그에게 초과 근무 수당을 주어야 할 것이다.

| 해설 | 조건 부사절에서는 미래시제 대신에 현재시제를 사용한다.

08 had known

| 해석 | 나는 15살 때까지 Lauren을 알았다.

| 해설 | 15살이 된 시점이 과거이고 Lauren을 알았던 것이 그보다 이전이므로 과거완료시제를 사용한다. know는 또한 상태 동사이므로 진행형으로는 사용하지 않는다.

09 has risen

| 해석 | 지난 10년 동안에, 소득의 90%를 신용카드 빚을 갚는 데 사용한 미국인의 수는 30% 증가해 왔다.

| 해설 | in the past ten years는 과거부터 현재까지의 현재완료 기간을 나타내는 표현이므로 동사의 시제 역시 현재완료를 사용한다.

10 had left

| 해석 | 그가 핸드폰을 지하철에 두고 내린 것을 안 것은 집에 도착해서였다.

| 해설 | 집에 도착한 것보다 핸드폰을 지하철에 두고 내린 것이 더 이전 시점이므로 과거완료시제를 사용한다.

2. 어법상 틀린 부분을 바르게 고치시오.

01 I have successfully completed writing the book three weeks ago.

02 We have been playing tennis for about half an hour when it started to rain heavily.

03 If you will experience any problems with your new word processing software, check the handbook first before consulting our technical support.

04 A competent manager created opportunities for his employees to improve themselves professionally.

05 Please come to the headquarters as soon as you will receive this letter. (17. 국가직 9급)

06 I had hardly left home than it began to rain. (11. 국가직 7급)

07 Scarcely we reached there when it began to rain. (19. 사복직 9급)

08 For years, cosmetic companies told women that beauty is a secret to success. (19. 서울시 7급)

09 A new printer for the faculty room is purchased as soon as the requisition slip is signed.

10 Not until he failed the math test he decided to study harder. (13. 국회직 9급)

정답 및 해설

01 have 삭제

| **해석** | 그는 3주 전에 책을 쓰는 것을 완료했다.

| 해설 | three weeks ago는 명백한 과거 시간 부사이므로 현재완료시제와는 같이 사용할 수 없다. 따라서 have를 삭제해야 한다.

02 have → had

| **해석** | 우리는 비가 폭우로 내리기 시작했을 때 30분 정도 테니스를 쳐 왔다.

| 해설 | 비가 내린 시점이 과거이고, 테니스를 친 시점이 그보다 이전이므로 현재완료가 아닌 과거완료시제를 사용해야 한다.

03 will experience → experience

| **해석** | 새로운 워드프로세스 소프트웨어를 사용하다가 문제를 경험하시면, 우리 기술 지원팀에 연락하기 전에 먼저 사용 설명서를 확인해 보세요.

| 해설 | 조건 부사절에서는 미래대신에 현재시제를 사용한다.

04 created → creates

| **해석** | 유능한 매니저는 직원들이 전문적으로 자신을 향상시킬 수 있도록 기회를 만들다.

| 해설 | 상당히 난이도가 있는 문제이다. 관사가 The가 아닌 A를 사용하고 있음에 주목해야 한다. 특정한 매니저가 아니라 불특정한 매니저를 나타내는 것으로, '유능한 매니저는 기회를 만드는 사람이다'라는 일반적인 사실을 설명하고 있으므로 현재시제를 사용해야 한다.

05 will 삭제

| **해석** | 이 편지를 받자마자 본사로 와 주세요.

| 해설 | as soon as 이하는 시간 부사절이다. 시간 부사절에서는 미래대신에 현재시제를 사용한다.

06 than → before 또는 when

| **해석** | 내가 집을 나서자마자 비가 오기 시작했다.

| 해설 | '~하자마자 ~했다'라는 표현으로는 'hardly(scarcely) – when(before)' 구문을 사용한다.

07 Scarcely we reached → Scarcely had we reached

| **해석** | 우리가 그곳에 도착하자마자 비가 오기 시작했다.

| 해설 | 비가 오기 시작한 시점이 과거이고 우리가 그곳에 도착한 시점이 그 이전이므로 과거완료시제가 사용되어야 한다.

08 told → have told 또는 have been telling

| **해석** | 수년 동안 화장품 회사들은 아름다움이 성공의 비법이라고 말해 오고 있다.

| 해설 | 시간 부사구 for years는 과거 몇 년 전부터 현재까지의 현재완료 구간을 나타내는 것이므로, 동사의 시제는 현재완료 또는 현재완료진행시제가 되어야 한다.

09 is → will be

| **해석** | 요청 양식이 서명되자마자 교수실에 새로운 프린트가 구매될 것이다.

| 해설 | as soon as 이하는 시간 부사절이다. 시간 부사절에 현재 시제가 사용되고 있으므로 주절 동사의 시제는 미래가 되어야 한다.

10 he decided → did he decide

| **해석** | 수학 시험에서 실패하고 나서야 그는 공부를 열심히 하기로 결심했다.

| 해설 | Not until과 같은 부정의 의미를 지니는 부사(구/절)가 문두에 오면, 주절 주어와 동사는 도치된다.

만점을 향해! 심화 문제

01 어법상 옳은 것은? (20. 서울시 9급)

① Of the billions of stars in the galaxy, how much are able to hatch life?

② The Christmas party was really excited and I totally lost track of time.

③ I must leave right now because I am starting work at noon today.

④ They used to loving books much more when they were younger.

02 우리말을 영어로 옳게 옮긴 것은? (18. 지방직 9급)

① 그는 며칠 전에 친구를 배웅하기 위해 역으로 갔다.
→ He went to the station a few days ago to see off his friend.

② 버릇없는 그 소년은 아버지가 부르는 것을 못 들은 체했다.
→ The spoiled boy made it believe he didn't hear his father calling.

③ 나는 버팔로에 가 본 적이 없어서 그곳에 가기를 고대하고 있다.
→ I have never been to Buffalo, so I am looking forward to go there.

④ 나는 아직 오늘 신문을 못 읽었어. 뭐 재미있는 것 있니?
→ I have not read today's newspaper yet. Is there anything interested in it?

03 어법상 옳지 않은 것은? (17. 국가직 9급)

① A few words caught in passing set me thinking.

② Hardly did she enter the house when someone turned on the light.

③ We drove on to the hotel, from whose balcony we could look down at the town.

④ The homeless usually have great difficulty getting a job, so they are losing their hope.

정답 및 해설

01 ③

| **해석** | ① 은하계에 있는 수십억 개의 별 중에서 얼마나 많은 별들이 생명을 부화시킬 수 있을까?
② 크리스마스 파티는 정말 신나서 나는 온통 시간 가는 줄 몰랐다.
③ 나는 오늘 정오에 근무를 시작할 예정이기 때문에 지금 즉시 출발해야 한다.
④ 그들은 어렸을 때 책을 훨씬 더 좋아하곤 했다.

| **해설** | ③ start는 왕래발착동사로서 예정된 미래(at noon today)를 나타낼 때 현재시제나 현재진행시제를 사용하므로 현재진행시제(am starting)를 쓴 것은 문법적으로 옳다.

| **오답 분석** |

① stars는 가산명사이므로 이를 불가산명사와 쓰이는 much로 받을 수 없으며, 동사 are와도 호응하지 않으므로 much를 many로 고쳐야 한다. much → many

② excite는 감정 유발 동사로서, 감정 유발 동사의 분사형을 묻는 문제이다. 크리스마스 파티가 신이 나는 감정을 유발하므로 excited를 exciting으로 고쳐야 한다. excited → exciting

④ 과거에는 규칙적으로 발생했지만 현재는 더 이상 발생하지 않음을 의미할 때 조동사 used to를 사용하는데, 이때 used to 뒤에는 동사원형이 온다. 따라서 loving을 love로 고쳐야 한다. loving → love

02 ①

| **해설** | ① a few days ago와 과거시제(went)가 적절하게 사용되었다. went는 대표적인 1형식 동사로 목적어가 필요하지 않다. 따라서 전치사 to를 사용해서 목적지(the station)를 전치사구로 만들었고, to see off는 '하기 위해서'라는 to부정사의 부사적 용법으로 사용되므로 올바른 1형식 문장이다.

| **오답 분석** |

② make believe는 '~인 체(척)하다'라는 관용 표현으로, 대명사 it을 삭제해야 한다. The spoiled boy에서 spoiled는 타동사 spoil의 과거분사형으로 '버릇없이 자란'을 의미한다.

③ 과거부터 현재까지의 경험을 나타내는 현재완료시제(have never been)가 적절히 사용되었다. 하지만 look forward to ~ing는 '~을 학수고대하다, 간절히 기다리다'라는 관용 표현으로 전치사 to 다음에는 동명사인 going을 사용해야 한다.

④ '흥미를 불러일으키는 무언가(anything)'를 의미하므로 '흥미를 갖는'이라는 과거분사인 interested가 아닌 '흥미를 불러일으키는'이라는 뜻의 현재분사 interesting이 적절하다.

03 ② Hardly did she enter → Hardly had she entered

| **해석** | ① 언뜻 들은 몇 단어 때문에 나는 생각에 잠겼다.
② 그녀가 집에 들어가자마자 누군가가 불을 켰다.
③ 우리는 호텔로 계속 차를 몰고 갔는데, 그 호텔의 발코니에서 우리는 마을을 내려다볼 수 있었다.
④ 노숙자들은 보통 직장을 찾는 데 매우 어려움을 겪으며, 그래서 그들은 희망을 잃어 가고 있다.

| **해설** | ② '~하자마자 ~하다'라고 할 할 때는 '주어 + had + hardly + p.p. ~when + 주어 + 동사(과거시제)'를 사용할 수 있다. 하지만 이때 부정부사 hardly가 앞으로 나가면 주어와 동사가 도치된다. 따라서 'Hardly had she entered'라고 수정해야 한다.

| **오답 분석** |

① 가산명사 앞에 a few를 붙일 수 있다. 이때 과거분사 caught(붙잡힌, 잡힌)는 앞의 명사를 수식한다. words와 caught 사이에 which were가 생략되어 의미상 수동이므로 과거분사 caught가 올바르게 사용되었다.

③ whose의 선행사는 the hotel로, whose balcony는 the hotel's balcony를 의미한다. from whose balcony는 from the hotel's balcony를 의미하며, '전치사 + 명사구' 뒤에는 완전한 문장이 올 수 있다.

④ 'the + 형용사'는 '~하는 사람들'이라고 해석하며, 복수로 취급하기 때문에 이와 호응하는 have를 사용한 것은 맞는 표현이다. 'have difficulty -ing는' '~하는 데 어려움을 겪다'라는 뜻이다.

04 어법상 옳은 것은? (15. 국가직 9급)

① China's imports of Russian oil skyrocketed by 36 percent in 2014.
② Sleeping has long been tied to improve memory among humans.
③ Last night, she nearly escaped from running over by a car.
④ The failure is reminiscent of the problems surrounded the causes of the fatal space shuttle disasters.

05 우리말을 영어로 잘못 옮긴 것을 고르시오. (15. 국가직 9급)

① 그는 자신의 정적들을 투옥시켰다.
→ He had his political enemies imprisoned.
② 경제적 자유가 없다면 진정한 자유가 있을 수 없다.
→ There can be no true liberty unless there is economic liberty.
③ 나는 가능하면 빨리 당신과 거래할 수 있기를 바란다.
→ I look forward to doing business with you as soon as possible.
④ 30년 전 고향을 떠날 때, 그는 다시는 고향을 못 볼 거라고 꿈에도 생각지 않았다.
→ When he left his hometown thirty years ago, little does he dream that he could never see it again.

정답 및 해설

04 ①

| **해석** | ① 중국의 러시아 석유 수입은 2014년에 36%만큼(정도로) 급등했다.

② 수면은 사람들 사이에서 기억을 증진시키는 것과 오랫동안 연관되어 왔다.

③ 지난밤, 그녀는 차에 거의 치일 뻔했다.

④ 그 실패는 치명적인 우주왕복선 참사의 원인을 둘러싼 문제들을 연상시킨다.

| **해설** | ① in 2014라는 시간이 제시되어 있으므로, 동사의 시제가 과거형으로 쓰인다. 문장의 skyrocketed의 형태가 올바르게 쓰였다.

| **오답 분석** |

② be tied to는 전치사이므로 뒤에 동명사인 improveing이 와야 한다.

③ run over는 '~을 치다'라는 의미를 가진다. 문장에서 주어는 she이고, 차에 치이는 것이므로 수동형인 being run over의 형태가 되어야 한다.

④ 분사는 동사의 성격이 있어서 뒤에 목적어로 명사가 제시되는 경우에는 현재분사를 사용해야 한다. surounded 뒤에 the causes라는 명사가 제시되어 있으므로 현재분사형인 surrounding으로 고쳐야 한다.

05 ④

| **해설** | ④ 그가 다시 고향을 못 볼 거라고 꿈에도 생각하지 않은 것은 30년 전 고향을 떠날 때이다. 따라서 does를 과거시제인 did로 고쳐야 한다.

| **오답 분석** |

① had가 사역 동사고 '사역 동사 + 목적어 + 과거분사형'으로 쓰였다.

② 부정을 나타내는 접속사 unless가 바르게 사용되었다. unless 뒤에 부정어가 없는 것을 확인할 수 있다.

③ 'look forward to Ring' 구문이다.

학습 내용

❶ 직설법과 가정법의 차이를 이해한다.

- 직설법 조건문 : If S 현재시제, S will R
- 가정법 과거 : If S 과거시제, S would R
- 가정법 과거완료 : If S had p.p., S would have p.p.
- 가정법 미래 : If S should R, S would(will) R
- 혼합 가정법 : If S had p.p., S would R + now

❷ If가 없는 가정법을 공부한다.

- I wish 가정법
- It Is high time 가정법
- as if(as though) 가정법

가정법

Chapter 09

가정법

1 가정법

가정법은 현재나 과거 사실을 반대로 가정하거나 실현 가능성이 희박한 미래의 상황에 대한 상상 혹은 소망을 표현하는 것을 말한다.

1 가정법 과거

현재 사실의 반대를 가정한다. '만약 ~하다면, ~ 할 것이다'라고 해석한다.

종속절	주절
If + S + 동사의 과거형 / were	S + would, could, should, might + R

- If I were a bird, I would fly to you. 만약 내가 새라면, 너에게 날아갈 텐데.
- If the car had an automatic transmission, I would buy it. 만약 그 차에 자동 변속 장치가 있다면, 나는 구매할 텐데.

연습 문제

Q1 빈칸에 알맞은 것을 고르시오.

1. If I were you, I [would apply / would have applied] for the position. (15. 교행직 9급 응용)

2. If I [am / were] my dad, I wouldn't be so strict.

3. If Steve [went / will go] to New York, he would visit the Statue of Liberty.

정답 및 해설

Q1

1. would apply

해석 내가 만약 너라면, 그 직책에 지원할 텐데.

해설 if절 동사가 were이므로 가정법 과거이다. 따라서 주절에는 조동사 과거형을 사용해야 한다.

2. were

해석 만약 내가 아빠라면, 그렇게 엄격하지 않을 텐데.

해설 주절 동사가 wouldn't로 가정법 과거이므로 if절 동사로는 were가 적절하다.

3. went

해석 만약 Steve가 New York에 가면, 그는 자유의 여신상을 방문할 텐데.

해설 주절 동사가 would로 가정법 과거이므로 if절 동사로는 일반동사의 과거형인 went가 적절하다.

2 가정법 과거완료

과거 사실의 반대를 가정한다. '만약 ~ 했다면, ~했을 것이다'라고 해석한다.

종속절	주절
If + S + had p.p.	S + would, could, should, might + have p.p.

- If I had studied harder, I would have passed the exam. 만약 내가 더 열심히 공부했다면, 나는 시험에 통과했을 텐데.
- If the weather had been nice, you could have seen the beautiful sky.
  날씨가 좋았더라면, 당신은 아름다운 도시를 볼 수 있었을 텐데.

개·념·완·성 연습 문제

Q1 다음 문장을 어법에 맞게 고치시오.

1. If you had worked harder, you could had been a star.
2. If I have had a driving license, I would have rented a car for the trip.
3. She wouldn't have missed the seminar if she caught the flight last night.

정답 및 해설

Q1

1. could had been → could have been

해석 만약 당신이 더 열심히 했더라면, 당신은 스타가 될 수 있었을 텐데.

해설 if절 동사가 had p.p.이므로 가정법 과거완료 구문이다. 따라서 could have p.p.형의 동사가 사용되어야 한다.

2. have had → had had

해석 만약에 내가 운전 면허증이 있었더라면, 여행을 가기 위해 차를 빌렸을 텐데.

해설 주절 동사가 would have p.p.이므로 가정법 과거완료 구문이다. if절 동사는 had p.p.형이 되어야 한다.

3. caught → had caught

해석 만약 그녀가 어제 비행기를 탔었더라면, 세미나에 빠지지 않았을 텐데.

해설 주절 동사가 wouldn't have p.p.로 가정법 과거완료 구문이다. 따라서 if절의 동사는 had p.p.형이 되어야 한다.

3 가정법 미래

가정법 미래는 미래에 발생할 가능성이 매우 적은 일을 가정할 때 사용한다. '혹시라도 ~하면, ~하세요'라고 해석한다.

종속절	주절
If + S + should R(불확실한 미래)	S + would(will), could(can), should(shall), might(may) + R
If + S + were to R(불가능)	S + would, could, should, might + R

• If you should have any concerns, please feel free to contact us. 만약 걱정이 있으면, 주저 말고 연락주세요.

• If I were to be born again, I would become an actor. 내가 만약 다시 태어난다면, 배우가 될 텐데.

개·념·완·성 **연습 문제**

Q1 빈칸에 알맞은 것을 고르시오.

1. If the product [were not / should not] be delivered tomorrow, they would complaint about it.

정답 및 해설

Q1 **1. should not**

해석 혹시라도 제품이 내일 배송되지 않으면, 그들은 불만을 제기할 거다.

해설 가정법 미래 구문에서 if절 동사는 should R 형태를 취한다.

4 혼합 가정법

가정법 과거완료와 가정법 과거가 혼합된 형태이다. 보통 주절에는 현재를 나타내는 시간 부사(구)(now, today, currently 등)가 온다. '만약 ~했더라면, ~할 텐데'라고 해석이 된다.

종속절(가정법 과거완료)	주절(가정법 과거)
If + S + had p.p.	S + would, could, should, might + R + (now / today / currently)

• If you had listened to my advice, there would be no problem now.
만약 너가 나의 조언에 귀 기울였다면, 지금쯤 문제가 없을 텐데.

개·념·완·성 **연습 문제**

Q1 다음 문장을 어법에 맞게 고치시오.

1. If I had gone to the party last night, I would have been tired today.

2. If I had asked for a vacation last month, I would have been in Tokyo now.

정답 및 해설

Q1 **1. would have been tired → would be tired**

해석 만약 내가 어제 파티에 갔더라면, 오늘 피곤할 텐데.

해설 if절에는 had p.p.형의 동사를 사용했지만, 주절에 now라는 현재 시간 부사가 있으므로 혼합 가정법이다. 따라서 주절 동사는 would R 형태가 되어야 한다.

2. would have been → would be

해석 만약 내가 지난 달에 휴가를 요청했더라면, 지금 Tokyo에 있을 텐데.

해설 if절에 과정법 과거완료 동사를 사용했지만, 주절에 now라는 현재 시간 부사가 있으므로 혼합 가정법이다. 따라서 주절 동사는 would R 형태가 되어야 한다.

2 if가 생략된 가정법

1 가정법 도치

가정법에서 if가 생략되면, 주어와 동사가 도치된다.

가정법 과거	Were + S ~ , S + would, could, should, might + R
가정법 과거완료	Had + S + p.p. ~ , S + would, could, should, might + have p.p.
가정법 미래	Should + S + R ~, S + would(will), could(can), should(shall), might(may) + R Were + S + to R, S + would, could, should, might + R

개·념·완·성 연습 문제

Q1 If가 생략된 문장으로 고치시오.

1. If she were a boy, she would become a soldier.

→ ____________________

2. If I had known him before, I would have married him.

→ ____________________

3. If you should need further information, contact me anytime.

→ ____________________

Q2 다음 문장을 어법에 맞게 고치시오.

1. Had she come to the concert, she would enjoy it. (13. 국가직 7급)

정답 및 해설

Q1 1. Were she a boy, she would become a soldier.

해석 그녀가 만약 소년이라면, 군인이 될 텐데.

2. Had I known him before, I would have married him.

해석 내가 그를 전에 알았더라면, 그와 결혼했을 텐데.

3. Should you need further information, contact me anytime.

해석 혹시라도 추가적인 정보가 필요하면, 언제든지 연락하세요.

Q2 1. would enjoy → would have enjoyed

해석 만약 그녀가 콘서트에 왔더라면, 즐겼을 텐데.

해설 가정법 과거완료 구문에서 if가 생략되어서 주어와 동사가 도치된 구문이다.

2 I wish 가정법

현재 이루지 못하고 있거나 과거에 이루지 못했던 것에 대한 아쉬움을 표현하기 위해 사용한다.

I wish + 가정법 과거	현재 이루지 못하고 있는 것에 대한 아쉬움(~라면, 좋을 텐데) I wish + 주어 + 과거동사 • I wish I **were** rich. 부자라면, 좋을 텐데.
I wish + 가정법 과거완료	과거에 이루지 못한 것에 대한 아쉬움(~였더라면, 좋을 텐데) I wish + 주어 + **had p.p.** • I wish I **had been** rich. 부자였더라면, 좋을 텐데.

연습 문제

Q1 다음 문장을 어법에 맞게 고치시오.

1. I wish I will use my imagination earlier. (17. 기상직 9급)

2. I wish we are on vacation now. (10. 국가직 7급)

정답 및 해설

Q1 1. will use → had used

해석 내가 상상력을 더 일찍 발휘했더라면 좋을 텐데.

해설 과거에 이루지 못한 아쉬움을 나타내므로 had p.p형의 동사를 사용해야 한다.

2. are → were

해석 우리가 지금 방학 중이라면 좋을 텐데.

해설 현재 사실에 대한 반대의 가정이므로 I wish 다음에는 과거동사가 와야 한다.

3 It is high time + 가정법 과거

'It is (high) time (that) 주어 + 동사'는 이미 할 때가 되었는데 아직 하지 않은 일을 나타낼 때 사용한다. '왜 ~안 하냐고'와 유사한 뜻을 가지는 구문이다. 주의해야 할 점은 (that)절의 동사로 가정법 동사(과거시제)를 사용해야 한다는 점이다.

구성	해석
It is (high/about) time + 주어 + 동사(과거형)	~ 할 시간이다(그런데 아직 못했다)

- It is time you **went** to bed. 이제 자러 갈 시간이다.
- It is time for you to sleep. 이제 잠잘 시간이다. [직설법]
- It is time (that) you slept. 이제 잠잘 시간이다. [가정법]

연습 문제

Q1 빈칸에 알맞은 것을 고르시오.

1. It's time you [knew / will know] the truth.

2. It is high time we [leave / left] for the airport.

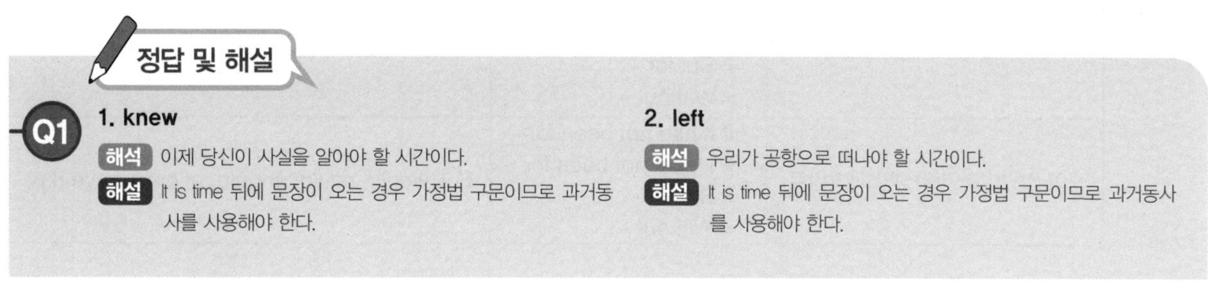
정답 및 해설

Q1

1. knew
해석 이제 당신이 사실을 알아야 할 시간이다.
해설 It is time 뒤에 문장이 오는 경우 가정법 구문이므로 과거동사를 사용해야 한다.

2. left
해석 우리가 공항으로 떠나야 할 시간이다.
해설 It is time 뒤에 문장이 오는 경우 가정법 구문이므로 과거동사를 사용해야 한다.

4 as if / as though 가정법

as if나 as though는 실제로는 안 그런데, '마치 ~처럼 ~하다'라는 의미로, 반대의 상황을 가정하므로 뒤에는 가정법 동사가 온다. 현재 사실을 반대로 가정하면 가정법 과거, 과거 사실을 반대로 가정하면 가정법 과거완료 동사를 사용한다.

구성	해석
as if / as though + 주어 + 가정법 과거	마치 ~ 인 것처럼
as if / as though + 주어 + 가정법 과거완료	마치 ~이었던 것처럼

• He talks as if he **were** rich. 그는 마치 부자인 것처럼 이야기한다.

• He talks as though he **had seen** the accident. 그는 그 사실을 봤었던 것처럼 말한다.

연습 문제

Q1 빈칸에 알맞은 것을 고르시오.

1. Linda spends money as if she [is / were] a millionaire; in fact, she' not.

2. He acted as though he [never met / had never met] her before.

Q1

1. were

해석 Linda는 마치 백만장자처럼 돈을 쓴다. 그런데, 아니다.

해설 '마치 ~처럼 ~하다'라는, 현재 사실에 대한 반대의 가정이므로 as if 뒤에는 가정법 과거 동사를 사용한다.

2. had never met

해석 그는 마치 그녀를 전에 만나지 않았던 것처럼 행동했다.

해설 과거 사실에 대한 반대의 가정이므로 as if 뒤에는 가정법 과거완료 동사를 사용한다.

5 '~이 없다면', '~이 없었다면' 가정법

구분	종속절	주절
~이 없다면(가정법 과거)	If it were not for~ = Were it not for ~ = But for ~ = Without ~	S + would, could, should, might + R
~이 없었더라면(가정법 과거완료)	If it had not been for~ = Had it not been for ~ = But for ~ = Without ~	S + would, could, should, might + have p.p.

• **If it were not for** computers, our lives **would be** very inconvenient.
만일 컴퓨터가 없다면, 우리 생활은 매우 불편할 것이다.

= **Were it not for** computers, our lives **would be** very inconvenient.

= **But for** computers, our lives **would be** very inconvenient.

= **Without** computers, our lives **would be** very inconvenient.

• **If it had not been for** you, I **couldn't have succeeded.**
만약 당신이 없었다면, 나는 성공하지 못했을 것이다.

= **Had it not been for** you, I **couldn't have succeeded.**

= **But for** you, I **couldn't have succeeded.**

= **Without** you, I **couldn't have succeeded.**

개·념·완·성 연습 문제

Q1 빈칸에 알맞은 것을 고르시오.

1. [But for / Without for] your help, the product could not have been launched.

2. Were it not for water, all living creatures on the earth [would be / would have been] extinct.
(18. 지방직 9급)

정답 및 해설

Q1

1. But for

해석 만약 당신의 도움이 없었더라면, 그 제품은 출시되지 못했을 텐데.

해설 '만약 ~가 없었더라면'을 표현하기 위해서는 But for나 without을 사용해야 한다.

2. would be

해석 만약 물이 없다면, 지구상의 모든 생명체는 멸종할 텐데.

해설 If it were not for water에서 if가 생략되어 도치가 이루어진 구문이다. 따라서 주절 동사는 would R 형태가 되어야 한다.

1.괄호 안에 어법상 알맞은 것을 고르시오.

01 [If / Should] your rental application be denied, the owner of the apartment will refund the cost of processing the application.

02 If she [was / were] not exhausted, she would not go to bed so early.

03 If I had enough money, I would [buy / have bought] a fancy yacht. (16. 국회직 7급)

04 I wish I [studied / had studied] biology when I was a college student. (16. 서울시 7급)

05 The game might have been played if the typhoon [were not / had not been] approaching. (15. 국회직 7급)

06 If I [had had / have had] to draw a picture of my future then, it would have been a large gray patch surrounded by black, blacker, blackest. (15. 서울시 9급)

07 [Have / Had] I been in my sister's shoes, I would have acted violently in the middle of the heated argument. (06. 서울시 9급)

08 Even if the sun were to rise in the west, I [would not accept / would not have accepted] his proposal. (08. 국가직 7급)

09 Had the president [informed / been informed] that an important client was waiting, he would have asked him to wait in his office.

10 The original documents would not have been materialized [if / if not for] continued efforts from our ever dedicated and thorough research team.

정답 및 해설

01 should

| **해석** | 혹시라도 임대 신청서가 거절이 되면, 그 아파트의 소유자는 신청서를 처리하는 비용을 환불해 줄 것이다.

| 해설 | 주절 동사로 will refund가 사용되는 것으로 보아서 가정법 미래이다. 가정법 미래에서 if가 생략되어 주어와 동사가 도치된 구문이다. 따라서 문두에 Should가 와야 한다.

02 were

| **해석** | 만약 그녀가 지치지 않았다면, 이렇게 일찍 자러 가지 않을 텐데.

| 해설 | 주절 동사가 would이므로 가정법 과거 구문이다. 따라서 if절 동사로는 were를 사용한다.

03 buy

| **해석** | 내가 만약 충분한 돈이 있다면, 멋진 요트를 구입할 텐데.

| 해설 | if절에 had라는 과거동사가 있으므로 과정법 과거 구문이다. 따라서 주절에는 'would + R'이 사용되어야 한다.

04 had studied

| **해석** | 내가 대학생일 때 생물학을 공부했으면 좋을 텐데.

| 해설 | 대학생일 때이므로 과거에 대한 가정이다. 따라서 I wish 뒤에는 가정법 과거완료 동사가 사용되어야 한다.

05 had not been

| **해석** | 만약 태풍이 다가오지 않았다면, 게임은 틀림없이 진행되었을 텐데.

| 해설 | 주절 동사로 might have p.p.형이 사용되고 있으므로 가정법 과거완료 구문이다. 다라서 if절의 동사는 had p.p형이 되어야 한다.

06 had had

| **해석** | 만약 그때 나의 미래상을 그렸어야 했다면, 그건 아마도 검고, 더 검고, 가장 검은 색으로 둘러싸인 회색 지대였을 것이다.

| 해설 | 주절 동사로 would have p.p형이 사용되고 있으므로 가정법 과거완료 구문이다. 따라서 if절 동사는 had p.p.형이 되어야 한다.

07 had

| **해석** | 내가 언니의 입장이었다면 가열된 언쟁 중에 폭력적으로 행동했을 것이다.

| 해설 | 주절 동사가 would have p.p.형이므로 가정법 과거완료 구문이다. 이 문장은 if가 생략되어 주어와 동사가 도치되고 had가 문두로 온 형태이다.

08 would not accept

| **해석** | 비록 해가 서쪽에서 뜬다 할지라도, 나는 그의 제안을 받아들이지 않을 것이다.

| 해설 | if절의 동사로 were to R이 사용되고 있으므로 가정법 미래 구문이다. 불가능할 가정을 나타낼 때 사용한다. 따라서 주절에는 will이나 would가 사용되어야 한다.

09 been informed

| **해석** | 만약 사장님이 중요한 고객이 기다리고 있다는 통보를 받았더라면, 그는 그의 사무실에서 기다려 달라고 요청했을 텐데.

| 해설 | 주절 동사가 would have p.p.라서 가정법 과거완료 구문이 맞다. inform은 'inform + 사람 + that' 구조를 지니는데, 이때 목적어에 있던 사람이 주어 자리로 가서 수동태로 변경된 형태이다. be informed that는 '~라는 것을 통보받다'라는 뜻이다. 그리고 가정법 if절에 had p.p.를 사용하고 있으므로 had the president been informed가 맞는 형태이다.

10 if not for

| **해석** | 우리의 헌신적이고 철저한 연구팀의 지속적인 노력이 없었더라면, 원래 문서는 구체화되지 않았을 것이다.

| 해설 | '만약 ~가 없었더라면'이라는 가정법 구문으로, if it had not been for가 생략된 if not for가 정답이다.

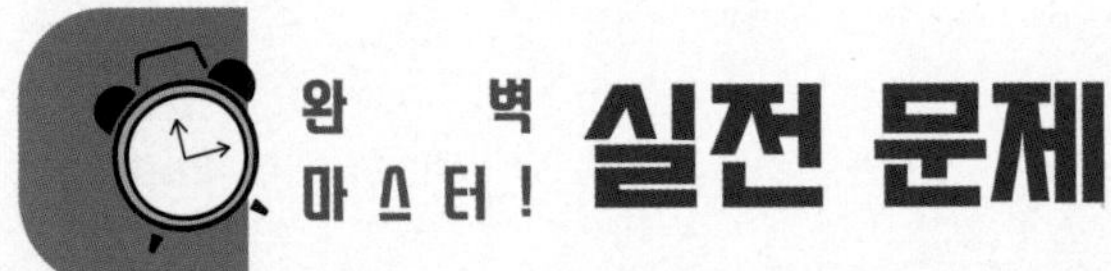

2. 어법상 틀린 부분을 바르게 고치시오

01 I wish I am as intelligent as he is. (08. 국가직 7급)

02 Had they followed my advice, they would not be punished. (11. 국가직 9급)

03 Had the contract delivered earlier, we might have been able to discuss the conditions and make a decision before the weekend.

04 If Mike has finished the work this week, he would have gone fishing with us.

05 Sarah would have been offended if I didn't go to her party. (15. 지방직 9급)

06 If plans had been made sooner, the company would have been conducting the feasibility study for the construction project by now.

07 It is high time the restaurant treats repeat customers much better.

08 Everything would have been OK if I haven't lost my keys. (17. 지방직 9급)

09 Had I given up the project at that time, I should have achieved such a splendid result. (17. 국가직 9급)

10 If it were not for its loyal customers, the company is not where it is today.

정답 및 해설

01 am → were

| 해석 | 내가 그처럼 똑똑하다면 좋을 텐데.

| 해설 | I wish 뒤에는 가정법 동사를 사용한다. 가정법 과거에서 be동사로는 were가 와야 한다.

02 would not be punished
→ would not have been punished

| 해석 | 만약 그들이 나의 조언을 따랐더라면, 처벌을 받지 않았을 텐데.

| 해설 | 문두에 Had가 사용되는 것으로 봐서 가정법 과거완료 구문임을 알 수 있다. 따라서 주절 동사는 would have p.p.형이 되어야 한다.

03 delivered → been delivered

| 해석 | 만약 계약서가 더 일찍 배달되었더라면, 우리는 조건을 토론하고 주말 전에 결정을 할 수 있었을 텐데.

| 해설 | 가정법 과거완료 구문으로 시제는 맞는 표현이다. 이 문제는 태가 잘못된 것이다. 계약서가 배달하는 것이 아니라 배달되는 것이므로 수동태 구조가 되어야 한다.

04 has finished → had finished

| 해석 | 만약 Mike가 이번 주에 그 일을 끝냈더라면, 그는 우리와 낚시를 갔을 텐데.

| 해설 | 과거 사실에 대해 반대로 가정하는 것이므로 가정법 과거완료 구문이 사용되어야 한다. 가정법 과거완료 구문에서 if절의 동사는 had p.p.형이 맞는 표현이다.

05 would have been offended
→ would be offended

| 해석 | 만약 내가 그녀의 파티에 가지 않으면, Sarah는 기분이 상할 것이다.

| 해설 | if절의 동사가 과거 동사이므로 가정법 과거 구문이다. 따라서 주절에는 would R 형태의 동사가 사용되어야 한다.

06 would have been conducting
→ would be conducting

| 해석 | 만약 그 계획이 일찍 만들어졌더라면, 회사는 공사 프로젝트의 타당성 조사를 지금쯤 하고 있을 텐데.

| 해설 | if절 동사로 had p.p.형이 사용되었지만, 주절에는 by now라는 현재 시간 부사가 있으므로 혼합 가정법 구문이다. 따라서 주절 동사는 would R 형태가 되어야 한다.

07 treats → treated

| 해석 | 그 레스토랑이 단골들을 더 좋게 대접할 때이다.

| 해설 | It is high time 뒤에는 가정법이 와야 하므로 과거시제 동사가 사용되어야 한다.

08 haven't lost → hadn't lost

| 해석 | 내가 열쇠를 잃어버리지 않았더라면 모든 것이 괜찮았을 텐데.

| 해설 | 과거 사실에 대해 반대로 가정하고 있으므로 가정법 과거완료 구문이다. 따라서 if절의 동사는 had p.p.형이 되어야 한다.

09 should have achieved
→ could not have achieved

| 해석 | 내가 그때 그 계획을 포기했었더라면, 이렇게 좋은 성과를 얻지 못했을 것이다.

| 해설 | should have p.p.는 '~했어야 했는데'라는 과거의 후회나 유감을 나타낸다. 그런데 이 문장은 문맥상 '~하지 못했을 텐데'가 자연스러우므로 could not have p.p.로 바꾸어야 한다.

10 is not → would not be

| 해석 | 만약 단골손님들이 없다면, 그 회사는 오늘날 어디에도 존재하지 않을 텐데.

| 해설 | if절에 were라는 과거동사를 사용한 것으로 봐서, 가정법 과거 구문이다. 따라서 주절에는 조동사 과거형인 would R가 사용되어야 한다.

만점을 향해! 심화 문제

01 어법상 옳은 것은? (18. 지방직 9급)

① Please contact to me at the email address I gave you last week.

② Were it not for water, all living creatures on earth would be extinct.

③ The laptop allows people who is away from their offices to continue to work.

④ The more they attempted to explain their mistakes, the worst their story sounded.

02 우리말을 영어로 잘못 옮긴 것을 고르시오 (17. 국가직 9급)

① 이 편지를 받는 대로 곧 본사로 와 주십시오.
→ Please come to the headquarters as soon as you receive this letter.

② 나는 소년 시절에 독서하는 버릇을 길러 놓았어야만 했다.
→ I ought to have formed a habit of reading in my boyhood.

③ 그는 10년 동안 외국에 있었기 때문에 영어를 매우 유창하게 말할 수 있다.
→ Having been abroad for ten years, he can speak English very fluently.

④ 내가 그때 그 계획을 포기했었더라면 이렇게 훌륭한 성과를 얻지 못했을 것이다.
→ Had I given up the project at that time, I should have achieved such a splendid result.

03 어법상 옳은 것을 고르시오. (17. 국가직 9급)

① Undergraduates are not allowed to using equipment in the laboratory.

② The extent of Mary's knowledge on various subjects astound me.

③ If she had been at home yesterday, I would have visited her.

④ I regret to inform you that your loan application has not approved.

04 다음 글의 밑줄 친 표현 중 어법상 옳지 않은 것은? (13. 서울시 7급 응용)

> This perhaps ①<u>would not have been</u> a concern if the portrayals of crime and justice in the media ②<u>were balanced</u> in other aspects and ③<u>presented</u> various competing ④<u>constructions</u> of the world.

정답 및 해설

01 ②

| **해석** | ① 제가 지난주에 드렸던 이메일로 연락해 주세요.
② 물이 없다면, 지구상의 모든 생명체는 멸종될 것이다.
③ 노트북은 사람들이 회사가 아닌 곳에서도 계속해서 업무를 진행할 수 있도록 한다.
④ 그들이 실수에 관해서 설명하면 할수록, 이야기는 더욱 부정적으로 들렸다.

| **해설** | ② 가정법이 쓰인 문장에서 if가 생략되어 주어와 동사가 도치되었다. 현재 사실의 반대를 가정하는 가정법 과거에서 if절의 be동사는 주어의 인칭과 수에 상관없이 were를 사용해야 하며, 주절의 동사는 '조동사 과거(would/could/should/might) + 동사원형'으로 나타낸다.

| **오답 분석** |

① contact는 타동사로, 목적어가 필요하다. 따라서 me가 목적어가 되려면 전치사 to를 삭제해야 한다. 종속절 I gave you last week의 동사 give는 대표적인 4형식 동사이므로 이 문장은 직접 목적어가 없는 불완전한 문장이다. 따라서 email address가 선행사이자 목적어 역할을 하며, 선행사인 email address와 I 사이에 목적격 관계대명사가 생략된 경우이다.

③ allow는 to부정사를 목적격 보어로 가지는 대표적인 5형식 동사이므로 목적격 보어 to continue가 적절하게 사용되었다. 또한 목적어인 people은 단수와 복수 모두로 사용할 수 있으므로 문장 내의 힌트를 활용해서 수 일치를 결정해야 한다. 관계대명사절에서 'their offices'라고 언급되므로 이 문장의 people은 복수로 사용되었음을 유추할 수 있다. 따라서 관계대명사의 동사는 복수인 선행사 people과 수가 일치해야 하므로 is가 아닌 are가 적절하다.

④ attempt의 목적어로 to부정사가 적절하게 사용되었다. 하지만 '~하면 할수록 더욱 ~하다'라는 뜻인 'the 비교급 + 주어 + 동사, the 비교급 + 주어 + 동사' 구조이므로 worst가 아닌 비교급 worse가 맞다.

02 ④ **should have achieved → couldn't have achieved**

| **해설** | ④ If I had given up~에서 if가 생략되면서 had가 앞으로 나간 도치 구문으로, Had I given up이라고 사용한 것은 맞는 표현이다. 하지만 의미상 '이렇게 훌륭한 성과를 얻지 못했을 것이다'가 자연스럽기 때문에 couldn't have achieved를 사용하는 것이 적절하다. should have p.p.는 '~했어야 했는데'라는 뜻이다.

| **오답 분석** |

① 시간이나 조건의 부사절에서는 현재시제가 미래시제를 대신한다. as soon as라는 접속사가 이끄는 부사절 안에 현재시제 receive를 사용한 것은 맞는 표현이다.

② '조동사 should(ought to) + have + p.p.'는 '~했어야 했는데(하지 않아서 유감스럽다)'라는 뜻이다.

③ 'Because he has been abroad~'라는 부사절을 분사구문으로 바꾼 형태이다. Having been abroad의 시제가 먼저 발생했으므로 완료형 분사구문을 사용한 것은 맞는 형태이다.

03 ③

| **해석** | ① 학부생들은 실험실에서 장비를 사용하는 것이 금지되어 있다.
② 메리의 다양한 주제에서의 지식의 정도는 나를 놀라게 했다.
③ 그녀가 어제 집에 있었더라면, 나는 그녀를 방문했을 텐데.
④ 당신의 대출 신청서가 승인되지 않았음을 알려드리게 되어 유감입니다.

| **해설** | ③ 과거 사실에 대한 반대 사실을 가정하는 가정법 과거완료가 올바르게 사용되었다.

| **오답 분석** |

① 복수명사인 undergraduates에 동사 are가 적절히 사용되었다. 또한 사용 승인을 학부생들이 받는 것이므로 수동태가 올바르게 사용되었다. 하지만 be allowed 다음에는 to부정사가 와야 하므로 using을 use로 바꿔야 한다.

② 주어인 extent가 단수이므로 동사는 이와 호응해 astounds가 되어야 한다. 지식의 정도(extent)가 목적어인 나를 놀라게 하였으므로 능동태는 올바르게 사용되었다.

④ application이 approve의 주체가 될 수 없고 대상이 되어야 하므로 수동인 has not been approved가 적합하다.

04 ① **would not have been → would not be**

| **해석** | 만약 미디어 안에서 범죄와 정의의 묘사가 다른 측면에서 균형을 이루고 있고 세상의 다양한 대립되는 구조들을 제시하고 있다면 이는 아마도 염려할 바가 없을 것이다.

| **해설** | ① 이 문장은 현재 사실에 대한 반대의 가정이므로 가정법 과거 구문이 맞다. 따라서 주절 동사로는 조동사 과거완료형이 아닌 조동사 과거형을 사용해야 한다. would not have been이 아니라 would not be가 되어야 한다.

| **오답 분석** |

② 가정법 과거에서 if절의 동사로 were는 제대로 사용되었다.

③ and 뒤에 앞에서 사용된 부분이 반복이 되는 경우 그 요소들은 생략이 가능하다. and (were) presented에서 were가 생략된 표현이다.

④ various 뒤에 복수 명사를 사용하는 것은 맞는 표현이다.

학습 내용

❶ to부정사의 의미상 주어는 'for + 목적격'으로 표시한다.
단, 인성 형용사는 'of + 목적격'을 사용한다.

❷ to부정사를 목적어로 취하는 동사를 암기한다.

- 소/기/계/약/동/결(소망, 기대, 계획, 약속, 동의, 결정)

❸ to부정사를 목적격 보어로 취하는 동사를 암기한다.

- 행위유발동사(원/알/허/부/강)

❹ to부정사의 수식을 받는 명사가 to부정사의 목적어인 경우,
to부정사의 목적어 자리는 비운다.

❺ to부정사의 관용 표현을 암기한다.

부정사

Chapter 10

부정사

1 준동사와 to부정사

1 준동사

준동사란 'to부정사, 동명사, 분사'를 지칭하는데, 동사원형에서 약속된 형태의 변화를 주어서 다른 품사의 성격을 부여한 것이다. 준동사는 동사의 성격을 가지고 있지만 문장 내에서는 '명사, 형용사, 부사' 역할을 한다.

	to부정사	동명사	분사
역할	명사, 형용사, 부사	명사	형용사, 부사
기본형	to R	Ring	Ring(능동, 진행)
수동형	to be p.p.	being p.p.	p.p.(수동, 완료)
완료형	to have p.p.	having p.p.	having p.p. / having been p.p.
부정형	not to R	not Ring	not Ring / not p.p.
의미상 주어	for + 목적격	소유격	주격

2 to부정사란?

to부정사란 동사원형 앞에 to를 붙인 것으로 동사에 명사나 형용사, 부사의 성격이 추가된 것이다. 이처럼 하나의 품사로 정해지지 않았기 때문에 부정사라고 한다.

- To keep a diary is important for me. 일기를 쓰는 것은 나에게 중요하다. [주어 자리 : 명사적 용법]
- I need a friend to play with. 나는 함께 놀 친구가 필요하다. [앞의 명사 수식 : 형용사적 용법]
- I went to the station to meet you. 나는 너를 만나기 위해 역에 갔다. [부사 자리 : 부사적 용법]

2 to부정사가 가지고 있는 동사 성격

1) 태

능동 → to R
수동 → to be p.p

부정사도 동사 성격이 있어서 능동태와 수동태를 가진다. 능동은 'to R', 수동은 'to be p.p.' 형태이다.

능동과 수동을 구분하는 방법은 다음과 같다.

① to부정사의 의미상 주어를 먼저 파악한다(앞에 나온 명사나 수식을 받는 명사)

② 뒤에 목적어 유, 무를 확인한다.

• I want <u>to love</u>. 나는 사랑하기를 원한다.

• I want <u>to be loved.</u> 나는 사랑받기를 원한다.

개·념·완·성 연습 문제

Q1 빈칸에 알맞은 것을 고르시오.

1. I was very pleased [to invite / to be invited] to the awards ceremony.

정답 및 해설

Q1 **1. to be invited**

해석 나는 시상식에 초대받아서 기뻤다.

해설 to부정사 뒤에 목적어가 없고, 해석 또한 초대하는 것이 아닌 초대받는 것이 자연스러우므로 to be invited가 되어야 한다.

2) 시제

단순시제 → to R
완료시제 →to have p.p.

to부정사의 시제가 본동사의 시제와 같은 경우에는 단순시제(to R), 본동사의 시제보다 빠를 때는 완료시제(to have p.p.)를 사용한다.

• She seems <u>to have cried</u>. 그녀는 울었던 것처럼 보였다.

• I am sorry <u>to have been</u> late for the meeting. 회의에 늦어서 죄송합니다.

개·념·완·성 연습 문제

Q1 빈칸에 알맞은 것을 고르시오.

1. He claims [to be robbed / to have been robbed] yesterday. (17. 경찰 2차)

정답 및 해설

Q1 **1. to have been robbed**

해석 그는 어제 강도짓을 당했다고 주장한다.

해설 주장하는 시점보다 강도짓을 당하는 시점이 더 이전이므로 완료 to부정사를 사용한다.

3) 부사가 수식

부사가 동사를 꾸미듯이 부정사 역시 동사 성격이 있으므로 부사가 수식한다.

- The company attempted to **promptly** respond to the complaints. 그 회사는 불만에 즉각적으로 반응하려고 시도했다.

4) 의미상 주어

부정사는 동사의 성격을 가지므로 그 동작의 주체를 나타내는 의미상의 주어를 따로 표시할 수 있다. 원칙적으로는 'for + 목적격'을 써야 한다.

- It was impossible for us to finish the work on time. 우리가 그 일을 정각에 끝내는 것은 불가능했다.
- It is easy for him to pass the exam. 그가 시험에 통과하는 것은 쉬웠다.

다만 사람의 성격을 나타내는 형용사 뒤에는 **of + 목적격**을 사용한다.

긍정적	kind(친절한) wise(현명한) clever(총명한) thoughtful(사려 깊은) considerate(사려 깊은) careful(조심스러운) generous(관대한)
부정적	foolish(어리석은) stupid(어리석은) cruel(잔인한) rude(무례한) careless(부주의한)

개·념·완·성 연습 문제

Q1 빈칸에 알맞은 것을 고르시오.

1. It is very nice [for / of] you to say so.

2. It is foolish [for / of] you to do such a thing. (08. 지방직 9급)

정답 및 해설

Q1

1. of

해석 그렇게 말해 줘서 정말 고맙다.

해설 nice는 사람의 성격을 나타내는 형용사이므로 의미상의 주어를 표시할 때 전치사로 for가 아닌 of를 사용한다.

2. of

해석 너가 그런 일을 하다니 어리석다.

해설 foolish는 사람의 성격을 나타내는 형용사이므로 의미상의 주어를 표시할 때 전치사로 for가 아닌 of를 사용한다.

5) 목적어 수반(타동사에 한해)

타동사에서 파생된 부정사의 경우, 동사의 성격을 그대로 가지고 있어서 뒤에 목적어를 수반한다.

- To brush **your teeth** is very important. 이를 닦는 것은 매우 중요하다.

6) 준동사의 부정

not, never와 같은 부정어는 준동사 바로 앞에 위치한다.

개·념·완·성 **연습 문제**

Q1 빈칸에 알맞은 것을 고르시오.

1. They decided [to not / not to] commission a new project. (07. 국회직 8급 응용)

정답 및 해설

Q1

1. not to

해석 그들은 새로운 프로젝트를 위임하지 않기로 결정했다.

해설 to부정사를 부정할 때는 not을 to 앞에 위치시킨다.

3 부정사의 용법

1 명사적 용법

문장에서 명사처럼 주어, 목적어, 보어 역할을 한다. '~하기, ~하는 것'으로 해석한다. 그리고 주어 자리에 사용되는 경우, 부정사와 동명사와 같은 준동사는 단수 취급해서 뒤에 단수동사가 수반되어야 한다.

- To save money seems impossible. 돈을 절약하는 것은 불가능해 보인다. [주어]
- The team has agreed to work extended hours. 그 팀은 연장 근무를 하기로 결정했다. [목적어]
- Our mission is to support public art projects. 우리의 임무는 공공 예술 프로젝트를 지원하는 것이다. [보어]

1) 주어

가주어 • 진주어 구문이 출제된다. to부정사가 문장의 주어에 있는 경우, 문장이 길어지므로 to부정사로 이루어진 주어를 뒤로 빼고, 주어 자리에는 it을 사용한다. 이때 it을 가주어, 뒤로 뺀 to R을 진주어라고 한다.

• <u>To achieve my dream</u> is impossible.

→ **It** is impossible **(for me)** <u>to achieve the dream</u>. 내가 꿈을 실현하는 것은 불가능하다.
가주어 진주어

2) 목적어

특정 동사는 목적어로 부정사를 취하고, 특정 동사는 목적어로 동명사를 취하는데, 빈출되는 것이므로 꼭 암기해야 한다.

① to부정사를 목적어로 취하는 동사 : 꼭 시험에 나오는 동사들이며 앞 글자를 따서 소기계약동결(소고기 가격 계약 동결)로 암기하자!

소망	hope, wish, want, desire
기대	expect, long
계획	plan, arrange
약속	promise, vow
동의	agree, assent, consent
결정	decide, determine, choose, refuse
기타	fail, afford, manage, hesitate, strive

연습 문제

Q1 괄호 안에 알맞은 것을 고르시오.

1. She determined [to ignore / ignoring] his faults. (16. 국회직 8급)

2. Nowadays, many women choose [to go / going] out to work. (16. 기상직 9급 응용)

Q1

1. to ignore

해석 그녀는 그의 실수를 무시하기로 결정했다.

해설 determine은 뒤에 목적어로 to부정사를 수반한다.

2. to go

해석 요즘, 많은 여성들은 일하러 나가는 것을 선택했다.

해설 choose는 뒤에 목적어로 to부정사를 수반한다.

3) 보어

to부정사가 서술적 용법으로 쓰이면 주격 보어나 목적격 보어 자리에 사용된다.

① be to 용법

'be + to R'의 형태로 사용될 때는 예정, 의무, 가능, 운명, 의도 등을 표현한다.

• The speaker is to arrive soon. 그 연사는 곧 도착할 예정이다. [예정]

• You are to submit the report by this afternoon. 당신은 보고서를 오늘 오후까지 제출해야 한다. [의무]

② to부정사를 주격 보어로 취하는 동사들

seem to R(~인 것 같다) appear to R(~인 것 같다) prove to R(~로 판명되다) come to R(~ 하게 되다)

• She seems to be happy. 그녀는 행복한 것처럼 보인다.

③ 동사 + 목적어 + 목적격 보어(to부정사)

5형식 문장에서 목적격 보어 자리에 부정사를 취하는 동사들이다. 굉장히 빈출된다. 전부 '목적어로 하여금 목적격 보어 하게 만들다'라는 뜻이 있어서 행위 유발 동사(원/알/허/부/강)로 따로 암기하면 된다.

~가 ~하기를 원하다	want 목 to R need 목 to R expect 목 to R invite 목 to R require 목 to R
~가 ~하라고 알려 주다	remind 목 to R advise 목 to R warn 목 to R
~가 ~하게 허락하다	allow 목 to R permit 목 to R enable 목 to R forbid 목 to R ~을 금하다
~가 ~하게 부추기다	cause 목 to R persuade 목 to R convince 목 to R encourage 목 to R ask 목 to R
~가 ~하게 강요하다	force 목 to R compel 목 to R get 목 to R urge 목 to

개·념·완·성 연습 문제

Q1 밑줄 친 to부정사구가 주어, 목적어, 보어 중 어떤 역할을 하는지 쓰시오.

1. His plan is to marry her next year.

2. He loves to play with his cat.

3. It's a good idea to change your hairstyle.

4. My mother told me not to talk to stranger.

Q2 괄호 안에 알맞은 것을 고르시오.

1. To admit mistakes [is / are] not easy.

2. I tried [to not / not to] think about it at all.

3. The key to happiness is [enjoys / to enjoy] every moment.

정답 및 해설

Q1

1. 보어

해석 그의 계획은 그녀와 내년에 결혼하는 것이다.

해설 to부정사가 앞에 있는 be동사의 주격 보어로 사용되고 있다.

2. 목적어

해석 그는 고양이와 노는 것을 좋아한다.

해설 loves가 타동사이므로 뒤에 나오는 to부정사는 목적어 역할을 한다.

3. 주어(진주어)

해석 헤어스타일을 바꾸는 것은 좋은 생각이다.

해설 주어 자리의 it이 가주어이고, 뒤에 나오는 to부정사가 진주어이다.

4. 보어(목적격 보어)

해석 엄마는 모르는 사람에게 이야기하지 말라고 말했다.

해설 tell이 5형식 동사이므로 to부정사가 목적격 보어 자리에 사용되고 있는 것이다.

Q2

1. is

해석 실수를 인정하는 것은 쉽지 않다.

해설 to부정사가 주어 자리에 올 경우 단수 취급한다.

2. not to

해석 나는 그것을 전혀 생각하지 않으려 노력했다.

해설 to부정사를 부정하는 경우, 부정어는 to 앞에 위치한다.

3. to enjoy

해석 행복의 열쇠는 모든 순간을 즐기는 것이다.

해설 앞에 be동사가 있으므로, 주격 보어 자리에 to부정사가 필요하다.

2 형용사적 용법

to부정사가 형용사적 용법으로 사용될 경우 명사 뒤에 위치해서 앞에 있는 명사를 수식한다. '~하는, 할, 하기 위한'으로 해석한다.

• He has a lot of money to spend. 그는 쓸 돈이 많다.

to부정사의 수식을 받는 명사가 to부정사의 목적어인 경우

이런 경우에는 두 가지를 꼭 확인하자!

1. to R의 목적어 자리를 비워 준다.

- a report to submit them. 제출할 보고서 [X]
- They have a lot of books to read them. 그들은 읽을 책이 많이 있다. [X]

→ They have a love of books to read. 그들은 읽어야 할 책이 많다. [to read의 수식을 받는 명사 books가 to부정사의 목적어이기 때문에 to read 뒤에는 목적어를 다시 표시하지 않는다]

2. to R가 자동사라면 to R의 목적어와 연결 가능한 전치사가 필요하다.

- a house to live. 살 집 [X]
- a chair to sit. 앉을 의자 [X]
- I need a pen to write. [X]

→ I need a pen to write **with.** 나는 쓸 펜이 필요하다.

연습 문제

Q1 빈칸에 알맞은 것을 고르시오.

1. I should buy a book for my son to [read / read it]. (19. 지방직 9급)
2. The payment of his debs left him nothing to [live / live on]. (13. 국가직 7급)

1. read

해석 나는 우리 아들이 읽을 책을 사야 한다.

해설 a book이 to read의 목적어이므로 to read 뒤에 다시 목적어가 오면 안 된다.

2. live on

해석 그의 채무를 지불하는 것은 그에게 살아갈 아무것도 남기지 않았다.

해설 live은 자동사이므로 뒤에 연결할 전치사 on이 필요하다.

형용사적 용법 to부정사를 취하는 명사(기계권능방시)

'~하는, ~할, ~하기 위한'으로 해석된다.

기회	chance, opportunity
계획	plan, decision
권리	right, authority
능력	ability
방법	way, method
시간/시도	attempt, effort, time

3 부사적 용법

to부정사가 부사적 용법으로 쓰일 때는 동사, 형용사, 다른 부사를 수식한다. 목적, 결과, 감정의 원인, 정도를 나타낸다.

① 목적(~하기 위해서)

'~하기 위해서'로 해석한다. 목적을 나타낼 때 to R은 in order to R, so as to R으로 전환이 가능하다.

• I study hard <u>to get</u> a job. 나는 취업하기 위해서 열심히 공부한다.

② 원인(~해서)

'~해서'로 해석한다. 'S + be + 감정 형용사 + to R' 구조를 취한다. 빈출 감정 형용사는 다음과 같다.

기쁨	glad, happy, pleased, delighted
슬픔	sad, sorry

• We were surprised <u>to hear</u> the news. 우리는 그 소식을 듣게 되어서 매우 놀랐다.

③ 결과(결국 ~하게)

'결국 ~하게'로 해석한다.

• We visited the library <u>only to find</u> it closed. 우리는 그 도서관을 방문했으나 닫혀 있었다.

④ too ~ to R(지나치게 ~해서 ~할 수 없다)

'지나치게 ~해서 ~할 수 없다'로 해석한다.

• He is <u>too</u> lazy <u>to get up</u> early in the morning. 그는 매우 게을러서 아침에 일찍 일어날 수 없다.

• This is <u>too</u> good a chance <u>to</u> lose. 이것은 놓치기에는 너무 좋은 기회이다.

개·념·완·성 연습 문제

Q1 밑줄 친 to부정사구가 형용사와 부사 중 어떤 역할을 하는지 쓰시오.

1. English is easy to learn.

2. We have a long way to go.

3. My friend ran to catch the bus.

4. He is happy to live together with his family.

5. I have something to eat in my bag.

Q2 괄호 안에 알맞은 것을 고르시오.

1. I need a cushion to [sit / sit on].

2. Try to eat healthy food in order [not to / to not] get sick.

3. Jack was glad [saw / to see] his old friend again.

4. [To be / I am] honest with you, he is not a good man.

정답 및 해설

Q1

1. 부사

해석 영어는 배우기 쉽다.

해설 to learn이 easy라는 형용사를 수식하므로 부사적 용법이다.

2. 형용사

해석 우리는 갈 길이 멀다.

해설 to go가 앞의 a long way를 수식하므로 형용사적 용법이다.

3. 부사

해석 내 친구는 버스를 잡기 위해서 달렸다.

해설 to부정사가 '~하기 위해서'로 해석이 되는 부사적 용법이다.

4. 부사

해석 그는 그의 가족과 같이 살게 되어서 기쁘다.

해설 to부정사가 앞의 happy라는 형용사를 수식하므로 부사적 용법이다.

5. 형용사

해석 나는 가방 안에 먹을 것이 있다.

해설 to eat이 앞에 있는 명사 something을 수식하므로 형용사적 용법이다.

Q2

1. sit on

해석 나는 앉을 쿠션이 필요하다.

해설 sit은 자동사이므로 뒤에는 연결하는 전치사 on이 필요하다.

2. not to

해석 아프지 않기 위해서 건강한 음식을 먹도록 노력해라.

해설 부정어는 to 앞에 위치한다.

3. to see

해석 Jack은 그의 오래된 친구를 다시 보게 되어서 기뻤다.

해설 앞에 있는 형용사 glad를 꾸며서 감정의 원인을 나타내는 to부정사가 필요하다.

4. To be

해석 너에게 솔직히 말해서, 그는 좋은 사람이 아니다.

해설 I am이 되면, 두 문장이 접속사 없이 연결이 되지 않으므로 잘못된 문장이 된다. '~하기 위해서'라는 뜻의 to부정사 부사적 용법이 필요하다.

4 부정사 관용 표현

관용 표현은 숙어 표현이므로 암기해야 한다!

~하는 데 ~시간이 필요하다	It takes + 사람 + 시간 + to R It takes + 시간 + (for 사람) + to R
~하지 않을 수 없다	have no choice but to R cannot but R cannot choose but R cannot help -ing
막 ~하려 하다	be about to R be on the point/brink/edge of -ing The show is about to begin.

- It took Steve(사람) about an hour(시간) **to come** to work. Steve가 출근하는 데 대략 한 시간이 걸렸다.

→ It took about an hour(시간) (for Steve)(for + 사람) **to come** to work.

- We have no choice but **to turn** the matter to our lawyer.
  우리는 사내 변호사에게 이 문제를 넘기는 것 외에는 선택의 여지가 없습니다.

- Matters do not seem to be about **to improve**. 문제들이 바로 개선될 것 같지는 않다.

MEMO

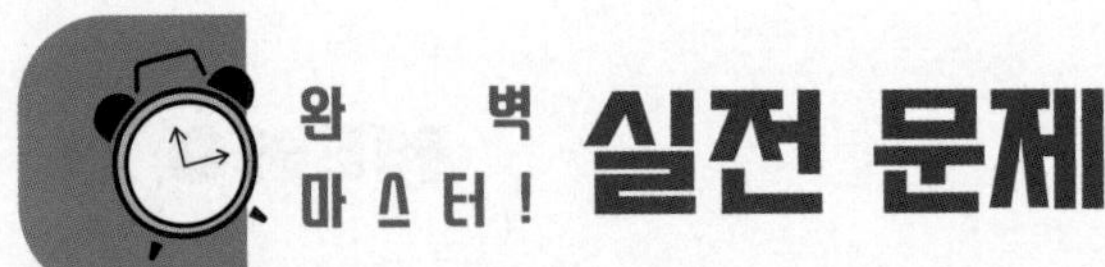

1. 괄호 안에 어법상 알맞은 것을 고르시오.

01 He decided [didn't smoke / not to smoke].

02 It is dangerous [going out / to go out] alone late at night.

03 Please take the time [reviewing / to review] the names on the invitation list and feel free to add anyone whom we might have missed.

04 It is careless [for you / of you] to make such a mistake.

05 The purpose of the program is [provide / to provide] museum staff with the know-how and feedback to set priorities and identify areas of change.

06 I regret [to tell / telling] you that I lost my key. (20. 지방직 9급)

07 Having failed [creating / to create] a consensus, the manager asked that the decision be postponed.

08 My effort to [convince / convincing] the boss did not succeed.

09 David tried not to let personal problems in his life [influence / to influence] his performance at work.

10 Innovations are likely [to find / to be found] wherever bright and eager people think they can find it. (15. 서울시 7급)

정답 및 해설

01 not to smoke

| 해석 | 그는 담배를 끊기로 결심했다.

| 해설 | decide는 뒤에 목적어로 to부정사를 수반한다. 부정어는 to 앞에 위치한다.

02 to go out

| 해석 | 밤에 혼자 나가는 것은 위험하다.

| 해설 | 주어 자리에 가주어 it이 사용되고 있으므로 뒤에는 진주어로 to부정사가 필요하다.

03 to review

| 해석 | 시간을 내서 초청장의 이름을 검토해 주세요. 그리고 우리가 빠뜨린 사람이 있으면 주저 말고 추가해 주세요.

| 해설 | take the time to R은 '시간을 내서 ~하다'라는 관용 표현이다.

04 of you

| 해석 | 너가 그런 실수를 하는 것은 부주의하다.

| 해설 | careless는 사람의 성격을 나타내는 형용사이므로 의미상의 주어를 표현할 때 전치사 of를 사용한다.

05 to provide

| 해석 | 이 프로그램의 목적은 박물관의 직원들에게 우선 순위를 정하고 변화 분야를 찾을 수 있도록 노하우를 제공하기 위한 것이다.

| 해설 | 주어가 purpose, objective, goal 등과 같이 '목적'을 나타낼 때, 주격 보어 자리에는 to부정사를 사용한다.

06 to tell

| 해석 | 키를 분실했다는 것을 알리게 되어서 유감이다.

| 해설 | regret은 뒤에 목적어로 동명사가 오는 경우 '~했던 것을 후회하다'라는 뜻이고, 뒤에 to부정사가 오는 경우 '~하게 되어서 유감이다'라는 뜻이다.

07 to create

| 해석 | 합의를 만들어 내지 못해서, 그 매니저는 그 결정이 연기될 것을 요청했다.

| 해설 | fail in Ring은 '~하는 데 실패하다'라는 뜻이고 fail to R은 '~하지 못하다'라는 뜻이다. 이 두 가지 표현을 기억하자.

08 convince

| 해석 | 사장님을 납득시키려는 나의 노력은 실패했다.

| 해설 | my efforts를 꾸며 주는 형용사적 용법의 to부정사가 필요하다.

09 influence

| 해석 | David는 그의 인생에서의 개인적인 문제들이 직장에서의 그의 업무에 영향을 미치지 않도록 노력했다.

| 해설 | let은 사역 동사이므로 목적격 보어 자리에 원형 부정사가 온다.

10 to be found

| 해석 | 혁신은 현명하고 의욕적인 사람들이 찾을 수 있다고 생각하는 어디에서든지 발견될 수 있다.

| 해설 | 혁신이 발견하는 것이 아니라 발견되는 것이므로 수동형 부정사가 사용되어야 한다.

2. 어법상 틀린 부분을 바르게 고치시오.

01 The employees reserve no right signing for the shipment brought to the office Saturday.

02 Nobody had a chance proofreading the article before it was published.

03 The rings of Saturn are so distant to be seen from Earth without a telescope. (17. 지방직 9급)

04 Customers who need receiving lengthy documents over the Internet should have their network connection configured to optimize large data transfer.

05 With the prices of natural gas and other energy sources increasing, utility companies are now encouraging people conserving energy.

06 It was honest for him to return the lost wallet.

07 He reminded his boss return a call to a client.

08 The struggling company needed some new talent but couldn't afford hiring any more workers.

09 My aunt didn't remember to meet her at the party. (16. 국가직 9급)

10 The building owner has a policy of letting lessees to move to unoccupied units if they are dissatisfied with their present units.

정답 및 해설

01 signing → to sign

| **해석** | 직원들은 토요일에 사무실로 배송되어 오는 선적물에 대해 서명할 권한을 가지고 있지 않다.

| 해설 | right라는 명사는 to부정사가 뒤에서 수식하면 '~하는 권리'라는 뜻으로 사용된다.

02 proofreading → to proofread

| **해석** | 아무도 그 기사가 출판되기 전에 교정할 기회를 갖지 못했다.

| 해설 | chance는 to부정사가 뒤에서 수식하면 '~하는 기회'라는 뜻으로 사용된다.

03 so distant → too distant

| **해석** | 토성의 고리들은 지구에서 망원경 없이 보기에는 너무 멀리 떨어져 있다.

| 해설 | too ~ to R는 '너무 ~해서 ~할 수 없다' 구문이다.

04 receiving → to receive

| **해석** | 인터넷으로 긴 문서를 받을 필요가 있는 고객들은 대용량 자료 전송에 최적화되도록 그들의 네트워크 연결을 구성해야 한다.

| 해설 | need는 목적어로 to부정사를 수반하는 동사이다.

05 conserve → to conserve

| **해석** | 천연가스와 다른 에너지 자원이 가격이 증가함에 따라, 공익설비 회사들은 사람들에게 에너지를 절약할 것을 고무시키고 있다.

| 해설 | encourage는 encourage A to R의 형태로 사용한다. 목적격 보어 자리에 to부정사를 수반한다.

06 for → of

| **해석** | 그가 분실된 지갑을 돌려주는 것은 정직한 일이다.

| 해설 | 사람의 성격을 나타내는 형용사는 의미상의 주어를 표시할 때 전치사 for가 아닌 of를 사용한다.

07 return → to return

| **해석** | 그는 사장님에게 고객에게 답례 전화를 드리라고 상기시켰다.

| 해설 | remind는 remind A to R과 같이 목적격 보어 자리에 to부정사를 수반한다.

08 hiring → to hire

| **해석** | 그 고군분투하고 있는 회사는 새로운 재능이 필요했지만 더 이상의 직원을 고용할 여력이 안 됐다.

| 해설 | afford는 afford to R으로 사용하여 '~할 여력이 되다'라는 뜻을 가진다. 목적어로 to부정사를 수반한다.

09 to meet → meeting

| **해석** | 숙모는 파티에서 그녀를 만난 것을 기억하지 못했다.

| 해설 | remember는 목적어로 동명사와 to부정사 둘 다 취할 수 있다. 동명사가 올 때는 '~했던 것을 기억하다'라는 뜻이고, to부정사가 올 때는 '~할 것을 기억하다'라는 뜻이다.

10 to move → move

| **해석** | 그 건물주는 임차인이 만약 현재의 아파트에 만족하지 않으면 비어 있는 곳으로 옮기는 것을 허락하는 규정을 가지고 있다.

| 해설 | let은 사역 동사이므로 목적격 보어 자리에 동사원형을 사용한다.

01 우리말을 영어로 잘못 옮긴 것은? (20. 서울시 9급)

① 나는 네 열쇠를 잃어버렸다고 네게 말한 것을 후회한다.
→ I regret to tell you that I lost your key.

② 그 병원에서의 그의 경험은 그녀의 경험보다 더 나빴다.
→ His experience at the hospital was worse than hers.

③ 그것은 내게 지난 24년의 기억을 상기시켜 준다.
→ It reminds me of the memories of the past 24 years.

④ 나는 대화할 때 내 눈을 보는 사람들을 좋아한다.
→ I like people who look me in the eye when I have a conversation.

02 다음 글의 밑줄 친 표현 중 어법상 옳지 않은 것은? (19. 서울시 9급)

There is a more serious problem than ①maintaining the cities. As people become more comfortable working alone, they may become ②less social. It's ③easier to stay home in comfortable exercise clothes or a bathrobe than ④getting dressed for yet another business meeting!

03 우리말을 영어로 잘못 옮긴 것을 고르시오. (17. 국가직 9급)

① 그 회의 후에야 그는 금융 위기의 심각성을 알아차렸다.
→ Only after the meeting did he recognize the seriousness of the financial crisis.

② 장관은 교통 문제를 해결하기 위해 강 위에 다리를 건설해야 한다고 주장했다.
→ The minister insisted that a bridge be constructed over the river to solve the traffic problem.

③ 비록 그 일이 어려운 것이었지만, Linda는 그것을 끝내기 위해 최선을 다했다.
→ As difficult a task as it was, Linda did her best to complete it.

④ 그는 문자 메시지에 너무 정신이 팔려서 제한 속도보다 빠르게 달리고 있다는 것을 몰랐다.
→ He was so distracted by a text message to know that he was going over the speed limit.

01 ① to tell → telling

| 해설 | ① 동사 regret는 목적어로 to부정사와 동명사 모두 취할 수 있지만 각각 의미가 달라진다. to부정사가 연결되면 '(앞으로) ~하게 되어서 유감이다' 라는 뜻을 가지며, 동명사로 연결되면 '(과거의 일을) 후회하다' 라는 뜻을 가진다. 주어진 우리말에서는 과거의 사실을 후회한다고 말하고 있으므로 to tell이 아닌 telling이 되어야 한다.

| 오답 분석 |

② 소유대명사 hers가 올바르게 쓰였는지 묻는 문제이다. 비교 대상이 his experience이므로 her experience를 의미하는 소유대명사 hers의 사용은 적절하다.

③ 통보 및 고지류의 동사에는 advise(조언하다), inform(알리다), remind(상기시키다), convince(확신시키다) 등이 있는데 이러한 '알리다'라는 뜻을 가지고 있는 동사들은 '~에게'에 해당하는 사람이나 대상이 목적어로 나온 후에 전하는 내용은 주로 'of 전치사구' 또는 'that절' 형태로 온다. remind도 이러한 유형의 동사로, 목적어인 me 다음에 전하는 내용은 'of 전치사구'로 올바르게 표현되었다.

④ 'look somebody in the eye'는 '~의 눈을 똑바로 쳐다보다'라는 표현이다. 또한 신체의 일부분을 나타낼 때는 정관사와 함께 쓰므로 바르게 쓰인 문장이다.

02 ④ getting → to get

| 해석 | 도시를 유지하는 것보다 더 심각한 문제가 있다. 사람들이 혼자 일하는 것을 더 편안해할수록, 덜 사교적이게 될지도 모른다. 편안한 운동복이나 목욕 가운을 입고 집에 머무르는 것이 또 다른 사업상 모임을 위해 옷을 차려 입는 것보다 쉽다!

| 해설 | ④ than을 기준으로 getting dressed와 비교되는 것은 앞 문장의 진주어인 to stay이다. 비교 대상은 형태가 같아야 하므로 getting을 to get으로 고쳐야 한다.

| 오답 분석 |

① 접속사 than 뒤에 동명사가 왔고, maintaining the cities의 비교 대상은 문장의 주어인 more serious problem이다. 따라서 비교 대상이 일치하므로 바르게 쓰였다.

② 형용사 social의 비교급으로 '더 적은'을 의미하는 less가 올바르게 쓰였다.

③ 형용사 easy의 비교급으로 than과 함께 easier가 올바르게 쓰였다.

03 ④ so distracted → too distracted

| 해설 | ④ 문맥상 '너무 ~해서 ~하지 못했다'는 too ~to R 구문을 이용해서 표현할 수 있다. 따라서 so를 too로 고쳐야 한다.

| 오답 분석 |

① only after가 문장 앞에 위치할 때는 '동사 + 주어'로 도치 구문이 된다. 특히 일반 동사의 도치일 때는 조동사 do(과거시제로 did를 사용했음)가 앞으로 나오기 때문에 did he recognize라고 사용한 것은 올바른 형태이다.

② '주장, 명령, 요구, 제안'의 의미를 가지는 동사(문제에서는 insist)는 that절 속에 당위의 조동사 should가 위치하여 동사원형의 형태로 적어 준다. 따라서 be constructed라고 사용한 것은 올바른 형태이다.

③ '(As) + 형용사 + as + 주어 + 동사'에서 이때 as는 양보 구문으로 해석할 수 있으며, 앞의 as는 생략이 가능하다.

만점을 향해! 심화 문제

04 우리말을 영어로 잘못 옮긴 것은? (17. 국가직 9급)

① 식사가 준비됐을 때, 우리는 식당으로 이동했다.
→ The dinner being ready, we moved to the dining hall.

② 저쪽에 있는 사람이 누구인지 알겠니?
→ Can you tell who that is over there?

③ 이 질병이 목숨을 앗아가는 일은 좀처럼 없다.
→ It rarely happens that this disease proves fatal.

④ 과정을 관리하면서 발전시키는 것이 나의 목표였다.
→ To control the process and making improvement was my objectives.

05 우리말을 영어로 잘못 옮긴 것은? (17. 사복직 9급)

① 우리는 그에게 이 일을 하도록 요청했다.
→ We asked him about this job.

② 그들은 TV빼고는 모두 훔쳤다.
→ They stole everything but the television.

③ 식사할 때 물 마시는 게 좋니?
→ Is drinking water while eating good for you?

④ 그렇긴 하지만, 그것은 여전히 종교적 축제이다.
→ That said, it is still a religious festival.

06 어법상 옳은 것을 고르시오. (16. 지방직 9급)

① The poor woman couldn't afford to get a smartphone.

② I am used to get up early everyday.

③ The number of fires that occur in the city are growing every year.

④ Bill supposes that Mary is married, isn't he?

07 밑줄 친 부분 중 어법상 옳지 않은 것은? (15. 서울시 7급)

Most European countries failed ①to welcome Jewish refugees ②after the war, which caused ③many Jewish people ④immigrate elsewhere.

정답 및 해설

04 ④ making → (to) make

| 해설 | ④ 등위접속사 and를 기준으로 병렬 구조가 성립되어야 한다. 하지만 이 문장의 경우 and를 기준으로 to부정사와 동명사가 쓰이고 있다. 동명사 making을 (to) make로 써야 한다.

| 오답 분석 |

① 분사구문의 주어(The dinner)가 주절의 주어(We)와 일치하지 않아, 분사구문에 주어를 생략하지 않은 경우이다.

② tell은 타동사로 목적어가 필요하다. 이 문장의 경우, 간접의문문이 명사절로 목적어 역할을 하고 있다. 간접의문문의 어순은 '접속사 + 주어 + 동사'이다.

③ 이 문장은 주어를 가주어 it으로 대체하고, that절이 진주어인 구조이다. rarely는 '드물게'라는 뜻으로 부정의 의미를 나타낸다. 또한, prove는 이 문장에서 '~임이 판명되다, 알려지다'라는 뜻의 2형식 동사로 쓰였으므로 보어 자리에 형용사인 fatal(치명적인)이 올바르게 사용되었다.

05 ① we asked him about the job.
→ We asked him to do this job.

| 해설 | ① 'ask + 목적어 + to부정사'는 '목적어에게 to부정사 하도록 요청하다'라는 뜻이다. 한편 'ask ~ about'은 '~에 대해서 묻다'라는 뜻이다. 옳은 문장은 'We asked him to do this job'이다.

| 오답 분석 |

② but은 전치사로 except(제외한)의 의미를 갖기 때문에 주어진 우리말과 영어가 일치하는 문장이다.

③ be good for은 '~에 좋다'라는 뜻이며 while eating은 while you eat의 분사구문이다.

④ that said는 '그렇긴 하지만'이라는 뜻을 가지는 독립분사구문이다.

06 ①

| 해석 | ① 그 가난한 여성은 스마트폰을 살 여유가 없다.
② 나는 매일 일찍 일어나는 것에 익숙하다.
③ 그 도시에서 일어나는 화재 수가 매년 증가하고 있다.
④ Bill은 Mary가 결혼했다고 가정하고 있어, 그렇지 않아?

| 해설 | ① 'cannot afford to부정사'는 '~할 여유가 없다'라는 뜻을 가진 관용어구이다.

| 오답 분석 |

② 'be used to부정사'는 '~하기 위해서 사용되다'라는 뜻이고, 'be used to -ing'는 '~하는 데 익숙하다'라는 뜻이다. 매일 일찍 일어나는 것에 익숙하다는 표현이 되기 위해서는 'I am used to getting up early everyday'로 수정해야 한다.

③ 주어가 the number of일 때 동사는 단수 동사가 필요하다. are growing → is growing

④ 부가의문문을 만들 때 앞에 있는 동사가 일반동사라면 do를 이용하여 만들어야 한다. isn't he → doesn't he

07 ④ immigrate → to immigrate

| 해석 | 대부분 유럽 국가들은 전쟁이 끝난 후에 유대인 난민들을 환영하지 않았고, 이는 많은 유대인들을 다른 곳으로 이주하게 하였다.

| 해설 | ④ cause는 목적격 보어로 to부정사를 취하기 대문에 to immigrate로 고쳐야 한다.

| 오답 분석 |

① fail은 to부정사를 목적어로 취한다.

② after는 전치사로, 뒤의 명사인 the war를 연결하고 있다.

③ many 뒤의 Jewish people는 복수명사이므로 수량 형용사 many가 쓰인 것은 옳다.

학습 내용

❶ 명사와 동명사의 차이를 이해한다.

- 명사 뒤에는 전명구가 오고, 명사 앞에는 형용사가 수식한다.
- 동명사는 동사의 성격이 있어서, 타동사에서 만들어진 동명사는 뒤에 목적어를 수반하고, 동명사 앞에는 부사가 수식한다.

❷ 동명사를 목적어로 취하는 동사를 암기한다(MEGAPASSID).

- 특히 '~할 것을'의 의미를 가지지만, 동명사를 목적어로 취하는 consider, suggest, recommend는 꼭 출제된다.

❸ remember, forget, regret, try는 목적어로 동명사, 부정사 둘 다 가능하다.

❹ 전치사 to를 포함하는 표현과 동명사 관련 관용 표현을 암기한다.

동명사

01 동명사의 역할

02 동명사가 가지고 있는 동사 성격

03 동명사 주의사항

04 동명사 관용 표현

Chapter 11

동명사

1 동명사의 역할

동명사는 동사원형에 -ing를 붙인 형태로, to부정사와 더불어 동사를 활용해 명사와 같은 역할을 하도록 만든 것이다. to부정사와 마찬가지로 주어, 목적어, 보어 자리에 사용할 수 있다. 동명사가 명사 역할을 하는 경우 '~하는 것, ~하기'라는 뜻으로 해석할 수 있다.

1) 주어

동명사가 주어 자리에 오는 경우 동사는 단수동사를 사용해야 한다.

- Having a good friend is more than just time spent together. 좋은 친구를 가지는 것은 시간을 같이 보내는 것 이상이다.

2) 타동사의 목적어

- I have finished installing the software. 나는 소프트웨어를 설치하는 것을 끝냈다.
- I enjoy studying English. 나는 영어 공부를 하는 것을 좋아한다.

  비교 : I want to study English. 나는 영어 공부를 하고 싶다.

3) 전치사의 목적어

- I'm tired of waiting for results. 나는 결과를 기다리는 데 지쳤다.

4) 보어

be동사 뒤에 오는 Ring의 경우, 해석을 해서 '~하는 것'이면 동명사이고, '~하고 있다'이면 동사의 진행시제이다.

- My hobby is reading a novel. 나의 취미는 소설을 읽는 것이다. [~하는 것 : 동명사]
- I am studying English. 나는 영어 공부를 하고 있다. [~하고 있다 : 진행시제]

개·념·완·성 연습 문제

Q1 괄호 안에 알맞은 것을 고르시오.

1. [Lose / Losing] weight is difficult.

2. She wants [travelling / to travel] to Europe.

3. Her bad habit is [bite / biting] her nails.

4. Living with one's grandparents [is / are] not common these days.

5. My dream is [owns / owning] my own coffee shop.

Q1

1. Losing

해석 살을 빼는 것은 어렵다.

해설 주어 자리이므로 동명사를 사용해야 한다.

2. to travel

해석 그녀는 유럽으로 여행 가기를 원한다.

해설 want는 목적어로 to부정사를 수반하는 동사이다.

3. biting

해석 그녀의 나쁜 습관은 손톱을 깨무는 것이다.

해설 빈칸은 be동사 뒤의 주격 보어 자리이다. 보어 자리에는 동사는 올 수 없고, 동명사가 사용되어야 한다.

4. is

해석 할머니와 할아버지와 사는 것은 요즘에 일반적이지는 않다.

해설 동명사가 주어 자리에 오는 경우 단수 취급한다.

5. owing

해석 나의 꿈은 내 커피숍을 가지는 것이다.

해설 be동사 뒤의 주격 보어 자리이므로 동명사가 적절하다.

2 동명사가 가지고 있는 동사 성격

동명사는 원래 동사에 –ing를 붙인 것으로 아래와 같은 동사의 성격을 그대로 유지한다.

1) 태

타동사에서 파생된 동명사의 경우, 동사와 마찬가지로 능동과 수동을 구분해야 한다.

> 능동 → -ing
> 수동 → being p.p.

능동과 수동을 구분하는 방법은 다음과 같다.

① 동명사의 의미상 주어를 먼저 파악한다(앞에 나온 명사나 수식을 받는 명사)

② 뒤에 목적어 유, 무를 확인한다.

- She likes <u>speaking ill of</u> others. 그녀는 남을 험담하는 것을 좋아한다.
- She hates <u>being spoken ill of</u>. 그녀는 험담받는 것을 싫어한다.

개·념·완·성 연습 문제

Q1 빈칸에 알맞은 것을 고르시오.

1. He admitted [telling / being told] a lie. (11. 사복직 9급)

2. The form must be filled out before [submitting / being submitted].

3. They enjoyed [helping / being helped] by the crew.

정답 및 해설

Q1

1. telling

해석 그녀는 거짓말을 한 것을 인정했다.

해설 동명사도 동사의 성격을 가진다. 빈칸 뒤에 목적어가 있으므로 능동형이 되어야 한다.

2. being submitted

해석 그 양식은 제출되기 전에 작성되어야 한다.

해설 동명사도 동사의 성격을 가져서 태가 있다. 빈칸 뒤에 목적어가 없고, 또한 양식은 작성되는 것이므로 수동형이 적절하다.

3. being helped

해석 그녀는 직원들에게 도움을 받는 것을 즐겼다.

해설 동명사도 동사의 성격을 가져서 태가 있다. 빈칸 뒤에 목적어가 없고, 또한 도움을 주는 것이 아니라 도움을 받는 것을 즐겼기 때문에 수동형이 정답이다. 만약 도움을 주는 것을 즐기다라는 의미로 사용되기 위해서는 동명사 뒤에 목적어가 수반되어야 한다.

중요 포인트

need, deserve, require + Ring

위와 같은 동사들은 뒤에 동명사가 오는 경우, 능동의 형태이지만 수동의 의미를 가진다.

• My house needs repairing. 우리 집은 수리될 필요가 있다.

= My house needs to be repaired.

2) 시제

동명사의 시제가 본동사의 시제와 같은 경우에는 단순시제, 본동사의 시제보다 빠를 때는 완료시제(having p.p.)를 사용한다.

단순시제 → -ing
완료시제 → having p.p

• I'm grateful for having been rich when young. 나는 어릴 때 부자였던 것이 감사하다.

개·념·완·성 연습 문제

Q1 빈칸에 알맞은 것을 고르시오.

1. Despite [making / having made] a lot of efforts, he failed.

2. The CEO is happy about [being visited / having visited] the construction site last week.

정답 및 해설

Q1

1. having made

해석 많은 노력을 했음에도 불구하고, 그는 실패했다.

해설 전치사 뒤에는 목적어로 동명사가 올 수 있다. 그리고 실패한 것보다 노력을 한 시점이 더 이전이므로 완료형 동명사를 사용한다.

2. having visited

해석 그 최고 경영자는 지난 주에 공사 현장을 방문한 것에 대해서 만족했다.

해설 전치사 about의 목적어로 동명사가 오는데, 만족한 시점보다 공사 현장을 방문한 시점이 한 시점 더 이전이므로 완료형 동명사를 사용한다.

3) 부사가 수식

동명사는 동사와 마찬가지로 부사의 수식을 받는다.

- Effectively managing your salary is one of the first and most important steps toward good financial conditions. 당신의 급여를 효과적으로 관리하는 것이 좋은 재정 상태로 가기 위해서 가장 중요하다.

개·념·완·성 연습 문제

Q1 빈칸에 알맞은 것을 고르시오.

1. The company made profits after [successful / successfully] introducing a new system.

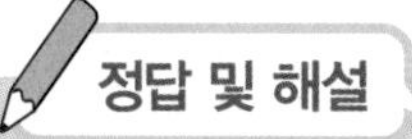

1. successfully

해석 그 회사는 새로운 시스템을 성공적으로 도입함으로써 수익을 만들었다.

해설 전치사 after의 목적어로 introducing이라는 동명사가 사용되고 있다. 동명사를 수식하는 것은 형용사가 아닌 부사이다.

4) 의미상 주어

동명사도 부정사와 마찬가지로 의미상의 주어를 가질 수 있다. 동명사는 부정사보다 명사의 성격이 짙어서 '소유격'으로 의미상의 주어를 표시한다.

소유격 + -ing

- Your informing us in advance will help a lot. 당신이 우리에게 미리 알려 주신 것은 상당히 도움이 될 것이다.

개·념·완·성 연습 문제

Q1 빈칸에 알맞은 것을 고르시오.

1. The girl propared a gift for the teacher to appreciate [him / his] giving her advice.

정답 및 해설

Q1 1. his

해석 그 소녀는 선생님이 조언을 해 준 것에 대해 고마움을 표시하기 위해서 선물을 준비했다.

해설 to부정사도 동사의 성격을 가져서, 타동사에서 파생된 경우 뒤에 목적어를 가진다. 이 문장의 경우 giving은 appreciate의 목적어이다. 동명사 앞에 의미상의 주어를 표시할 때는 소유격을 사용해야 한다. 따라서 his가 답이 된다.

5) 목적어 수반(타동사에 한해)

타동사에서 파생된 동명사는 뒤에 목적어를 수반한다.

- Would you mind closing the door? 문을 닫아 주시겠습니까?

6) 동명사의 부정

not, never와 같은 부정어는 동명사 바로 앞에 위치한다.

- Would you mind not throwing away the garbage? 쓰레기를 안 버려도 괜찮겠습니까?

개·념·완·성 연습 문제

Q1 빈칸에 알맞은 것을 고르시오.

1. I am used to [having not / not having] a car.

정답 및 해설

Q1 **1. not having**

해석 나는 차가 없는 데 익숙하다.

해설 not은 동명사 앞에 위치한다.

3 동명사 주의사항

1 동명사를 목적어로 취하는 동사 : MEGAPASSID

특정한 동사는 뒤에 목적어로 to부정사를 취하고, 특정한 동사는 뒤에 목적어로 동명사를 취한다. 가장 많이 출제되는 부분 중 하나이니 꼭 암기해야 한다. 동명사를 목적어로 취하는 동사는 다음과 같다. to부정사를 목적어로 취하는 동사(232p 참고)와 헷갈리지 말자.

동사	뜻	동사	뜻
mind	꺼리다	appreciate	감사하다
enjoy	즐기다	suggest recommend consider	제안하다 추천하다 고려하다
give up	포기하다	stop quit finish discontinue	중단하다
avoid admit	피하다 인정하다	include	포함하다
postpone practice promit	연기하다 연습하다 허락하다	deny	부인하다

개·념·완·성 연습 문제

Q1 괄호 안의 동사를 to부정사 또는 동명사로 바꾸어 빈칸을 완성하시오.

1. He avoided ___________ (talk) about it.

2. I try ______________ (do) my best all the time.

3. Laura enjoyed _______________ (listen) to the songs.

4. The company decided _______________ (open) a branch in Japan.

5. The witness refused ______________ (answer) some of the questions.

Q2 빈칸에 알맞은 것을 고르시오.

1. It would be best to avoid [to talk / talking] on the phone during work hours.

2. She is very careful with her money, and she enjoy [to find / finding] a bargain when she goes shopping. (14. 경찰 1차 응용)

3. The buyer suggested [to go / going] out for dinner after the presentation. (16. 지방직 9급)

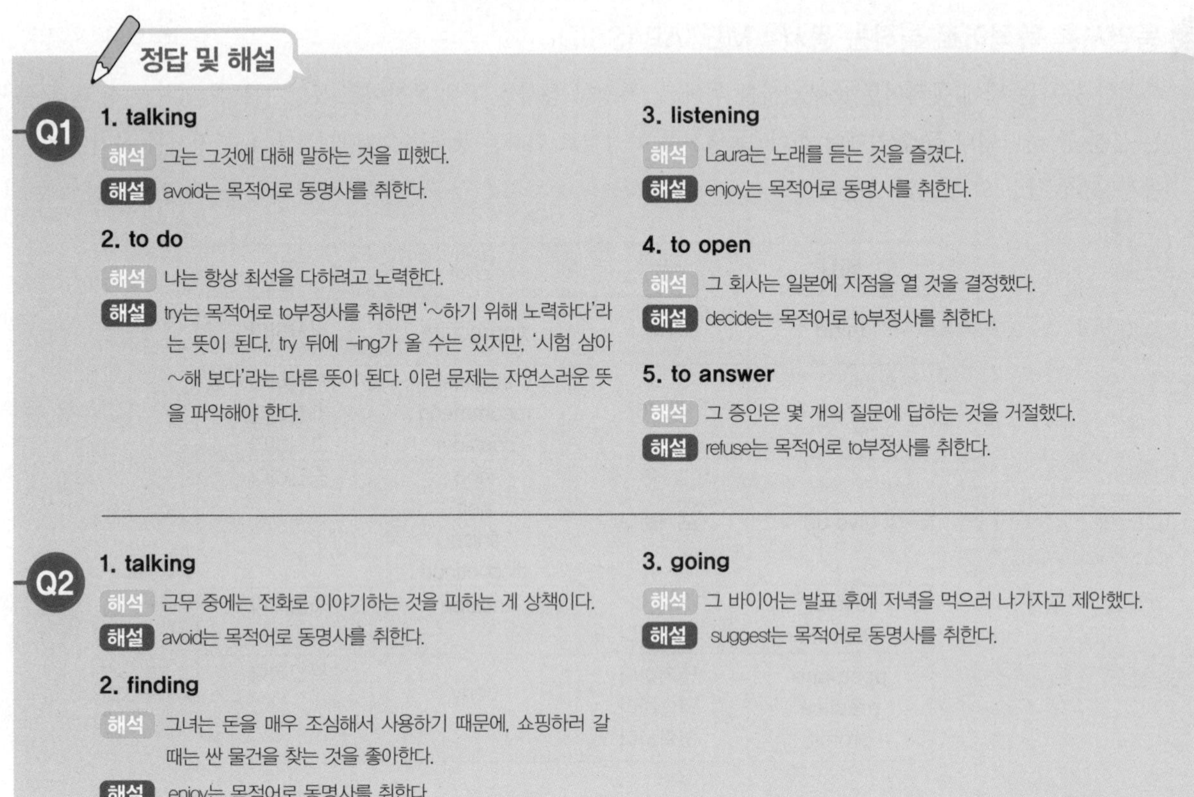

정답 및 해설

Q1

1. talking

해석 그는 그것에 대해 말하는 것을 피했다.

해설 avoid는 목적어로 동명사를 취한다.

2. to do

해석 나는 항상 최선을 다하려고 노력한다.

해설 try는 목적어로 to부정사를 취하면 '~하기 위해 노력하다'라는 뜻이 된다. try 뒤에 -ing가 올 수는 있지만, '시험 삼아 ~해 보다'라는 다른 뜻이 된다. 이런 문제는 자연스러운 뜻을 파악해야 한다.

3. listening

해석 Laura는 노래를 듣는 것을 즐겼다.

해설 enjoy는 목적어로 동명사를 취한다.

4. to open

해석 그 회사는 일본에 지점을 열 것을 결정했다.

해설 decide는 목적어로 to부정사를 취한다.

5. to answer

해석 그 증인은 몇 개의 질문에 답하는 것을 거절했다.

해설 refuse는 목적어로 to부정사를 취한다.

Q2

1. talking

해석 근무 중에는 전화로 이야기하는 것을 피하는 게 상책이다.

해설 avoid는 목적어로 동명사를 취한다.

2. finding

해석 그녀는 돈을 매우 조심해서 사용하기 때문에, 쇼핑하러 갈 때는 싼 물건을 찾는 것을 좋아한다.

해설 enjoy는 목적어로 동명사를 취한다.

3. going

해석 그 바이어는 발표 후에 저녁을 먹으러 나가자고 제안했다.

해설 suggest는 목적어로 동명사를 취한다.

2 부정사와 동명사 둘 다 목적어로 취하는 동사

특정한 동사는 목적어로 부정사와 동명사를 둘 다 취할 수 있다. 동명사가 목적어로 올 때는 과거의 의미가 있고, 부정사가 목적어로 올 때는 미래의 의미가 있다.

	to R(미래 : 동작이 아직 안 일어남)	Ring(과거 : 동작이 일어남)
remember	~하기로 한 것을 기억하다	~한 것을 기억하다
forget	~하기로 한 것을 잊다	~한 것을 잊다
regret	~하게 되어서 유감이다	~한 것을 후회하다
try	~하기 위해 노력하다	시험 삼아 해 보다

• I remember to meet her tomorrow. 나는 그녀는 내일 볼 것을 기억하고 있다.

• I remember meeting her last month. 나는 그녀를 지난 달에 본 것을 기억하고 있다.

개·념·완·성 연습 문제

Q1 빈칸에 알맞은 것을 고르시오.

1. I regret [to tell / telling] you that I lost your car key. (20. 지방직 9급)

2. I sometimes forgot [to turn / turning] the TV off and left it on overnight.

정답 및 해설

Q1

1. to tell

해석 자동차 키를 분실했다는 것을 알리게 되어 유감입니다.

해설 regret는 '~하게 되어서 유감이다'라는 뜻으로 사용할 때는 뒤에 to부정사를 수반한다.

2. to turn

해석 나는 가끔 TV 끄는 것을 잊고, 밤새 켜 두었다.

해설 forget은 '~하기로 한 것을 잊다'라는 뜻으로 사용할 때는 뒤에 to부정사를 수반한다.

3 전치사 to + -ing

to부정사는 to 뒤에 동사원형을 데리고 다닌다. 그러나, 같은 모양이지만 전치사로 사용되는 to 뒤에는 동사원형이 아닌 명사나 동명사가 와야 한다.

look forward to Ring ~ 을 고대하다
be used(accustomed) to Ring ~에 익숙하다
object to(be opposed to) Ring ~하는 데 반대하다
When it comes to Ring ~에 관해 말하자면
be committed(devoted/dedicated) to Ring ~에 전념하다
come near(close) to Ring 거의 ~할 뻔하다
resort to Ring ~에 의존하다

개·념·완·성 연습 문제

Q1 어법에 맞게 고치시오.

1. Karl is used to work under deadlines and in high pressure situations.

2. The woman object to be asked out by people at work. (11. 국가직 9급 응용)

3. The producers did not have sufficient funds to hire many actors, so Mel Blanc resorted to create different voices. (19. 법원직 9급)

4. Your languages will stand you in good stead when it comes to find a job.

5. We are looking forward to meet with you.

정답 및 해설

Q1

1. work → working

해석 Karl은 촉박한 마감일과 높은 압력하에서 일하는 데 익숙하다.

해설 be used to Ring는 '~하는 데 익숙하다'라는 뜻이다.

2. be → being

해석 그녀는 직장 사람들로부터 데이트 신청을 받는 것을 반대했다.

해설 object to에서 to는 전치사이다. 따라서 뒤에는 동사원형이 아닌 동명사가 목적어로 와야 한다.

3. create → creating

해석 그 제작자들은 많은 배우를 고용할 자금이 없었기 때문에, Mel Blanc가 여러가지 다른 목소리를 내는 데 의존했다.

해설 resort to는 '~에 의존하다'이다. 그리고 여기서 to는 전치사이므로 뒤에 명사나 동명사가 이어져야 한다. 따라서 create를 creating으로 고쳐야 한다.

4. find → finding

해석 당신의 언어 능력은 직장을 구할 때가 되면 크게 도움이 될 것이다.

해설 when it comes to에서 to는 부정사가 아니라 전치사 to이므로 뒤에는 목적어로 명사나 부정사가 와야 한다.

5. meet →meeting

해석 우리는 당신을 만날 것을 고대하고 있다.

해설 look forward to Ring는 '~할 것을 고대하다'라는 관용 표현이다. 이때 to는 전치사의 to이므로 뒤에는 동사가 올 수 없고 명사나 동명사가 이어져야 한다. 따라서 meet을 meeting으로 고쳐야 한다.

4 동명사 관용 표현

동명사와 결합하는 관용 표현은 빈출되니 하나로 묶어서 기억해야 한다.

표현	해석
feel like Ring	~하고 싶다
• I don't really feel like going out tonight. 오늘은 정말 외출하고 싶지 않아.	
be worth Ring	~할 가치가 있다
• It's an idea that may be worth revisiting at a later date. 이것은 추후에 다시 논의할 가치가 있을지도 모르는 아이디어이다.	
be busy Ring	~하느라 바쁘다
• I am busy preparing for the new semester. 나는 새로운 학기 준비로 바쁘다.	
be on the point(verge, edge, brink) of Ring	막 ~하려던 참이다
• I am on the point of marching down the street in protest. 나는 항의로 길을 따라 행진하려고 합니다.	
make a point of Ring make it a rule to R	~하는 것을 규칙으로 삼다
• It's one of the few TV programs that I always make a point of watching. 이것은 내가 언제나 꼭 빼놓지 않고 시청하는 몇 안 되는 TV 프로그램 중 하나이다.	
There is no Ring	~하는 것은 불가능하다
• There is no swimming in this lake. 이 호수에서는 수영할 수 없다.	
It is no use(good) Ring	~해도 소용없다
• It is no use trying to excuse yourself. 아무리 핑계를 대봐도 소용없다.	
It goes without saying that S V	~는 말할 필요도 없다
• It goes without saying that she will come. 그녀가 오는 것은 말할 것도 없다.	
never ~ without Ring	~하면 반드시 ~하다
• We never meet without shaking hands. 우리는 만나기만 하면 악수한다.	
have problem(difficulty, trouble, a hard time) (in) Ring	~하는 데 어려움이 있다
• He has problem concentrating in class. 그는 수업에 집중하는 걸 힘들어하고 있다.	
spend + 돈/시간 + (in) Ring	~하는 데 돈/시간을 쓰다
• I like spending my time reading comic strips. 나는 만화책 보는 데 시간 보내는 것을 좋아한다.	

개·념·완·성 연습 문제

Q1 괄호 안에 알맞은 것을 고르시오.

1. I feel like [eat / eating] out this evening.

2. Robin couldn't help [to agree / agreeing] with the boss.

3. The new tourist attraction is well worth [to visit / visiting].

4. It is no use his [to apologize / apologizing]. I shall never forgive him.

5. Most newly weds are having difficulty [to find / finding] places to live in the city.

정답 및 해설

Q1

1. eating

해석 나는 오늘 저녁에 외식하고 싶다.

해설 feel like Ring에서 like는 전치사이므로 뒤에 동명사가 목적어로 와야 한다.

2. agreeing

해석 Robin은 사장님의 의견에 동의하지 않을 수 없었다.

해설 cannot help Ring는 '~하지 않을 수 없다'라는 관용 표현이다.

3. visiting

해석 그 새로운 관광지는 방문해 볼 만한 충분한 가치가 있다.

해설 be worth Ring는 '~할 만한 가치가 있다'라는 관용 표현이다.

4. apologizing

해석 그가 사과해도 소용없다. 결코 용서하지 않을 거니까.

해설 It is no use -ing 구문이다. 동명사 앞에 의미상의 주어로는 소유격이 올바르게 사용되었다.

5. finding

해석 이 도시에서 대부분의 신혼부부들은 살 장소를 찾는 데 어려움을 겪고 있다.

해설 have difficulty (in) Ring 구문이다.

MEMO

1. 괄호 안에 어법상 알맞은 것을 고르시오.

01 Urban agriculture is about food self-reliance: it involves [to create / creating] work and is a reaction to food insecurity, particularly for the poor. (21. 국가직 9급)

02 He was getting accustomed to [use / using] his left hand after the accident. (14. 지방직 7급)

03 It is best to avoid [to drive / driving] downtown during rush hour.

04 She regrets not [having worked / working] harder in her youth. (15. 지방직 9급)

05 The hotel concierge is devoted to [help / helping] guests have the best possible stay.

06 It would be wise of you to consider [to renegotiate / renegotiating] with your firm.

07 The prosecutor denied [being / having] ordered the arrest of his rival.

08 There is [no / no use] talking to her because she won't listen.

09 Private bankers recommend [to keep / keeping] savings equal to at least six months' worth of living expenses.

10 The cosmetic division is considering [introducing / to introduce] a new product line for men, which will probably include facial creams and concealers.

정답 및 해설

01 creating

| 해석 | 도시 농업은 식량 자립에 관한 것인데, 그것은 일자리를 창출하는 것을 포함하며, 특히 가난한 사람들을 위한 식량 불안정에 대한 대응이다.

| 해설 | involve는 뒤에 목적어로 to부정사가 아닌 동명사를 목적어로 취하는 동사이다. 따라서 creating이 정답이다.

02 using

| 해석 | 그는 사고 후에 왼손을 사용하는 데 익숙해지고 있었다.

| 해설 | get used to Ring는 '~하는 데 익숙해지다'라는 표현이다.

03 driving

| 해석 | 러시아워에는 시내를 운전하는 것을 피하는 것이 최선이다.

| 해설 | avoid는 목적어로 동명사를 수반하는 동사이다.

04 having worked

| 해석 | 그녀는 젊었을 때 열심히 일하지 않은 것을 후회하고 있다.

| 해설 | regret 뒤에 동명사가 오면 '~했던 것을 후회하다'라는 뜻이 된다. 열심히 일하지 않은 것은 후회하는 시점보다 이전이므로 완료 동명사를 사용한다.

05 helping

| 해석 | 호텔 안내인은 손님들이 가능한 최고의 체류를 할 수 있도록 돕는 데 헌신하고 있다.

| 해설 | be devoted to Ring는 '~하는 데 헌신하다'라는 표현이다. 여기서의 to는 전치사이므로 뒤에 동명사가 와야 한다.

06 renegotiating

| 해석 | 너가 회사와 재협상하는 것이 현명한 것이다.

| 해설 | consider는 목적어로 동명사를 수반하는 동사이다.

07 having

| 해석 | 그 검사는 라이벌(경쟁자)의 체포를 명령했다는 것을 부인했다.

| 해설 | 우선 deny는 목적어로 동명사를 취한다. 그리고 ordered 뒤에 the arrest라는 명사가 있으므로 능동형이 되어야 한다. 또한 부인했던 시점보다 명령했던 시점이 이전이므로 완료형을 사용하는 것이 맞다.

08 no

| 해석 | 그녀가 듣지 않으려 하기 때문에 그녀와 대화하는 것은 불가능하다.

| 해설 | There is no Ring는 '~하는 것은 불가능하다'라는 관용 표현이다.

09 keeping

| 해석 | 프라이빗 뱅커들은 적어도 6개월의 생활비에 해당하는 저축액을 유지할 것을 권고한다.

| 해설 | recommend는 목적어로 동명사를 수반하는 동사이다.

10 introducing

| 해석 | 화장품 부서는 남성을 위한 새로운 제품을 소개할 것을 고려하고 있다. 그것은 아마 얼굴 크림과 커버하는 제품을 포함할 것이다.

| 해설 | consider는 목적어로 동명사를 수반하는 동사이다.

2. 어법상 틀린 부분을 바르게 고치시오.

01 You can spend an afternoon or an entire day to drive on a racetrack in a genuine race car. (19. 서울시 7급)

02 He said he was very sick with a flu, so as not hurting her feelings. (19. 지방직 7급)

03 Inclusion these items is particularly important to complete the process.

04 Don't forget closing the door when you leave.

05 Robert is having a hard time to adjust to his new job as he has never worked in the field.

06 The company prohibited him from promoting to vice-president. (20. 국가직 9급)

07 The student imagined giving the award for the best science project.

08 My father insisted on me going to the place where they were staying.

09 City residents are enjoying spending their free time exploring the city, finding fun places to eat and shop, and to take leisurely walks in the many city parks.

10 By May, the weather should become warm enough to permit to stay in the cellar or basement for longer periods of time.

정답 및 해설

01 to driving → driving

| 해석 | 당신은 진짜 경주용 자동차로 경주로에서 오후 또는 하루 온종일을 운전하며 보낼 수 있다.

| 해설 | spends + 시간 + (in) Ring는 '~하는 데 시간을 쓰다'라는 관용 표현이다.

02 not hurting → not to hurt

| 해석 | 그는 그녀의 감정을 상하지 않게 하기 위해서 독감으로 아팠다고 말했다.

| 해설 | so as not to R은 '~하지 않기 위해서'라는 표현이다.

03 Inclusion → Including

| 해석 | 이러한 항목들을 포함하는 것은 그 과정을 끝내는 데 특히 중요하다.

| 해설 | 명사인 Inclusion은 뒤에 다시 명사를 데리고 다닐 수 없다. 주어 자리에 사용할 수 있으면서 뒤에 목적어를 수반할 수 있는 것은 동명사이다.

04 closing → to close

| 해석 | 떠날 때 문 닫는 것을 잊지 마세요.

| 해설 | forget은 목적어로 to부정사가 사용되어야 '~할 것을 잊다'라는 뜻이 된다.

05 to adjust → adjusting

| 해석 | Robert는 현장에서 한 번도 일을 해 보지 않았기 때문에 새로운 일자리에 적응하는 데 애를 먹고 있다.

| 해설 | have a hard time (in) Ring는 '~하는 데 어려움이 있다'라는 관용 표현이다.

06 promoting → being promoted

| 해석 | 회사는 그가 부회장으로 승진하는 것을 금했다.

| 해설 | 동명사도 태를 고려해야 하는데, 우리말로는 그가 승진하는 것이지만 promote는 타동사로 '~을 승진시키다'라는 뜻이므로 그는 승진이 되는 것이다. 따라서 수동형으로 바꾸어야 한다.

07 giving → being given

| 해석 | 그 학생은 최고 과학 프로젝트상을 수상하는 것을 상상했다.

| 해설 | 동명사의 태를 결정하는 것은 초보자들에게 까다로운 문제이다. 그가 상을 수여하는 것이 아니라 상을 받는 것이므로 수동형으로 바꾸어야 한다. 'be given + 명사'는 '~을 받다'라는 뜻이다.

08 me → my

| 해석 | 아버지는 내가 그들이 머무는 장소로 갈 것을 주장했다.

| 해설 | insist on Ring는 맞는 표현이다. 그런데 동명사의 의미상의 주어로는 소유격을 사용해야 한다.

09 to take → taking

| 해석 | 도시 거주자들은 그들의 자유시간에 도시를 돌아다니고, 먹고 쇼핑할 재미있는 장소를 찾고, 많은 공원에서 여유로운 산책을 하면서 보내는 것을 좋아한다.

| 해설 | enjoy는 목적어로 동명사를 수반하는데, 이 문장에서는 spending, finding, taking이 목적어이다.

10 to stay → staying

| 해석 | 5월이 되면, 날씨는 다락이나 천장에서 오래 머무는 것을 허락할 만큼 충분히 따뜻해질 것이다.

| 해설 | permit은 주의해야 하는 동사이다. 5형식 동사로 사용될 때는 permit A to R과 같이 목적격 보어 자리에 to부정사를 사용하지만, 3형식 동사로 사용될 때는 동사 바로 뒤에 to부정사를 수반하지 못하고 동명사를 수반한다.

만점을 향해! 심화 문제

01 우리말을 영어로 잘못 옮긴 것을 고르시오. (17. 지방직 9급)

① 나는 매달 두세 번 그에게 전화하기로 규칙을 세웠다.
→ I made it a rule to call him two or three times a month.

② 그는 나의 팔을 붙잡고 도움을 요청했다.
→ He grabbed me by the arm and asked for help.

③ 폭우로 인해 그 강은 120cm 상승했다.
→ Owing to the heavy rain, the river has risen by 120cm.

④ 나는 눈 오는 날 밖에 나가는 것보다 집에 있는 것을 더 좋아한다.
→ I prefer to staying home than to going out on a snowy day.

02 우리말을 영어로 옳게 옮긴 것은? (17. 지방직 9급)

① 내가 열쇠를 잃어버리지 않았더라면 모든 것이 괜찮았을 텐데.
→ Everything would have been OK if I haven't lost my keys.

② 그 영화가 너무 지루해서 나는 30분 후에 잠이 들었어.
→ The movie was so bored that I fell asleep after half an hour.

③ 내가 산책에 같이 갈 수 있는지 네게 알려 줄게.
→ I will let you know if I can accompany with you on your walk.

④ 내 컴퓨터가 작동을 멈췄을 때, 나는 그것을 고치기 위해 컴퓨터 가게로 가져갔어.
→ When my computer stopped working, I took it to the computer store to get it fixed.

03 어법상 옳은 것을 고르시오. (16. 지방직 9급)

① That place is fantastic whether you like swimming or to walk.
② She suggested going out for dinner after the meeting.
③ The dancer that I told you about her is coming to town.
④ If she took the medicine last night, she would have been better today.

04 다음 글의 밑줄 친 부분 중 어법상 옳지 않은 것은? (15. 지방직 9급 응용)

①<u>Knowing</u> the value of your time ②<u>enable</u> you ③<u>to make</u> wise decisions about where and how you spend it so you can make ④<u>the most</u> of this limited resources according to your circumstances, goals, and interests.

정답 및 해설

01 ④ I prefer to staying home than to going out
→ I prefer staying home to going out

| 해설 | ④ prefer를 이용하여 선호를 표현할 때는 'prefer ~ing/명사 to ~ing/명사'로 표현하거나 'prefer to부정사, rather than (to) 동사원형'으로 표현한다. 따라서 I prefer staying home to going out on a snowy day로 바꾸어야 한다.

| 오답 분석 |

① 'make it a rule to부정사'는 '~하는 것을 규칙으로 하다'라는 표현이다.

② 동작 동사가 신체 일부와 함께 쓰일 경우 정관사 the를 신체 일부 표현 앞에 쓴다.

③ owing to는 '~때문에', by는 차이를 나타내는 전치사이다.

02 ④

| 해설 | ④ stop 뒤에는 to부정사와 동명사가 모두 올 수 있다. to부정사가 오면 '~하기 위해 잠시 멈추는 것'이고, 동명사가 오면 특정 행위를 '영원히 멈추는 것'이므로 해석상의 차이가 있다.

| 오답 분석 |

① 가정법 과거완료이므로 haven't가 hadn't로 바뀌어야 한다.

② 주어인 영화(The movie)가 I를 '지루하게 만들다'라는 뜻이므로 boring이 적합하다.

③ accompany는 타동사이므로 전치사 with을 지우고 you가 목적어가 되어야 한다.

03 ②

| 해석 | ① 그 장소는 당신이 수영하는 것을 좋아하든 걷는 것을 좋아하든 환상적이다.
② 그녀는 미팅 후에 저녁 먹으러 나가자고 제안했다.
③ 내가 너에게 말했던 그 댄서가 시내로 오고 있는 중이다.
④ 만약 그녀가 지난밤에 약을 먹었더라면, 그녀는 오늘 더 나았을 텐데.

| 해설 | ② suggest의 목적어로는 동명사가 필요하다.

| 오답 분석 |

① whether A or B는 병렬 관계를 이루어야 하기 때문에 A와 B의 형태는 일치해야 한다. swimming과 같이 to walk를 walking으로 고쳐야 한다.

③ that은 관계대명사절로 앞에 있는 선행사(the dancer)를 수식하고 있다. that은 뒤에 불완전한 문장이 와야 하기 때문에 about 다음에 her를 생략해야 한다.

④ 혼합 가정법은 'If + 주어 + had + p.p., 주어 + would + 동사원형' 구성이다. 혼합 가정법은 조건절에는 가정법 과거완료, 주절에는 가정법 과거가 온다. 따라서 'If she had taken the medicine last night, she would be better today'로 수정해야 한다.

04 ② enable → enables

| 해석 | 당신의 시간의 가치를 아는 것은 당신의 환경, 목표, 그리고 관심사에 따라 이것을 어떻게 써서 이 한정된 자원을 가장 잘 활용할 수 있도록 하는가에 대해 당신이 현명한 결정을 내리는 것을 가능하게 한다.

| 해설 | ② 동명사가 주어로 사용되는 경우, 단수 취급하므로 동사가 enables가 되어야 한다.

| 오답 분석 |

① Knowing은 동명사로, 문장의 주어 역할을 할 수 있다.

③ enable은 'enable A to R의 구조'와 같이 목적격 보어 자리에 to부정사를 사용한다.

④ make the most of는 '~을 가장 잘 활용하다'라는 관용 표현이다.

학습 내용

❶ 현재분사와 과거분사를 구분한다.

- 수식받는 명사가 행위의 주체(능동, 진행)이면 현재분사를 사용한다.
- 수식받는 명사가 행위의 대상(수동, 완료)이면 과거분사를 사용한다.

❷ 분사의 자리를 이해한다.

- 명사 앞뒤나, 주격 보어와 목적격 보어 자리에 사용한다.

❸ 감정 동사는 명사가 사람이면 명사를 느끼는 것이므로 과거분사를, 명사가 사물이면 감정을 일이키는 것이므로 현재분사를 사용한다.

❹ 분사구문을 이해한다.

- 부사절(접속사 + 주어 + 동사)을 부사구(분사)로 만드는 것이 분사구문이다.
- 접속사를 생략하고, 주어가 주절 주어와 같은 경우 생략하고, 동사를 분사로 만든다.
- 분사구문의 주어와 주절 주어가 다른 경우, 분사구문의 주어를 그대로 남겨 둔다.
- being 앞에 날씨를 나타내면 비인칭 주어 it을 넣고, '~가 있다'라는 의미이면 유도부사 there를 넣는다.

분사와 분사구문

Chapter 12

분사와 분사구문

1 분사의 기본 개념

분사는 동사에 형용사의 성격을 부여한 것이다. 현재분사(-ing)는 능동, 진행의 의미를 가지며, 과거분사(-ed)는 수동, 완료의 의미를 가진다. 분사는 동사에 형용사 성격이 가미된 것으로, 명사를 수식하기도 하고 분사구문의 형태가 되어 문장을 수식하는 부사구의 역할을 하기도 한다.

1 현재분사와 과거분사의 구분

수식받는 명사가 행위의 주체가 되면 능동(~한, ~하는)을 의미하는 현재분사를 사용한다. 반면 수식받는 명사가 행위의 대상이면 수동(~된, ~되는)을 의미하는 과거분사를 사용한다.

1) 현재분사 | 능동(~하는), 진행(~하고 있는)

• People swim.

→ swimming people 수영하는 사람들

• Children are studying.

→ studying children 공부하고 있는 어린이들

2) 과거분사 | 수동(~되는), 완료(~된)

• The driver is injured.

→ injured driver 부상당한 운전자

• Leaves have fallen.

→ fallen leaves 떨어진 나뭇잎

2 분사의 위치와 역할

분사는 형용사 역할도 한다, 따라서 명사 앞이나 뒤에서 명사를 수식하거나 보어 자리에 사용될 수도 있다.

1) 명사 앞에서 수식

• I read an interesting novel. 나는 흥미로운 책을 읽었다.

• Please review the attached files. 첨부된 파일을 검토해 주세요.

2) 명사 뒤에서 수식

• The man taking a walk looks young. 산책하는 남자는 어려 보인다.

• She found a wall painted with many different colors. 그녀는 여러 색상으로 페인트된 벽을 발견했다.

3) 주격 보어로 사용

• The children became excited. 어린이들이 흥분하게 되었다.

4) 목적격 보어로 사용

• The teacher kept the students studying hard. 그 선생님은 학생들이 열심히 공부하게 했다.

개·념·완·성 연습 문제

Q1 빈칸에 알맞은 말을 쓰시오.

1. My watch was stolen. → my ____________ watch

2. Prices are rising. → ____________ prices

3. The snow is melting. → the ___________ snow

4. people want to become famous. → people ______________________

5. the photographs were taken in 2020. → the photographs ____________________

Q2 괄호 안의 단어를 알맞은 형태로 바꾸어 빈칸을 완성하시오.

1. Jim brought a _________ (break) umbrella.

2. Who is the man ___________ (shout) at the kids?

3. She wants to buy a bag __________ (make) in China.

4. The woman ___________ (hold) a book is my teacher.

5. The book was ____________ (write) by a famous writer.

Q3 빈칸에 알맞은 것을 고르시오.

1. My badly [damaged / damaging] windows cost me a lot of money. (12. 경찰 3차)

2. My wife and I once drove past a young man [driving / drove] no hands on a bicycle.

3. There are more factors [involving / involved] in human behavior than just these factors.

정답 및 해설

Q1

1. stolen

해석 나는 시계를 분실했다. → 나의 분실된 시계

해설 시계가 분실되는 것이므로 과거분사를 사용한다.

2. rising

해석 물가가 오르고 있다. → 상승하는 물가

해설 물가는 오르는 것이므로 현재분사를 사용한다.

3. melting

해석 눈이 녹고 있다. → 녹고 있는 눈

해설 눈이 녹는 것이므로 현재분사를 사용한다.

4. wanting to become famous

해석 사람들은 유명하게 되기를 원한다.
→ 유명하게 되기를 원하는 사람들

해설 사람들이 유명하게 되기를 원하는 것이므로 현재분사를 사용한다.

5. taken in 2020

해석 그 사진들은 2020년에 찍혔다.
→ 2020년에 찍힌 사진들

해설 사진은 찍는 게 아니라 찍히는 것이므로 과거분사를 사용한다.

Q2

1. broken

해석 Jim은 부러진 우산을 가져왔다.

해설 우산은 부러지는 것이므로 과거분사를 사용한다.

2. shouting

해석 애들에게 고함치는 그 남자는 누구니?

해설 그 남자가 애들에게 고함을 치는 것이므로 현재분사를 사용한다.

3. made

해석 그녀는 중국에서 만들어진 가방을 사기를 원한다.

해설 가방은 만들어지는 것이므로 과거분사를 사용한다.

4. holding

해석 책을 들고 있는 그 여자는 나의 선생님이다.

해설 선생님이 책을 들고 있는 것이므로 현재분사를 사용한다.

5. written

해석 그 책은 유명한 저자에 의해서 써졌다.

해설 책은 써지는 것이므로 과거분사를 사용한다.

Q3

1. damaged

해석 엄청 손상된 창문은 수리하는 데 많은 돈이 들었다.

해설 창문은 손상되는 것이므로 과거분사를 사용한다.

2. driving

해석 아내와 나는 자전거에 손을 올리지 않고 운전하는 젊은 남자 옆을 운전해서 갔다.

해설 남자가 자전거를 운전하는 것이므로 현재분사를 사용한다.

3. involved

해석 인간의 행동에 관여되는 것은 이것들보다 많은 요소들이 있다.

해설 분사는 동사의 성격을 가지는데 뒤에 목적어가 없고 전치사가 있으므로 구조적으로 과거분사를 고를 수 있다.

2 감정 동사의 현재분사와 과거분사

감정 동사는 수식을 받는 명사가 감정을 느끼는 주체(사람)일 때는 과거분사(-ed), 감정을 일으키는 주체일 때는 현재분사(-ing)를 사용한다.

감정 동사	현재분사(능동)	과거분사(수동)
excite(흥분시키다)	exciting(흥분시키는)	excited(흥분한)
bore(지루하게 하다)	boring(지루한)	bored(지루해하는)
surprise(놀라게 하다)	surprising(놀라운)	surprised(놀란)
embarrass(당황하게 하다)	embarrassing(당황하게 하는)	embarrassed(당황한)
disappoint(실망시키다)	disappointing(실망시키는)	disappointed(실망한)
annoy(성가시게 하다)	annoying(성가신)	annoyed(성가셔하는)
interest(흥미를 일으키다)	interesting(흥미로운)	interested(흥미 있어 하는)
frustrate(좌절시키다)	frustrating(좌절시키는)	frustrated(좌절된)
encourage(격려시키다)	encouraging(격려하는)	encouraged(고무된)
overwhelm(압도시키다)	overwhelming(압도적인)	overwhelmed(압도된)

- The sales figures were disappointing. 그 매출액은 실망스러웠다.
- The sales representatives were disappointed. 그 영업사원들은 실망했다.

개·념·완·성 연습 문제

Q1 괄호 안의 동사를 분사로 바꾸시오.

1. The news was ______________ . (surprise)

2. It's an ______________ (excite) adventure story.

3. I'm still ____________ (confuse). Could you explain that again?

4. His life story is ____________. (touch)

5. It was ___________ (disappoint) that they lost the game.

Q2 빈칸에 알맞은 것을 고르시오.

1. There is an [annoying / annoyed] noise.

2. He felt [embarrassing / embarrassed] at being the center of attention. (17. 경찰 1차)

3. The movie was so [bored / boring] that I fell asleep after half an hour. (17. 지방직 9급)

정답 및 해설

Q1

1. surprising

해석 그 소식은 놀라웠다.

해설 소식이 놀라게 만드는 주체이므로 현재분사를 사용한다.

2. exciting

해석 이것은 흥미로운 모험 이야기이다.

해설 모험 이야기가 흥미를 주는 것이므로 현재분사를 사용한다.

3. confused

해석 나는 여전히 혼동이 돼. 다시 설명해 줄래?

해설 나가 혼동시키는 것이 아니라 혼동이 되는 것이므로 과거분사를 사용한다.

4. touching

해석 그의 인생 스토리는 감동적이다.

해설 그의 인생 스토리가 감동을 주는 것이므로 현재분사를 사용한다.

5. disappointing

해석 그들이 게임에서 진 것은 실망스러웠다.

해설 that 이하가 진주어인데, 게임에서 진 것이 실망을 주는 것이므로 현재분사를 사용한다.

Q2

1. annoying

해석 짜증나는 소리가 있다.

해설 소리가 짜증나게 만드는 것이므로 현재분사를 사용한다.

2. embarrassed

해석 그는 관심의 중심에 있어서 당황하게 되었다.

해설 그가 당황하게 만드는 것이 아니라 당황하게 되는 것이므로 과거분사를 사용한다.

3. boring

해석 그 영화는 너무나 지겨워서 나는 30분 후에 잠이 들었다.

해설 영화가 지루하게 만드는 것이므로 현재분사를 사용한다.

3 분사구문

분사구문은 '접속사 + 주어 + 동사'의 부사절을 간단하게 축약한 것이다. 분사구문에서 필요한 분사를 고를 때, 분사 뒤에 목적어가 있으면 현재분사를, 목적어가 없으면 과거분사를 고른다.

1 분사구문의 형태

분사구문은 '부사절 접속사 + 주어 + 동사'를 축약해 '(부사절 접속사) + -ing/-ed'의 형태로 만드는 것이다.

• When he cooked the meat, he tried to make it delicious. 그가 고기를 요리했을 때, 맛있게 만들려고 했다.
(When: 접속사, he: 주어, cooked: 동사)

→ Cooking the meat, he tried to make it delicious. [그가 요리를 하는 것이므로 현재분사를 사용한다.]

• As she is loved by students, the teacher is happy. 그녀는 학생들에게 사랑을 받기 때문에 행복하다.
(As: 접속사, she: 주어, is loved: 동사)

→ (Being) loved by students, the teacher is happy. [그 선생님이 사랑을 받는 것이므로 과거분사를 사용한다.]

2 분사구문을 만드는 방법

① 접속사를 생략하고, ② 주절 주어와 중복되는 주어를 생략한 후, ③ 동사의 분사 형태로 바꾼다. ④ 이때 주절 주어가 동사의 행동을 '하는 경우'에는 현재분사(능동)를 사용하고, 주절의 주어가 동사의 행동에 '당하는 경우'에는 과거분사(수동)를 사용한다.

• While I watch TV, I fell asleep. TV를 보는 동안, 나는 잠이 들었다.
접속사 주어 동사

→ Watching TV, I fell asleep.
현재분사(I가 보는 것: 능동 관계)

• Because I was left alone, the baby cried. 혼자라고 느꼈기 때문에, 그 애기는 울었다.
접속사 주어 동사

→ (Being) left alone, the baby cried. [Being 생략 가능]
과거분사(The baby가 남겨지는 것: 수동 관계)

3 분사구문의 해석

1) **분사구문**, S + V

① 시간(~하면서, ~할 때)

• Attending the meeting, I met the former boss. 회의에 참여할 때, 이전의 사장님을 만났다.

② 이유(~하기 때문에)

• Being sick, she took a day off. 아프기 때문에, 그녀는 하루 쉬었다.

③ 조건(~하면)

• Taking the train, you can get to Seoul. 그 기차를 타면, 서울에 도착할 수 있다.

④ 양보(~이지만)

• Having no money, John is still happy. 돈이 없지만, John은 여전히 행복하다.

2) S+V, **분사구문**

① 그리고

• The meeting starts at 10 A.M., ending at three P.M. 그 회의는 오전 10시에 시작했다. 그리고 오후 3시에 끝났다.

② ~할 때

• I fell asleep, watching TV. TV를 볼 때 잠이 들었다.

4 분사구문의 의미상 주어

분사의 행동 주체가 주절 주어와 같은 경우 생략하지만, 주절 주어와 일치하지 않는 경우 앞에 의미상 주어를 반드시 표시해야 하면 주격으로 표시한다.

- The man being sick, we didn't invite him to the party.
  그 남자가 아팠기 때문에, 우리는 그를 초대하지 않았다. [The man ≠ we]
- There being no objection, the meeting could end earlier than expected.
  반대가 없었기 때문에, 회의는 예상보다 일찍 끝날 수 있었다. [There ≠ the meeting]

연습 문제

빈칸에 알맞은 것을 고르시오.

1. [It being / Being] cold outside, I boiled some water to have tea. (18. 지방직 9급)

2. [Seeing / Seen] from the distance, the mountain looks like a human face.

3. The storm [passed / passing], she wrote dramatically the horror of it.

4. [Being / There being] no bus service, we had to walk to the subway.

정답 및 해설

Q1

1. It being

해석 밖의 날씨가 추워서, 나는 차를 마시기 위해 물을 끓였다.

해설 주절 주어는 I이지만 부사절의 주어는 날씨를 나타내는 비인칭 주어 it이다. 주절 주어와 다르므로 분사구문을 만들 때 반드시 표시해야 한다.

2. Seen

해석 먼 거리에서 보니, 그 산이 인간의 얼굴처럼 보인다.

해설 주절 주어가 the mountain이므로 산은 보는 게 아니라 보이는 것이다. 따라서 과거분사를 사용해서 분사구문을 만들어야 한다.

3. passing

해석 폭풍우가 지나가자, 그녀는 그것의 무서움을 극적으로 글로 나타냈다.

해설 문장의 주어는 she이고, 분사구문의 의미상 주어는 the storm이므로 분사구문에서 의미상의 주어를 따로 표시해야 한다. 폭풍우가 지나가는 것이므로 능동 관계이다. 따라서 현재분사를 사용해야 한다.

4. There being

해석 버스편이 없었기 때문에, 우리는 전철역까지 걸어갔다.

해설 유도부사 there 구문과 비인칭 주어 it은 각각 분사구문에서 생략하지 않고 표시해야 하며, 이런 경우 뒤에 being은 생략하지 않는다. Because there was no bus service → there being no bus service

분사구문 확인 포인트

1. S'=S(S' : 생략)

주절 주어와 분사구문의 주어가 같으면 분사구문의 주어는 생략한다.

2. S'≠S(S' : 그대로 남김)

주절 주어와 분사구문의 주어가 다르면, 분사구문의 주어를 그대로 남겨둔다.

Waiting a bus, my coffee got cold. [X]

→ I waiting a bus, my coffee got cold. 내가 버스를 기다리면서, 커피가 식었다.

3. R-ing vs P.P 구분

① 능동 / 수동 : 주절 주어와 분사와의 관계가 능동이면 현재분사, 수동이면 과거분사를 사용한다.

② 목적어 유무 : 분사 자체의 목적어가 있으면 현재분사, 목적어가 없으면 과거분사를 사용한다.

4. 자동사 출신

자동사가 분사가 되는 경우, 과거분사형은 존재하지 않는다. 따라서 현재분사만 가능하다.

- missing child 사라진 아이
- remaining ingredients 남겨진 재료

개·념·완·성 연습 문제

Q1 빈칸에 알맞은 것을 고르시오.

1. The rescue workers tried to locate the [missing / missed] girl. (07. 국가직 8급)

정답 및 해설

01 **1. missing**

해석 그 구조팀은 실종된 소녀를 찾으려고 노력했다.

해설 miss는 자동사이므로 과거분사 모양이 없고, 현재분사로만 사용된다.

5 분사구문의 시제

분사구문이 주절의 동사보다 앞선 시제를 나타낼 때는 Having p.p.를 사용한다.

능동태		수동태	
단순분사구문	−ing	단순분사구문	(being) p.p.
완료분사구문	having p.p.	완료분사구문	(having been) p.p.

• Having studied harder, I got a good job. 더 열심히 공부해서, 나는 취업을 했다.

연습 문제

Q1 다음 문장을 어법에 맞게 고치시오.

1. Being abroad for ten years, he can speak English very fluently. (17. 국가직 9급)

2. Having built three decades ago, the building is now used as a school.

정답 및 해설

01

1. Being → Having been

해석 10년 동안 외국에 있어서, 그는 영어를 매우 유창하게 구사한다.

해설 영어를 구사하는 시점보다 외국에 있었던 시점이 이전이므로 완료분사를 사용한다.

2. Having been built

해석 30년 전에 건설된 그 건물은 이제 학교로 사용되고 있다.

해설 주절 주어가 the building이므로 건설하는 것이 아니라 건설이 되는 것이다. 따라서 과거분사를 사용해야 한다.

6 분사구문의 부정 : not + −ing(능동) / p.p.(수동)

분사구문을 부정할 때는 부정어가 준동사인 분사 앞에 위치한다.

• Not knowing who he is, I didn't meet him. 그가 누군지 몰라서, 나는 그를 만나지 않았다.

7 부대 상황의 분사구문 with

전치사 with을 이용해서 부대 상황을 표현할 수 있다. '~하면서, ~한 채로, ~하는 동안'으로 해석한다. 분사가 목적격 보어 자리에 오는 경우에는, 목적어와 목적격 보어와의 관계가 능동이면 현재분사를 사용하고 수동이면 과거분사를 사용한다.

with + 목적어 + -ing(능동)
+ -ed(수동)
+ 형용사구
+ 전치사구

- I was sitting on a chair, and I was closing my eyes.
  나는 의자에 앉아 있었다. 그리고 나는 눈을 감았다.

  → I was sitting on a chair, with my eyes closed.
  나는 눈을 감은 채로 의자에 앉아 있었다.

- I was sitting on a chair, with my eyes shining.
  나는 눈이 반짝이는 채로 의자에 앉아 있었다.

- The man stood with his arms folded.
  그 남자는 팔짱을 낀 채로 서 있었다.

- With winter approaching, they began to close the store early.
  겨울이 다가오므로, 그들은 가게를 일찍 닫기 시작했다.

- He fell asleep with the TV turned on.
  TV를 켠 채로 그는 잠이 들었다.

개·념·완·성 연습 문제

Q1 빈칸에 알맞은 것을 고르시오.

1. She was listening to music with her eyes [closing / closed]. (17. 지방직 9급)

Q2 두 문장이 같은 뜻이 되도록 빈칸에 알맞은 말을 쓰시오.

1. While she was watching TV, she fell asleep.

→____________________________, she fell asleep.

2. As he is very selfish, he doesn't have many friends.

→________________________, he doesn't have many friends.

3. After I finished the assignment, I took a day off.

→______________________, I took a day off.

4. Because I got up late, I missed the bus.

→ ________________________, I missed the bus.

5. Because I don't have a driver's license, I can't drive a car.

→ ________________________________, I can't drive a car.

Q3 괄호 안에 알맞은 것을 고르시오.

1. [Feeling / Felt] cold, Lauren turned on the heater.

2. [Speaking generally / Generally speaking], cats are quieter than dogs.

3. [Picking / She picking] up the phone, she dialed a number.

4. [Knowing not / Not knowing] his phone number, I couldn't call him.

5. She was sitting on a chair with her legs [crossing / crossed].

01 **1. closed**

해석 눈을 감은 채로 그녀는 음악을 듣고 있었다.

해설 그녀가 눈을 감는 것이므로 눈의 입장에서는 감기게 되는 것이다. 따라서 과거분사를 사용해야 한다.

02

1. **Watching TV**

해석 TV를 보는 동안에, 그녀는 잠이 들었다.

해설 '접속사 + 주어 + 동사'가 생략되어서 분사구문이 된다. 그녀가 TV를 보는 것이므로 현재분사를 사용한다.

2. **Being very selfish**

해석 매우 이기적이어서, 그는 많은 친구가 없다.

해설 '접속사 + 주어 + 동사'가 생략되어서 분사구문이 된다. 이때 동사가 분사로 바뀌는데 is는 being으로 전환된다.

3. **Finishing the assignment**

해석 나는 과제를 끝내고 나서, 하루 쉬었다.

해설 '접속사 + 주어 + 동사'가 생략되어서 분사구문이 된다. 나가 과제를 끝내는 것이므로 현재분사를 사용한다.

4. **Getting up late**

해석 늦게 일어나서, 나는 버스를 놓쳤다.

해설 '접속사 + 주어 + 동사'가 생략되어서 분사구문이 된다. 나가 늦게 일어나는 것이므로 현재분사를 사용한다.

5. **Not having a driver's license**

해석 운전 면허증이 없기 때문에, 나는 차를 운전할 수 없다.

해설 우선 '접속사 + 주어 + 동사'를 생략하여 분사구문으로 만든다. 분사구문을 부정할 때는 부정어 not을 분사 앞에 위치시킨다.

03

1. **Feeling**

해석 추워서, Lauren은 히터를 켰다.

해설 Lauren이 추위를 느끼는 것이므로 현재분사를 사용한다.

2. **Generally speaking**

해석 일반적으로 이야기하면, 고양이들은 개들보다 조용하다.

해설 Generally speaking과 같은 것을 독립 분사구문이라고 하는데, 하나의 표현이므로 암기해 두자.

3. **Picking**

해석 그녀는 전화기를 들고, 번호를 돌렸다.

해설 분사구문의 주어와 주절의 주어가 동일하면 분사구문에서 주어는 생략해 준다.

4. **Not knowing**

해석 그의 전화번호를 몰라서, 그에게 전화를 할 수 없었다.

해설 분사구문을 부정할 때 부정어는 분사 바로 앞에 위치시키다.

5. **crossed**

해석 그녀는 다리를 꼰 채, 의자에 앉아 있었다.

해설 부대 상황 구문으로, 그가 다리를 꼰 것이므로 다리는 꼬이게 되는 것이다. 따라서 과거분사를 사용한다.

1. 괄호 안에 어법상 알맞은 것을 고르시오.

01 The novel was so [exciting / excited] that I lost track of time and missed the bus. (21. 국가직 9급)

02 The Christmas party was really [exciting / excited] and I lost track of time. (20. 지방직 9급)

03 My car, [parked / parking] in front of the building, was towed away for illegal parking. (15. 국가직 7급)

04 [Covering / Covered] with confusion, he left the conference room in a hurry.

05 While [working / worked] at a hospital, she saw her first air show. (14. 국가직 7급)

06 The airport is designed to meet [growing / grown] traffic in cargo and passengers.

07 It was also a very busy river at that time, with hundreds of ships constantly [sailing / sailed] on it. (18. 법원직 9급)

08 Once [merging / merged], both corporations will examine what alternatives are available for the affiliates they separately own.

09 Having [selected / been selected] to represent the organization, Karl delivered a short speech.

10 With its streets [repaving / repaved] recently, the city was a lot more inviting to visitors.

정답 및 해설

01 exciting

| 해석 | 그 소설은 매우 흥미로워서 나는 시간 가는 줄을 몰랐고 버스를 놓쳤다.

| 해설 | 정부 관리들이 임명하는 것이 아니라 임명되는 것이므로 주어와 분사와의 관계가 수동 관계이다. 따라서 과거분사를 사용한다.

02 exciting

| 해석 | 그 크리스마스 파티는 정말 흥미로웠고, 나는 시간 가는 줄을 몰랐다.

| 해설 | 크리스마스 파티가 흥미를 주는 것이므로 주어와 분사와의 관계가 능동 관계이다. 따라서 현재분사를 사용한다.

03 parked

| 해석 | 건물 앞에 주차된 나의 차는 불법 주차로 견인이 되었다.

| 해설 | 차는 주차가 되는 것이므로 과거분사를 사용한다.

04 Covered

| 해석 | 혼동에 휩싸여, 그는 회의장을 서둘러 떠났다.

| 해설 | 분사구문에서 분사의 결정은 주절 주어와의 관계를 파악하고, 또한 구조적으로 뒤에 목적어가 있는지를 파악해서 결정할 수 있다. 이 문장의 경우 뒤에 목적어 없이 전치사가 제시되고 있으므로 과거분사를 사용한다.

05 working

| 해석 | 병원에서 일하는 동안, 그녀는 첫 번째 에어쇼를 관람했다.

| 해설 | work는 자동사이므로 현재분사형만 존재한다.

06 growing

| 해석 | 그 공항은 증가하고 있는 화물 및 승객 교통량을 충족하기 위해서 디자인되었다.

| 해설 | grow는 자동사이므로 현재분사형만 존재한다.

07 sailing

| 해석 | 그 당시에 그곳은 수백 척의 배들이 항해하는 매우 분주한 강이었다.

| 해설 | with 부대 상황 구문이다. 배가 항해를 하는 것이므로 목적격 보어 자리에 현재분사를 사용한다.

08 merged

| 해석 | 합병이 된 후에, 두 회사는 그들이 각각 운영하고 있는 계열 회사에 대해서 어떠한 대안이 있는지를 검토할 것이다.

| 해설 | 분사구문으로, 주절 주어인 두 회사가 합병이 되는 것이므로 과거분사를 사용한다. 또한 분사 뒤에 목적어가 없으므로 구조적으로도 과거분사가 정답이다.

09 been selected

| 해석 | 조직을 대표하도록 선출이 되고 나서, Karl은 짧은 연설을 했다.

| 해설 | Karl이 선출하는 것이 아니라 선출되는 것이므로 과거분사가 정답이다.

10 repaved

| 해석 | 도로가 최근에 재포장되어서, 그 도시는 방문객들에게 훨씬 더 매력적이었다.

| 해설 | with 부대 상황 구문이다. 도로가 포장이 되는 것이므로 목적격 보어 자리에 과거분사를 사용한다.

2. 어법상 틀린 부분을 바르게 고치시오.

01 Facilities have been established to facilitate pick-ups and drop-offs for passengers used the train and subway stations.

02 When asking who broke the glass, the child pretended not to know.

03 Readers find the young writer's first novel fascinated despite the fact that the initial reviews of the book were so dismal.

04 They came home after a long trip and found the living room vase breaking.

05 The company expanded into the European market last year, expanded its market share.

06 Employees sought reimbursement are required to fill out expense reports and attach receipts.

07 Senior executives discussed new ways to keep employees inspiring to increase the productivity.

08 The state government has decided to introduce a program targeting unemployed men and women tried to re-enter a highly competitive job market.

09 With sunshine streamed through the window, Hugh found it impossible to sleep.
(18. 경찰직 3차)

10 If the front door is locked, punch in your access code while hold down the green button on the door handle.

정답과 해설

01 used → using

| 해석 | 시설은 기차와 지하철을 이용하는 승객들에게 승하차를 용이하게 하도록 만들어졌다.

| 해설 | 승객들이 기차와 지하철 역을 이용하는 것이므로 현재분사를 사용한다. 또한 명사 뒤의 분사를 결정할 때는 그 분사의 의미상의 목적어 유무로 결정할 수도 있다. 분사 뒤에 명사구가 목적어로 제시되고 있으므로 현재분사형을 사용한다.

02 asking → asked

| 해석 | 누가 유리를 깼는지 질문을 받았을 때, 그 아이는 모르는 척했다.

| 해설 | 주절 주어 the child와 ask는 수동의 관계가 성립하므로 과거분사를 사용한다.

03 fascinated → fascinating

| 해석 | 독자들은 그 책의 초기의 반응이 절망적이었다는 사실에도 불구하고 그 젊은 작가의 첫 소설이 매력적이라는 것을 알게 되었다.

| 해설 | find는 5형식 동사이다. 따라서 목적격 보어 자리에 분사가 올 수 있다. 목적어인 novel은 사물로 흥미를 주는 것이므로 목적격 보어 자리에 감정 동사의 현재분사형이 사용되어야 한다.

04 breaking → broken

| 해석 | 그들은 긴 여행을 마치고 집에 와서 거실의 화분이 부서진 것을 알게 되었다.

| 해설 | find는 5형식 동사이다. 따라서 바로 뒤에 목적어가 오고 그 뒤로는 목적격 보어가 수반된다. 목적격 보어 자리에는 분사가 올 수 있다. 화분은 부서지는 것이므로 과거분사를 사용한다.

05 expanded → expanding

| 해석 | 그 회사는 시장 점유율을 높이면서, 작년에 유럽 시장으로 진입했다.

| 해설 | 접속사 없이 expanded라는 과거동사가 나올 수 없다. 분사로 바꾸어야 하는데, 콤마 뒤에는 현재분사가 온다는 점을 기억하자. 그리고 분사 뒤에 명사가 수반되고 있으므로 구조적으로도 현재분사가 정답이다.

06 sought → seeking

| 해석 | 환급을 원하는 직원들은 지출 보고서를 작성하고 영수증을 첨부할 것이 요구된다.

| 해설 | 주절 동사가 are로 제시되고 있으므로 sought는 분사가 되어야 한다. 그리고 명사 뒤에 분사는 분사 자체의 목적어 유무로 판단할 수 있다. 이 문장의 경우 reimbursement라는 목적어가 수반되고 있으므로 현재분사형을 사용한다.

07 inspiring → inspired

| 해석 | 최고 임원들은 수익성을 증가시키기 위해서 직원들을 고무시키기 위한 새로운 방법을 토의했다.

| 해설 | keep이 5형식 동사이므로 목적격 보어 자리에 분사가 올 수 있다. 직원들은 고무되게 되는 것이므로 과거분사가 적절하다.

08 tried → trying

| 해석 | 주 정부는 매우 경쟁적인 취업 시장에 다시 진입하려고 노력하는 실업 상태의 남자와 여자들을 대상으로 하는 프로그램을 도입하기로 결정하였다.

| 해설 | 남자와 여자들이 노력을 하는 것이므로 men and women과 try의 관계는 능동 관계이다. 따라서 현재분사형을 사용한다.

09 streamed → streaming

| 해석 | 햇빛이 창문을 통해서 흘러나와서, Hugh는 잠자는 것이 불가능하다는 것을 알게 되었다.

| 해설 | with 부대 상황 구문이다. stream은 '흐르다'라는 뜻의 자동사이므로 현재분사형을 사용한다.

10 hold → holding

| 해석 | 만약 문이 잠겨 있으면, 손잡이의 초록 버튼을 아래로 누르면서 접근 코드를 입력하세요.

| 해설 | while은 접속사로 뒤에 '주어 + 동사' 구조가 아닌 경우는 분사구문으로 전환된 것이다. 이 문장은 명령문이므로 의미상의 주어가 you이다. you와 hold down the green button의 관계를 살펴보면, 당신이 초록 버튼을 아래로 누르는 것이므로 능동 관계이다. 따라서 현재분사를 사용한다.

만점을 향해! 심화 문제

01 우리말을 영어로 잘못 옮긴 것은? (18. 지방직 9급)

① 모든 정보는 거짓이었다.
→ All of the information was false.

② 토마스는 더 일찍 사과했어야 했다.
→ Thomas should have apologized earlier.

③ 우리가 도착했을 때 영화는 이미 시작했었다.
→ The movie had already started when we arrived.

④ 바깥 날씨가 추웠기 때문에 나는 차를 마시려 물을 끓였다.
→ Being cold outside, I boiled some water to have tea.

02 밑줄 친 부분 중 어법상 가장 옳지 않은 것은? (17. 서울시 9급)

Strange as ①it may seem, ②the Sahara was once an expanse of grassland ③supported the kind of animal life ④associated with the African plains.

03 밑줄 친 부분 중 어법상 가장 옳지 않은 것은? (17. 서울시 9급)

The first coffeehouse in western Europe ①opened not in ②a center of trade or commerce but in the university city of Oxford, ③in which a Lebanese man ④naming Jacob set up shop in 1650.

04 우리말을 영어로 가장 잘 옮긴 것은? (17. 사복직 9급)

① 나는 이 집으로 이사온 지 3년이 되었다.
→ It was three years since I moved to this house.

② 우리는 해가 지기 전에 그 도시에 도착해야 한다.
→ We must arrive in the city before the sun will set.

③ 나는 그녀가 오늘 밤까지 그 일을 끝마칠지 궁금하다.
→ I wonder if she finishes the work by tonight.

④ 그는 실수하기는 했지만, 좋은 선생님으로 존경받을 수 있었다.
→ Although making a mistake, he could be respected as a good teacher.

05 밑줄 친 부분 중 어법상 옳지 않은 것을 고르시오. (16. 사복직 9급)

The middle-class Americans who chose ①to avoid the suburban lifestyle and ②live in the central city ③were most often those least ④depended on central-city government services.

정답 및 해설

01 ④ Being cold → It being cold

| 해설 | ④ 분사구문에서 주어는 주절의 주어와 중복되는 경우에만 생략한다. 이 문장에서 분사구문의 주어는 날씨를 나타내는 비인칭 주어 it, 주절의 주어는 I이므로 두 주어가 서로 일치하지 않아 주어를 생략할 수 없다. 그러므로 주어를 생략하지 않은 'It being cold outside, I boiled some water to have tea'가 올바른 문장이다. 분사구문에서 의미상 주어로 유도부사 there이나 비인칭주어 it이 사용되는 경우에는 being을 생략하지 않는다.

| 오답 분석 |

① All of information에서 'all of + 명사'의 경우 명사와 동사가 수 일치를 해야 한다. 따라서 information은 불가산 명사이므로 단수 주어 취급하고 동사(was)와 적절하게 수가 일치되었다.

② should(=ought to) have p.p.는 '~해야 했는데 (하지 못했다)'라는 의미로 과거의 일에 대한 유감이나 후회를 나타낸다.

③ 우리가 도착하기 전(arrived)에 이미 영화가 시작했으므로, 영화가 시작된 시점은 한 시제 더 앞서는 대과거(had started)로 올바르게 사용되었다.

02 ③ supported → supporting

| 해석 | 이상하게 보일 수도 있지만 사하라는 한때 아프리카 평원과 관련된 동물들을 지탱하는 광활한 초원이었다.

| 해설 | ③ supported가 분사로 사용된 것이므로 수동의 의미인데, 문맥상 grassland가 support의 주체가 되어야 하므로 능동의 의미를 가지는 분사인 supporting이 되어야 한다. 그리고 구조적으로는 명사 뒤에 분사가 오는 경우, 그 분사 자체가 목적어가 있으면 현재분사형을 사용한다.

03 ④ named Jacob

| 해석 | 서구 유럽에서 최초의 커피 하우스는 무역과 상업의 중심부가 아닌 옥스퍼드 대학 도시에서 제이콥이라는 이름을 가진 레바논 사람이 1650년에 차린 가게였다.

| 해설 | ④ 수동의 의미를 지닌 '~라는 이름인'이라는 표현은 과거분사 named가 맞다. name은 동사로, '이름 짓다'라는 뜻이다. '명사 + named + A'는 'A라는 이름의 명사'이다.

04 ④

| 해설 | ④ 분사구문의 경우 접속사의 의미를 강조하고 싶은 경우에 접속사를 생략하지 않는다. 또한 '실수를 하다'는 영어로 make a mistake라고 쓰기 때문에 옳은 문장이다.

| 오답 분석 |

① since를 중심으로 부사절에는 과거시제를 사용하고, 앞의 주절에서는 현재완료시제를 사용한다. 문맥상 '지금 3년이 되었다'로 봐야 한다. '~한 지 ~이다'는 'It is (has been) 시간 since 과거'로 표현한다. 따라서 was를 is나 has been으로 바꾸어야 한다. → it has been three years since I moved to this house.

② 시간의 부사절에서는 단순 미래를 표현하는 will, shall을 사용할 수 없고 현재시제가 미래시제를 대신한다. 그러므로 will set을 sets으로 바꾸어야 한다. → We must arrive in the city before the sun sets.

③ if절은 wonder(타동사) 뒤에 목적어절(명사절)을 이끌고 있는 접속사로, 명사절은 미래를 나타낸다면 미래시제를 사용하는 것이 원칙이다. 그녀가 일을 끝낼 것인지 아닌지가 불분명하므로 finishes가 아니라 will finish가 되어야 한다. → I wonder if she will finish the work by tonight.

05 ④ depended on → depending on

| 해석 | 따분한 교외 생활을 피하고 중앙 도시에서 살기로 선택한 중산층 미국인들은 대부분 중앙 도시 정부 서비스에 최소로 의존하는 사람들이었다.

| 해설 | ④ 사람들과 정부 서비스의 관계는 능동이므로 depended를 depending으로 고쳐야 한다. 그리고 depend는 자동사이므로 과거분사형으로 사용할 수 없다.

| 오답 분석 |

① choose는 목적어로 to부정사를 취한다.

② and로 병치되었는데, 두 번째 to부정사에서 to는 생략 가능하다.

③ 주어가 The middle-class Americans이므로 동사 were를 쓴 것은 올바르다.

06 밑줄 친 부분 중 어법상 옳지 않은 것을 고르시오. (16. 사복직 9급)

In 1778 Carlo de Buonaparte, re-elected as one of the Council of Twelve Nobles, ①was chosen to be a member of a Corsican delegation to King Louis XVI. He took ten-year-old Giuseppe and nine-year-old Napoleone with him, ②to begin their life in their new country. They spent a night in a miserable inn at the port, sleeping on mattresses ③lay out on the floor. En route from Corsica they visited Florence, where Carlo was able to procure a letter of introduction from the Habsburg Grand Duke Pietro Leopoldo to his sister Queen Marie Antoinette. Then they went on to France. Admittedly Carlo had something to celebrate, ④having been informed by the Minister for War that Napoleone had been granted a scholarship and a place in the military school at Brienne as 'Royal Pupil' whose expenses would be paid by the King.

07 어법상 밑줄 친 부분에 가장 적절한 것은?

Most of the art ____________ in the museum is from Italy in the 19th century.

① is displayed
② displaying
③ displayed
④ are displayed

08 우리말을 영어로 가장 잘못 옮긴 것은? (14. 국가직 9급)

① 그녀는 등산은 말할 것도 없고, 야외에 나가는 것을 좋아하지 않는다.
→ She does not like going outdoor, not to mention mountain climbing.

② 그녀는 학급에서 가장 예쁜 소녀이다.
→ She is more beautiful than any other girl in the class.

③ 그 나라는 국토의 3/4이 바다로 둘러싸여 있는 소국이다.
→ The country is a small one with the three quarters of the land surrounding by the sea.

④ 많은 학생들이 졸업 후 취직을 위해 열심히 공부한다.
→ A number of students are studying very hard to get a job after their graduation.

정답 및 해설

06 ③ lay → laid

| **해석** | 1778년에 12명의 귀족 위원회의 한 명으로서 재당선된 카를로 부오나파르테는 루이 16세의 코르시카 대표단의 일원으로 선택되었다. 그는 새로운 나라에서 삶을 시작하기 위해 10살이 된 주세페와 9살이 된 나폴레옹을 데리고 갔다. 그들은 바닥에 펼쳐진 매트리스 위에서 잠을 자며 항구의 보잘 것 없는 여관에서 밤을 보냈다. 코르시카에 가던 도중 그들은 플로렌스를 방문했고, 그곳에서 카를로는 합스부르크 통치자 피에트로 레오폴드가 그의 여동생인 여왕 마리 앙투아네트에게 보내는 소개장을 입수할 수 있었다. 그 다음 그들은 프랑스로 갔다. 인정하건대, 카를로는 축하할 만한 일이 있었는데, 군수장관으로부터 나폴레옹이 왕이 모든 비용을 지불하는 "왕가의 학생"으로서 장학금을 받고 브리엔에 있는 군사 학교에 배정받게 되었다는 사실을 전해 듣게 되었다는 것이다.

| 해설 | ③ lay out on the floor(바닥에 펼치다)가 앞에 있는 명사 mattresses를 뒤에서 꾸며 '바닥에 펼쳐져 있는 매트리스'라는 뜻이 되게끔 해야 한다. 이와 같은 뜻이 되려면 mattresses 뒤의 lay(펼치다)가 분사 laid(펼쳐진)로 바뀌어 mattresses laid out on the floor가 되어야 한다.

| **오답 분석** |

① 주어가 단수이므로 수는 맞고, 선택이 되는 것이므로 수동태 역시 맞게 사용되었다.

② '~하기 위해서'라는 뜻을 가진 to부정사의 부사적 용법이 제대로 사용되었다.

④ 완료분사구문으로 통보를 받은 것이므로 수동 관계이다. 따라서 과거분사가 맞다. 주절 동사 had보다 이전 시제이므로 완료분사형이 사용되는 것 또한 맞게 표현되었다.

| **어휘** |

- re-elected 재당선된 • council 의회, 위원회
- Corsican 코르시카 사람의 • delegation 대표단, 위임
- miserable 비참한, 보잘 것 없는 • lay out ~을 펼치다
- en route (어디로 가는) 도중에 • Grand Duke 통치자
- procure 구하다, 입수하다 • admittedly 인정하건대
- be granted a scholarship 장학금을 받다

07 ③

| **해석** | 박물관에 전시된 예술품 대부분은 19세기에 이탈리아로부터 온 것이다.

| 해설 | ③ the art를 꾸며 주어야 하며, 문장에 is라는 동사가 있으므로, 빈칸에는 동사가 아닌 분사가 와야 한다. 예술은 전시되는 것이므로 수동 관계가 성립된다. 따라서 정답은 과거분사인 ③ displayed이다.

08 ③ surrounding → surrounded

| 해설 | ③ with 부대 상황 구문이다. 'with + 명사 + 분사'의 형태가 되어야 하는데, 국토의 3/4가 에워싸는 것이 아니라 에워싸여 있는 것이므로 수동 관계이다. 따라서 현재분사형이 아닌 과거분사형이 사용되어야 한다.

| **오답 분석** |

① not to mention은 '~는 말할 필요 없이'라는 표현이다. not to mention 뒤에는 병렬 관계가 되기 위해서 앞에 나온 것과 같은 품사가 오면 된다. 앞에 going outdoor가 있으므로 mountain climbing이 제대로 사용되었다.

② 비교급의 형태로 최상급의 의미를 표현하는 표현인 '비교급 ~than any onther + 단수명사'는 '다른 어떤 ~보다 더 ~하다'라는 뜻이다. 바르게 사용되었다.

④ a number of 뒤에는 복수명사가 오고, 동사 역시 복수동사가 수반되므로 바르게 사용되었다. 그리고 hard는 study를 수식하는 부사로 올바르게 사용되었다.

학습 내용

❶ 수량 형용사의 종류와 특징을 이해하고 기억한다.

❷ 난이 형용사의 4가지 특징을 기억한다.

- 기본형 : It is 난이 형용사 (for + 목적격) to R + Sth

❸ 판단 형용사의 특징을 기억한다.

- 기본형 : It is 판단 형용사 (for + 목적격) to R
  It is 판단 형용사 that S (should) + R

❹ 확실성 형용사는 진주어 자리에 to부정사를 사용할 수 없다.

- 기본형 : It is 확실성 형용사 that S V.
- It is 확실성 형용사 (for + 목적격) to R는 옳지 않다.

형용사

01 형용사의 기본 개념

02 형용사의 종류

Chapter 13

형용사

1 형용사의 기본 개념

1 형용사란?

형용사는 대표적인 수식어로서 명사의 상태나 성질을 수식하거나 주어 또는 목적어의 상태나 성질을 서술하는 역할을 한다.

- He is a diligent student. 그는 근면한 학생이다.
- The student is diligent. 그 학생은 근면하다.
- We found the student diligent. 그는 그 학생이 근면하다는 것을 알게 되었다.

개·념·완·성 연습 문제

Q1 다음 단어의 형용사 형태를 쓰시오.

1. health → ________________

2. danger → ________________

3. fool → ________________

4. friend → ________________

5. fame → ________________

6. child → ________________

정답 및 해설

Q1 1. healthy 건강한 / 2. dangerous 위험한 / 3. foolish 어리석은 / 4. friendly 친절한
5. famous 유명한 / 6. childish 유치한

2 형용사의 역할

형용사는 명사 앞이나 뒤에서 명사를 수식하거나 불완전 동사의 보어로 사용된다.

1) 제한적 용법

형용사가 명사를 앞이나 뒤에서 수식하는 용법이다.

관사 + 형용사 +명사

2) 서술적 용법

형용사가 불완전 동사 뒤에 사용되어서 주어나 목적어를 설명해 주는 용법이다.

2형식	be, become, remain 감각 동사(look, smell, taste, sound, feel) + 형용사
5형식	make, keep, find, leave, consider + 목적어 + 형용사

중요 포인트 **전치 수식만 가능한 형용사(후치 수식이나 보어 자리에는 사용할 수 없다)**

wooden 나무로 된	golden 금으로 된	elder 손위의
live 살아 있는	lone 외로운	drunken 술 취한

- The animal is live [X]
  → a live animal 살아 있는 동물

중요 포인트 **서술적 용법으로만 쓰이는 형용사**

명사를 전치 수식 할 수 없고, 명사를 후치 수식 하거나 보어로만 사용할 수 있다.

alive 살아 있는	alike 비슷한	awake 깨어 있는
asleep 잠자는	afraid 두려워하는	aware 알고 있는
alone 혼자인	ashamed 수치스러워하는	

- They tried to treat all their children alike. 그들은 자녀들을 모두 비슷하게 대하려고 노력했다.
- Once again he had to readjust to living alone. 그는 다시 한번 혼자 사는 것에 재적응해야 한다.

개·념·완·성 연습 문제

Q1 괄호 안에 알맞은 것을 고르시오.

1. She is a [care / careful] driver.

2. The pie smells [terrible / terribly].

3. The teacher is always [nice / nicely] to me.

4. Carlos is a warm and [friend / friendly] man.

5. Look at those [sleeping / asleep] puppies.

6. The hospital, [like / alike] many others across the country, turned to its antiquated loudspeaker system. (01. 국가직 7급)

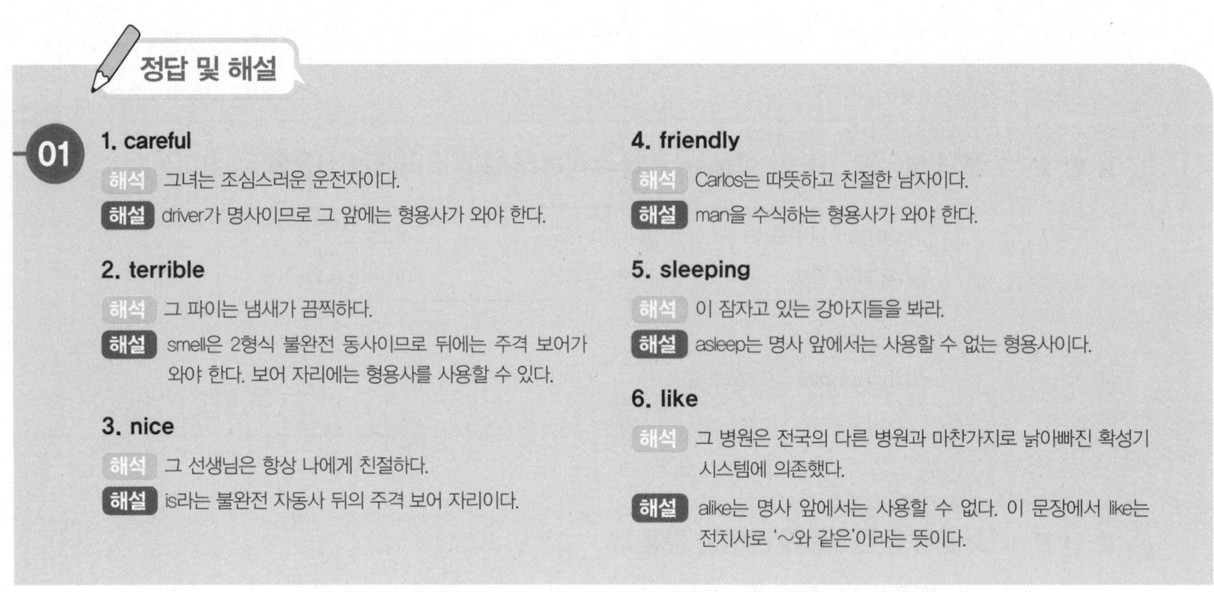

정답 및 해설

01

1. careful

해석 그녀는 조심스러운 운전자이다.

해설 driver가 명사이므로 그 앞에는 형용사가 와야 한다.

2. terrible

해석 그 파이는 냄새가 끔찍하다.

해설 smell은 2형식 불완전 동사이므로 뒤에는 주격 보어가 와야 한다. 보어 자리에는 형용사를 사용할 수 있다.

3. nice

해석 그 선생님은 항상 나에게 친절하다.

해설 is라는 불완전 자동사 뒤의 주격 보어 자리이다.

4. friendly

해석 Carlos는 따뜻하고 친절한 남자이다.

해설 man을 수식하는 형용사가 와야 한다.

5. sleeping

해석 이 잠자고 있는 강아지들을 봐라.

해설 asleep는 명사 앞에서는 사용할 수 없는 형용사이다.

6. like

해석 그 병원은 전국의 다른 병원과 마찬가지로 낡아빠진 확성기 시스템에 의존했다.

해설 alike는 명사 앞에서는 사용할 수 없다. 이 문장에서 like는 전치사로 '~와 같은'이라는 뜻이다.

3 형용사의 어순

일반적인 경우 수식하는 것이 수식받는 것 앞에 위치한다. 따라서 형용사는 명사 앞에 위치한다. 예외적인 사항을 기억해야 하고, 명사 앞에 여러 가지 형용사가 나열될 때는 어순을 제대로 배치해야 한다.

1) 여러 개의 형용사가 함께 사용되는 경우

'전치 한정사 + 한정사 + 수량 형용사 + 일반 형용사 + 재료 형용사' 순으로 나열한다.

명사 앞에 형용사의 어순은 '수량 + 일반 + 재료'이다. 그리고 한정사(관사, 소유격)는 형용사보다 앞에 나온다. 예외적으로 전치 한정사(all, both, half)는 the보다 앞에 나올 수 있다는 점만 기억하자!
그리고 일반 형용사가 여러 개 나열될 때는 '모양 + 색상 + 원산지' 순서로 나열한다.

전치 한정사	all, both, 배수(half, double, three times)	
(중치) 한정사	소유격	my, your 등
	관사	an, the
	지시 형용사	this, that, these, those
수량 형용사		one, two, first, second 등
일반 형용사		big, white, rich, old 등

• We bought all the beautiful wooden chairs. 우리는 아름다운 나무 의자 모두를 구입했다.
전치 한정사 + 형용사 + 일반 형용사 + 재료

중요 포인트 **형용사 어순 암기법**

– 형용사 2개 이상 나열할 때 어순 : **지수대성**(**지**시 + **수**량 + **대**소 + **성**상[상태, 성질])

• these two small pretty dogs. 이 두 마리 작은 강아지들.
지시 수량 대소 성상

– 성상 형용사(일반 형용사) 2개 이상 나열할 때 어순 : **모색원**(**모**양 + **색**상 + **원**산지(또는 재료))

• a round white French desk. 둥글고 하얀 프랑스산 책상.
모양 색상 원산지

2) –thing, –body, –one, –where로 끝나는 명사

이런 종류의 명사는 형용사가 뒤에서 수식해야 한다.

• You have something cold to drink. 너는 마실 시원한 것이 있다.

개·념·완·성 연습 문제

Q1 괄호 안에 알맞은 것을 고르시오.

1. I want to eat [sweet something / something sweet].

2. Look at those [black lovely / lovely black] rabbits.

3. [The all / All the] students in my school are studying English. (05. 국회직 8급)

Q2 잘못된 곳을 어법에 맞게 고치시오.

1. The man is holding alive snake.

2. We have lot of things to prepare before going on vacation.

3. Let's eat spicy something for lunch today.

정답 및 해설

Q1

1. something sweet

해석 나는 뭔가 달콤한 것을 먹고 싶다.

해설 something을 꾸밀 때는 형용사가 뒤에서 수식한다. thing으로 끝나는 대표 명사이다.

2. lovely black

해석 이 아름다운 검정 토끼를 봐라.

해설 여러 개의 형용사가 나열되는 경우 '모양 + 색깔 + 원산지' 순서로 사용한다.

3. All the

해석 우리 학교의 모든 학생들은 영어를 공부하고 있다.

해설 all은 전치 한정사로, 한정사인 the보다 더 앞에 위치한다.

Q2

1. alive → living

해석 그 남자는 살아있는 뱀을 잡고 있다.

해설 alive는 명사 앞에 위치할 수 없으므로 living으로 바꾼다.

2. lot of → lots of

해석 우리는 휴가 가기 전에 준비해야 할 것이 많이 있다.

해설 lot 자체는 가산명사이므로 a lot of 또는 lots of로 바꾸어야 한다.

3. spicy something → something spicy

해석 오늘 점심에 뭔가 매콤한 것을 먹자.

해설 something을 수식하는 형용사는 something 뒤에 위치해야 한다.

2 형용사의 종류

1) 수량 형용사

수나 양을 나타내는 형용사의 경우, 수식받는 명사의 형태에 주의해야 한다. 특히 동사와의 수 일치에 단서가 될 수 있으므로 주의해야 한다.

수 형용사 + **복수 가산명사**
양 형용사 + **불가산명사**
수량 공통 형용사 + **복수 가산명사**
+ **불가산명사**

수 형용사	양 형용사	수량 공통 형용사
many(많은)	much(많은)	all(모든)
few(거의 없는)	little(거의 없는)	most(대부분의)
a few(약간의)	a little(약간의)	some(몇몇의)
quite(not) a few(꽤 많은 수의)	quite(not) a little(꽤 많은 양의)	any(어떤)
a number of(많은 수의)	an amount of(많은 양의)	no(어떤 ~도 아닌)
a couple of(두어 개의)	a great deal of(많은)	more(더 많은)
several(여러 개의)	less(더 적은)	a lot of(많은)
		plenty of(많은)

• Much information is needed for the research. 그 연구에 많은 정보가 필요하다.

• Many companies are located in the area. 많은 회사들이 이 지역에 위치하고 있다.

• Most information is collected from the research. 대부분의 정보는 그 조사에서 얻었다.

• Most companies are going to attend the conference. 대부분의 회사들은 그 회의에 참석할 것이다.

• Every company is seeking new ways to make profits. 모든 회사들이 수익을 내기 위한 새로운 방법들을 찾고 있다.

개·념·완·성 연습 문제

Q1 [보기]에서 알맞은 것을 골라 빈칸을 채우시오.

[보기]	few	a few	little	a little

1. There is __________ food left. Let's go grocery shopping tonight.

2. My car is very old, but I have __________ problems with it.

3. This box is very heavy. Can you give me _____________ help.

4. I'm thirsty. Can you give me ____________ water please?

5. He doesn't have a job at the moment, so he has ___________ money.

Q2 괄호 안에 알맞은 것을 고르시오.

1. There aren't [many / much] houses around here.

2. I spent [a little / a few] time in the park.

3. How [many / much] money do I need to buy it?

4. She collects [a lot of / much] coins from around the world.

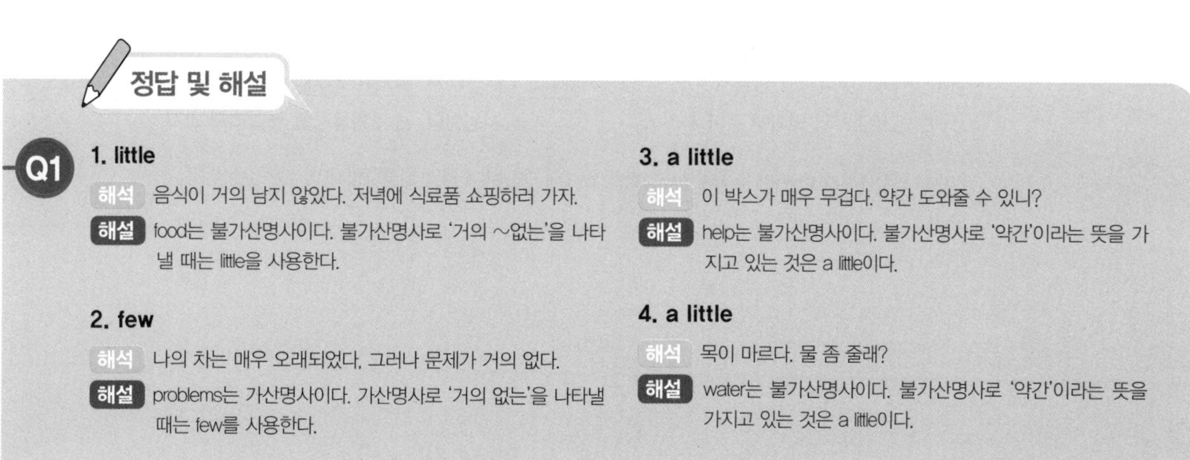

정답 및 해설

Q1

1. little

해석 음식이 거의 남지 않았다. 저녁에 식료품 쇼핑하러 가자.

해설 food는 불가산명사이다. 불가산명사로 '거의 ~없는'을 나타낼 때는 little을 사용한다.

2. few

해석 나의 차는 매우 오래되었다. 그러나 문제가 거의 없다.

해설 problems는 가산명사이다. 가산명사로 '거의 없는'을 나타낼 때는 few를 사용한다.

3. a little

해석 이 박스가 매우 무겁다. 약간 도와줄 수 있니?

해설 help는 불가산명사이다. 불가산명사로 '약간'이라는 뜻을 가지고 있는 것은 a little이다.

4. a little

해석 목이 마르다. 물 좀 줄래?

해설 water는 불가산명사이다. 불가산명사로 '약간'이라는 뜻을 가지고 있는 것은 a little이다.

5. little

해석 그는 현재 직장이 없다. 그래서 돈이 거의 없다.

해설 money는 불가산명사이다. 불가산명사로 '거의 없는'이라는 뜻을 가지고 있는 것은 little이다.

1. many

해석 여기 주변에는 많은 주택이 없다.

해설 houses는 가산명사이므로 many와 어울린다.

2. a little

해석 나는 공원에서 약간의 시간을 썼다.

해설 time은 불가산명사이므로 a little과 어울린다.

3. much

해석 이것을 구매하려면 돈이 얼마나 필요하나요?

해설 money는 불가산명사이므로 much와 어울린다.

4. a lot of

해석 그녀는 전 세계의 동전을 수집한다.

해설 coins는 가산명사이므로 much와는 어울릴 수 없다. a lot of는 뒤에 가산명사, 불가산명사 둘 다 올 수 있다.

2) 난이 형용사

쉬움과 어려움을 나타내는 형용사이다. 아래 2가지 출제 포인트를 확실하게 학습해야 한다.

어려운, 쉬운	difficult, hard, tough, easy
편리한, 불편한	convenient, inconvenient
가능한, 불가능한	possible, impossible

① It is 난이 형용사 for 의미상 주어 to R + O

난이 형용사는 사람을 주어로 쓰지 않고 가주어, 진주어 구문을 이용해서 표현한다. 그리고 to부정사의 의미상의 주어는 for + 명사(목적격대명사)로 표현한다.

• It is easy (for him) to ride a bicycle. 그가 자전거를 타는 것은 쉽다.

중요 포인트 **사람의 성질을 나타내는 형용사**

사람의 성질을 나타내는 형용사(= 인성 형용사)(kind, wise, nice, foolish, thoughtful, careful, considerate, stupid)는 to부정사의 의미상 주어 자리에 'of + 목적격'을 사용한다. 난이 형용사와 헷갈리지 말자.

• It is very kind of you to say so 그렇게 말씀해 주시다니 정말 친절하십니다.

개·념·완·성 연습 문제

Q1 빈칸에 알맞은 것을 고르시오.

1. It is very thoughtful [for / of] him to remember the names of every member in our firm.

정답 및 해설

Q1

1. of

해석 그가 우리 회사의 모든 사람 이름을 기억하는 것은 매우 사려 깊은 것이다.

해설 thoughtful은 사람의 성질을 나타내는 형용사이므로 뒤에 전치사 of가 와야 한다.

② 주어가 It이 아닌 경우, to부정사의 의미상 주어는 문장의 주어로 쓰일 수 없지만, to부정사의 목적어는 문장의 주어로 사용될 수 있다. to부정사의 목적어가 문장의 주어로 간 경우, to부정사의 목적어 자리는 비어 있어야 한다.

• It is difficult for me to read the magazine. 이 잡지를 읽는 것은 어렵다.
(the magazine: to부정사의 목적어)

= The magazine is difficult for me to read. [to read 뒤에 다시 목적어를 사용하면 안 된다.]

≠ I am difficult to read the magazine. [X] [to부정사의 의미상 주어가 주어 자리에 갈 수 없다.]

개·념·완·성 연습 문제

Q1 다음 문장을 어법에 맞게 고치시오.

1. When will you be convenient to visit her mother? (11. 사복직 9급)

2. It is hard of us to get a job these days.

3. The book is difficult for me to read it.

정답 및 해설

1. When will you be convenient to visit her mother?
→ When will it be convenient for you to visit her mother?

해석 당신이 그녀의 어머니를 방문하는 것은 언제가 편하시겠습니까?

해설 to부정사의 의미상의 주어가 문장의 주어로 사용할 수 없으므로, 주어를 가주어 it으로 변경하고 의미상의 주어는 'for + 목적격'으로 표시해야 한다.

2. of → for

해석 요즘에 우리가 취업을 하는 것은 어렵다.

해설 to부정사의 의미상의 주어를 표시할 때는 'for + 목적격'을 사용한다.

3. it 삭제

해석 그 책은 내가 읽기에는 어렵다.

해설 to read의 목적어인 the book이 주어 자리에 간 형태이므로 to read 뒤에 다시 목적어를 사용해서는 안 된다.

난이 형용사와 that절

easy나 difficult와 같은 난이 형용사는 진주어 자리에 to부정사만 사용이 가능하고, that절을 사용할 수 없다. 반면, possible과 impossible은 진주어 자리에 to부정사와 that절 모두 사용 가능하다.

난이 형용사	진주어 that절 여부
difficult, easy, hard, convenient, inconvenient	진주어로 that절 불가능
possible, impossible	진주어로 that절 가능

- It is easy for him to ride a bicycle. [O] 그가 자전거를 타는 것은 쉽다.
  ≠ It is easy that he rides a bicycle. [X]
- It is impossible to cancel the order. 주문을 취소하는 것은 불가능하다. [O]
- It is possible that this dispute might erupt into a civil war. 이 분쟁이 내란으로 분출될 수도 있다. [O]

개·념·완·성 연습 문제

Q1 다음 문장을 어법에 맞게 고치시오.

1. It is easy that we convince him. (04. 서울시 9급)

2. It is hard that we understand the meaning.

정답 및 해설

Q1

1. that we convince him → for us to convince him

해석 우리가 그를 설득하기란 쉽다.

해설 easy와 같은 형용사는 진주어로 that절을 사용할 수 없으므로, 진주어를 to R으로 바꾸고, 의미상의 주어는 'for + 목적격'으로 표시해야 한다.

2. that we understand the meaning → for us to understand the meaning

해석 우리가 그 의미를 이해하는 것은 어렵다.

해설 hard와 같은 형용사는 진주어로 that절을 사용할 수 없으므로, 진주어를 to R으로 바꾸고, 의미상의 주어는 'for + 목적격'으로 표시해야 한다.

3) 판단 형용사

'중요한'이나 '필요한'과 같이 이성적 판단을 나타내는 형용사는 that절 안의 동사가 '~해야 한다'라는 당위성을 가지므로 (should) R 형태가 되는지 확인해야 한다. 다른 형태의 동사가 함정으로 출제되니 주의해야 한다.

> It is 판단 형용사 that + S + (should) R

중요한	important, vital, critical, crucial
필요한	necessary, essential, mandatory, imperative

• It is important for us to finish the assignment. 우리가 과제를 끝내는 것이 중요하다.

= It is important that we **(should) finish** the assignment.

4) 확실성 형용사

'확실한' 또는 '불확실한'을 나타내는 형용사는 가주어, 진주어 구문에서 진주어로 to부정사는 사용할 수 없음에 주의하자. 확실성 형용사와 어울리는 사실절인 that절만 가능하다.

확실한	clear, certain, likely, obvious, evident, probable
불확실한	uncertain, unlikely

It is + 확실성 형용사 + for + 의미상 주어 + to부정사	X
It is + 확실성 형용사 + that + 주어 + 동사	O

• It is clear **that** he will succeed. 그가 성공할 것은 확실하다. [O]

≠ It is clear for him to succeed. [X]

• It is certain **that** he is a liar. 그가 거짓말장이임에는 틀림없다. [O]

≠ It is certain for him to be a liar. [X]

1. 괄호 안에 어법상 알맞은 것을 고르시오.

01 Valuable vacant land rarely sits idle and is often taken over - either formally, or informally - and made [productive / productively].

02 I think they'll arrive [early enough / enough early] to see it. (12. 국회직 7급)

03 The math question was too tough for the student to [answer / answer it]. (16. 국회직 7급)

04 In fact, there have always been [a number of / an amount of] important policy issues. (18. 서울시 7급 응용)

05 Pharmacists have publicly refused to condone any cream which claims to provide [a lot / many] impossible cosmetic results and skin altering benefits.

06 Setting manageable goals is very [important / importance] to stay within budgets.

07 It is very [considerable / considerate] of you to give a welcoming speech to the delegates. (00. 국가직 7급)

08 The city council members expect further social and [economic / economical] progress over the next ten years.

09 Cooper is a private-security detective, one of many who patrol once prosperous enclaves [like / alike] Palmer Woods. (13. 지방직 7급)

10 [Most / Every] order that comes to our department is processed with the utmost care and attention.

정답 및 해설

01 productive

| 해석 | 가치 있는 빈 땅은 거의 방치되지 않으며 종종 공식적으로나 비공식적으로 인계되어 생산적으로 만들어지기도 한다.

| 해설 | make는 5형식으로 'make + 목적어 + 형용사' 형태를 취할 수 있는데, 수동태로 전환되면 'be made + 형용사'의 형태가 된다. 따라서 형용사 productive가 정답이다.

| 어휘 |

• vacant 비어 있는 • idle 게으른, 놀고 있는
• take over 인수하다

02 early enough

| 해석 | 나는 그들이 그것을 보기 위해서 충분히 일찍 도착할 것이라고 생각한다.

| 해설 | enough가 형용사나 부사를 수식하는 부사로 사용되는 경우, 뒤에 위치해서 앞으로 꾸며 준다.

03 answer

| 해석 | 그 수학 문제는 학생이 답변하기에는 너무 어려웠다.

| 해설 | 난이 형용사 구문에서 to부정사의 목적어가 주어로 간 경우 to부정사의 목적어 자리가 비어 있어야 한다.

04 a number of

| 해석 | 사실, 항상 많은 정책 문제가 있어 왔다.

| 해설 | issues가 가산 복수명사이므로 a number of가 수식을 해야 한다.

05 many

| 해석 | 약사들은 많은 불가능한 화장품 결과(효과)와 피부 변경 혜택(효과)을 제공한다고 주장하는 크림을 용인하는 것을 공개적으로 거절해 왔다.

| 해설 | results가 가산 복수명사이므로 many와 어울린다. a lot은 명사 앞에서는 사용될 수 없고 a lot of의 형태가 되어야 한다.

06 important

| 해석 | 예산 범위 내에 머물기 위해서 달성 가능한 목표를 설정하는 것은 매우 중요하다.

| 해설 | is라는 불완전 자동사 뒤는 주격 보어 자리이므로 형용사형이 필요하다.

07 considerate

| 해석 | 당신이 대표들에게 환영사를 해 주는 것은 매우 사려 깊은 것이다.

| 해설 | '사려 깊은'이라는 뜻의 considerate가 사용되어야 한다. considerable는 '수나 양이 상당한'이라는 뜻이다.

08 economic

| 해석 | 그 시위원회 멤버들은 향후 10년간 추가적인 사회, 경제적인 진전이 있을 것으로 기대한다.

| 해설 | '경제적인'이라는 뜻을 위해서는 economic이 적절하다. economical은 '아끼는, 절약하는'이라는 뜻이다.

09 like

| 해석 | Cooper는 사설 보안 수사관으로, Palmer Woods와 같이 한때 번영했던 집단 거주지들을 순찰하는 많은 사람들 중 한 명이다.

| 해설 | 빈칸 뒤에 명사가 있으므로, 이 문장에서는 전치사 like가 필요하다. alike는 명사 뒤에서 꾸며 주는 형용사이다.

10 Every

| 해석 | 우리 부서로 오는 모든 주문은 최고의 관리와 주의를 가지고 처리된다.

| 해설 | order은 가산명사인데, 단수형으로 사용되고 있으므로 Every가 정답이다. most는 가산명사와 같이 사용할 경우 명사가 복수형이 되어야 한다.

2. 어법상 틀린 부분을 바르게 고치시오.

01 She wants her husband to buy two dozens of eggs on his way home. (15. 국가직 9급)

02 There are good some flowers in the backyard (12. 교행)

03 Every public servants must carry out their duties efficiently. (14. 지방직 9급 응용)

04 It is an unprecedentedly man-made change to the shape of the world. (18. 서울시 7급)

05 The salesman told me that a good set of tires was supposed to last fifty thousands kilometers. (05. 지방직 9급)

06 We scored well in much surveys of customer opinions about program quality.

07 The famous international music festival makes our hotel attractively to visitors.

08 When the analyst provides me with much details, I will write up the final report and send it to your office.

09 The unconventional manner of leadership by the company's new CEO was the cause of many debate in the entire company. (13. 지방직 7급)

10 The report indicates that the most independent broker agents in the Asian continent were being put out of business by large corporations.

정답 및 해설

01 two dozens of eggs → two dozen eggs

| 해석 | 그녀는 남편이 집으로 오는 길에 계란 두 박스를 사 오기를 원했다.

| 해설 | 막연한 수를 나타낼 때는 dozens of를 사용하지만, 특정한 수와 함께 사용할 때는 '수사 + dozen + 복수명사'가 맞는 표현이다.

02 good some flowers → some good flowers

| 해석 | 정원에 멋진 꽃 몇 개가 있다.

| 해설 | 명사를 수식하는 것에는 형용사와 한정사가 있는데, 한정사가 형용사보다 앞에 위치한다.

03 Every → All

| 해석 | 모든 공무원들은 반드시 그들의 직무를 효율적으로 수행해야 한다.

| 해설 | every는 '모든의'라는 뜻이지만 각각의 하나하나를 지칭하는 것으로 뒤에는 단수 명사가 와야 한다. 그리고 뒤에 대명사 역시 복수형으로 사용하고 있으므로 Every를 All로 바꾸어야 한다.

04 unprecedentedly → unprecedented

| 해석 | 그것은 유례없는 세계의 형태에 대한 인공적인 변화이다.

| 해설 | unprecedentedly가 구조상 change라는 명사를 수식하고 있으므로 부사형이 아닌 형용사형으로 바꾸어야 한다.

05 fifty thousands → fifty thousand

| 해석 | 그 영업 사원은 나에게 품질이 좋은 타이어 세트는 5만 킬로미터까지 지속될 것이라고 말했다.

| 해설 | thousand 앞에 수사가 와서 특정한 수를 나타낼 때는 단수형으로 사용해야 한다.

06 much → many

| 해석 | 우리는 프로그램 품질에 대한 고객 의견 설문조사에서 좋은 점수를 얻었다.

| 해설 | surveys가 가산 복수명사이므로 much 대신에 many를 사용해야 한다.

07 attractively → attractive

| 해석 | 그 유명한 국제 음악 축제는 우리의 호텔을 방문객들에게 매력적으로 만든다.

| 해설 | make가 불완전 타동사이므로 목적격 보어 자리에는 부사가 아닌 형용사가 필요하다.

08 much → many

| 해석 | 그 분석가가 제게 많은 세부 정보를 제공하면, 최종 보고서를 작성해서 당신의 사무실로 보내 드릴게요.

| 해설 | details가 가산 복수명사이므로 much 대신 many를 사용해야 한다.

09 many → much

| 해석 | 그 최고 경영자의 비관례적인 리더십 형태는 회사 전체에서 일어난 많은 논쟁의 원인이었다.

| 해설 | debate가 불가산명사이므로 many 대신 much를 사용해야 한다.

10 the most → most

| 해석 | 그 보고서는 아시아 대륙에서의 대부분의 독립적인 중개사들은 대형 회사들로부터 퇴출되었다고 보고한다.

| 해설 | the most는 '가장 ~한'이라는 뜻으로, 최상급을 표현할 때 사용한다. '대부분의'를 표현하고 싶을 때는 the 없이 most만 사용해야 한다.

01 우리말을 영어로 잘못 옮긴 것을 고르시오. (19. 국가직 9급)

① 개인용 컴퓨터를 가장 많이 가지고 있는 나라는 종종 바뀐다.
→ The country with the most computers per person changes from time to time.

② 지난 여름 나의 사랑스러운 손자에게 일어난 일은 놀라웠다.
→ What happened to my lovely grandson last summer was amazing.

③ 나무 숟가락은 아이들에게 매우 좋은 장난감이고 플라스틱 병 또한 그렇다.
→ Wooden spoons are excellent toys for children, and so are plastic bottles.

④ 나는 은퇴 후부터 내내 이 일을 해 오고 있다.
→ I have been doing this work ever since I retired.

02 어법상 옳지 않은 것은? (15. 국가직 9급)

① The main reason I stopped smoking was that all my friends had already stopped smoking.

② That a husband understands a wife does not mean they are necessarily compatible.

③ The package, having wrong addressed, reached him late and damaged.

④ She wants her husband to buy two dozen eggs on his way home.

03 다음 중 어법상 옳은 것은? (14. 지방직 9급)

① Many a careless walker was killed in the street.

② Each officer must perform their duties efficient.

③ However you may try hard, you cannot carry it out.

④ German shepherd dogs are smart, alert, and loyalty.

04 다음 글의 밑줄 친 부분 중 어법상 옳지 않은 것은? (15. 지방직 9급 응용)

The emphasis on decoding, translated ①<u>mainly</u> as phonemic awareness and knowledge of the alphabetic principles, has led schools to research for packaged or ②<u>commercial</u> produced reading programs that ③<u>help</u> students ④<u>master</u> the skills of decoding.

정답 및 해설

01 ① the most computers per person
→ the most personal computers

| 해설 | ① per person은 '개인당'이라는 뜻으로 개인용 컴퓨터의 올바른 영작이 아니다. The country with the most personal computers~로 고쳐야 한다.

| 오답 분석 |

② what은 선행사를 포함하고 있는 관계대명사로 happen의 주어 역할을 하며 자동사 happen은 수동태가 불가능한 자동사이기 때문에 능동태로 올바르게 사용했다. 문장의 동사 was는 주어가 절이어서 단수 취급을 한 것이며 amazing은 감정 동사의 분사형으로 주어가 감정을 주는 대상이 되어 능동을 뜻하는 현재분사를 사용했다.

③ 긍정문에 대한 동의를 나타낼 때 so는 'So + do(does/did) + 주어' 또는 'So + be동사 + 주어'의 어순을 갖는다.

④ since는 현재완료와 함께 사용하는 시간 표현으로, 시제가 올바르게 쓰였다.

02 ③ having wrong addressed
→ having been wrongly addressed

| 해석 | ① 내가 흡연을 그만둔 주된 이유는 나의 모든 친구들이 이미 흡연을 그만두었기 때문이었다.
② 남편이 아내를 이해하는 것이 그들이 반드시 화합할 수 있다는 것을 의미하는 것은 아니다.
③ 그 소포는 잘못된 주소를 가지고 있어서 그에게 늦게 도착하였으며 파손되어 있었다.
④ 그녀는 그녀의 남편이 집으로 오는 길에 달걀 두 박스를 사오는 것을 원한다.

| 해설 | ③ 주어인 the package(소포)와 분사구문의 동사인 address(주소를 적다)는 수동 관계이다. 형용사 wrong은 부사 wrongly로 변경되어야 한다. having wrong addressed을 having been wrongly addressed로 바꿔야 한다.

| 오답 분석 |

① 내가 금연을 한 것보다 친구들이 금연을 한 것이 더 이전의 시제이므로 대과거인 had stopped가 올바르다.

② 접속사 that은 완전한 문장의 앞에 온다. That a husband understands a wife는 주어로 사용된 명사절이다.

④ 막연한 수를 나타낼 때는 dozens of를 사용하지만, 특정한 수와 함께 사용할 때는 '수사 + dozen + 복수명사'가 맞는 표현이다.

03 ①

| 해석 | ① 부주의한 많은 보행자가 길에서 죽었다.
② 각각의 공무원은 그의 직무를 효과적으로 수행해야 한다.
③ 당신이 아무리 열심히 해도, 그것을 수행할 수 없다.
④ 독일 셰퍼드 개는 똑똑하고, 기민하고, 충성스럽다.

| 해설 | ① 'many a'는 단수명사 및 단수동사와 함께 쓰이는 수량 형용사이기 때문에 walker, was killed가 모두 적절하게 쓰였다. 수동태 문장이므로 동사 뒤에 목적어가 없는 것도 맞다.

| 오답 분석 |

② 단수 주어인 each officer를 대명사 their로 받을 수 없다. efficient는 동사 perform을 수식하므로 부사인 efficiently로 바꿔야 한다.

③ 복합 관계부사인 however를 이용해 '아무리~해도'라는 뜻의 양보 부사절을 만들려면 'however + 형용사/부사 + 주어 + 동사'의 순으로 써야 한다. 'However hard you may try, ~'로 써야 한다.

④ A, B, and C와 같은 병렬 구조에서는 A, B, C의 품사가 같아야 한다. smart, alert는 형용사인데 loyalty는 명사이므로 loyal로 바꾸어 써야한다.

04 ② commercial → commercially

| 해석 | 주로 음소 인식과 알파벳 원칙에 대한 지식으로 번역되는 독해에 대한 강조는 학교가 학생들이 독해의 기술을 속달하는 것을 돕는 일괄적이거나 상업적으로 만들어진 독해 프로그램을 찾도록 이끌었다.

| 해설 | ② produced라는 과거분사를 수식하는 것은 형용사가 아닌 부사이다. 따라서 commercially로 바꾸어야 한다.

| 오답 분석 |

① mainly라는 부사가 앞에 있는 과거분사를 수식하고 있으므로 맞다.

③ that의 선행사가 programs이므로 관계절의 동사 역시 복수형으로 제대로 사용하고 있다.

④ 'help + 명사 + (to) R' 구조이다. help는 준사역 동사로, 목적격 보어 자리에 동사원형이나 to부정사가 온다.

학습 내용

❶ '타동사 + 전치사 형태의 부사'에서 목적어의 위치를 이해한다.

- 일반 명사 : 목적어가 타동사 뒤나 부사 뒤 둘 다 가능하다.
- 대명사 : 목적어가 타동사 뒤만 가능하고, 부사 뒤에는 위치할 수 없다.

❷ 혼동하기 쉬운 부사를 정리한다.

- very + 형용사/부사(매우)
- so + 형용사/부사 + that S V(매우 ~해서 ~하다)
- much + more 형용사/부사(훨씬)
- too + 형용사/부사 + to R(지나치게 ~해서 ~할 수 없다)
- 형용사/부사 + enough + to R(~할 만큼 충분히 ~하다)
- as + 형용사/부사 + as(~만큼 ~하다)
- However + 형용사/부사 + S V (아무리 ~하더라도)

부사

Chapter 14

부사

1 부사의 형태

부사는 문장에서 중심 역할을 수행하지 않고 부수적인 역할을 수행하는 말이다. 동사나 형용사 또는 다른 부사 등을 수식한다. 일반적인 부사의 형태는 '형용사 + ly'이다.

형용사	형용사 + ly
rapid(빠른) quick(빠른) beautiful(아름다운) clear(분명한) careful(조심스러운)	rapidly(빠르게) quickly(빠르게) beautifully(아름답게) clearly(분명하게) carefully(조심스럽게)

그러나 일반적이지 않은 형태의 부사도 있다.

1) ly로 끝나지 않는 부사

'형용사 + ly'의 부사형이 아닌 원래 형태 자체가 부사인 단어들도 있다.

always	almost	just	still	even
sometimes	already	besides	also	then

2) 형용사와 부사가 다 되는 단어

형용사와 부사가 다 되는 단어들도 있다. 이들 단어는 무엇을 수식하는가에 따라 품사가 결정되고, 의미가 전혀 다른 경우가 있으므로 주의해야 한다.

early(형) 이른 / (부) 일찍	late(형) 늦은 / (부) 늦게	near(형) 가까운 / (부) 가까이
fast(형) 빠른 / (부) 빨리	high(형) 높은 / (부) 높게	far(형) 먼 / (부) 멀리
daily(형) 매일의 / (부) 매일	enough(형) 충분한 / (부) 충분하게	

3) –ly가 붙으면 뜻이 바뀌는 형용사와 부사

이 경우는 형용사가 두 가지 형태의 부사를 갖는 경우이다. 예를 들어, late는 명사를 수식할 때에는 형용사로 '늦은'의 의미이고, 동사를 수식할 때에는 부사로 '늦게'이다. 그리고 lately는 '최근에'라는 완전히 다른 부사이다. late와 lately는 둘 다 부사이므로 해석을 해서 구분해야 한다.

• I had late dinner. [형용사] 나는 늦은 저녁을 먹었다.

• He came late. [부사] 그는 늦게 왔다.

• Prices are rising lately [부사] 물가가 최근에 상승하고 있다.

late (형) 늦은 / (부) 늦게	lately (부) 최근에
hard (형) 힘든, 열심인 / (부) 열심히	hardly (부) 거의 ~하지 않은
near (형) 가까운 / (부) 가까이	nearly (부) 거의
short (형) 부족한, 짧은 / (부) 부족하게, 짧게	shortly (부) 즉시
high (형) 높은 / (부) 높게	highly (부) 매우

• The bird flies high. 그 새는 높이 난다.

• The hotel is highly recommended. 그 호텔은 강력히 추천된다.

개·념·완·성 연습 문제

Q1 다음 형용사의 부사 형태를 쓰시오.

1. happy ________________

2. gentle ________________

3. enough ________________

4. early ________________

5. horrible ________________

6. quiet ________________

Q2 다음 밑줄 친 부분이 형용사이면 형, 부사이면 부를 쓰시오.

1. Tomas wakes up early in the morning. ________________

2. The baby's smile was lovely. ________________

3. Charles solved the hard puzzle. ________________

4. The player practiced very hard. ________________

5. I especially like Mozart's early works. ________________

6. It's getting pretty cold. ________________

Q3 빈칸에 알맞은 것을 고르시오.

1. The number of employees who come [late / lately] has [late / lately] increased.

정답 및 해설

Q1

1. happily 행복하게 / 2. gently 얌전하게 / 3. enough 충분하게 / 4. early 일찍
5. horribly 끔찍하게 / 6. quietly 조용하게

Q2

1. 부

해석 Tomas는 아침 일찍 일어난다.

해설 wakes up이라는 일반동사를 수식하고 있으므로 부사로 사용되고 있다.

2. 형

해석 그 아기의 웃음은 사랑스럽다.

해설 lovely는 부사 모양이지만, 명사에 ly가 붙은 것은 형용사이다. was라는 be동사의 주격 보어 자리에 사용되었다.

3. 형

해석 Charles는 그 어려운 퍼즐을 풀었다.

해설 hard가 puzzle이라는 명사를 수식하고 있으므로 형용사이다.

4. 부

해석 그 선수는 매우 열심히 연습했다.

해설 이 문장에서 hard는 practiced라는 동사를 수식하고 있으므로 부사로 사용되고 있는 것이다.

5. 형

해석 나는 특히 Mozart의 초기 작품들을 좋아한다.

해설 early가 works라는 명사를 수식하고 있으므로 형용사이다.

6. 부

해석 날씨가 상당히 추워지고 있다.

해설 pretty는 형용사로 사용되면 '예쁜'이라는 뜻이지만, 부사로 사용되는 경우 '상당히, 꽤'라는 뜻이다. 이 문장에서는 cold라는 형용사를 수식하며, 문맥상 '상당히'가 자연스러우므로 부사로 사용되는 것이다.

Q3

1. late, lately

해석 지각하는 직원들의 수는 최근에 증가했다.

해설 late는 형용사로 '늦은', 부사로 '늦게'라는 뜻이며 lately는 부사로 '최근에'라는 뜻이다. 첫 번째 빈칸에는 문맥상 '늦게'가 자연스러우므로 late가 들어가야 한다. 두 번째 빈칸에는 문맥상 '최근에'가 자연스러우므로 lately가 들어가야 한다.

2 부사의 위치

부사는 명사를 제외한 동사, 형용사, 다른 부사, 준동사 또는 문장 전체를 수식할 수 있다. 문장 내 여러 곳에 위치할 수 있기 때문에 여기에 초점을 맞춘 문제가 빈출된다.

1 동사 수식

1) S + (부사) + 동사

• We sincerely regret any inconvenience. 우리는 어떠한 불편함에 대해서도 진심으로 유감으로 생각합니다.

2) be + (부사) + p.p

• The final budget can be formally accepted. 그 최종 예산은 공식적으로 받아들여졌다.

3) have + (부사) + p.p.

• Analysts have repeatedly warned that stock prices will fall. 분석가들은 주가가 하락할 것이라고 반복적으로 경고해 왔다.

4) 조동사 + (부사) + R

• We could easily pass the test. 그는 쉽게 시험에 통과할 수 있었다.

5) 자동사 + (부사) + 전치사

• The country relies heavily on export. 그 나라는 수출에 지나치게 의존한다.

6) 타동사 + 목적어(명사) + (부사)

• He handles the customer complaints professionally. 그는 고객 불만을 전문적으로 다룬다.

연습 문제

Q1 빈칸에 알맞은 것을 고르시오.

1. Tom was waiting [patient / patiently] for Jean.

2. Carl tried very [hard / hardly] to remember her name.

3. It' raining [heavy / heavily] outside.

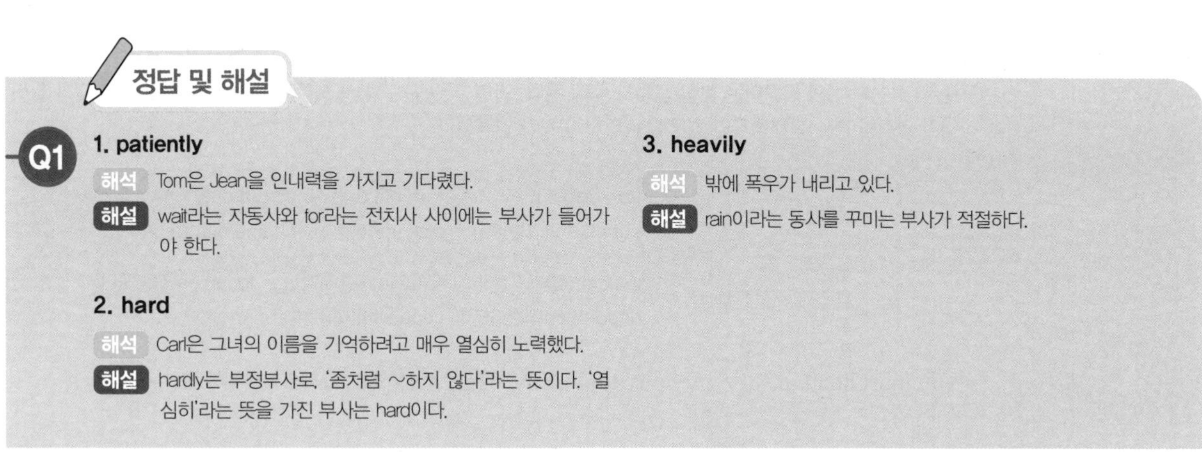

정답 및 해설

Q1

1. patiently

해석 Tom은 Jean을 인내력을 가지고 기다렸다.

해설 wait라는 자동사와 for라는 전치사 사이에는 부사가 들어가야 한다.

2. hard

해석 Carl은 그녀의 이름을 기억하려고 매우 열심히 노력했다.

해설 hardly는 부정부사로, '좀처럼 ~하지 않다'라는 뜻이다. '열심히'라는 뜻을 가진 부사는 hard이다.

3. heavily

해석 밖에 폭우가 내리고 있다.

해설 rain이라는 동사를 꾸미는 부사가 적절하다.

중요 포인트 '타동사 + 전치사 형태의 부사'

1. 목적어의 위치

수험생들이 어려워하는 '자동사 + 전치사'와 '타동사 + 부사'의 구분에 대해 알아보자. 우선 어떤 게 '자동사 + 전치사'인지, '타동사 + 부사'인지 구분해 보자.

• He looked at us. 그는 우리를 보았다.

• He put on the jacket. 그는 재킷을 입었다.

자동사인지 타동사인지는 원래 동사의 뜻이 변하느냐 변하지 않느냐에 따라 구분된다고 보면 된다.

• look은 원래 뜻이 '보다'이다. 그리고 look at도 '보다'이다. 따라서 이 경우 '자동사 + 전치사'로 보면 된다. 이때 목적어의 위치는 목적어가 명사이든, 대명사이든 반드시 전치사 뒤에 와야 한다.

• look us at [X]

• look at us [○]

• look at people [○]

반면 put은 원래 뜻이 '놓다'이다. 그런데 put on은 '입다'가 된다. 이렇게 뜻이 바뀌는 경우는 '타동사 + 전치사 형태의 부사'로 보면 된다. on은 전치사 모양이지만 실제로는 부사로 사용한 것이다. 이 경우 부사의 위치는 자유로우므로 put on the jacket도 가능하고, put the jacket on도 가능하다. 주의해야 할 점은 목적어가 대명사일 경우에는 타동사와 부사 사이에만 위치한다는 점이다.

• put it on [○]

• put on it [X]

목적어가 일반명사	타동사 + 목적어(일반명사) + 부사 [○] 타동사 + 부사 + 목적어(일반명사) [○] • put the jacket on • put on the jacket
목적어가 대명사	타동사 + 목적어(대명사) + 부사 [○] 타동사 + 부사 + 목적어(대명사) [X] • put it on • put on it [X]

2. 대표 표현

'자동사 + 전치사'의 목적어는 항상 전치사 뒤에 온다. 반면 '타동사 + 부사'의 목적어는 위에서 언급한 것과 같이 목적어가 명사인 경우와 대명사인 경우에 따라서 위치가 결정된다.

타동사 + 부사	turn on(켜다) put off(벗다, 미루다)	turn off(끄다) pick up(태우다)	put on(입다) see off(마중 가다)
자동사 + 전치사	look for(찾다) depend on(의존하다)	hand in(제출하다) cope with(대처하다)	focus on(집중하다)

• You must hand in the report by tomorrow. 당신은 내일까지 보고서를 제출해야 한다.

개·념·완·성 연습 문제

Q1 빈칸에 알맞은 것을 고르시오.

1. He has been to the airport this morning to [see her off / see off her].

2. I lost my wallet, so I'm [looking it for / looking for it].

3. The light is too bright. Can you [turn off it / turn it off]?

4. I'll pick [you up / up you] at the airport.

정답 및 해설

Q1

1. see her off

해석 그는 그녀를 배웅하기 위해서 오늘 아침 공항에 갔었다.

해설 see off는 '타동사 + 전치사' 구조이다. 따라서 목적어가 대명사인 경우 '타동사 + 목적어 + 부사' 어순을 취해야 한다.

2. looking for it

해석 나는 지갑을 분실해서, 찾고 있다.

해설 look for는 '자동사 + 전치사' 구조이다. 따라서 목적어는 '자동사 + 전치사 + 목적어'와 같이 동사구 뒤에 위치한다.

3. turn it off

해석 조명이 너무 밝다. 꺼 줄 수 있니?

해설 turn off은 '타동사 + 부사' 구조이다. 따라서 목적어가 대명사인 경우, 반드시 동사구 사이에 위치해야 한다.

4. you up

해석 내가 공항에서 너를 태울게.

해설 pick up은 '타동사 + 전치사' 구조이다. 따라서 목적어가 대명사인 경우, 반드시 동사구 사이에 위치해야 한다.

2 다른 수식어 수식

부사는 형용사, 분사 그리고 부사와 같은 수식어 앞에 위치해서 의미를 추가할 수 있다.

- This tool is extremely helpful. 이 장비는 매우 유용하다.
- This soup tastes really good. 이 수프는 정말 맛있다.

개·념·완·성 **연습 문제**

Q1 밑줄 친 부분이 수식하는 말에 동그라미 치시오.

1. My sister cooks very well.

2. It is a really exciting movie.

3. Unfortunately, the soccer game was put off.

4. My friend speaks English fluently.

5. I usually have breakfast at seven.

정답 및 해설

Q1

1. My sister cooks very well.

해석 나의 여동생은 요리를 잘한다.

2. It is a really exciting movie.

해석 정말 흥미로운 영화이다.

3. Unfortunately, the soccer game was put off.

해석 불행히도, 축구 시합은 연기되었다.

4. My friend speaks English fluently.

해석 내 친구는 영어를 유창하게 말한다.

5. I usually have breakfast at seven.

해석 나는 주로 아침을 7시에 먹는다.

3 일반 부사의 위치(방법 + 장소 + 시간)

여러 개의 부사가 동시에 나오는 경우, 어순은 방장시(방법 + 장소 + 시간) 순이다.

- They studied very hard(방법) in the school(장소) last week(시간). 그들은 지난 주에 학교에서 매우 열심히 공부했다.

중요 포인트 '오다, 가다' 동사의 경우 : 장소 + 방법 + 시간

'오다, 가다' 등의 동사는 장소에 더 관련이 있으므로 장소가 더 앞에 나와서 장방시(장소 + 방법+ 시간)의 어순을 취한다.

- We want to go there(장소) fast(방법) next week(시간). 우리는 다음 주에 그곳에 빨리 가기를 원한다.

시간이나 장소가 중복되는 경우 작은 단위를 먼저 사용한다.

- The customers arrived at the hotel(장소(작은 단위)) in Seoul(장소(큰 단위)) safely(방법) at ten(시간(작은 단위)) last evening(시간(큰 단위)).

고객들은 지난 밤 10시에 서울에 있는 호텔에 안전하게 도착했다.

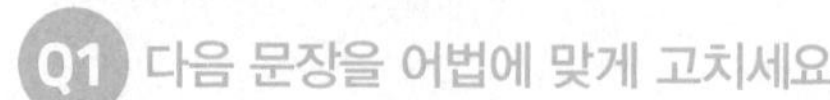

개·념·완·성 연습 문제

Q1 다음 문장을 어법에 맞게 고치세요.

1. My daughter is not yet enough old to go to school. (11. 국가직 7급)

정답 및 해설

01 **1. enough old → old enough**

해석 우리 딸은 아직 학교에 입학할 만큼 충분한 나이가 되지 않는다.

해설 이 문장에서 enough는 old라는 형용사를 수식하므로 부사이다. 이 경우 반드시 형용사를 뒤에서 앞으로 수식한다.

4 빈도부사의 위치

always, often, usually, sometimes, hardly와 같은 빈도부사는 '일반동사 앞, be동사와 조동사 뒤'에 위치한다.

빈도률	단어
100%	always(항상, 언제나)
90%	usually(대개)
80%	normally(보통) generally(일반적으로)
70%	often(자주) frequently(자주)
50%	sometimes(때때로, 이따금)
30%	occasionally(가끔)
10%	seldom(좀처럼 ~하지 않는)
5%	hardly(거의 ~하지 않는) rarely(거의 ~하지 않는)

빈도부사의 위치

be동사	주어 + be동사 + 빈도부사
조동사	주어 + 조동사 + 빈도부사 + 동사원형
일반동사	주어 + 빈도부사 + 일반동사

- Flowers are always beautiful. 꽃들은 항상 아름답다.
- I will never forgive him. 나는 절대 그를 용서하지 않을 거야.
- He rarely watches the TV. 그는 좀처럼 TV를 보지 않는다.
- He is so tired that he can hardly keep awake. 그는 너무 피곤해서 거의 깨어 있을 수가 없다.

개·념·완·성 연습 문제

Q1 빈칸에 알맞은 것을 고르세요.

1. The ex-girlfriend [sometimes writes / writes sometimes] to me.

2. I [always will / will always] love you.

3. I [go usually / usually go] to bed at 11 p.m.

정답 및 해설

Q1

1. sometimes writes

해석 나의 전 여자친구는 가끔 나에게 편지를 쓴다.

해설 빈도부사는 위치를 묻는 문제가 출제되는데, 일반동사를 수식할 때는 앞에 위치한다.

2. will always

해석 나는 항상 너를 사랑할 것이다.

해설 빈도부사는 조동사를 수식할 때는 뒤에 위치한다.

3. usually go

해석 나는 주로 11시에 자러 간다.

해설 빈도부사는 일반동사를 수식할 때는 일반동사 앞에 위치한다.

5 부정부사

부정부사는 not 등의 부정어와 함께 사용할 수 없다. 또한 부정부사가 문두에 오는 경우 '대동사 + 주어 + 동사' 어순으로 도치가 이루어진다.

- I **never** saw such a beautiful girl in my life. 내 인생에서 그렇게 예쁜 소녀는 못 봤다.

→ <u>Never</u> <u>did</u> <u>I</u> <u>see</u> such a beautiful girl in my life.
부정부사 대동사 주어 동사원형

연습 문제

Q1 다음 문장을 어법에 맞게 고치시오.

1. I can't hardly make myself understood in English. (11. 서울시 9급)

2. Little I dreamed that he had told me a lie. (20. 경찰 1차)

3. My husband and I work very hardly from Monday to Friday.

Q2 밑줄 친 부분이 형용사이면 '형', 부사이면 '부'를 쓰고 수식받는 말에 동그라미를 치시오.

1. I could <u>hardly</u> hear the speaker's voice.

2. The student solved the <u>hard</u> math question.

3. John wakes up <u>early</u> in the morning.

4. I hate to sit on that <u>hard</u> wooden chair.

5. Look at that <u>lovely</u> wedding dress the bride is wearing.

Q3 어법상 틀린 부분을 고쳐 문장을 다시 쓰시오.

1. It is too hot here, so I'm going to take off it.

→ ______________________________

2. The man held the baby very careful.

→ ______________________________

3. John usually played the piano and played sometimes the guitar.

→ ______________________________

4. Would you please take out them for me?

→ ______________________________

정답 및 해설

Q1

1. can't → can

해석 나는 내 말을 영어로 이해시킬 수 없다.

해설 hardly 자체가 부정어이므로 can't와는 같이 사용될 수 없다.

2. Little I dreamed → Little did I dream

해석 나는 그가 나에게 거짓말을 했다는 것을 꿈도 꿀 수 없다.

해설 Little이 부정어가 문두에 왔으므로 '대동사 + 주어 + 동사' 어순으로 도치되어야 한다.

3. hardly → hard

해석 남편과 나는 월요일부터 금요일까지 매우 열심히 일한다.

해설 hardly는 부정부사로 '거의 ~하지 않는다'라는 뜻이다. 문맥상 '열심히'가 자연스러우므로 hard로 바꾸어야 한다.

Q2

1. 부, I could hardly hear the speaker's voice.

해석 그 연사의 목소리를 거의 들을 수 없었다.

해설 hardly가 hear라는 동사를 수식하므로 부사이다.

2. 형, The student solved the hard math question.

해석 그 학생은 그 어려운 수학 문제를 풀었다.

해설 hard가 math question이라는 명사를 수식하므로 형용사이다.

3. 부, John wakes up early in the morning.

해석 John은 아침에 일찍 일어난다.

해설 early가 wake up이라는 동사를 수식하므로 부사이다.

4. 형, I hate to sit on that hard wooden chair.

해석 나는 그 딱딱한 나무 의자에 앉기가 싫다.

해설 hard는 wooden chair라는 명사를 수식하므로 형용사이다.

5. 형, Look at that lovely wedding dress the bride is wearing.

해석 그 신부가 입고 있는 아름다운 웨딩드레스를 봐라.

해설 lovely가 wedding dress라는 명사를 수식하므로 형용사이다.

Q3

1. take off it → take it off

해석 여기가 너무 더워서, 벗어야겠다.

해설 take off는 '타동사 + 부사' 구조이므로 목적어가 대명사인 경우 반드시 동사구 사이에 위치해야 한다.

2.careful → carefully

해석 그 남자는 아기를 매우 조심스럽게 안았다.

해설 held라는 동사를 수식하는 것이므로 형용사가 아닌 부사형이 되어야 한다.

3.played sometimes → sometimes played

해석 John은 주로 피아노를 연주했고, 가끔씩 기타를 연주했다.

해설 빈도부사는 일반동사 앞에 위치해야 한다.

4.take out them → take them out

해석 그것들을 꺼내 주실 수 있습니까?

해설 take out은 '타동사 + 부사' 구조이므로 목적어가 대명사인 경우 반드시 동사구 사이에 위치해야 한다.

3 혼동하기 쉬운 부사

1 very vs much

very	much
very + 형용사나 부사의 원급 • very beautiful 매우 아름다운	much + 형용사나 부사의 비교급 • much more beautiful 훨씬 더 아름다운
the very + 최상급 • the very highest building 가장 높은 건물	much + 최상급 • much the most plausible 가장 그럴듯한
very + 현재 분사 • very exciting 매우 흥미로운	much + 과거분사 • much appreciated 상당히 감사한
동사 수식 불가능	동사 수식 가능 • Thank you very much 대단히 고맙습니다.

개·념·완·성 연습 문제

Q1 빈칸에 알맞은 것을 고르시오.

1. Most of the peers think that Jessica is [very / much] careless person. (16. 소방직 9급 응용)

2. The root meaning of philanthropy is [very / much] more universal. (19. 소방직 9급)

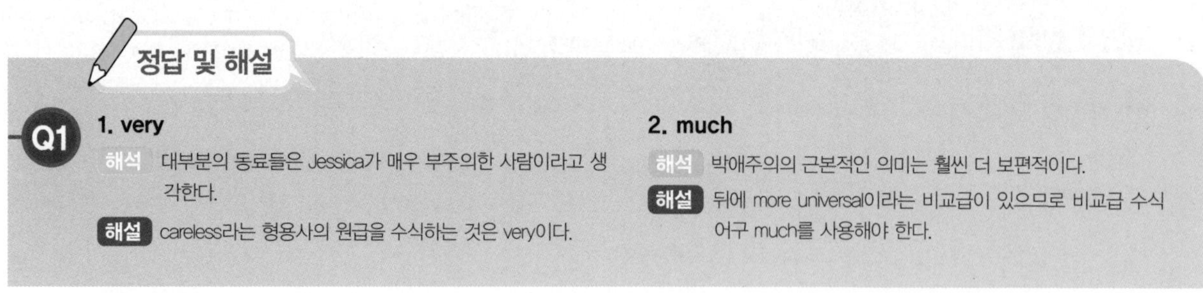
정답 및 해설

Q1

1. very

해석 대부분의 동료들은 Jessica가 매우 부주의한 사람이라고 생각한다.

해설 careless라는 형용사의 원급을 수식하는 것은 very이다.

2. much

해석 박애주의의 근본적인 의미는 훨씬 더 보편적이다.

해설 뒤에 more universal이라는 비교급이 있으므로 비교급 수식어구 much를 사용해야 한다.

2 too vs either

too	~ 또한 ~하다(긍정 동의)
either	~ 또한 ~하지 않다(부정 동의)

• Steve is honest, and he is smart too. Steve는 정직하고, 또한 똑똑하다.

• Steve doesn't like the movie, and his wife doesn't either.
Steve는 영화를 좋아하지 않는다. 그리고 그의 부인 역시 좋아하지 않는다.

3 most, the most, almost

most	(대명)대부분, (형)대부분의
the most	가장~한(최상급 표현)
almost	(부)거의

- most of the employees. 대부분의 직원들
  = most employees
- the most successful company 가장 성공적인 회사
- almost all (of) the employees 거의 대부분의 직원들

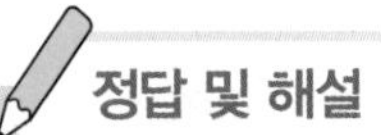

개·념·완·성 연습 문제

Q1 빈칸에 알맞은 것을 고르시오.

1. [Most / Almost] people have simply trusted the government organizations to ensure the safety of the new product.

정답 및 해설

Q1

1. Most

해석 대부분의 사람들은 정부 조직이 새로운 제품의 안전성을 보장할 것이라고 신뢰해 왔다.

해설 뒤의 people이라는 명사를 수식하는 형용사 역할을 하는 most가 필요하다.

1. 괄호 안에 어법상 알맞은 것을 고르시오.

01 The fireman was [so / such] courageous that he received an award.

02 There was a car accident, but the car [narrow / narrowly] missed the pedestrian on the street.

03 The city road repaving is [current / currently] on schedule.

04 Thomas Edison experienced [hundred / hundreds of] failed experiments for each success. (12. 국가직 7급)

05 [Most / Almost] half of the respondents only exercise for an hour or less per week.

06 Gorge has not completed the assignment yet, and Mark hasn't [too / either]. (13. 국가직 9급)

07 Tom says that it is [more / much] easier for him to express his thought in Russian than in English. (13. 서울시 9급)

08 However hard you may try, you cannot [carry it over / carry over it]. (14. 지방직 9급)

09 It was not until when he failed the math test that he decided to study [hard / hardly]. (13. 국가직 9급)

10 I think the buyers arrive [early enough / enough early] to see the musical performance.

정답 및 해설

01 so

| 해석 | 그 소방관은 용기가 매우 있어서 상을 받았다.

| 해설 | so ~ that 구문이다. 중간에 형용사나 부사가 오는 경우 so를 사용한다.

02 narrowly

| 해석 | 자동차 사고가 있었지만, 그 차는 길에서 보행자를 간신히 피했다.

| 해설 | missed라는 동사를 수식하는 것은 부사이다.

03 currently

| 해석 | 그 도시의 도로 포장 공사는 최근에 예정대로 진행되고 있다.

| 해설 | 이 문장에서 on schedule이라는 전명구는 be동사의 보어 역할을 하는 형용사로 사용되고 있다. 따라서 빈칸에는 부사가 와야 한다.

04 hundreds of

| 해석 | Thomas Edison은 각각의 성공을 위해 수백 번의 실패한 실험을 경험했다.

| 해설 | hundred가 특정한 수가 아닌 막연한 수를 나타낼 때는 hundreds of와 같이 복수형으로 사용된다.

05 Almost

| 해석 | 거의 대부분의 응답자들은 일주일에 한 시간 미만으로 운동한다.

| 해설 | half라는 부정대명사를 수식하면서 '거의'라는 뜻을 가지는 부사는 almost이다.

06 either

| 해석 | Gorge는 그의 과제를 아직 끝내지 못했고, Mark 역시 못했다.

| 해설 | 부정문에서 '~역시 ~않다'라는 뜻을 표현할 때는 either를 사용한다.

07 much

| 해석 | Tom은 그가 영어보다는 러시아어로 그의 생각을 표현하는 것이 훨씬 쉽다고 말한다.

| 해설 | 비교급을 수식하는 것은 much이다. easier가 비교급이므로 more를 다시 사용할 수는 없다.

08 carry it over

| 해석 | 아무리 너가 열심히 노력한다 해도, 너는 그것을 수행할 수 없다.

| 해설 | carry over는 '타동사 + 부사' 구조이므로 목적어가 대명사인 경우 반드시 동사구 사이에 위치해야 한다.

09 hard

| 해석 | 그는 수학 시험에 떨어지고 나서야 열심히 공부하기로 결심했다.

| 해설 | study라는 동사를 수식하고 '열심히'라는 뜻을 가지는 부사는 hard이다.

10 early enough

| 해석 | 나는 바이어가 그 음악 공원을 볼 만큼 충분히 일찍 도착할 것이라고 생각한다.

| 해설 | enough가 형용사나 부사를 수식할 때는 뒤에서 후치 수식한다.

2. 어법상 틀린 부분을 바르게 고치시오.

01 Although Mr. Simmons has already signed the employment contract, he too needed to talk with someone about the benefits package. (17. 기상직 9급)

02 Those presentations are very more exciting and easier to follow than books and newsletters.

03 The manager sent a memo complaining the timeliness of report submissions and mentioned that monthly reports are being submitted one or two days lately.

04 Marks is such a dedicated supervisor that he works night and day and hardly never takes time to relax.

05 The math test was too tough for students to answer it. (16. 국가직 7급)

06 When the nurse found the heating turned on, she immediately turned off it.

07 The premature aged wife was coming to be the exception rather than the rule. (11. 국가직 7급)

08 The chess championships at the campus are so popular events that the auditorium is always packed on tournament days.

09 Recent advances in telephone has made it possible for mobile phone owners to easy transmit clear and sharp images to other users.

10 Many developing countries do not have a high literate population needed to build an industrial society.

정답 및 해설

01 too → also

| 해석 | Simmons 씨는 이미 고용 계약서에 서명을 했지만, 그는 또한 복지 패키지에 대해서 누군가와 이야기를 나눌 필요가 있다.

| 해설 | too는 의미는 맞지만 문장 끝에 위치해야 한다. 주어와 동사 사이에 위치하며 '~역시 ~하다'라는 뜻을 가지는 also로 바꾸어야 한다.

02 very → much

| 해석 | 이러한 발표는 책과 소식자보다는 훨씬 더 흥미롭고 따르기가 쉽다.

| 해설 | very는 형용사의 원급을 수식하지 비교급을 수식할 수 없다. much로 바꾸어야 한다.

03 lately → late

| 해석 | 그 매니저는 보고서 제출 시간 엄수에 대해 불평하는 메모를 보냈고, 월간 보고서가 하루 또는 이틀 늦게 제출되고 있다고 언급했다.

| 해설 | 문맥상 '하루나 이틀 늦게'가 맞다. 따라서 late로 바꾸어야 한다. lately는 '최근에'라는 뜻이다.

04 hardly never → hardly ever

| 해석 | Marks는 매우 헌신적인 관리인이어서 밤낮으로 일하고, 좀처럼 휴식하는 시간을 가지지 않는다.

| 해설 | hardly와 never는 둘 다 부정어이므로 같이 사용할 수 없다. hardly ever 또는 never로 바꾸어야 한다.

05 it 삭제

| 해석 | 그 수학 시험은 학생들이 답변하기에는 너무 어려웠다.

| 해설 | to answer의 목적어가 the math test로, 주어 자리에 간 것이다. 따라서 to부정사 뒤에 다시 목적어를 사용하지 않는다.

06 turned off it → turned it off

| 해석 | 그 간호사가 히터가 켜진 것을 발견했을 때, 그녀는 즉시 껐다.

| 해설 | turn off는 '타동사 + 부사' 구조이므로 목적어가 대명사인 경우 반드시 동사구 사이에 위치해야 한다.

07 premature → prematurely

| 해석 | 그 조로한(일찍 늙은) 부인이 보통이라기보다는 예외가 되어 가고 있었다.

| 해설 | aged는 과거분사로 형용사 역할을 한다. 형용사나 분사를 수식하는 것은 부사이다.

08 so → such

| 해석 | 그 캠퍼스에서 체스 대회는 너무나 인기가 있어서 대회 날에는 강당이 항상 꽉 찼다.

| 해설 | so ~ that 구문에서 중간에 명사가 들어가는 경우에는 so 대신에 such를 사용한다.

09 easy → easily

| 해석 | 전화의 최근의 발전은 휴대폰 소유자들이 깨끗하고 선명한 사진을 다른 사용자들에게 쉽게 전송할 수 있는 것을 가능하게 만들어 왔다.

| 해설 | easy는 transmit이라는 동사를 수식하고 있으므로 부사가 되어야 한다.

10 high → highly

| 해석 | 많은 개발도상국들이 산업 사회를 이루기 위해 필요한 학식 높은 사람들을 가지고 있지 않다.

| 해설 | high와 highly는 둘 다 '높은'이라는 뜻을 가지는 부사이다. high는 실제 높이를 나타내는 반면, highly는 추상적인 정도를 표현하는 것으로 '매우, 대단히'라는 뜻을 가진다.

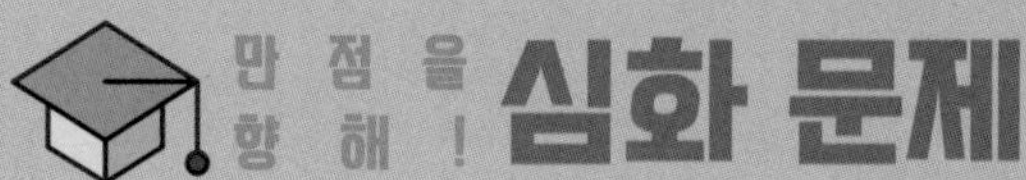

01 밑줄 친 부분 중 어법상 가장 옳지 않은 것은 (18. 서울시 9급)

His survival ①over the years since independence in 1961 does not alter the fact that the discussion of real policy choices in a public manner has hardly ②never occurred. In fact, there have always been ③a number of important policy issues ④which Nyerere has had to argue through the NEC.

02 어법상 옳은 것은? (16. 국가직 9급)

① Jessica is a much careless person who makes little effort to improve her knowledge.
② But he will come or not is not certain.
③ The police demanded that she not leave the country for the time being.
④ The more a hotel is expensiver, the better its service is.

03 밑줄 친 부분 중 어법상 옳은 것은? (16. 국가직 9급)

①As the old saying go, you are what you eat. The foods you eat ②obvious affect your body's performance. They may also influence how your brain handles tasks. If your brain handles them well, you think more clearly, and you are more emotionally stable. The right food can ③help you being concentrated, keep you motivated, sharpen your memory, speed your reaction time, reduce stress, and perhaps ④even prevent your brain from aging.

04 어법상 옳은 것은? (19. 지방직 7급)

① Little did we think three months ago that we'd be working together.
② I would love to see you tonight if you will have finished your work.
③ When I had a problem with my new apartment, I wondered who should I go and talk to.
④ This book has been the best seller for weeks, but it hasn't come in any paperback yet, is it?

정답 및 해설

01 ② never → ever 또는 삭제

| **해석** | 1961년 독립 이후 그의 수 년 동안의 생존은 실제 정책안에 대한 공적 토론은 결코 일어나지 않았다는 사실을 바꾸지 않는다. 사실 네에레레가 NEC 통해 논의했어야 하는 수많은 중요한 정책 사안들이 항상 존재했었다

| **해설** | ② 이중 부정은 규범 문법에서는 문법적으로 옳지 않다. hardly는 '거의 ~하지 않는'이라는 의미의 부정부사이므로 부정부사 never와 함께 쓰이지 않는다. 따라서 never를 ever로 바꾸거나 삭제해야 한다.

| **오답 분석** |

① 전치사 over는 기간을 나타내는 표현과 함께 사용한다. '동안', '~에 걸쳐서' 라는 뜻이다. over the years는 '수년에 걸쳐, 수년 동안'이라는 뜻이다.

③ a number of는 many, several과 같이 '많은'을 뜻하며 뒤에 복수명사와 복수동사가 필요하다. 'a number of + 복수명사 + 복수동사'와 'the number of + 복수명사 + 단수동사'를 기억하자.

④ which는 의문사 혹은 관계대명사이다. 이 문장에서는 각각 두 개의 주어와 동사가 존재하므로 이를 연결하는 역할을 할 수 있는 관계대명사로 적절하게 쓰였다. which절에서 목적어가 생략되어 있고, which 앞의 명사가 목적어 역할을 하는 선행사이므로 목적격 관계대명사 which가 적절하게 사용되었다.

02 ③

| **해석** | ① 제시카는 자신의 지식을 향상시킬 노력을 별로 하지 않는 아주 무심한 사람이다.
② 하지만 그가 올지 안 올지는 확실하지 않다
③ 경찰은 그녀가 잠시 동안 출국하지 않을 것을 요구했다.
④ 호텔이 비쌀수록 서비스는 더 낫다

| **해설** | ③ demand(요구하다)라는 동사 뒤에 오는 that절에서 주어 다음에 '동사원형', 혹은 'not + 동사원형'이 와야 하는 규칙을 잘 지키고 있으므로 어법상 옳다.

| **오답 분석** |

① much가 careless를 수식하는 것이 어법상 맞지 않으며, 여기에서는 much 대신 very가 오는 것이 적합하다.

② But은 등위접속사로 문장 맨 앞에는 사용하지 않는다. 이 문장에서는 주어 자리에 사용될 수 있는 명사절 접속사가 필요하다. 뒤에 나오는 or not과 어울리는 명사절 접속사는 whether가 적절하다.

④ 'the 비교급, the 비교급' 구문이 쓰였는데 expensive의 비교급은 more expensive이므로 expensiver는 올바르지 않은 형태이다. 또한 비교급의 의미를 전달하는 more expensive는 분리하여 쓸 수 없으므로 The more expensive a hotel is가 되어야 한다.

03 ④

| **해석** | 옛말대로, 당신이 먹는 것이 바로 당신이라고 볼 수 있다. 당신이 먹는 음식은 분명히 당신의 신체 활동에 영향을 미친다. 이들은 또한 당신의 뇌가 작업을 처리하는 방법에 영향을 미칠 수도 있다. 만약 당신의 뇌가 이들을 잘 처리한다면, 당신은 좀 더 명확하게 생각하게 되고, 감정적으로 좀 더 안정적이게 된다. 올바른 음식은 당신이 좀 더 집중할 수 있도록 해 주고, 동기부여가 될 수 있게 유지해 주며, 기억을 선명하게 하고, 반응 속도를 높이며, 그리고 심지어 당신의 뇌가 나이 드는 것으로부터 예방하는 것을 도와준다.

| **해설** | ④ prevent A from 명사(동명사) 형태에 알맞다.

| **오답 분석** |

① the old saying이 3인칭 단수 주어이므로 go가 아닌 goes가 와야 한다. As the old saying goes는 '옛말대로'라는 표현이다.

② 동사 affect를 꾸미기 위해 부사가 와야 하므로 형용사인 obvious가 아닌 부사 obviously가 와야 한다.

③ 준사역 동사 help는 목적격 보어로 원형 부정사(동사원형) 또는 to부정사를 취한다. 그리고 concentrate는 자동사이므로 수동태로 쓰지 않는다. 따라서 help you being concentrated는 어법상 틀린 문장이다. help you concentrate로 고쳐야 한다.

04 ①

| **해석** | ① 3개월 전에는 우리가 함께 일할 것이라고 생각하지 못했다.
② 만약 당신이 일을 다 끝마친다면 오늘밤에 당신을 보고 싶습니다.
③ 새 아파트에 문제가 생기면 나는 누구에게 가서 말을 해야 할지 궁금했다.
④ 이 책이 몇 주째 베스트셀러였지만 아직 페이퍼백(문고본)으로 나오지는 않았죠?

| **해설** | ① 부정어 little이 문두로 이동하면서 주어와 동사가 도치된 문장이다. 동사가 일반동사이고 과거 표시 어구인 three months ago에 맞게 조동사 do의 과거형인 did를 사용하여 올바르게 도치했다.

| **오답 분석** |

② 시간과 조건의 부사절에서는 현재시제가 미래시제를 대신한다. 미래완료시제인 will have finished 대신에 현재완료 시제인 have finished로 고쳐야 한다.

③ 간접 의문문의 어순은 '의문사 + 동사 + 주어'가 아닌 '의문사 + 주어 + 동사'이다. should I는 I should로 고쳐야 한다.

④ but 이후 주절의 동사가 hasn't come(has p.p.)이므로 부가 의문문은 is it이 아닌 has it이 되어야 한다.

학습 내용

❶ 원급 비교에서 as와 as 사이에 형용사와 부사 중 어떤 품사가 들어가는지가 출제된다.
앞에 있는 동사가 be동사이면 형용사, 일반동사이면 부사가 들어간다.

❷ 원급 비교의 강조 : just(딱 ~만큼), almost, nearly(거의 ~만큼)

❸ 비교급과 최상급의 차이를 이해한다.

- 둘 사이의 비교는 비교급, 셋 이상의 비교는 최상급을 사용한다.
- 뒤에 than이 있으면 비교급, 앞에 the가 있으면 최상급을 사용한다.
- 예외 : the 비교급 ~, the 비교급 ~

❹ 비교 대상의 일치에 주의한다(격의 일치, 동사 종류의 일치, 명사의 대상 일치).

- 뒤에 수식어가 있는 경우 : that/those
- 앞에 수식어가 있는 경우 : one/ones
- 앞에 '소유격 + 명사'가 제시된 경우 : 소유대명사

❺ 비교급과 최상급 강조 어구를 공부한다.

- much, even, far + 비교급
- by far + 최상급

❻ 최상급 대용 표현을 이해한다.

- 부정어 + 비교급
- 비교급 + any other + 단수명사
- 비교급 + all the other + 복수명사

비교 구문

Chapter 15

비교 구문

1 비교급이란?

1 비교급의 종류

형용사나 부사를 강조하는 구문을 비교 구문이라고 한다. 비교급에는 원급 비교, 비교급 비교, 최상급 비교가 있다. 두 대상이 동등함을 나타내는 원급 비교, 두 개의 비교 대상 중 하나가 더 우월함을 나타내는 비교급 비교, 그리고 셋 이상의 비교 대상 중 하나가 가장 뛰어날 때 쓰는 최상급 비교가 있다.

- Steve is tall. Steve는 크다.
- Steve is **as tall as** his father. Steve는 그의 아버지만큼 크다. [원급 비교]
- Steve is **taller than** his father. Steve는 그의 아버지보다 크다. [비교급 비교]
- Steve is **the tallest** in his family. Steve는 그의 가족 중에서 가장 크다. [최상급 비교]

비교 구문	형태	의미	예시
원급 비교	as + 원급 + as	~만큼 ~한	as tall as
비교급 비교	비교급 + than	~보다 ~한	taller than
최상급 비교	the + 최상급	가장 ~한	the tallest

2 비교급의 형태

비교급과 최상급은 1음절일 때는 단어 자체에 -er, -est를 바로 붙이고, 2음절어의 대부분과 3음절어 이상일 때는 단어가 너무 길어지므로 more나 most를 사용한다. 불규칙 변화는 따로 암기해야 한다.

	원급	비교급	최상급
1음절	old short	older shorter	oldest shortest
2음절 이상	famous difficult	more famous more difficult	most famous most famous
불규칙 변화	good/well bad/ill many/much little	better worse more less	best worst most least

개·념·완·성 연습 문제

Q1 빈칸에 알맞은 것을 고르시오.

1. Today is the [most bad / worst] day of my life.

2. A motorcycle goes [faster / fastest] than a bicycle.

3. This restaurant's food is more [delicious / deliciously] than that one's

4. Line 2 is [busier / more busy] than line 1 at this subway station.

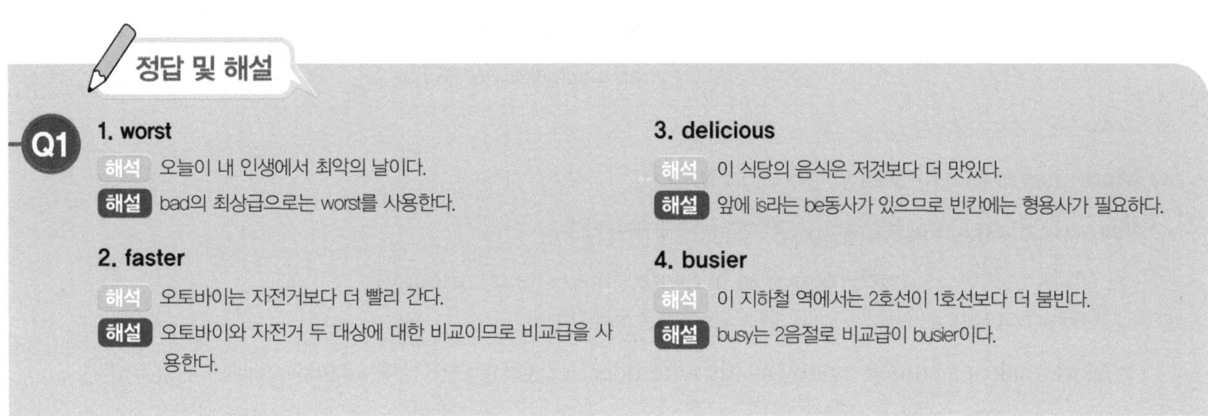

정답 및 해설

Q1

1. worst
해석 오늘이 내 인생에서 최악의 날이다.
해설 bad의 최상급으로는 worst를 사용한다.

2. faster
해석 오토바이는 자전거보다 더 빨리 간다.
해설 오토바이와 자전거 두 대상에 대한 비교이므로 비교급을 사용한다.

3. delicious
해석 이 식당의 음식은 저것보다 더 맛있다.
해설 앞에 is라는 be동사가 있으므로 빈칸에는 형용사가 필요하다.

4. busier
해석 이 지하철 역에서는 2호선이 1호선보다 더 붐빈다.
해설 busy는 2음절로 비교급이 busier이다.

2 원급 비교

1 기본형

'~만큼 ~한'이라는 뜻으로, 두 대상이 동등함을 나타내는 표현이다. as ~ as 사이에 형용사와 부사 중 어떤 품사가 들어가는지가 출제된다. 앞에 be동사가 있으면 형용사의 원급, 앞에 일반동사가 있으면 부사의 원급을 사용한다.

- Home education is important. 가정 교육이 중요하다.
- School education is important. 학교 교육이 중요하다.

→ Home education is as important as school education (is important).
가정 교육이 학교 교육만큼 중요하다. [반복되는 부분은 생략할 수 있다.]

형태	해석
S be as 형용사 원급 as B	S는 B만큼 ~하다
S V (O) as 부사 원급 as B	S는 B만큼 ~하다
not as(so) 형용사/부사 원급 as	~만큼 ~하지 않다

원급의 부정문도 마찬가지로 앞의 동사 종류로 형용사와 부사를 결정한다. 부정문에서는 as 대신에 so를 사용할 수도 있다.

- This fax machine works as efficiently as a new model. 이 팩스 기계는 새것만큼 효율적으로 작동한다.
- The system is not as(so) reliable as the traditional method. 이 시스템은 전통적인 방법만큼 믿을 만하지는 않다.

2 명사 원급 구문

'~만큼 많은'을 나타낼 때는 as와 as 사이에 명사가 들어간다. 만약 이 명사가 가산명사이면 many와 함께, 불가산명사이면 much와 함께 사용한다.

가산명사	as many Ns(가산명사) as
불가산명사	as much N(불가산명사) as

- Mark makes much money. Mark는 돈을 많이 번다.
- His wife makes much money. 그의 부인은 돈을 많이 번다.

→ Mark makes as much money as his wife (makes much money).
Mark는 그의 부인만큼 돈을 많이 번다. [반복되는 부분은 생략 가능하다.]

= Mark makes as much money as his wife does. [일반동사가 반복될 때는 do/does/did로 대신할 수 있다]

3 그 외 원급 비교의 주요 구문

주요 구문	해석
as ~ as S can as as possible	가능한 한 ~한(하게)
not as much A as B	A라기보다는 B인
not as much as	~ 조차도 아닌

- Give me a call as soon as you can. 가능한 한 빨리 전화주세요.
- He is not so much a singer as an actor. 그는 가수라기보다는 배우이다.
- She could not so much as remember my name. 그녀는 나의 이름조차도 기억하지 못한다.

중복, 혼용 주의

more, less와 -er는 중복해서 사용할 수 없다. 그리고 as와 어울리는 것은 as이고, more와 어울리는 것은 than이다.

개·념·완·성 연습 문제

Q1 괄호 안에 알맞은 것을 고르시오.

1. A kangaroo is not as fast [as / than] tiger.

2. Mary is as [old / older] as Jane.

3. She works as [hard / hardly] as possible.

4. Days in winter are not [so / very] long as those in summer.

Q2 다음 문장을 어법에 맞게 고치시오.

1. Business has never been as better as it is now. (08. 경찰 2차)

2. His grade was higher as any other student's.

3. Please reply to the email as sooner as possible.

4. The car insurance rates in urban areas are more higher than those in rural areas. (09. 경찰 2차)

5. No doubt she has received fewer presents as some of her friends. (04. 법원직 9급)

정답 및 해설

Q1

1. as

해석 캥거루는 호랑이만큼 빠르지는 않다.

해설 앞에 as가 제시되어 있으므로 비교 대상을 표현할 때 as를 사용해야 한다.

2. old

해석 Mary는 Jane만큼 나이를 먹었다.

해설 as ~ as 자체가 비교의 표현이므로 그 사이에는 비교급이나 최상급은 올 수 없고, 형용사나 부사의 원급을 사용해야 한다.

3. hard

해석 그녀는 가능한 한 열심히 일한다.

해설 works라는 동사를 수식하는 부사가 필요하다. hardly는 '좀처럼 ~하지 않다'라는 뜻의 부정부사이므로 '열심히'라는 뜻을 가진 hard를 사용해야 한다.

4. so

해석 겨울의 낮은 여름의 낮만큼 길지는 않다.

해설 'as 원급 as' 구문에서 부정어를 사용할 때는 as 대신에 so를 사용할 수 있다.

Q2

1. better → good

해석 경기가 지금 만큼 좋은 적은 없었다.

해설 as ~ as 사이에 비교급은 사용할 수 없다. been이 제시되어 있으므로 better 대신에 원급인 good을 사용해야 한다.

2. as → than

해석 그의 성적은 다른 어떤 학생보다 높다.

해설 앞에 higher라는 비교급 표현이 있으므로 as 대신에 than을 사용한다.

3. sooner → soon

해석 이 이메일에 가능한 한 빨리 응답해 주세요.

해설 as 원급 as 구문이므로 sooner 대신에 원급인 soon을 사용한다.

4. more 삭제

해석 도시의 자동차 보험료는 시골의 자동차 보험료보다 높다.

해설 higher 자체가 비교급 표현이므로 앞의 more와 같이 사용할 수는 없다.

5. as → than

해석 그녀가 친구들보다 선물을 적게 받은 것은 의심의 여지가 없다.

해설 fewer가 비교급 표현이므로 뒤에는 as 대신에 than을 사용해야 한다.

3 비교급 비교

1 비교급 비교의 개념

'~보다 ~한'이라는 뜻으로, 두 대상 중 한쪽이 우월할 때 사용하는 비교 구문이다.

- English is important. 영어는 중요하다.
- Science is important. 과학은 중요하다.

→ English is more important than science (is important). 영어는 과학보다 중요하다.

형태	해석
A + 형용사/부사의 비교급 + than + B	A가 B보다 더 ~하다
A + not 형용사/부사의 비교급 + than + B	A가 B보다 더 ~하지 않다

- Buying a new computer would be cheaper than fixing broken parts.
  새로운 컴퓨터를 구입하는 것이 고장 난 것을 수리하는 것보다 저렴할 것이다.
- The student talked more loudly than the teacher. 그 학생은 선생님보다 더 크게 말했다.

2 비교급 비교의 특징

1) 동일 대상의 성질 비교

한 대상의 성질을 비교하는 경우 –er를 사용하지 않고 반드시 more를 사용한다.

- Charles is smarter than his brother. Charles는 그의 형보다 똑똑하다. [O-Charles와 his brother 비교]
- Charles is smarter than cunning. [X]

→ Charles is more smart than cunning. Charles는 교활하기보다는 똑똑하다. [O-Charles의 성질 비교]

2) 비교 대상의 일치

비교급에서 비교되는 두 대상은 아래의 것들이 반드시 일치해야 한다.

① 격의 일치

비교되는 두 대상이 주격이면 주격, 목적격이면 목적격으로 격을 일치시키다.

- Nobody speaks more fluently than him. [X]

→ Nobody speaks more fluently that he (speaks fluently). 아무도 그보다 더 유창하게 말하지는 않는다.

② 동사 종류의 일치

비교되는 두 대상이 동사인 경우, 동사의 종류를 일치시켜야 한다. 일반동사는 do동사로 받고, be동사는 be동사, 조동사는 조동사로 받아야 한다.

비교 구문	
일반동사 →	do동사
be 동사 →	be 동사
조동사 →	조동사

• The new camera operates more quickly than the famous FT40 camera is. [X]

→ The new camera operates more quickly than the famous FT40 camera does.

그 새로운 카메라는 유명한 FT40 카메라보다 더 빠르게 작동한다.

③ 명사의 대상 일치

비교되는 대상이 명사인 경우, 비교 대상이 일치해야 한다. 앞에서 형용사가 꾸미면 one(ones), 뒤에서 전명구가 수식하면 that(those)을 사용하고, 앞에 '소유격 + 명사'가 제시되면 소유대명사가 비교 대상으로 사용된다.

비교되는 대상 뒤에 수식어가 있는 경우	that / those
비교되는 대상 앞에 수식어가 있는 경우	one / ones
비교 대상이 소유격 + 명사인 경우	소유대명사

• The climate of Busan is milder than Osaka. [X]

[부산의 날씨와 오사카가 직접 비교될 수 없다. 부산의 날씨와 오사카의 날씨(그것)가 비교되어야 한다]

→ The climate of Busan is milder than that of Osaka. 부산의 날씨는 오사카의 날씨보다 더 온화하다.

• The white camera is more expensive than the red that. [X]

→ The white camera is more expensive than red one. 하얀색 카메라가 빨간색보다 더 비싸다.

• Steve's idea is more persuasive than Mark. [X]

→ Steve's idea is more persuasive than Mark's. Steve의 아이디어는 Mark의 아이디어보다 더 설득력이 있다.

개·념·완·성 연습 문제

Q1 다음 문장을 어법에 맞게 고치시오.

1. Your son's hair is the same color as you. (05. 지방직 9급)

2. The weather of Korea is much milder than Japan. (07. 지방직 9급)

Q1 **1. you → yours**

해석 당신 아들의 머리카락은 당신 머리카락과 같은 갈색이다.

해설 앞에 '소유격 + 명사'가 제시되고 있으므로 비교 대상으로는 소유대명사를 사용해야 한다.

2. Japan → that of Japan

해석 한국의 날씨는 일본의 날씨보다 더 온화하다.

해설 앞에 사용된 명사가 한국이 아닌 한국의 날씨이므로 비교 대상 역시 일본이 아닌 일본의 날씨가 되어야 한다.

3) 라틴 비교

어미가 –er로 끝나는 게 아니고 –or로 끝나는 것들은 라틴어에서 유래된 단어들이다. 라틴어에서 온 비교 표현은 '~보다'를 표현할 때 than이 아니라 to를 사용한다. 빈출 단어는 다음과 같다.

senior(나이가 더 많은) junior(나이가 더 어린) superior(우수한) inferior(열등한) prefer(선호하다)	to + 비교 대상

prefer의 특징

prefer	(동)명사	to	(동)명사
	to R	(rather) than	(to) R

- Korean women prefer apartments to private housing.
  한국의 여자들은 개인 주택보다 아파트를 선호한다.
- They prefer to live in the city rather than (to) live in the countryside.
  그들은 시골에 사는 것보다 도시에 사는 것을 선호한다.

개·념·완·성 연습 문제

Q1 어법에 맞게 고치시오.

1. The new manager is more superior to the old one. (18. 경찰 1차)

2. I prefer to staying home than to going out on a snowy day. (17. 지방직 9급)

Q1 1. more 삭제

해석 새로운 매니저는 예전 매니저보다 더 뛰어나다.

해설 superior가 라틴어 비교이므로 앞에 more를 중복해서 사용하면 안 된다.

2. to staying home than to going
→ to stay home rather than (to) go

해석 나는 눈이 오는 날에 밖에 나가는 것보다 집에 있는 것을 더 좋아한다.

해설 prefer A rather than B 구문에서 rather가 생략된 것이다. 따라서 A 자리에는 to R이 오고 B 자리에는 (to) R가 와야 한다.

4) 비교급 강조 어구

very beautiful과 같이 very는 원급을 수식한다. 반면 much more beautiful과 같이 much는 비교급을 수식한다. much 이외에도 비교급 수식어구에는 다음과 같은 것들이 있다. 비교급을 강조하며 '훨씬'이라는 뜻을 지니고 있는 다음 부사를 기억하자.

much, far, by far, even, still : 훨씬

- This year's final exam was very difficult. 올해 기말고사는 매우 어려웠다.
- This year's final exam was much more difficult than I thought.
  올해 기말고사는 내가 생각했던 것보다 훨씬 더 어려웠다.

개·념·완·성 연습 문제

Q1 어법에 맞게 고치시오.

1. His latest film is [very / far] more boring than his previous ones. (12. 국가직 9급)

2. It is [very / much] more difficult than you'd expect to break a habit. (11. 국가직 9급)

정답 및 해설

Q1 1. far

해석 그의 최근 영화는 이전 영화들보다 훨씬 더 지루하다.

해설 비교급을 강조하는 부사로 far가 사용되어야 한다.

2. much

해석 습관을 깨는 것은 당신이 예상하는 것보다 훨씬 더 어렵다.

해설 more difficult라는 비교급이 있으므로 수식어로는 much가 적절하다.

5) 특수한 비교 구문

원래 비교급 앞에는 정관사 the를 사용하지 않지만, 다음 두 가지의 특수한 비교급에서는 앞에 정관사 the를 사용한다.

① the 비교급, the 비교급 : ~하면 할수록 더 ~하다
두 개의 절이 대구를 이룰 때 관용적으로 비교급 앞에 the를 붙인다.

- We climb high. 우리는 산을 오른다.
- It becomes cold. 날씨가 추워진다.

→ The higher we climb, the colder it becomes. 산을 오르면 오를수록, 날씨는 더 추워진다.

'the + 비교급, the + 비교급'에서 주의해야 할 두 가지는 ❶ 두 문장이 접속사 없이 연결되고 the 비교급이 문두로 가면 ❷ 비교급의 수식을 받는 명사, 형용사, 부사는 비교급 바로 뒤에 위치하는 도치 현상이 발생한다는 점이다.

- As we grow older, we become the wiser. 우리가 나이를 먹을수록, 더 현명해진다.

= The older we grow, the wiser we become.

② 비교 대상이 둘로 한정된 경우 : the + 비교급 + of the two (복수명사)
비교급 표현 뒤에서 of the two (복수명사)가 비교급을 꾸며 주는 경우에는 비교급 앞에 정관사 the를 사용한다.

- Which is the more expensive option of the two? 둘 중에서 어떤 게 더 비싼 거죠?

개·념·완·성 연습 문제

Q1 괄호 안에 알맞은 것을 고르시오.

1. This problem is [difficulter / more difficult] than that one.

2. Marvin is [very / far] more active than his brother.

3. The [sooner / soonest] you come home, the better.

Q2 다음 문장을 어법에 맞게 고치시오.

1. The healthier your body, less likely you are to encounter disease. (11. 법원직 9급)

2. The more a hotel is expensive, the better its service is. (16. 국가직 9급)

3. The man is taller of the twins.

4. The more they attempted to explain their mistakes, the worst their story sounded. (18. 지방직 9급)

정답 및 해설

Q1

1. more difficult

해석 이 문제는 저것보다 더 어렵다.

해설 difficult는 3음절이므로 비교급은 more difficult가 되어야 한다.

2. far

해석 Marvin은 그의 형보다 훨씬 더 활동적이다.

해설 비교급 강조 부사로는 far를 사용한다.

3. sooner

해석 너가 빨리 오면 올수록, 더 낫다.

해설 'the + 비교급, the +비교급' 구문이다.

Q2

1. less → the less

해석 당신의 신체가 건강할수록, 질병에 걸릴 확률은 더 떨어진다.

해설 'the + 비교급, the +비교급' 구문이다. 따라서 뒤에 나오는 비교급 앞에 the가 필요하다.

2. The more a hotel is expensive → The more expensive a hotel is

해석 호텔이 비싸면 비쌀수록, 서비스가 더 낫다.

해설 a hotel is more expensive에서 '~하면 할수록 ~하다'라는 표현으로 사용되기 위해서 the more expensive가 문두로 이동한 것이다.

3. taller → the taller

해석 그 남자는 쌍둥이 중에서 더 크다.

해설 비교급 뒤에 of the two (복수명사)가 오는 경우, 비교급 앞에 the를 붙여 준다.

4. worst → worse

해석 그들이 자신의 실수에 대해서 설명하려 더 노력하면 할수록, 그들의 이야기는 더 나쁘게 들렸다.

해설 'the + 비교급, the + 비교급' 구문이므로 뒤에 나오는 최상급을 비교급으로 바꾸어 준다.

6) 배수 비교

'~보다 몇 배나 더 ~하다'를 표현할 때는 배수 비교를 사용한다.

배수사(twice, three times 등) + 비교급 ~ than as 원급 as

• Seoul is three times larger than Busan. 서울은 부산보다 3배 크다.

• Seoul is three times as large as Busan. 서울은 부산보다 3배 크다.

7) 그 외 비교급 주요 표현

표현	해석
would rather A than B	B하느니 차라리 A하는 게 낫겠다
• I would rather study English than go fishing. 낚시하러 가느니 차라리 영어 공부를 하는 것이 낫겠다.	
A rather than B	B라기보다는 A인
• She is pretty rather than cute. 그녀는 귀엽다기보다는 예쁘다.	
much more still more	~는 말할 것도 없이(긍정 의미 강화)
• He can speak English still more Chinese. 그는 중국어는 말할 필요도 없이 영어도 구사한다.	

much less still less	~는 말할 것도 없이(부정 의미 강화)
• He can't speak English still less Chinese. 그는 중국어는 말할 필요도 없이 영어도 못한다.	

4 최상급

1 최상급의 의미와 형태

셋 이상의 대상 중에서 '가장 ~한'이라는 뜻을 가지는 것이 최상급이다. 셋 이상의 대상 중 하나의 우월함을 나타낼 때 사용한다. 형태는 다음과 같다.

형태	해석
the 형용사/부사의 최상급	가장 ~한

• It is the largest restaurant in the city. 여기는 이 도시에서 가장 큰 레스토랑이다.

2 정관사 the를 쓰지 않는 최상급

최상급 표현은 '가장 ~한'이라는 뜻으로, 유일성을 가지므로 앞에 소유격이나 정관사를 사용하는 것이 원칙이다. 하지만 정관사를 쓰지 않는 경우도 있다. 정관사를 쓰지 않는 경우는 다음과 같다.

1) 동일물 비교

• This lake is the deepest in the country. 이 호수는 이 나라에서 가장 깊다.

• This lake is deepest at this point. 이 호수는 이 지점이 가장 깊다.

최상급은 셋 이상의 대상 중에서 '가장 ~한'이라는 뜻이다. 첫 번째 문장의 비교 대상은 이 나라에 있는 강들 중에서이다. 반면, 두 번째 문장은 '이 호수에서 이 지점이 가장 깊다'라는 뜻이다. 이와 같이 동일한 사물, 사람의 성질을 비교할 때는 정관사 the를 쓰지 않는다.

• My dad is the best cook in this city. 우리 아빠는 이 도시에서 최고의 요리사이다.

• My dad is happiest when he is eating. 우리 아빠는 먹을 때 가장 행복하다.

개·념·완·성 연습 문제

Q1 괄호 안에 알맞은 것을 고르시오.

1. Lauren is [happiest / the happiest] when she is with her family. (18. 경찰 1차 응용)

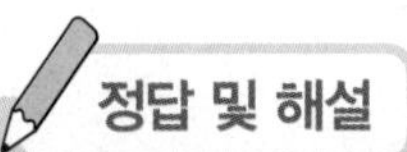

Q1 1. happiest

해석 Lauren은 가족과 함께 있을 때 가장 행복하다.

해설 동일인이나 동일물을 놓고 비교할 때는 최상급이라도 the를 사용하지 않는다.

2) 부사의 최상급

형용사의 최상급은 명사가 문맥상 생략되더라도 정관사를 사용하지만, 부사는 원래 동사를 수식하는 것이므로 최상급에 정관사를 사용하지 않는다.

- Mark runs fastest of all the students. Mark는 모든 학생들 중에서 가장 빨리 달린다.
- Those who mount highest can see the farthest. 가장 높이 오르는 자가 가장 멀리 볼 수 있다.

3) 소유격과 같이 사용할 경우

소유격과 정관사는 둘 다 한정사이므로, 둘 다 같이 쓸 수 없고 하나만 사용한다.

- Steve is my best friend. Steve는 나의 가장 친한 친구이다.

3 최상급 대용 표현

원급이나 비교급을 사용해서 최상급의 의미를 전달할 수도 있다.

형태	해석
No other + 단수명사/Nothing + so(as) ~ as A	어떤 것도 A만큼 ~하지 않다
No other + 단수명사/Nothing + 비교급 than A	어떤 것도 A보다 ~하지 않다
more ~ than + any (other) 단수명사 + all the other 복수명사	다른 어떤 것보다도(만큼) ~하다

- Nothing is as precious as health. 어떤 것도 건강보다 중요하지 않다.
  = Nothing is more precious than health.
  = Nothing is more precious than any other thing.
  = Nothing is more precious than all the other things.

- No other city in the world is larger than New York. 뉴욕보다 큰 도시는 전 세계에 없다.
  = No other city in the world is as large as New York.
  = New York is larger than any other city in the world.
  = New York is larger than all the other cities in the world.

개·념·완·성 연습 문제

Q1 괄호 안에 알맞은 것을 고르시오.

1. Love is the [most important / important] thing in my life.

2. Your idea is [good / better] than mine.

3. Our team is [very / much] stronger than theirs.

4. Tanya is the [more / most] talkative in his class.

5. This is one of the best [restaurant / restaurants] in this city.

Q2 다음 문장을 어법에 맞게 고치시오.

1. He is braver than any other soldiers in the world.

2. Everything in business is so important as credit. (10. 국가직 9급)

3. This is the more interesting book of the three.

정답 및 해설

Q1

1. most important

해석 사랑은 나의 삶에서 가장 중요하다.

해설 앞에 정관사 the가 있으므로 최상급 표현을 사용한다.

2. better

해석 당신의 아이디어는 나의 것보다 더 낫다.

해설 뒤에 than이라는 표현이 있으므로 앞에는 비교급을 사용한다.

3. much

해석 우리 팀은 그들보다 훨씬 더 강하다.

해설 비교급 앞에서는 강조부사로 very가 아닌 much를 사용한다.

4. most

해석 Tanya는 그의 학급에서 가장 말이 많다.

해설 앞에 the가 있고 'the 비교급' 구문도 아니므로 최상급을 사용한다.

5. restaurants

해석 여기는 이 도시에서 최고의 레스토랑 중 하나이다.

해설 'one of the 최상급'은 '(가장)~한 ~중에서'라는 표현이다. 이 뒤에는 복수명사가 와야 한다.

Q2

1. soldiers → soldier

해석 그는 전 세계의 다른 어떤 병사보다 용감하다.

해설 '비교급 + than any other + 단수명사' 구문이다.

2. so → as

해석 비즈니스의 모든 것들은 신용만큼 중요하다.

해설 '~만큼 ~하다'라는 원급 비교이므로 as ~ as를 사용한다. 단 부정문에서는 as 대신에 so를 사용할 수 있다.

3. more → most

해석 이것은 셋 중에서 가장 흥미로운 책이다.

해설 비교급은 두 대상을 비교할 때 사용된다. 셋 이상의 비교에서는 최상급을 사용한다.

MEMO

1. 괄호 안에 어법상 알맞은 것을 고르시오.

01 Management has decided to rotate workers to keep the assembly line running as [efficient / efficiently] as possible.

02 Housing prices in the island have increased [very / much] faster than in neighboring states, and more steeply than the national level.

03 Buying tickets in advance is cheaper than [to get / getting] them on the spot.

04 The more [persuaded / persuasive] your resume is, the more desirable you will be as a prospective candidate.

05 You have more money than [me / I]. (15. 지방직 9급)

06 She didn't like the term Native America any more than my mother [did / had]. (13. 지방직 9급)

07 It is easier to make a phone call than [to write / writing] a letter. (15. 지방직 9급)

08 [The longest / The longer] we put off the finishing these cases, the more work there will be to do over the weekend.

09 This is to remind you that employees are required to submit personal information changes to the administrative department [no longer / no later] than September 25.

10 The budget is about 25% higher than originally [expecting / expected].

정답 및 해설

01 efficiently

| 해석 | 경영진은 조립 라인이 가능한 한 효율적으로 운영되는 것을 유지하기 위해서 직원들을 돌려가면서 근무시킬 것으로 결정했다.

| 해설 | keep이 불완전 타동사이므로 목적격보어 자리에 분사 running이 사용되었고, 분사는 동사 성격이 있으므로 부사가 꾸며야 한다. 따라서 efficiently가 정답이다.

02 much

| 해석 | 그 섬의 주택 가격은 다른 이웃하는 주보다 훨씬 더 빠르게 증가해 왔고, 전국 수준보다도 더 가파르게 증가해 왔다.

| 해설 | 비교급 강조 부사 much가 들어가야 한다.

03 getting

| 해석 | 티켓을 미리 구매하는 것이 현장에서 구매하는 것보다 더 저렴하다.

| 해설 | 비교 대상은 일치해야 하는데, 앞에 buying이 나와 있으므로 비교 대상 역시 getting으로 일치시키다.

04 persuasive

| 해석 | 이력서가 설득력이 있으면 있을수록, 당신은 잠재적인 후보자로 바람직하다.

| 해설 | persuaded와 persuasive는 둘 다 형용사인데, persuaded는 주어가 사람인 경우 '설득당한'이라는 뜻이다. '설득력이 있는'이라는 뜻을 표현하려면 persuasive를 사용해야 한다.

05 I

| 해석 | 당신은 나보다 돈이 많다.

| 해설 | 비교 대상은 격이 일치해야 한다. You가 주격이므로 I를 사용한다. than I (have)에서 (have)가 생략된 걸로 봐도 된다.

06 did

| 해석 | 그녀는 나의 엄마가 그랬던 것처럼 아메리카 원주민이라는 용어를 좋아하지 않았다.

| 해설 | 비교급에서 동사의 종류를 일치시켜야 한다. 주절에 일반동사를 사용했으면, 대동사 do동사를 사용한다. 시제 역시 일치시켜야 하는데 과거이므로 did가 적절하다.

07 to write

| 해석 | 편지를 쓰는 것보다 전화를 하는 것이 더 쉽다.

| 해설 | 앞에 진주어 to make가 있으므로 비교 대상 역시 to R으로 일치시키다.

08 The longer

| 해석 | 이 사건들을 마무리하는 것을 더 오래 미루면 미룰수록, 주말에 해야 할 일이 더 많아질 것이다.

| 해설 | 'the + 비교급, the + 비교급' 구문이다.

09 no later

| 해석 | 이것은 직원들은 개인 정보 변경을 행정 부서에 9월 25일까지는 제출해야 한다는 것을 상기시키기 위한 것입니다.

| 해설 | '늦어도 ~까지는'을 의미하는 no later than을 기억하자.

10 expected

| 해석 | 예산은 원래 예상되었던 것보다 대략 25% 많다.

| 해설 | than (it was) expected에서 (it was)가 생략된 것이다.

2. 어법상 틀린 부분을 바르게 고치시오.

01 It is very easier to protect the environment than to restore it. (13. 법원직 9급)

02 A small town seems to be preferable than a big city for raising children. (17. 지방직 9급)

03 Mr. Johns is more experienced of the two applicants interviewed for the position.

04 The old you grow, the more difficult it becomes to learn a foreign language. (13. 국가직 9급)

05 Field experience is very important as one of the educational qualifications for the position.

06 I was convinced that making pumpkin cake from scratch would be even easier than to make cake from a box. (18. 서울시 7급)

07 Purchasing the entire program is less costly when buying and installing components separately.

08 I think my mother is kinder than wise. (96. 서울시 9급)

09 He who reads a book twice with speed is not necessarily a better reader than him who reads but once with care. (95. 국가직 9급)

10 I would rather make the reservation now rather risk not getting a ticket down the road.

정답 및 해설

01 very → much

| 해석 | 환경을 복원하는 것보다 보호하는 것이 훨씬 더 쉽다.

| 해설 | very는 형용사나 부사의 원급을 수식한다. 비교급을 수식하는 부사는 much이다.

02 than → to

| 해석 | 작은 도시에서 아이들을 키우는 것이 큰 도시보다 선호되는 듯하다.

| 해설 | prefer는 라틴어에서 유래된 동사이다. 따라서 뒤에 than이 아니라 to를 사용한다.

03 more → the more

| 해석 | Johns는 이 직책을 위해 인터뷰를 받은 두 명 중에서 더 경력이 많다.

| 해설 | 비교급 뒤에 of the two라는 표현이 따라 나오면 비교급에 the를 붙여야 한다.

04 old → older

| 해석 | 나이가 들면 들수록, 외국어 공부하기가 더 어려워진다.

| 해설 | 뒤에 the more가 있으므로 앞도 'the + 비교급'으로 바꾸어야 한다.

05 very → as

| 해석 | 현장 경험은 그 직책을 위한 교육 자격 조건 중 하나만큼 중요하다.

| 해설 | '~만큼 ~한' 구성의 원급 비교 구문이므로 very를 as로 바꾸어야 한다.

06 to make → making

| 해석 | 호박 케이크를 맨 처음부터 만드는 것이 박스에 담긴 믹스로 케이크를 만드는 것보다 훨씬 더 쉬울 것이라고 나는 확신했다.

| 해설 | that절 안의 주어가 making이므로 비교 대상 역시 동명사형으로 바꾸어야 한다.

07 when → than

| 해석 | 전체 프로그램을 구매하는 것이 구성 요소를 각각 따로 구매하고 설치하는 것보다 더 저렴하다.

| 해설 | less가 제시된 비교급 비교 구문이다. 따라서 뒤에는 비교 대상을 나타내는 than이 필요하다.

08 kinder → more kind

| 해석 | 나는 나의 엄마가 현명하기보다는 친절하다고 생각한다.

| 해설 | kind는 1음절이지만, 동일인의 성질을 비교하는 경우에는 음절 수와는 관계없이 more를 사용한다.

09 him → he

| 해석 | 빠른 속도로 책을 두 번 읽는 사람이 조심스럽게 한 번만 읽는 사람보다 반드시 더 낫지는 않다.

| 해설 | 비교 대상의 격을 일치해야 한다. 주어가 he로 주격이므로 비교 대상 역시 him이 아닌 he로 바꾸어야 한다.

10 rather → than

| 해석 | 길 아래에서 티켓을 구매하지 못하는 위험을 무릅쓰는 것보다 지금 예약하는 게 낫겠다.

| 해설 | would rather A than B 구문이다. 따라서 rather를 than으로 바꾸어야 한다.

만점을 향해! 심화 문제

01 우리말을 영어로 잘못 옮긴 것을 고르시오. (18. 지방직 9급)

① 그 연사는 자기 생각을 청중에게 전달하는 데 능숙하지 않았다.
→ The speaker was not good at getting his ideas across to the audience.

② 서울의 교통 체증은 세계 어느 도시보다 심각하다.
→ The traffic jams in Seoul are more serious than those in any other city in the world.

③ 네가 말하고 있는 사람과 시선을 마주치는 것은 서양 국가에서 중요하다.
→ Making eye contact with the person you are speaking to is important in western countries.

④ 그는 사람들이 생각했던 만큼 인색하지 않았다는 것이 드러났다.
→ It turns out that he was not so stingier as he was thought to be.

02 어법상 옳은 것은? (17. 국가직 9급)

① My father was in the hospital during six weeks.

② The whole family is suffered from the flu.

③ She never so much as mentioned it.

④ She would like to be financial independent.

03 우리말을 영어로 잘못 옮긴 것을 고르시오. (17. 지방직 9급)

① 예산은 처음 기대했던 것보다 약 25퍼센트 더 높다.
→ The budget is about 25% higher than originally expecting.

② 시스템 업그레이드를 위해 해야 될 많은 일이 있다.
→ There is a lot of work to be done for the system upgrade.

③ 그 프로젝트를 완성하는 데 최소 한 달, 어쩌면 더 긴 시간이 걸릴 것이다.
→ It will take at least a month, maybe longer to complete the project.

④ 월급을 2배 받는 그 부서장이 책임을 져야 한다.
→ The head of the department, who receives twice the salary, has to take responsibility.

01 ④ stinger → stingy

| 해설 | ④ 원급 비교의 부정인 'not so(as) 형/부 as'(~만큼 형/부 하지 않다) 구문이 사용되었다. 이때 'not so(as) ~ as' 사이에는 원급이 와야 하므로 비교급 stingier를 stingy로 고쳐야 한다.

| 오답 분석 |

① be good at은 '~에 능숙하다'라는 표현으로 올바르게 쓰였다. get across도 '~을 (~에게) 전달하다, 이해시키다'라는 뜻으로, 적절하게 쓰였다.

② 주어인 traffic jams가 복수이므로 동사 are가 주어의 수에 맞춰 적절하게 사용되었다. 또한 'more than any other + 단수명사' 구문은 올바른 최상급 표현이며, 비교 대상인 traffic jams와 those의 수 일치도 올바르다.

③ 동명사 주어 making과 동사 is의 수 일치가 올바르다. the person 뒤에 목적격 관계대명사 whom이 생략된 형태이다.

02 ③

| 해석 | ① 나의 아버지는 6주 동안 병원에 계셨다.
② 모든 가족이 독감으로 고생하고 있다.
③ 그녀는 그것을 언급조차 하지 않았다.
④ 그녀는 재정적으로 독립을 하고 싶어 한다.

| 해설 | ③ not(never) so much as는 '~조차도 않다'라는 표현이므로 바르게 사용되었다.

| 오답 분석 |

① during은 뒤에 수치화된 기간이 나올 수 없으므로 for로 바꾸어야 한다.

② suffer from은 자동사로, 수동태가 될 수 없다. is suffered from을 is suffering from으로 바꾸어 현재진행시제로 나타내거나, suffered from을 사용하여 과거시제로 바꾸어야 한다.

④ 부사는 형용사를 수식할 수 있지만 형용사는 형용사를 수식할 수 없다. 따라서 형용사인 financial을 부사인 financially로 바꿔야 한다.

03 ① expecting → expected

| 해설 | ① 예산은 사람에 의해 예상되는 것이므로 expecting(능동)이 아니라 expected(수동)가 되어야 한다.

| 오답 분석 |

② 명사 work를 to부정사의 형용사적 용법이 수식하고 있으며, 일은 사람에 의해서 행해지는 것이므로 to부정사는 수동형으로 적절하게 사용되었다.

③ It will take + 시간 + to R '~하는 데 ~만큼 시간이 걸릴 것이다'가 바르게 사용되었다.

④ 주어인 the head와 동사 has가 알맞게 수 일치되었으며, the head를 꾸미는 관계대명사 who도 올바르게 사용되었다.

만점을 향해! 심화 문제

04 우리말을 영어로 잘못 옮긴 것을 고르시오. (16. 지방직 9급)

① 그녀가 어리석은 계획을 포기하도록 설득해 줄래요?
→ Can you talk her out of her foolish plan?

② 그녀의 어머니에 대해서는 나도 너만큼 아는 것이 없다.
→ I know no more than you don't about her mother.

③ 그의 군대는 거의 2대 1로 수적 열세였다.
→ His army was outnumbered almost two to one.

④ 같은 나이의 두 소녀라고 해서 반드시 생각이 같은 것은 아니다.
→ Two girls of an age are not always of a mind.

05 우리말을 영어로 가장 잘 옮긴 것은? (15. 사복직 9급)

소년이 잠들자마자 그의 아버지가 집에 왔다.

① The boy had no sooner fallen asleep than his father came home.

② Immediately after his father came home, the boy fell asleep.

③ When his father came home, the boy did not fall asleep.

④ Before the boy fell asleep, his father came home.

06 우리말을 영어로 가장 알맞게 옮긴 것은? (19. 기상직 9급)

① 거의 들리지 않는데, 소리 좀 높여 주시겠습니까?
→ I can't barely hear that, would you please turn the volume up?

② 발레리는 무슨 일이 있었는지 그녀에게 말하지 말라고 조언했다.
→ Valerie didn't advise me to tell her what had happened.

③ 우리의 정신적인 근육은 다른 신체적인 근육과 다를 바 없다.
→ Our spiritual muscles are no less different than any other physical one.

④ 당신이 국제 기업에서 일한다면 몇 가지 언어를 아는 것이 도움이 된다.
→ Knowing several languages are helpful if you work for an international corporation.

정답 및 해설

04 ② don't → do

| 해설 | ② no more than은 '~보다 많지 않은'의 의미로 궁극적으로는 '겨우 ~인', '~밖에 되지 않는'의 의미로 이 자체가 부정의 의미를 내포하고 있다. 따라서 부정어를 중복 사용하지 않도록 해야 한다. 이 문장의 경우 don't를 do로 고쳐야 한다.

| 오답 분석 |

① 'talk somebody into ~ing'는 '이야기하여 ~하게 하다'이고, 'talk somebody out of ~ing'는 '이야기하여 ~하지 못하게 하다'이다. 해석을 했을 때 계획을 하지 못하도록 설득해 달라는 말이므로 out of를 사용한 것은 적절하다.

③ outnumber은 타동사로 '~보다 수가 많다, 수적으로 우세하다'라는 뜻이다. 'A outnumber B'는 'A가 B보다 수적으로 우세하다', 'B is outnumbered'는 'B가 수적으로 열세하다'라는 뜻이다.

④ 관사 a에는 '동일한, 같은'이라는 뜻이 있다. 따라서 of an age는 '같은 나이'를 의미하고, of a mind는 '같은 생각'을 의미한다.

05 ①

| 해석 | ① 소년이 잠들자마자 그의 아버지가 집에 왔다.
② 그의 아버지가 집에 오자마자, 소년은 잠이 들었다.
③ 그의 아버지가 집에 왔을 때, 소년은 잠에 들지 않았다.
④ 소년이 잠에 들기 전에, 그의 아버지는 집으로 왔다.

| 해설 | ① 'no sooner ~ than' 구문은 주절과 종속절로 구성되어 있다. no sooner가 있는 주절은 과거완료를 사용하며(had p.p.) than 이하의 종속절은 과거시제를 사용한다.

| 오답 분석 |

②, ③, ④ 사건의 순서가 바뀌었거나 '~하자마자'라는 의미가 없어서 주어진 우리말에 맞는 영작이 아니다.

06 ③

| 해설 | ③ no less than은 원래 '~보다 적지 않다'라는 의미에서 '~못지 않다', '~와 마찬가지이다', '~와 다름 없다'라는 의미로 파생이 된 것이다. 따라서 'no less different than 명사'는 '명사와 다를 바 없다'라고 해석이 되므로 정확하게 표현되었다.

| 오답 분석 |

① 이중 부정은 곧 긍정의 의미를 지니므로 우리말과 일치하지 않게 된다. 따라서 '거의 들리지 않다'라는 뜻을 살리기 위해서는 can't를 can으로 고쳐야 한다.

② 주어진 우리말의 내용은 '말하지 말 것을 조언'했으므로 didn't advise를 advised로, tell을 not to tell로 고쳐야 한다.
→ Valerie advised me not to tell her what had happened.

④ 주어와 동사의 수가 일치하지 않는다. 주어가 동명사구인 knowing 이하이므로 동사를 단수형인 is로 고쳐야 한다.

학습 내용

❶ 시간 전치사 at/in/on을 공부한다.

- at : 시점
- in : 기간
- on : 특정일

❷ for와 during을 구분한다.

- for + 숫자
- during + the 기간명사

❸ by와 until의 차이를 이해한다.

- by : 완료(늦어도)
- until : 계속

❹ 시점 전치사와 기간 전치사를 구분한다.

- 시점 전치사 : at/on, by/until, since/form, before/after
- 기간 전치사 : in/within, for/during, over/throughout

❺ 장소 전치사 at/in/on을 공부한다.

- at : 지점
- in : 공간 or '~안에'
- on : 지면

전치사

01 전치사란?
02 전치사구의 역할
03 중요 전치사

Chapter 16

전치사

1 전치사란?

전치사는 명사 또는 명사구 앞에 놓여 시간, 장소, 방법, 주제 등 여러 가지 의미를 나타내기 위해 사용하는 품사이다.

- at night 밤에 [시간]
- at the corporate 회사에서 [장소]
- over the head 머리 위로 [위치]
- to the city hall 시청 쪽으로 [방향]
- except you 너를 제외한 [기타]

1 전치사의 목적어

전치사 뒤에는 명사나 명사 상당 어구(대명사, 동명사, 명사절)가 수반된다.

① 명사(구)

② 대명사(목적격)

③ 동명사(to부정사는 X)

전치사 뒤에는 동사나 동사의 성격이 강한 to부정사는 오지 않는다. 단, 동명사의 경우 명사 성격이 강해서 전치사 뒤에 올 수 있다.

④ 명사절

- I'm curious about **your plan**. [명사] 나는 너의 계획에 관해 궁금하다.
- I'm curious about **him**. [대명사] 나는 그에 대해 궁금하다.
- I'm curious about **attending** the seminar. [동명사] 나는 세미나에 참석하는 것에 관해 궁금하다.
- I'm curious about **what you need**. [명사절] 나는 너가 필요한 것에 관해 궁금하다.

개·념·완·성 연습 문제

Q1 어법상 잘못된 곳을 고치시오.

1. He excels at debate with others.

2. Every employee will attend the seminar but the sales manager and I.

정답 및 해설

Q1

1. debate → debating

해석 그는 다른 사람들과 토론하는 데 뛰어나다.

해설 전치사 at의 목적어로는 동사는 올 수 없다. 동명사가 와야 한다.

2. I → me

해석 영업부장과 나를 제외한 모든 직원들이 세미나에 참석할 것이다.

해설 이 문장에서 but은 전치사로, except(~을 제외한)과 같은 뜻이다. 따라서 뒤에는 목적격이 와야 한다.

2 전치사구의 역할

전치사구란 '전치사 + 명사/대명사' 구성으로, 문장에서 수식어(형용사나 부사)의 역할을 하는 구를 의미한다. 문장 앞, 중간, 뒤 어디에라도 위치할 수 있다.

1 전치사구의 종류

1) 형용사구

① 명사 수식

- **The people** <u>in the meeting room</u> are our patients. 회의실에 있는 사람들은 우리 환자들이다.
- The manager is **a man** <u>of ability</u>. 그 매니저는 능력 있는 사람이다.

② 보어로 사용

- The subject is <u>of importance</u>. 이 주제는 중요하다.

중요 포인트

of + 추상명사 = 형용사

'of + 추상명사'는 아래와 같이 형용사가 된다. 즉, 추상명사를 형용사로 만들고 싶을 때는 앞에 전치사 of를 붙인다고 보면 된다.

of importance = important	of use = useful
of value = valuable	of no value = valueless

- This problem is **of importance.** 이 문제는 중요하다.

반면, of를 제외한 나머지 '전치사 + 추상명사'는 부사가 된다.

2) 부사구

- <u>For hours</u>, he waited at the entrance. 몇 시간 동안, 그는 입구에서 기다렸다.
- He has worked <u>for 30 years</u>. 그는 30년 동안 근무했다.
- The woman <u>in the picture</u> is standing <u>in a vividly red room</u>. 사진에 있는 그 여성은 선명하게 붉은 방에 서 있다.

[이 문장에서 in the picture는 the woman을 수식하므로 형용사구의 기능을 하고 in a vividly red room은 장소를 나타내는 부사구의 기능을 한다.]

중요 포인트

with + 추상명사 = 부사

with ease = easily(쉽게)	with kindness = kindly(친절하게)
with care = carefully(조심스럽게)	with patience = patiently(참을성 있게)

of를 제외한 다른 전치사가 추상명사 앞에 오면 부사가 되는데, 특히 with가 많이 온다.

- They are expecting to win the election **with ease**.
  그들은 쉽게 선거에서 승리할 것이라고 예상하고 있다.

with confidence = confidently(자신 있게)
on purpose = purposely(일부러, 고의로)
by luck = luckily(운 좋게)
to perfection = perfectly(완벽하게)
in detail(자세하게)

3 중요 전치사

1 시간 전치사

시간 전치사에는 대표적으로 at, in, on이 있다. 시점에는 at, 월 이상의 기간에는 in, 특정한 날에는 on을 사용한다.

1) at, in, on

	사용할 때	예시
at	시점, 시간 앞	at 7　at the end of the year at dawn/noon/night
in	월, 계절, 연도 오전, 오후, 저녁 앞	in July　in summer　in 2020 in the morning(afternoon / evening)
on	날짜, 요일, 특정일 앞	on July 1　on Friday　on Christmas

- The meeting usually takes place at 8:30 a.m. 그 회의는 주로 오전 8:30분에 한다.
- The meeting usually takes place on Friday morning. 그 회의는 주로 금요일 오전에 한다.
- I usually have a cup of coffee in the morning. 나는 주로 아침에 커피 한 잔을 마신다.

개·념·완·성 연습 문제

Q1 [보기]에서 알맞은 전치사를 골라 빈칸을 채우시오.

[보기] at	in	on

1. ____________ the morning   **2.** ____________ 7:30 a.m.

3. ____________ winter   **4.** ____________ Friday morning

5. ____________ 1990s   **6.** ____________ July 1

Q2 괄호 안에 알맞은 것을 고르시오.

1. The sales meeting start [at / on] 9 a.m.

2. We usually have lunch [in / at] noon.

3. The soccer games are played [by / on] Sundays.

4. He will be back [next Sunday / on next Sunday].

5. We are going to go out for dinner [at / on] Friday night.

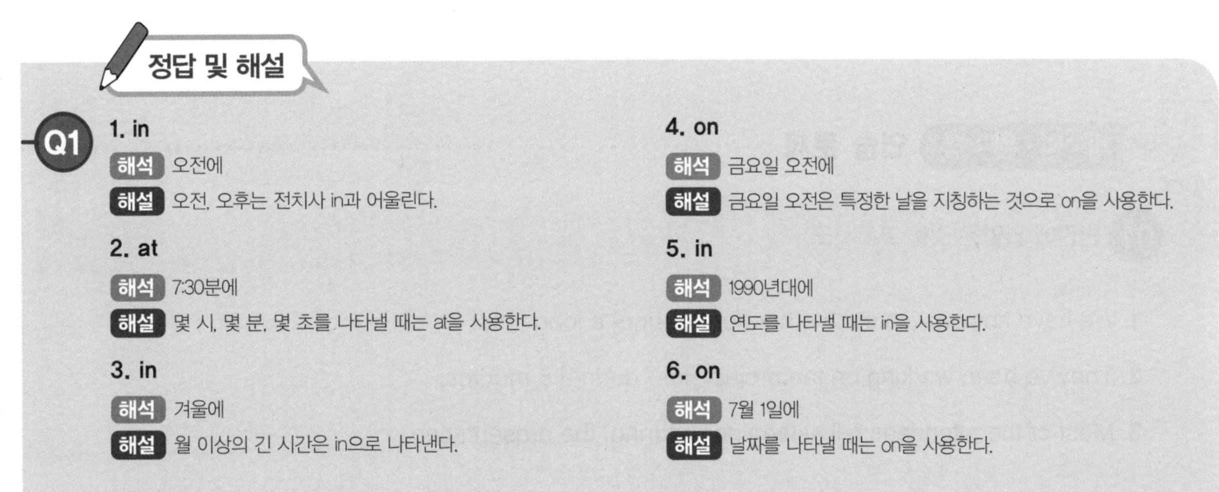

정답 및 해설

Q1

1. in
해석 오전에
해설 오전, 오후는 전치사 in과 어울린다.

2. at
해석 7:30분에
해설 몇 시, 몇 분, 몇 초를 나타낼 때는 at을 사용한다.

3. in
해석 겨울에
해설 월 이상의 긴 시간은 in으로 나타낸다.

4. on
해석 금요일 오전에
해설 금요일 오전은 특정한 날을 지칭하는 것으로 on을 사용한다.

5. in
해석 1990년대에
해설 연도를 나타낼 때는 in을 사용한다.

6. on
해석 7월 1일에
해설 날짜를 나타낼 때는 on을 사용한다.

Q2

1. at

해석 그 영업 회의는 오전 9시에 시작한다.

해설 시점을 나타낼 때는 at을 사용한다.

2. at

해석 우리는 주로 점심을 정오에 먹는다.

해설 at dawn(새벽에), at noon(정오에), at night(저녁에)는 대표적 시점 표현이다. 같이 암기해 두자.

3. on

해석 그 축구 시합은 일요일에 있다.

해설 요일을 나타낼 때는 on을 사용한다.

4. next Sunday

해석 그는 다음 주 일요일에 돌아올 것이다.

해설 원래 요일 앞에는 전치사 on을 사용하지만, 시간 표현이 this, last, next와 같이 사용되면 그 자체가 부사가 되어서 전치사는 생략된다.

5. on

해석 우리는 금요일 저녁에 외식할 것이다.

해설 특정일을 나타낼 때는 on을 사용한다.

2) for, during

'~동안에'를 표현할 때는 for와 during을 사용한다. 이 둘의 구분을 묻는 문제가 빈출된다.
during 뒤에는 보통 '명사(구)'가 오고, for 뒤에는 '시간의 길이'가 온다고 보면 된다. 다시 말해서 숫자로 시간의 길이를 언급할 때는 during을 사용하지 않고, for를 사용한다. 단, the last(past)가 시간 표현 앞에 붙는 경우에는 during을 사용할 수 있다.

	사용할 때	예시
for	+ 불특정 기간 숫자 기간(며칠, 몇 년)	for eight years for three weeks
during	+특정 기간(휴가, 방학)	during the holiday during the meeting

- They have lived in Seoul during ten years. [X]

  → They have lived in Seoul for ten years. [O] 그들은 10년 동안 서울에서 살았다.
- He has been using English <u>for</u> ten years. 그는 영어를 10년 동안 사용해 왔다.
- We will travel to Spain <u>during</u> the Christmas season. 우리는 크리스마스 시즌 동안에 스페인에 여행 갈 것이다.
- Seoul has been modernized tremendously <u>during</u> **the last** ten years. 서울은 지난 10년 동안 엄청나게 근대화되었다.

개·념·완·성 연습 문제

Q1 빈칸에 알맞은 것을 고르시오.

1. We have known with each other [for / during] a long time.

2. They've been working on the project [for / during] 5 months.

3. Most of the attendees fell asleep [for / during] the presentation.

정답 및 해설

Q1

1. for

해석 우리는 서로를 오랫동안 알아 왔다.

해설 불특정한 기간을 표시할 때는 전치사 for를 사용한다.

2. for

해석 그들은 그 프로젝트를 5달 동안 작업해 오고 있다.

해설 숫자로 표시되는 기간에는 전치사 for를 사용한다.

3. during

해석 대부분의 참석자들은 발표하는 동안에 잠들었다.

해설 the presentation은 기간명사이므로 앞에 for가 아닌 during을 사용해야 한다.

3) by, until

'~까지'를 표현할 때는 by와 until을 사용하는데, 이 둘의 구분을 묻는 문제가 빈출된다.

	특징	해석
by	동작의 완료(1회성)	finish, complete, submit, return 등의 동사와 사용 '늦어도'를 넣어서 해석
until	동작, 상태의 계속(계속성)	work, stay, remain, wait 등의 동사와 사용 '계속'을 넣어서 해석

- The store remains open **until** 9 P.M. 그 가게는 저녁 9시까지 계속 문을 열 것이다.
- The package must be delivered **by** noon. 그 소포는 늦어도 정오까지는 배송되어야 한다.

다만 deliver와 같은 완료(1회성)를 나타내는 동사들도, not과 함께 사용할 때는 '~하지 않은 상태가 ~까지 계속'되는 것을 의미한다. 따라서 이때 전치사로는 until을 사용해야 한다.

- Your order will **not** be delivered **until** the end of the month. 당신의 주문은 이달 말일이 되어야 도착할 겁니다.

연습 문제

Q1 빈칸에 알맞은 것을 고르시오.

1. The manager will have the copier repaired [by / until] Friday.

2. The renovation will not be completed [by / until] the end of the month.

3. I studied [by / until] midnight and went to bed.

4. I mailed the letter today. and you will receive it [by / until] next Monday.

정답 및 해설

Q1

1. by

해석 그 매니저는 그 복사기를 늦어도 금요일까지는 수리할 것이다.

해설 repair는 완료의 의미를 기지는 동사이므로 by를 사용한다.

2. until

해석 그 보수 공사는 이달 말까지는 완료되지 않을 것이다.

해설 동사가 complete로 완료의 의미를 가지지만, not과 어울리는 전치사는 until이다.

3. until

해석 나는 자정까지 계속 공부했고 그리고 자러 갔다.

해설 '일하다', '공부하다'와 같은 동사는 계속의 의미를 가지므로 전치사 until과 어울린다.

4. by

해석 내가 오늘 편지를 보냈고, 너는 늦어도 다음 주 월요일까지는 받을 것이다.

해설 receive라는 동사에는 완료의 의미가 있으므로 by와 어울린다.

4) 시점과 기간 전치사

시간 전치사 문제는 뒤에 나오는 명사가 크게 시점을 나타내는지, 기간을 나타내는지를 구분하면 쉽게 풀 수 있다.

시점 전치사	at ~에 since ~이래로	on ~에 from ~로부터	by ~까지 before ~전에	until ~까지 prior to ~전에
기간 전치사	for ~동안에 within ~이내에	during ~동안에	over ~에 걸쳐	throughout ~에 걸쳐

- I will have this done by the end of the week. 나는 이 일을 이번 주말까지는 끝낼 것이다.
- We have lived in this city for three years. 우리는 3년 동안 이 도시에서 살았다.

개·념·완·성 연습 문제

Q1 괄호 안에 알맞은 것을 고르시오.

1. The rental deposit must be transferred to the landlord's bank account at least fifteen days [within / prior to] the moving-in date.

2. He will be in Denmark [by / for] ten days.

3. Lauren and I met [since / during] the dance party.

정답 및 해설

Q1

1. prior to

해석 임대 보증금은 입주일보다 적어도 15일 전에 집주인의 은행 계좌로 이체되어야 한다.

해설 the moving-in date가 시점을 나타내므로 within과는 같이 사용할 수 없다.

2. for

해석 그는 덴마크에 10일간 있을 것이다.

해설 ten days는 기간을 나타내므로 by와는 어울릴 수 없다.

3. during

해석 Lauren과 나는 댄스 파티 동안에 만났다.

해설 the dance party는 특정한 기간이므로 전치사 during과 어울린다. since 뒤에는 과거 시점이 오며 이때 '~이래로'라는 뜻으로 사용된다.

2 장소 전치사

1) at, in, on

시간과 마찬가지로 장소를 나타내는 전치사에도 at, in, on이 있다. 같은 장소이지만, 그 장소 안을 나타낼 때는 in을, 장소 자체를 의미할 때는 at을 사용한다.

	사용할 때	뜻	예시
at	지점(건물)	~에	at the station 역에서 at the company 회사에서 at the corner of the street 길 모퉁이에서
in	공간(도시) 또는 '~안에'	~에, ~안에	in Peru 페루에서 in the city 도시에서 in Room 502 502호에서
on	지면	~위에	on the table 테이블 위에 on the wall 벽에 on the list 목록에 on the second floor 2층에

- I was in the store when he came in. 나는 그가 들어왔을 때 그 가게에 있었다.
- We stopped at the store on the way home. 우리는 집에 가는 도중에 그 가게에 들렀다.

개·념·완·성 연습 문제

Q1 괄호 안에 알맞은 것을 고르시오.

1. Steve sat in front of [I / me].

2. The customer sat [at / on] the chair.

3. Tony fell [at / in] the river by accident.

4. You have to stop [on / at] red traffic lights.

5. This is the tallest building [at / in] this city.

6. There are a lot of fish [in / on] the river.

정답 및 해설

Q1

1. me

해석 Steve는 내 앞에 앉았다.

해설 in front of가 전치사이므로 뒤에는 전치사의 목적어로 목적격이 와야 한다.

2. on

해석 그 고객은 의자에 앉았다.

해설 의자는 지면을 나타내므로 on을 사용한다.

3. in

해석 Tony는 실수로 강에 빠졌다.

해설 '강 안으로'라는 뜻이므로 in과 같이 사용해야 한다.

4. at

해석 너는 신호등 앞에서 멈추어야 한다.

해설 지점을 나타내는 전치사는 at이다.

5. in

해석 이것은 이 도시에서 가장 높은 건물이다.

해설 마을이나 도시에는 전치사 in을 사용한다.

6. in

해석 이 강에는 많은 물고기가 있다.

해설 문맥상 '강 위'가 아닌 '강 안에'이므로 전치사 in을 사용해야 한다.

3 위치, 방향 전치사

1) 가까이, 근처에

가까이	by, beside, next to
근처에	near, close to, adjacent to

• I sat down next to my wife. 나는 아내 옆에 앉았다.

• The car accident occurred near the hospital. 그 차사고는 병원 근처에서 일어났다.

개·념·완·성 연습 문제

Q1 빈칸에 알맞은 것을 고르시오.

1. The computer is [beside / besides] the table.

정답 및 해설

Q1

1. beside

해석 컴퓨터는 테이블 옆에 있다.

해설 '~옆에'라는 뜻을 나타낼 때는 beside를 사용한다. besides는 '~을 제외하고, ~이외도'라는 뜻의 전치사이다.

2) between, among

'사이에'라는 표현으로는 between과 among이 있다.

between	주로 둘 사이에서(비교급과 어울림) between two companies
among	셋 이상 사이에서(최상급과 어울림) among Asian cities

- He put cheese <u>between</u> two slices of bread. 그는 치즈를 빵 두 조각 사이에 넣었다.
- Who do you like **better** <u>between</u> the two singers? 그 두 명의 가수 중 너는 누구를 좋아하니?
- He was standing <u>among</u> a crowd of children. 그는 어린이들 사이에 서 있었다.
- He holds **the best** record <u>among</u> the current players. 그는 현역 선수들 가운데 최고 기록을 보유하고 있다.

연습 문제

Q1 괄호 안에 알맞은 것을 고르시오.

1. She is the best [between / among] the applicants. (04. 지방직 9급)

2. Although there are some similarities in the platforms of both candidates, the differences [between / among] them are still wide. (17. 지방직 7급)

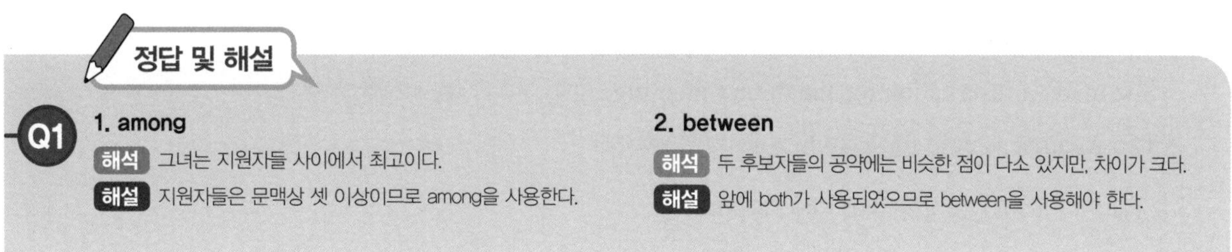

정답 및 해설

Q1

1. among

해석 그녀는 지원자들 사이에서 최고이다.

해설 지원자들은 문맥상 셋 이상이므로 among을 사용한다.

2. between

해석 두 후보자들의 공약에는 비슷한 점이 다소 있지만, 차이가 크다.

해설 앞에 both가 사용되었으므로 between을 사용해야 한다.

3) from, to

방향을 나타내는 대표 전치사로 from과 to가 있다. to는 '~쪽으로'라는 뜻이고 from은 '~로부터'라는 뜻이다. 다음과 같은 동사와 잘 어울린다.

	뜻	어울리는 동사	형태
from	~로부터, ~에서	obtain(얻다) receive(수령하다) collect(모으다)	A **from** B
to	~에게, ~로	send(보내다) transfer(전송하다) deliver(배달하다)	A **to** B

- The copy of the receipt can be obtained <u>from</u> the office. 그 영수증 사본은 그 사무실에서 얻을 수 있다.
- I will send the document <u>to</u> your office. 서류를 당신의 사무실로 보내 드릴게요.

개·념·완·성 연습 문제

Q1 괄호 안에 알맞은 것을 고르시오.

1. Mark traveled [from / to] New York [from / to] Chicago last year.

2. His father is suffering [from / of] heart disease.

Q1

1. from, to

해석 Mark는 작년에 New York에서부터 Chicago까지 여행했다.

해설 '~부터'는 from이다. '~까지'는 to이다.

2. from

해석 그의 아버지는 심장병으로 고생하고 있다.

해설 '~로부터'라는 의미로, from이 어울린다.

4) 기타 전치사

① **because of** : 이유(~때문에)

- He was late <u>because of</u> the heavy traffic. 그는 교통 체증 때문에 늦었다.

② **despite** : 양보(~에도 불구하고)

- He was punctual <u>despite</u> the heavy traffic. 그는 교통 체증에도 불구하고 시간을 지켰다.

③ **for** : ~을 위해, ~에 비해

- She made a reservation <u>for</u> the dinner meeting. 그녀는 저녁 회의를 위해 예약을 했다.
- The weather is cold <u>for</u> March. 날씨는 3월에 비해 춥다.

③ **by** : 수단(~로), 동작의 주체(~에 의해서)

- by bus 버스로
- by the company 회사에 의해서
- You may pay <u>by</u> check or credit card. 당신은 수표나 신용카드로 지불할 수 있습니다.

5) be made of, be made from

be made of	물리적 변화(재료의 본래 형태가 눈으로 보임)
be made from	화학적 변화(재로의 본래 형태가 눈으로 보이지 않음)

- This box is made **of** paper. 이 박스는 종이로 만들어졌다.
- Cheese is made **from** milk. 치즈는 우유로 만들어진다.

개·념·완·성 연습 문제

Q1 괄호 안에 알맞은 것을 고르시오.

1. It is a good product made [of / from] glass. (09. 지방직 7급)

2. Wine is made [of / from] grapes.

3. This dress is made [of / from] silk.

4. Jack usually goes to work [by / with] car.

5. Our fleshly baked bread is made [of / by] hand.

6. I always stay here when I am in Seattle [about / on] business.

7. They asked me [for / against] information about the workshop.

정답 및 해설

Q1

1. of

해석 이것은 유리로 만들어진 좋은 제품이다.

해설 유리로 만들어지는 것은 원래 재료를 눈으로 확인할 수 있는 것이므로 of와 어울린다.

2. from

해석 와인은 포도로 만들어진다.

해설 포도에서 와인으로 만들어지는 것은 화학적 변화이므로 from을 사용한다.

3. of

해석 드레스는 실크로 만들어진다.

해설 드레스에서 실크의 원래 형태를 눈으로 확인할 수 있으므로 of와 어울린다.

4. by

해석 Jack은 차로 출근한다.

해설 'by + 수단'은 '~로'라는 의미이다.

5. by

해석 신선하게 구운 우리의 빵은 손으로 만들어진다.

해설 by hand는 '손으로, 직접'이라는 숙어 표현이다.

6. on

해석 내가 사업차 Seattle에 있을 때는 항상 여기에서 머문다.

해설 on business는 '사업차'라는 숙어 표현이다.

7. for

해석 그들은 나에게 워크숍에 관한 정보를 요청했다.

해설 for와 against는 서로 반대되는 의미를 가지는 전치사이다. for는 '~을 위한'이라는 뜻이다. 반면 against는 '~하지 않는, 반대하는'이라는 뜻이다.

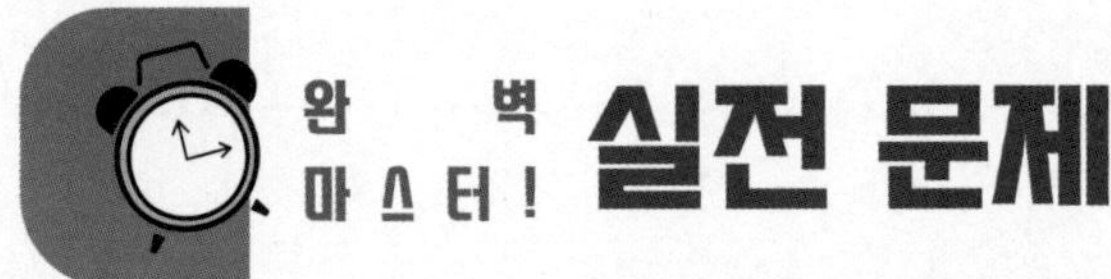

1. 괄호 안에 어법상 알맞은 것을 고르시오.

01 The supply department will be able to order the cabinet [by / until] the next month.

02 [Since / Because of] the inclement weather conditions, all departing and arrival flights have been cancelled.

03 Internet access will be freely available [during / while] the seminar in several dedicated computer stations.

04 He worked for an American company as an accountant [for / during] 5 years. (13. 서울시 7급)

05 Mr. Kim was born in Seoul [at / on / by] August 21, 1960 [on / at / in] 3:40 in the morning. (01. 경찰)

06 I'd lost my front door key, and I had to smash a window [by / with] a brick to get in. (12. 국가직 9급)

07 My father was in the hospital [for / during] six weeks. (17. 국가직 9급)

08 Whether the project proposal will be implemented is now [on / under] discussion.

09 Both adolescent and adults should be cognizant [to / of] the risks of secondhand smoking. (17. 사복직 9급)

10 [Beside / Besides] the conclusion, the report on the campaign is completed.

정답 및 해설

01 by

| 해석 | 공급 부서는 캐비닛을 늦어도 다음 달까지는 주문할 것이다.

| 해설 | order는 완료의 의미를 가지므로 by와 어울린다.

02 Because of

| 해석 | 악천후 기상 때문에, 모든 출발 및 도착 비행기들이 취소되었다.

| 해설 | 빈칸 뒤에 명사구가 있으므로 전치사가 필요하다. since는 이유를 나타내는 경우 접속사가 된다.

03 during

| 해석 | 인터넷 접속은 세미나 동안에는 여러 컴퓨터 전용 작업장에서 자유롭게 이용 가능할 것이다.

| 해설 | the seminar가 명사구이므로 전치사가 필요하다. while은 접속사이다.

04 for

| 해석 | 그는 미국 회사에서 회계사로 5년 동안 근무했다.

| 해설 | 숫자로 기간 표현이 나오면 전치사 for를 사용한다.

05 on, at

| 해석 | Kim은 1960년 8월 21일 오전 3시 40분에 서울에서 태어났다.

| 해설 | 날짜를 나타내는 전치사는 on이다. 그리고 몇 시, 몇 분, 몇 초를 나타낼 때는 at을 사용한다.

06 with

| 해석 | 나는 정문 열쇠를 분실했고 들어가기 위해서 벽돌을 가지고 창문을 깨야만 했다.

| 해설 | '~을 가지고'라는 의미로 도구를 나타낼 때 전치사 with을 사용한다.

07 for

| 해석 | 아버지는 6주간 병원에 있었다.

| 해설 | 숫자로 기간을 표현할 때는 전치사 for를 사용한다.

08 under

| 해석 | 그 프로젝트 안이 실행될지는 현재 검토 중에 있다.

| 해설 | under discussion은 '검토 중인'이라는 뜻의 숙어 표현이다.

09 of

| 해석 | 청소년과 어른들 모두 간접 흡연의 위험을 알고 있어야 한다.

| 해설 | be cognizant of는 '~을 알고 있는'이라는 뜻의 숙어 표현이다.

10 Besides

| 해석 | 결론을 제외하고, 그 캠페인 보고서는 완료되었다.

| 해설 | beside는 '~옆에'라는 뜻이고, besides는 '~을 제외한, ~이외에도'라는 뜻이다.

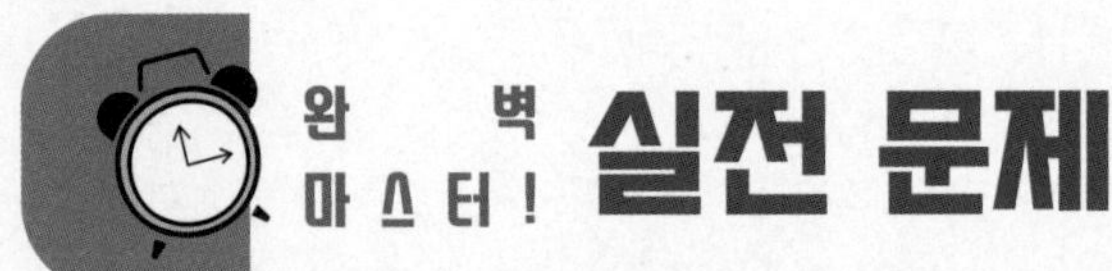

2. 어법상 틀린 부분을 바르게 고치시오.

01 To have any broken parts replaced without charge, the registration form should be mailed to the company by one month of product purchase.

02 He was getting used to use his left hand after the accident. (14. 국가직 7급 응용)

03 Interest rates are falling although a governmental push to raise all mortgage rates for middle class homeowners.

04 Requests for assistance via e-mail or live Internet support are only monitored since regular hours of business.

05 The old man was in the hospital during eleven weeks. (17. 국가직 9급 응용)

06 The paper accused him of use the company's money for his own purposes. (19. 지방직 9급)

07 The company anniversary will take place in July 30, so please mark the date on your calendars.

08 The workshop teaches managers and employees how to dispute someone else's ideas except being disagreeable.

09 Complimentary beverages will be provided in the lobby for the conference next week.

10 All the students must submit their assignments until Friday afternoon.

정답 및 해설

01 by → within

| **해석** | 고장 난 부품을 요금 청구 없이 교체하기 위해서, 등록 양식이 구매 날짜로부터 1달 이내에 회사에 메일로 보내져야 한다.

| 해설 | 굉장히 까다로운 문제이다. one month는 시점이 아닌 기간을 나타내는 표현이므로 by와는 어울릴 수 없다. within으로 바꾸어야 한다.

02 use → using

| **해석** | 그는 사고 후에 왼손을 사용하는 데 익숙해지고 있었다.

| 해설 | '~하는 데 익숙해지다'로는 'get used to –ing' 구문을 사용해야 한다.

03 although → despite

| **해석** | 중산층 집주인을 위해 담보 대출 이자율을 끌어올리려는 정부의 노력에도 불구하고 이자율은 하락하고 있다.

| 해설 | a government push가 명사이므로 앞에는 접속사 although가 아닌 전치사 despite가 와야 한다.

04 since → during

| **해석** | 이메일이나 라이브 인터넷 지원을 통한 도움 요청은 정상 근무시간 동안에만 행해진다.

| 해설 | since 뒤에는 과거 시점이 오며 '~이래로'라는 뜻을 가지므로 적절하지 않다. 문맥상 '~동안에'라는 뜻이 자연스러우므로 during을 사용해야 한다.

05 during → for

| **해석** | 그 노인은 11주 동안 병원에 있었다.

| 해설 | 기간을 나타낼 때 for나 during을 사용하는데, 숫자로 표시되는 기간에는 for를 사용한다.

06 use → using

| **해석** | 그 신문은 그가 자신의 용도를 위해 회사의 돈을 사용한다고 비난했다.

| 해설 | 전치사 뒤에는 목적어로 명사나 동명사가 나오는데, 목적어 뒤에 또다시 명사가 나오면 동사와 명사의 성격을 가지는 동명사가 답이다. 이 문장의 경우 use 뒤에 the company's money라는 명사가 다시 수반되고 있으므로 명사가 아닌 동명사를 사용해야 한다.

| **어휘** | • **charge A with B** B로 A를 비난하다

07 in → on

| **해석** | 회사의 기념일은 7월 30일입니다. 따라서 그 날짜를 달력에 표시해 주세요.

| 해설 | 날짜, 요일, 특정일을 표시할 때 사용하는 전치사는 in이 아니라 on이다.

08 except → without

| **해석** | 그 워크숍은 관리자들과 직원들에게 지나치게 공격적으로 되지 않으면서도 다른 사람의 생각을 반박하는 방법을 가르친다.

| 해설 | except는 '~을 제외한'이라는 뜻이므로 문맥상 적절하지 않다. without + –ing는 '~하지 않고'라는 뜻이다.

09 for → during

| **해석** | 무료 음료가 다음 주에 회의하는 동안 로비에서 제공될 것이다.

| 해설 | for 뒤에는 숫자와 같은 불특정 기간이 나온다. 'the + 기간 명사(특정 기간)'를 나타낼 때는 during을 사용한다.

10 until → by

| **해석** | 모든 학생들은 과제를 금요일 오후까지는 제출해야 한다.

| 해설 | submit은 '완료'의 의미를 지니는 동사이므로 전치사 by와 어울린다.

01 우리말을 영어로 잘못 옮긴 것을 고르시오. (19. 국가직 9급)

① 제가 당신께 말씀드렸던 새로운 선생님은 원래 페루 출신입니다.
→ The new teacher I told you about is originally from Peru.

② 나는 긴급한 일로 자정이 5분이나 지난 후 그에게 전화했다.
→ I called him five minutes shy of midnight on an urgent matter.

③ 상어로 보이는 것이 산호 뒤에 숨어 있었다.
→ What appeared to be a shark was lurking behind the coral reef.

④ 그녀는 일요일에 16세의 친구와 함께 산 정상에 올랐다.
→ She reached the mountain summit with her 16-year-old friend on Sunday.

02 밑줄 친 부분 중 어법상 가장 옳지 않은 것은? (19. 서울시 9급)

Inventor Elias Howe attributed the discovery of the sewing machine ①for a dream ②in which he was captured by cannibals. He noticed as they danced around him ③that there were holes at the tips of spears, and he realized this was the design feature he needed ④to solve his problem.

03 다음 중 문법적으로 올바른 문장은? (17. 사복직 9급응용)

① She was well aware to the difficulties that had to be surmounted.

② His address at the luncheon meeting was such great that the entire audience appeared to support him.

③ Appropriate experience and academic background are required of qualified applicants for the position.

④ The major threat to plants, animals, and people is the extremely toxic chemicals releasing into the air and water.

정답 및 해설

01 ②

| **해설** | ② shy of는 '모자라는, 부족한'이라는 뜻으로 전치사 before 또는 ago처럼 쓰인다. 우리말에 '5분이 지난 후'라는 표현이 있으므로 five minutes past midnight으로 고쳐야 한다.

| **오답 분석** |

① The new teacher를 선행사로 하여 전치사 about의 목적어 역할을 하는 목적격 관계대명사가 생략된 경우이다.

③ what은 선행사를 포함한 관계대명사로 appeared의 주어 역할을 올바르게 하고 있다. what이 이끄는 절의 동사 appear는 자동사로 수동태가 아닌 능동태로 올바르게 쓰였으며, 주절의 동사 lurk는 '숨어 있다'라는 뜻을 가진 자동사로 전치사구와 함께 잘 사용되었다.

④ reach는 자동사로 혼동하기 쉬운 타동사이다. 전치사구가 아닌 목적어 the mountain summit를 올바르게 사용했다. '숫자 + 단위' 구성 명사가 뒤의 명사를 수식하는 형용사의 기능을 할 때는 단수로 표현하므로 16-year-old가 올바르게 쓰였다.

02 ① for → to

| **해석** | 발명가 엘리어스 하우는 그가 식인종에게 붙잡힌 꿈 때문에 재봉틀을 발견한 것이라고 말했다. 그는 식인종들이 그를 둘러싸고 춤을 출 때 창 끝에 구멍이 있다는 것을 알아차렸고, 이것이 그가 문제를 해결하기 위해 필요했던 디자인적 특징이라는 것을 깨달았다.

| **해설** | ① 타동사 attribute는 원인과 결과를 이어줄 때 전치사 to와 함께 쓴다. 재봉틀을 발견한 것을 꿈의 결과로 돌렸다는 의미이므로 for는 to로 고쳐야 한다.

| **오답 분석** |

② 관계절의 형태가 주어와 동사로 완전하므로 '전치사 + 관계대명사' 형태가 올바르다.

③ 명사절을 이끄는 접속사 that으로 noticed의 목적어 역할을 한다. 'as they danced around him'은 부사절로 noticed와 that 사이에 삽입되었다.

④ need는 to부정사를 목적어로 취하는 동사이다.

03 ③

| **해석** | ① 그녀는 극복해야 할 어려움을 잘 알고 있었다.

② 그의 오찬 미팅에서의 연설이 너무 훌륭해서 모든 관중들은 그에게 지지를 표명했다.

③ 적절한 경험과 학문적 배경은 그 직위에 자격이 있는 지원자들에게 요구된다.

④ 식동물들과 사람들에게 가장 주된 위협은 독극물이 공기와 물에 방출되는 것이다.

| **해설** | ③ require를 사용할 때는, '~에게 요구하다'일 때 사람 명사 앞에 전치사 of를 쓰는 것에 주의해야 한다.

| **오답 분석** |

① '~을 알고 있다'라는 표현을 나타내기 위해서는 전치사 to를 of로 수정한 'be aware of'로 표현해야 한다.

②'such ~ that'과 'so ~ that' 둘 다 '너무 ~해서 ~하다'라고 해석한다. 하지만 such는 뒤에 명사가 오고 so는 뒤에 부사나 형용사가 온다. 따라서 great를 수식하기 위해서는 'so ~ that'이 적절하다.

④ releasing 뒤에는 목적어가 필요하며, 내용상으로도 '방출되는'이라는 수동의 의미를 가진다. 따라서 released로 수정해야 한다.

만점을 향해! 심화 문제

04 우리말을 영어로 가장 잘 옮긴 것은? (16. 사복직 9급)

내가 저지른 모든 실수에도 불구하고 그는 여전히 나를 신임했다.

① I had made all the mistakes, though he still trusted me.

② I had made all the mistakes, moreover, he still trusted me.

③ Despite all the mistakes I had made, he still trusted me.

④ Nevertheless all the mistakes I had made, he still trusted me.

05 우리말을 영어로 잘못 옮긴 것을 고르시오. (15. 사복직 9급)

① 우리는 그녀의 행방에 대해서 아는 바가 전혀 없다.
→ We don't have the faintest notion of her whereabouts.

② 항구 폐쇄에 대한 정부의 계획이 격렬한 항의를 유발했다.
→ Government plans to close the harbor provoked a storm of protest.

③ 총기 규제에 대한 너의 의견에 전적으로 동의한다.
→ I couldn't agree with you more on your views on gun control.

④ 학교는 어린이들의 과다한 TV 시청을 막기 위한 프로그램을 시작할 것이다.
→ The school will start a program designed to deter kids to watch TV too much.

정답 및 해설

04 ③

| 해설 | 우선 '~에도 불구하고'라는 뜻을 나타내 줄 수 있는 표현은 'despite~ / even if ~ / even though' 등이다. ③번에서 위의 표현들 중 하나인 despite을 사용해 '내가 저지른 모든 실수에도 불구하고 → Despite all the mistakes I had made'라고 적절하게 번역하고 있으므로 정답은 ③번이다.

| 오답 분석 |

①번과 같이 표현하면 주절과 종속절의 의미가 바뀌게 된다. '그가 여전히 나를 신뢰했음에도 불구하고, 나는 모든 실수를 했다'가 되어 제시 문장의 의미와 다르게 된다.

② '나는 모든 실수를 했다. 게다가, 그는 여전히 나를 신뢰했다'라는 의미가 되어서, 제시된 문장의 의미와 다르게 된다.

④ nevertheless는 접속부사로 명사를 연결할 수 없다. 앞에 완전한 문장이 나오고, '그럼에도 불구하고'라는 의미를 가질 때 사용된다. Nevertheless 자리에는 뒤에 명사구가 있으므로 전치사 Despite가 들어가야 한다.

05 ④ **to watch → from watching**

| 해설 | ④ 'deter + 목적어+ from ~ing' 구문으로, deter kids to watch TV too much를 deter kids from watching TV too much로 변경해야 한다.

| 오답 분석 |

① not have the faintest notion of는 '~에 대해 아는 바가 전혀 없다'라는 뜻으로, 옳은 문장이다.

② to부정사가 명사(Government plans)를 수식하고 있는 문장이다. 원래 storm은 '폭풍'이라는 의미이다. a storm of protest는 '폭풍과 같이 빗발치는 항의'에서 '격렬한 항의'로 의미가 파생된 표현이다.

③ I couldn't agree with you more는 부정적인 의미가 아니다. 반어적인 표현으로 '이보다 더 이상 동의할 수 없다'가 '전적으로(매우) 동의한다'라는 뜻으로 파생된 표현이다. views는 '견해, 의견'이라는 표현이고, '~에 관한'의 의미로 주제를 표현할 때 on을 사용한다. 제대로 사용이 되었다.

| 어휘 | • faintest 최소한의 • notion 개념, 관념, 생각
• whereabout 소재, 행방 • harbor 항구, 항만, 피난처
• provoke 유발하다 • deter 단념시키다, 그만두게 하다

학습 내용

❶ 등위접속사의 종류와 특징을 이해한다.

- 종류 : and, but(yet), or, so, for
- 특징 : ① 병치, ② 문두에 X, ③ 동일 부분 생략 가능
- 등위접속사는 문법적으로 동일한 구조를 연결하기 때문에 항상 and 뒤에 나오는 요소는 앞의 어떤 부분과 동일하게 연결되는지를 확인해야 한다(최빈출).

❷ 상관접속사는 3가지를 확인한다.

- 구조
- 병치(A와 B는 문법적으로 동일한 구조를 가진다)
- 수의 일치 : 동사에 가까운 B에 따라서 동사의 수가 결정된다

(예외 : both A and B + 복수동사, B as well as A = B에 수 일치).

등위접속사와 상관접속사

Chapter 17

등위접속사와 상관접속사

1 접속사의 종류

접속사는 '주어 + 동사'로 구성된 문장을 연결해 주는 품사이다. 크게 등위접속사와 종속접속사가 있다.

등위접속사는 문법적으로 대등한 단어, 구, 절을 연결해 주는 역할을 한다. 종속접속사는 부수적인 역할을 하는 종속절을 이끌어 주절을 보완하는 역할을 한다.

1) 등위접속사

- Steve gets up at 7 and his wife gets up at 6. Steve는 7시에 일어나지만, 그의 아내는 6시에 일어난다.

2) 종속접속사

① 명사절 접속사

- Steve knew **that** he made a big mistake. Steve는 그가 큰 실수를 했다는 것을 알았다.

② 부사절 접속사

- Steve was absent from the meeting **because** he was sick. Steve는 아파서 회의에 빠졌다.

③ 형용사절 접속사

- Steve likes the girl **who** lives next door. Steve는 옆집에 사는 소녀를 좋아한다.

2 등위접속사

1 등위접속사의 의미와 종류

등위접속사란 문법적으로 대등한 구조를 연결해 주는 접속사이다. 등위접속사 앞, 뒤에 오는 것은 같은 품사나 구조로 된 것이어야 한다. 이것을 병치라고 한다. 단어와 단어, 구와 구, 절과 절을 대등하게 연결해 주는 등위접속사에는 다음과 같은 것들이 있다.

and(그리고)	or(또는)	but(그러나)	yet(그러나)	so(따라서)	for(왜냐하면)

- Everyone was singing (동명사) **and** dancing (동명사). 모든 사람들이 노래하고 춤췄다.

• My car isn't the blue one, **but** the red one. 나의 차는 파란색이 아닌 빨간색이다.
명사구 명사구

• I had nothing to eat **or** (to) drink all day. 나는 하루 종일 먹거나 마실 것이 아무것도 없었다.
to부정사 to부정사

• All guests must present an ID **and** (they must) surrender any electronic devices.
문장 문장(동일 부분 생략)

모든 손님들은 신분증을 제시하고 전자장비를 넘겨 줘야 한다.

so와 for는 등위접속사로 사용할 경우, 뒤에는 반드시 문장이 와야 한다. 요소를 생략하는 것도 할 수 없다.

• I lost my watch, **so** I bought a new one. 나는 시계를 분실했다. 그래서 새것을 구입했다.
문장 문장(so 뒤는 생략 안 됨))

등위접속사 출제 포인트

등위접속사 문제는 다음 세 가지를 기억해야 한다. ① 등위접속사 앞뒤로 동일 구조가 병치되어야 한다. ② 문두에 단독으로 사용될 수 없다. ③ so와 for를 제외하고는 등위접속사 뒤에 앞 부분과 동일 부분이 반복되는 경우 생략이 가능하다.

① 병치 / 병렬

② 문두에 사용 불가

③ 동일 부분 생략 가능(so, for 제외)

2 등위접속사를 사용할 때는

1) 명령문 + 등위접속사

명령문 뒤에 and와 or가 오면 다음과 같은 뜻이 된다.

구성	해석
명령문 + and + S + V	~해라. 그러면 ~할 것이다
명령문 + or + S + V	~해라. 그렇지 않으면 ~할 것이다

• Study hard, **and** you will pass the exam. 열심히 공부해라. 그러면 너는 시험에 합격할 것이다.

• Hurry up, **or** you will be late. 서둘러라. 그렇지 않으면 늦을 것이다.

연습 문제

Q1 괄호 안에 알맞은 것을 고르시오.

1. Study harder at this time of the year, [and / or] you'll to go the university you want.

2. Prepare well in advance, [and / or] you'll miss the commuter train.

정답 및 해설

Q1

1. and

해석 지금 이 시기에 더 열심히 공부해라. 그러면 너가 원하는 대학에 갈 수 있다.

해설 앞에 명령문이 제시되어 있고, 문맥상 '그러면'이 자연스러우므로 and가 정답이다.

2. or

해석 훨씬 일찍 준비해라. 그렇지 않으면 너는 통근 기차를 놓칠 것이다.

해설 문맥상 '그렇지 않으면'이 자연스러우므로 or가 적절하다.

2) 병렬 구조

등위접속사를 사용하는 경우, 연결되는 두 요소는 반드시 문법적으로 같은 요소여야 한다.

- The newly designed glasses are light(형용사) and stylish(형용사). 그 새롭게 디자인된 안경은 가볍고 세련되다.
- The boy never paid(동사) attention in class, but always scored(동사) highly on exam.
  그 소년은 수업 중에 집중하지 않았다. 그러나 항상 시험에서 좋은 점수를 받았다.

같은 요소가 3개 이상 나열되는 경우에는 'A, B, C, 등위접속사 D' 구조가 된다.

- The candidate is young(형용사), enthusiastic(형용사), and talented(형용사). 그 후보는 젊고, 열정적이고, 재능이 있다.
- The doctor specializes in problems with the ears(명사), nose(명사) and throat(명사). 그 의사는 귀과 코와 목의 문제를 전문으로 한다.

연습 문제

Q1 괄호 안에 알맞은 것을 고르시오.

1. It was cold, [or / so] we turned on the heater.

2. Joe [and / but] Karl are twin brothers.

3. I ran, [but / so] I missed the subway.

4. I washed tomato [and / or] cut it in half.

5. I found a piece of cheese cake, milk, [so / and] orange juice in the refrigerator.

6. Jack promised to keep the secret, [so / but] he told it to many colleagues.

정답 및 해설

Q1

1. so

해석 추웠다. 그래서 히터를 켰다.

해설 문맥상 '그래서'가 자연스러우므로 so가 정답이다.

2. and

해석 Joe와 Karl은 쌍둥이이다.

해설 문맥상 '~와'가 자연스러우므로 and가 정답이다.

3. but

해석 나는 달렸다. 그러나 지하철을 놓쳤다.

해설 문맥상 '그러나'가 자연스러우므로 but이 정답이다.

4. and

해석 나는 토마토를 씻고 반으로 잘랐다.

해설 문맥상 '씻고 그리고 자르다'가 자연스러우므로 and가 정답이다.

5. and

해석 나는 치즈 케이크 한 조각과 우유 그리고 오렌지 주스를 냉장고에서 발견했다.

해설 so 뒤에는 명사가 올 수 없고 반드시 문장이 수반되어야 한다.

6. but

해석 Jack은 비밀을 지킨다고 약속했다. 그러나 그것을 많은 동료들에게 말했다.

해설 문맥상 역접의 의미가 자연스러우므로 but이 필요하다.

3 상관접속사

1 상관접속사의 의미와 종류

상관접속사란 대등한 접속사의 일종이다. 접속사의 앞과 뒤에 오는 말이 대등한 관계를 갖는 병렬 구조로 연결된다. 상관접속사는 두 단어가 한 짝으로 항상 같이 쓰인다.

both A and B(A와 B 둘 다)	either A or B(A 또는 B)
neither A nor B(A도 B도 아닌)	not A but B(A가 아니라 B인(= B but not A))
not only A but also B(A뿐만 아니라 B도(also는 생략 가능))	B as well as A(A뿐만 아니라 B도)

- His presentation was both interesting and informative. 그의 발표는 흥미롭고 유익했다.
- Your presentation should either interesting or informative. 당신의 발표는 흥미롭거나 유익해야 한다.
- His presentation was neither interesting nor informative. 그의 발표는 흥미롭지도 않았고 유익하지도 않았다.
- His presentation was not interesting but informative. 그의 발표는 흥미로운 것이 아니라 유익했다.
- His presentation was not only interesting but also informative. 그의 발표는 흥미로울 뿐만 아니라 유익했다.

상관접속사 출제 포인트

상관접속사 문제는 다음 세 가지를 유념하자. ① either는 항상 or와, neither는 항상 nor와 같이 사용되는 구조가 맞아야 한다. ② 등위접속사와 마찬가지로 연결되는 A와 B는 병렬 구조(같은 구조)가 되어야 한다. ③ 상관접속사는 수의 일치 문제가 출제된다.

① 구조(짝)

② 병치 / 병렬

③ 수 일치

2 상관접속사의 수 일치

상관접속사가 주어 자리에 올 때는 뒤에 나오는 동사의 수를 묻는 문제가 자주 나온다. 동사의 수는 주로 both A and B(항상 복수동사를 사용)와 B as well as A(B에 수 일치)를 제외하고는, 근접성의 원칙에 따라 동사에 가까운 B에 의해서 결정된다.

상관접속사	수 일치
either A or **B**	B에 수 일치
neither A nor **B**	B에 수 일치
not A but **B**	B에 수 일치
not only A but also **B**	B에 수 일치
both **A** and **B**	복수동사 사용
B as well as A	B에 수 일치

- Either you or **I** <u>am</u> responsible for the matter. 너 아니면 내가 그 일에 책임이 있다.
- Neither you nor **I** <u>am</u> responsible for the matter. 너와 나 둘 다 그 일에 책임이 없다.
- Not only the professor but also **his students** <u>are</u> interested in the research.
  그 교수님뿐만 아니라 그의 학생들도 그 연구에 관심이 있다.
- Both **you** and **I** <u>are</u> anxious to deal with the matter promptly.
  당신과 나 둘 다 이 문제를 신속히 처리하기를 간절히 바라고 있다.
- **Employees** as well as employers <u>are</u> expecting to benefit from the new tax law.
  고용주뿐만 아니라 직원들도 새로운 세법으로 혜택을 볼 것으로 기대하고 있다.

개·념·완·성 연습 문제

Q1 괄호 안에 알맞은 것을 고르시오.

1. Laura was not a singer [but / and] an actress.

2. [Both / Not only] oranges and apples are good for your health.

3. Not only I but also my parents [love / loves] to play tennis.

4. I want to major in either economics [or / and] politics.

5. [Both / Either] John [and / or] Ted needs to confirm how many chairs we'll need. (15. 경찰 2차)

Q2 다음 문장을 어법에 맞게 고치시오.

1. German shepherd dogs are smart, alert, and loyalty. (14. 지방직 9급)

2. To control the process and making improvement was my objectives. (17. 국가직 9급)

정답 및 해설

Q1

1. but

해석 Laura는 가수가 아니라 배우이다.

해설 not A but B 구조이다.

2. Both

해석 오렌지와 사과는 건강에 좋다.

해설 뒤에서 and로 연결되고 있으므로 Both를 사용해야 한다.

3. love

해석 나뿐만 아니라 우리 부모님도 테니스 치는 것을 좋아한다.

해설 not only A but also B에서 동사의 수는 B에 맞춘다.

4. or

해석 나는 경제학이나 정치학을 전공으로 하기를 원한다.

해설 either와 어울리는 등위접속사는 or이다.

5. Either, or

해석 John 또는 Ted가 우리가 얼마나 많은 의자가 필요한지를 확인할 필요가 있다.

해설 이 문제의 단서는 뒤에 나오는 동사 needs이다. 동사가 단수이므로 주어 역시 단수가 되어야 한다. 따라서 Either A or B 구조를 사용해야 한다.

Q2

1. loyalty → loyal

해석 독일의 셰퍼드 개는 똑똑하고, 기민하고, 충성심이 있다.

해설 are라는 불완전 자동사의 보어로 형용사들이 병치되고 있으므로 명사인 loyalty를 형용사형으로 바꾸어야 한다.

2. making → make

해석 프로세스를 관리하고 개선하는 것이 나의 목표이다.

해설 to R이 주어로 사용되고 있으므로 and 뒤에도 to R을 사용해야 한다. and 뒤에 to R이 올 때, 앞에서 반복되는 to는 생략할 수 있다.

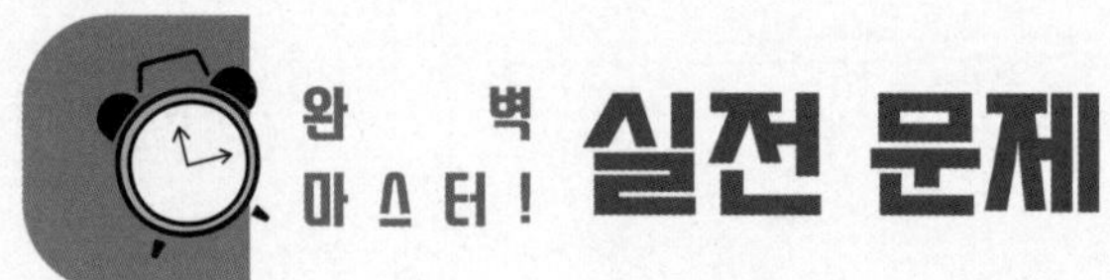

1. 괄호 안에 어법상 알맞은 것을 고르시오.

01 The registration fee is included in the cost of the conference [and / but] accommodations are not.

02 The Easter Bunny is associated with the Easter holiday, [that / yet] its origin remains unclear. (13. 국가직 9급)

03 Candidates will be considered on the basis of their prior experience [also / as well as] on their level of dedication and loyalty.

04 Inexpensive furniture can be bought or rented, but you may need a car to carry it home [also / or] pay a small fee for delivery.

05 Mark Fisher [and / or] James Dean is going to represent Future Design ltd at the international trade fair this weekend.

06 The committee will congregate today [and / so] decide on the budget plan.

07 Digital maps can be instantly distributed and [share / shared] via the Internet. (18. 기상직 9급)

08 Drive carefully, [so / for] the roads are very slippery today.

09 Neither Mark nor his parents [has / have] ever been to Latin America.

10 Many customers thought that the newly released mobile devices were costly [or / but] worth it.

정답 및 해설

01 but

| 해석 | 등록비는 회의 비용에 포함되지만 숙박비는 아니다.
| 해설 | 문맥상 '~이지만'이 자연스러우므로 but을 사용한다.

02 yet

| 해석 | Easter Bunny는 부활절 휴일과 관련이 있다. 그러나 그 기원은 명확하지 않다.
| 해설 | 앞뒤가 역접의 구조를 이루므로 yet을 사용한다. 이때 yet은 but과 같은 뜻이다.

03 as well as

| 해석 | 후보들은 사전 경험뿐만 아니라 헌신과 충성도를 기준으로 고려될 것이다.
| 해설 | '~일뿐만 아니라'라는 뜻을 표현할 때는 as well as를 사용한다. also는 부사이기 때문에 연결하는 기능은 없다.

04 or

| 해석 | 저렴한 가구가 구매되거나 임대될 수 있다. 그러나 그것을 집으로 운반하려면 차가 필요하다. 그렇지 않으면 배송을 위한 약간의 수수료를 지불해야 한다.
| 해설 | 문맥상 '그렇지 않으면'이 자연스러우므로 or가 정답이다.

05 or

| 해석 | Mark Fisher 또는 James Dean은 이번 주말에 열리는 국제 무역 박람회에서 Future Design Ltd를 대표할 것이다.
| 해설 | 동사 is가 단서이다. 동사가 단수이므로 주어 역시 단수가 되어야 한다. 따라서 or가 정답이다.

06 and

| 해석 | 그 위원회는 오늘 모일 것이다. 그리고 예산안을 결정할 것이다.
| 해설 | so 뒤에는 완전한 문장이 나와야 하므로 답이 될 수 없다.

07 shared

| 해석 | 디지털 지도는 인터넷을 통해서 즉각적으로 만들어지고 공유될 수 있다.
| 해설 | and 뒤에는 앞에서 사용된 (can be)가 생략된 것으로 볼 수 있다. 따라서 p.p.형인 shared가 정답이다.

08 for

| 해석 | 조심해서 운전해라. 왜냐하면 오늘 도로가 매우 미끄럽기 때문이다.
| 해설 | so는 '따라서'라는 뜻을 가지고 있다. 반면, for가 등위접속사로 사용되는 경우에는 '왜냐하면'이라는 뜻을 가진다.

09 have

| 해석 | Mark뿐만 아니라 그의 부모님도 라틴 아메리카에 간 적이 없다.
| 해설 | Neither A nor B 구조에서 동사의 수는 B에 맞춘다. his parents가 복수이므로 동사 역시 have가 되어야 한다.

10 but

| 해석 | 대부분의 고객들은 새롭게 출시된 휴대폰이 비싸지만 가치가 있다고 생각했다.
| 해설 | '비싸지만 가치가 있다'라는 뜻으로 역접의 구조이다. 따라서 but을 사용한다.

2. 어법상 틀린 부분을 바르게 고치시오.

01 The company acknowledged its delivery error so agreed to compensate for the losses.

02 All examinees should bring both a driver's license or passport and a pencil to the testing center.

03 The lack of oxygen in the air would make people dizzy and, perhaps, unconsciously. (16. 기상직 9급)

04 Linguistics shares with other science a concern to be objective, systematic, consistency, and explicit in its account of language. (12. 서울시 9급)

05 The restaurant critics advised patronizing either the newly-opened Greek restaurant nor the 30-year-old grilled food eatery.

06 In evaluating your progress, I have taken into account your performance, your attitude, and for your improving. (17. 지방직 7급)

07 The severance request has been processed by the headquarters, and not by the accounting department as of yet.

08 Not newspaper but the Internet are the biggest source of information today.

09 Critics thought the author's new book was neither interesting or well written.

10 This not only frees up the line so that other family members can make and receive calls, but teaching your teenagers moderation and discipline.

정답 및 해설

01 so → and

| 해석 | 그 회사는 배송 실수를 인정했다. 그리고 손실에 보상할 것이라고 동의했다.

| 해설 | so 뒤에는 '주어 + 동사'로 이루어진 완전한 문장이 와야 한다. 반면 and는 앞의 주어와 뒤의 주어가 동일한 경우 뒤의 주어를 생략할 수 있다.

02 both → either

| 해석 | 모든 시험 응시생들은 운전 면허증이나 여권 그리고 연필을 시험장에 가져와야 한다.

| 해설 | 뒤에 나오는 or와 호응 관계에 있는 것은 either이다.

03 unconsciously → unconscious

| 해석 | 공기 중 산소의 부족은 사람들을 졸리게 만들고 아마 의식을 몽롱하게 만들 수 있다.

| 해설 | make가 불완전 타동사이므로 뒤에 목적어가 오고, 목적어 뒤에는 목적격 보어가 와야 한다. 목적격 보어 자리에는 부사가 아니라 형용사를 사용해야 한다.

04 consistency → consistent

| 해석 | 언어학은 언어를 설명할 때 객관적이고, 체계적이고, 일관적이고, 명백하기 위한 관심을 다른 학문과 공유한다.

| 해설 | be동사의 보어 자리가 병렬되고 있으므로 보어 자리에는 부사가 아닌 형용사형이 사용되어야 한다.

05 either → neither

| 해석 | 레스토랑 비평가들은 새롭게 오픈한 그리스 레스토랑이나 30년 된 고깃집은 단골로 삼지 말라고 충고했다.

| 해설 | 뒤에 나오는 nor와 같이 사용하는 상관 접속사는 neither이다.

06 for your improving → your improvement

| 해석 | 당신의 진행 상황을 평가할 때, 당신의 성과와 태도, 그리고 개선도 고려했습니다.

| 해설 | 콤마와 and를 기준으로 명사구가 병치되고 있으므로 for your improving을 명사구로 전환해야 한다.

07 and → but

| 해석 | 당신의 퇴직 요청은 본사에 의해서 처리되었습니다. 그러나 아직 회사 부서에 의해서 처리되지는 않았습니다.

| 해설 | not A but B 구조에서 강조를 위해 B가 앞으로 오면, B but not A의 형태로 사용할 수 있다.

08 are → is

| 해석 | 신문이 아니라 인터넷이 오늘날 정보의 가장 중요한 원천이다.

| 해설 | not A but B 구문에서 동사의 수를 결정하는 것은 B이다. 이 문장에서 the Internet이 단수이므로 동사 역시 단수가 되어야 한다.

09 or → nor

| 해석 | 비평가들은 그 저자의 새로운 책이 흥미롭지도 않고 잘 쓰이지도 않았다고 생각했다.

| 해설 | neither A nor B 구조이다.

10 but teaching → but teaches

| 해석 | 이렇게 하는 것은 전화를 자유롭게 하여 다른 가족 구성원들이 전화를 걸거나 받을 수 있도록 할 뿐만 아니라 당신의 10대 아이에게 절제와 자제를 가르칠 수 있다.

| 해설 | not only A but (also)에서 also가 생략된 것이고, A와 B는 같은 구조가 되어야 한다. frees가 동사이므로 teaching을 단수 동사인 teaches로 바꾸어야 한다.

01 우리말을 영어로 잘못 옮긴 것은? (16. 국가직 9급)

① 이모는 파티에서 그녀를 만난 것을 기억하지 못했다.
→ My aunt didn't remember meeting her at the party.

② 나의 첫 책을 쓰는 데 40년이 걸렸다.
→ It took me 40 years to write my first book.

③ 학교에서 집으로 걸어오고 있을 때 강풍에 내 우산이 뒤집혔다.
→ A strong wind blew my umbrella inside out as I was walking home from school.

④ 끝까지 생존하는 생물은 가장 강한 생물도, 가장 지적인 생물도 아니고, 변화에 가장 잘 반응하는 생물이다.
→ It is not the strongest of the species, nor the most intelligent, or the one most responsive to change that survives to the end.

02 우리말을 영어로 잘못 옮긴 것은? (16. 사복직 9급)

① 네가 하는 어떤 것도 나에게는 괜찮아.
→ Whatever you do is fine with me.

② 나는 어떤 일도 결코 우연히 하지 않았으며, 내 발명 중 어느 것도 우연히 이루어진 것은 없었다.
→ I never did anything by accident, nor did any of my inventions come by accident.

③ 사랑은 서로를 응시하는 것에 있지 않고, 같은 방향을 함께 바라보는 것에 있다.
→ Love does not consist in gazing at each other, but looks outward together in the same direction.

④ 자원봉사자들은 그들이 가치가 없기 때문이 아니라, 매우 귀중하기 때문에 보수를 받지 않는다.
→ Volunteers aren't paid, not because they are worthless, but because they are priceless.

03 밑줄 친 부분 중 어법상 옳지 않은 것은? (14. 사복직 9급)

Sometimes a sentence fails to say ①<u>what</u> you mean because its elements don't make proper connections. Then you have to revise by shuffling the components around, ②<u>juxtapose</u> those that should link, and separating those that should not. To get your meaning across, you not only have to choose the right words, but you have to put ③<u>them</u> in the right order. Words in disarray ④<u>produce</u> only nonsense.

04 다음 글에서 밑줄 친 부분 중 어법상 틀린 것은? (15. 서울시 7급)

The impressionists ①<u>not only</u> made sketches but also ②<u>painted</u> finished works in the open, ③<u>which</u> transformed their style but ④<u>preserving</u> the spontaneity of direct observation.

01 ④ or → but

| 해설 | 'A가 아니라 B이다'라는 말을 할 때 쓸 수 있는 구문은 바로 'not A but B' 이다. ④번에서는 '끝까지 생존하는 생물은 가장 강한 생물도, 가장 지적인 생물도 아니고, 변화에 가장 잘 반응하는 생물이다'라고 하고 있으므로 'not A but B' 구문을 사용하는 것이 옳다. 그런데 이 문장에서 but이 아닌 or를 사용했으므로 옳지 않다.

| 오답 분석 |

① remember 뒤에 목적어로 동명사가 오는 경우 과거의 의미로 '~했던 것을 기억하다'이다. 바르게 사용되었다.

② '~하는 데 ~시간이 걸리다'는 가주어, 진주어 구문을 이용해서 'it takes 시간 to R'으로 표현하는데, 바르게 사용되었다.

③ 접속사 as는 시간을 나타내서 '~할 때'가 될 수 있다. 주절과 종속절의 시제 역시 일치하고 있다.

02 ③ looks outward → looking outward

| 해설 | ③ 'not consist in A, but B'(A에 있지 않고 B에 있다)가 쓰여 있기 때문에 A와 B가 병치되어야 한다. B 또한 A와 마찬가지로 전치사 in에 걸리므로 looks outward를 looking outward로 고쳐야 한다.

| 오답 분석 |

① 주어 자리에 명사절 접속사로 복합 관계대명사 whatever가 제대로 사용되었다. whatever는 '무엇이든지'라는 뜻이다.

② '우연히'를 by accident로 표시했다. '~역시 아니다'는 'nor + 동사 + 주어'로 바르게 표시했다.

④ 'A가 아니라 B이다'를 'not A but B'로 바르게 표시했다. A와 B를 'because 주어 + 동사'의 같은 구조로 병치하고 있다.

03 ② juxtapose → juxtaposing

| 해석 | 때때로 문장은 당신이 말하려는 것을 제대로 전달하지 못할 때가 있다. 왜냐하면 문장의 요소들이 적절하게 연결되지 못하기 때문이다. 그러면 당신은 그 구성 요소들을 이리저리 섞고, 이어야 할 것들은 병치시키고 그렇지 않은 것들은 분리시킴으로써 수정해야 한다. 뜻을 잘 전달하기 위해서, 적절한 단어들을 선택해야 할 뿐만 아니라 그것들을 올바른 순서로 배치해야 한다. 어지럽게 뒤섞인 단어들은 아무런 의미도 만들어내지 못할 뿐이다.

| 해설 | 전치사 by의 목적어로 동명사(shuffling)가 병치된 구문이다. 즉, by shuffling ~ juxtaposing ~ and separating(A, B and C)의 병렬 구조로 진행되어야 한다. 따라서 'juxtaposing'이 들어가야 한다.

| 오답 분석 |

① say라는 동사의 목적어로 명사절 접속사가 오는데, 뒤에 mean이라는 타동사의 목적어가 없으므로 불완전 구조이다. 따라서 what이 바르게 사용되었다.

③ 타동사 put의 목적어 자리이므로 목적격이 맞고, 앞의 명사 the right words라는 복수명사를 받고 있으므로 수 역시 맞다.

④ 주어가 words로 복수이므로 동사의 수는 복수형이 제대로 사용되었다.

| 어휘 |

• fail to ~하지 못하다 • revise 수정하다, 고치다
• shuffle 이리저리 바꾸다 • juxtapose 병치하다

04 ④ preserving → preserved

| 해석 | 인상파 화가들은 야외에서 스케치를 했을 뿐만 아니라 야외에서 완성된 작품을 마무리했는데, 그것은 그들의 스타일(양식)을 변화시켰지만, 직접적인 관찰이 주는 자연스러움을 유지했다.

| 해설 | ④ 주격 관계대명사 which 뒤의 동사는 transformed와 but 뒤에 있는 preserving이다. 등위접속사 앞뒤로는 동일한 구조가 병치되어야 하므로 preserving을 과거동사형인 preserved로 바꾸어야 한다.

| 오답 분석 |

① 'not only ~ but also' 구조이다.

② 'not only A but also B' 구조에서 A와 B는 같은 구조로 병치되어야 한다. not only 뒤에 과거동사가 사용되었고 but also 뒤에도 painted라는 과거동사가 병치되고 있으므로 맞는 구조이다.

③ 관계대명사의 계속적 용법이다. which가 오면, 이때 선행사는 앞 문장 전체가 된다.

학습 내용

❶ 시간과 조건의 부사절에서는 미래시제 대신에 현재시제를 사용한다.

❷ 4가지 형태의 양보 부사절을 구분한다.

- Although S V(비록 ~일지라도)
- While S V(~반면에)
- 형용사/부사/무관사명사 + as/though + S V(비록 ~일지라도)
- However + 형용사/부사 + S V(아무리 ~하더라도)

❸ unless와 lest는 부정의 의미를 내포하고 있으므로 not과 함께 쓰지 않도록 주의한다.

❹ 전치사와 접속사를 구분하고, 그 종류를 기억한다.

- 뒤에 명사(구)가 오면 전치사, 뒤에 주어 + 동사가 오면 접속사를 사용한다.
- 전치사 : despite, because of, for/during
- 접속사 : although, because, while

부사절 접속사

Chapter 18

부사절 접속사

1 부사절의 의미와 종류

부사절은 마치 부사와 같이 문장을 꾸며 주는 역할을 하는 절을 말한다. 부사절은 '부사절 접속사 + 주어 + 동사'의 구조로 문장에서 부사 역할을 하며, 시간, 조건, 양보, 이유, 결과, 목적 등을 나타낸다.

1 시간 부사절 접속사

when(~할 때) while(~하는 동안에) before(~하기 전에) after(~한 후에)
until(~할 때까지(계속성)) by the time(~할 때까지(1회성)) as soon as(~하자마자)
the moment (that)(~하자마자) whenever(~할 때마다) the next time (that)(다음에)
the first time (that)(~처음에)

- You need to check the price **before** you place an order. 당신은 주문하기 전에 가격을 확인할 필요가 있다.
- **When** he returns, he will give a presentation. 그가 돌아오면, 발표를 할 것이다.

when, while, as의 차이는 다음과 같다.

① when : 시점 혹은 짧은 시간에 일어나는 일에 대해서 동시에 일어나는 일을 묘사할 때 사용한다. '~할 때'라고 해석한다.

- The telephone always rings <u>when</u> you are taking a rest. 쉬고 있을 때 전화가 항상 울린다.

② while : 비교적 긴 시간에 걸쳐 진행되고 있는 일에 대해서 동시에 일어나는 일을 묘사할 때 사용한다. '~하는 동안에'라고 해석한다.

- <u>While</u> I was waiting for the test result, my friend visited. 테스트 결과를 기다리는 동안에, 내 친구가 방문했다.

③ as : 두 가지 일이 동시에 진행될 때 사용한다. '~하면서'라고 해석한다.

- My mom was calling the taxi company as we got ready to leave.
  우리가 떠날 준비를 하면서(할 때), 엄마는 택시 회사에 전화했다.

2 조건 부사절 접속사

시간과 조건 부사절에서는 미래시제 대신에 현재시제를 사용한다.

if(만일 ~라면) unless(만일 ~아니라면) providing/provided (that)(~한다면) supposing/suppose (that)(만약 ~라면) as long as(~하는 한) in case (that)(~인 경우에) given (that)(~라고 가정하면) on the condition that(~한다는 조건으로)

• **Unless** the budget increases, the problem will continue. 예산이 증가하지 않으면, 문제는 계속될 것이다.

• **If** the plan is approved, the project will begin. 만약 그 계획이 승인되면, 그 프로젝트를 시작할 것이다.

중요 포인트

분사형 접속사

providing, provided, supposing(suppose는 예외)은 분사 구성의 접속사로, 뒤에 that이 생략될 수 있고 그 뒤로 '주어 + 동사' 구성의 문장이 나온다. '만일 ~한다면'으로 해석한다. if와 같다고 보면 된다.

• We'll buy everything you produce, provided the price is right.
만약 가격이 적절하다면, 당신이 생산하는 모든 것을 사겠어요.

• Suppose (that) I don't arrive until after midnight, will be hotel still be open?
만약 내가 새벽까지 도착하지 않는다고 가정하면, 그 호텔은 여전히 열려 있을까?

3 이유 부사절 접속사

because(~이기 때문에) since(~이기 때문에) as(~이기 때문에) now that(~이기 때문에) in that(~라는 점에서) seeing that(~을 고려하면)

• I couldn't go to the party **because** I had to finish the assignment.
나는 과제를 끝내야 하기 때문에, 그 파티에 갈 수 없었다.

• **Since** the deadline is fixed, we have to work extra hours. 마감일이 정해졌기 때문에, 우리는 초과 근무를 해야 한다.

because, since, as의 차이는 다음과 같다.

① because : 행동이나 사건에 대한 '이유'가 중요할 때 사용한다. '~했기 때문에'라고 해석한다. 주로 주절 뒤에 위치한다.

• He left for the day early because he was sick. (그가 일찍 퇴근한 것은 피곤했기 때문이다) → 그는 피곤해서 일찍 퇴근했다.

② since : 이유보다는 '결과'가 중요할 때 사용한다. '~해서, ~하니깐'이라고 해석한다. 주로 주절 앞에 위치한다.

• Since he was starving to death, he wanted to grab a bite to eat. 그는 배가 너무 고파서, 요기하기를 원했다.

③ as : since와 동일하게 사용하는데, 조금 더 격식을 차린 표현이다. '~으로 인해, ~로 인하여'로 해석한다.

• As it was raining hard, the baseball match was postponed until next week.
폭우로 인해, 그 야구 시합은 다음 주로 연기되었다.

전치사 since와 접속사 since의 구분

1. 전치사 : since가 전치사로 사용되는 경우에는 뒤에 명사나 동명사가 수반된다. 뜻은 하나이다. '~이래로'로 해석한다. 주절 동사는 현재완료를 사용한다.

• They **have changed** a good deal since **their marriage**. 그들은 결혼한 이후로 많은 것이 달라졌다.

2. 접속사 : since가 접속사로 사용되는 경우에는 뒤에 '주어 + 동사' 구성의 문장이 수반된다. 해석은 두 가지로 된다.

① 현재완료구문 : S + **has(have) p.p.** + since + S + **과거동사** : '~이래로'라고 해석한다.

• I **have been doing** this work since I **retired**. 나는 은퇴한 이래로 이 일을 해 오고 있다.

② 그 외 : 현재완료구문이 아니고 since가 접속사로 사용되어서 뒤에 '주어 + 동사'가 오는 경우에는 전부 이유(~이기 때문에)라고 해석을 한다.

• They are doing their utmost since they **can't expect** no help from others.
그들은 다른 사람들로부터 도움을 기대할 수 없기 때문에 최선을 다하고 있다.

4 양보 부사절 접속사

although(비록 ~이지만) even though(비록 ~이지만) though(비록 ~이지만)
even if(비록 ~이지만) granted (that)(비록 ~일지라도) granting (that)(비록 ~일지라도)
while(~인 반면에) whereas(~인 반면에)

• **Although** the materials are expensive, they are popular. 그 재료는 비싸지만, 인기가 있다.

• **Though** the store is small, it is the only option. 그 가게는 작지만, 유일한 선택안이다.

• **Granting(that)** there is no law against that, I still think it is immoral.
비록 그것을 금지하는 법이 없다 할지라도, 나는 여전히 그것이 비도덕적이라고 생각한다.

though, although, even though, even if의 차이는 다음과 같다.

양보라는 말은 두 가지 사실이 서로 영향을 주고받지 않음을 의미한다. '비록 ~이지만'이라고 해석한다. though, although, even though는 같은 뜻이라고 보면 된다. though는 일반적으로 말할 때 사용하고, although는 글쓰기 또는 공식적이나 격식 있는 표현에서 사용하며, 이를 조금 더 강조한 표현이 even though이다. 이들은 이미 일어난 일(과거)이나 '사실'을 나타내어 '비록~하긴 하지만'이라고 해석이 된다.

반면, even if는 명확한 사실이 아니라 '가정'의 의미가 들어간다. '설령, ~일지라도'라고 해석한다.

• Although he disliked movies, he went to the movies with his girlfriend to please her.
그는 비록 영화를 싫어했지만, 여자친구를 기쁘게 해주기 위해서 그녀와 함께 영화를 보러 갔다.

• Even if you don't like wine, taste a sip of this wine. 설령 너가 와인을 싫어한다 하더라도, 이 와인을 한 모금만 맛봐라.

• Even if he is rich, I won't marry the rude man. 설령 그가 부자가 하더라도, 나는 그 무례한 사람과 결혼하지 않을 것이다.

as/though 도치 양보 구문(형용사/부사/무관사명사 + as + 주어 + 동사)

as가 양보접속사로 사용되는 경우에는 as의 위치가 중요하다. 다른 양보접속사들과 달리 as가 양보접속사로 사용되는 경우에는, 동사 뒤에 나오는 술어 부분이 먼저 나오고, 그 뒤로 'as + 주어 + 동사'가 연결된다. 이때 만약 명사가 문두에 오는 경우에는 반드시 무관사명사를 사용해야 한다. though도 as와 마찬가지로 도치해서 사용이 가능하다.

• Although he was a child, he was not afraid of the failure. 그는 어리지만, 실패를 두려워하지 않는다.
= Child **as** he was, he was not afraid of the failure. [A child X]

• **Though** it may seem strange, I don't like watching cricket.
비록 이상해 보일 수 있지만, 나는 크리켓 보는 것을 좋아하지 않는다.
= Strange **though** it may seem, I don't like watching cricket.

• Angry **as** she was when treated unfairly, Lauren bore such insult patiently.
부당하게 대우를 받았을 때, Lauren은 비록 화가 났지만 그녀는 그러한 모욕을 꾹 참았다.

• Little boy **as** he was, he was very considerate. 그는 비록 매우 어린 소년이지만, 생각이 매우 깊다.

• Bravely **though** they fought, they had no chance of winning.
그들은 비록 용감하게 싸웠지만, 이길 확률이 없었다.

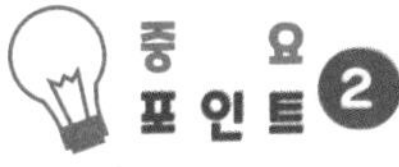

However + 형용사/부사 + S + V : 아무리 ~하더라도

However가 양보접속사로 사용되는 경우에는 However 뒤에 형용사나 부사가 위치하고, 그 뒤로 '주어 + 동사' 구성의 문장이 수반된다. 이때 형용사인지 부사인지를 결정하는 문제가 출제되는데, 뒤에 나오는 문장의 동사가 be동사이면 형용사를, 일반동사이면 부사를 사용한다. 접속사 However는 no matter how로 대치할 수 있다.

However + 형용사 + S + be
However + 부사 + S + V

• However careful you may **be**, you can make a mistake. 너가 아무리 주의하더라도, 실수할 수는 있다.

• However hard you may **try**, you cannot pass the exam.
너가 아무리 열심히 노력하더라도, 그 시험은 통과할 수 없다.

• However rich a man may **be**, he should not spend money on such things.
아무리 부자라도, 그런 것에 돈을 써서는 안 된다.
= No matter how rich a man may be, he should spend money on such things.

5 결과, 목적, 비교의 부사절 접속사

결과	so + 형용사/부사 + that S V 매우 ~해서 ~하다 so + 형용사 + a(n) + 명사 + that S V 매우 ~해서 ~하다 such + a(n) + 형용사 + 명사 + that S V 매우 ~해서 ~하다
목적	so that ~하기 위해서 in order that ~하기 위해서 lest/for fear ~ (should) R ~하지 않기 위해서
비교	as ~처럼 like ~처럼

• Set up your computer **so that** all users share the same files.
모든 사용자들이 같은 자료를 공유할 수 있도록 컴퓨터를 설치하세요.

• The book was **so** interesting **that** I read it in half an hour. 그 책은 매우 재미있어서 30분 만에 읽었다.

연습 문제

빈칸에 알맞은 것을 고르시오.

1. I felt [so / such] nervous that I couldn't concentrate on my work. (12. 사복직 9급)

2. Mike is [so / such] an honest man that everyone in the office likes him.

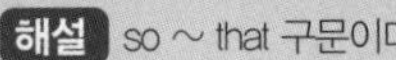
정답 및 해설

Q1

1. so

해석 나는 너무 초조해서 일에 집중할 수가 없었다.

해설 so ~ that 구문이다.

2. such

해석 Mike는 정직해서 사무실의 모든 사람들이 그를 좋아한다.

해설 so와 such의 구분은 뒤에 나오는 부정관사의 위치에 의해서 결정된다. 각각 'so + 형용사 + a + 명사'와 'such + a + 형용사 + 명사'가 되어야 한다.

unless와 lest의 이중 부정

unless와 lest에는 부정의 의미가 내포되어 있으므로 not과 함께 쓰일 수 없다(이중 부정 금지). [함정 문제로 빈출]

lest가 접속사로 사용되는 경우 그 자체가 '~하지 않도록'의 의미로 부정의 의미가 내포되어 있어서, 다시 부정어 not을 사용하면 안 된다. lest + 주어 + (should) + R = for fear (that) 주어 + (should) + R과 같은 의미이다.

unless	~하지 않는다면
lest S (should) R	~하지 않기 위해서

- He drank strong coffee **lest** he **(should) feel** sleepy. 그는 졸리지 않기 위해서 진한 커피를 마셨다.
- He lowered his voice **for fear** he **(should) be** overheard.
  그는 누군가가 엿듣지 못하도록 목소리를 낮췄다.
- You won't get paid for time off **unless** you **have** a doctor's note.
  의사의 진단서를 받지 않으면, 근무하지 않은 것에 대한 급여를 못 받는다.

연습 문제

Q1 다음 문장을 어법에 맞게 고치시오.

1. He studied hard lest he should not fail in the exam. (14. 소방직 9급)

2. John gripped his brother's arm lest he is tramped by the mob.

Q1

1. not 생략

해석 그는 시험에 떨어지지 않기 위해서 열심히 공부했다.

해설 lest S V 구문은 그 자체에 부정의 의미가 내포되어 있으므로 부정어 not과 함께 사용할 수 없다.

2. is → be

해석 John은 동생이 성난 군중들에게 짓밟히지 않도록 그의 팔을 꽉 움켜잡았다.

해설 lest는 ~하지 않도록'의 의미를 가지는 접속사로 뒤에 (that)이 생략되고 동사의 형태는 (should)가 생략된 동사원형이 사용되어야 한다.

so ~ that / too ~ to R / 형용사 + enough + to R

영작 문제에 같이 많이 등장하는 표현들이다. 우선 so~that은 긍정문에 사용한다. '매우 ~해서 ~하다'라는 뜻이다. 반면 too ~ to R은 부정의 의미로, '지나치게 ~해서 ~할 수 없다'라는 표현이다. 그리고 '형용사 + enough + to R'은 '~하기에 충분히 ~하다'라는 뜻이다. enough가 형용사 뒤에 위치해서 후치 수식을 한다는 점이 중요하다.

so ~ that	매우 ~해서 ~하다
too ~ to R	너무 ~해서 ~할 수 없다
형용사/부사 enough to R	~할 만큼 충분히 ~하다

- The student was **so** tired **that** he fell asleep in the library.
  그 학생은 너무 피곤해서 도서관에서 잠이 들었다.
- The math question was **too** difficult **to** solve. 그 수학 문제는 너무 어려워서 풀 수 없었다.
- She was old **enough to** enter the school. 그녀는 학교에 들어갈 만큼 충분한 나이가 되었다.

개·념·완·성 연습 문제

Q1 괄호 안에 알맞은 것을 고르시오.

1. I haven't seen her [after / since] she went to New York.

2. [Though / Because] he was tired, he couldn't sleep.

3. I can't help you [if / unless] you tell me the truth.

4. Karl was [so / such] weak that he could hardly run.

Q2 다음 문장을 어법에 맞게 고치시오.

1. The bag was too heavy for me to lift it. (14. 지방직 7급)

2. The rings of Saturn are so distinct to be seen from Earth without a telescope. (17. 지방직 9급)

정답 및 해설

Q1

1. since

해석 나는 그녀가 New York에 간 이래로 보지 못했다.

해설 현재완료 구문에서 '~이래로'라는 뜻을 표현할 때는 since를 사용한다.

2. Though

해석 그는 피곤했음에도 불구하고, 잠이 들 수 없었다.

해설 이 문장에서 '피곤하다'와 '잠이 들다'는 원인과 결과 관계가 아닌 역접의 의미이므로 양보접속사 though를 사용한다.

3. unless

해석 너가 사실을 말하지 않으면, 내가 도울 수 없다.

해설 문맥상 '만약 ~하지 않으면'이 자연스러우므로 unless를 사용한다.

4. so

해석 Karl은 너무 약해서 좀처럼 달릴 수 없었다.

해설 '매우 ~해서 ~하다'라는 뜻을 표현할 때는 so ~ that 구문을 사용한다.

Q2

1. it 생략

해석 그 가방은 나에게 너무 무거워서 들 수가 없다.

해설 to R의 목적어에 해당하는 것이 주어 자리에 있으면 to R 뒤의 목적어는 비운다.

2. so → too

해석 토성의 고리는 너무 멀어서 망원경 없이는 지구에서 볼 수 없다.

해설 '너무 ~해서 ~할 수 없다'라는 뜻을 표현할 때는 too ~ to R 구문을 사용한다.

2 접속사와 전치사의 구분

접속사와 전치사는 둘 다 대표적인 연결어이다. 이 둘의 구분 방법은 다음과 같다. 전치사 뒤에는 명사(구)가 오고, 접속사 뒤에는 '주어 + 동사' 구성의 문장이 연결된다. 따라서 뒤에 따라오는 구성의 구조가 구인지, 절인지를 파악해서 전치사를 사용할지 접속사를 사용할지를 결정할 수 있다.

전치사 + 명사 → '전명구'

접속사 + 주어 + 동사 → '접주동'을 꼭 기억하자!

	전치사 + 명사(구)	접속사 + S + V
양보(~에도 불구하고)	despite, in spite of, notwithstanding	although, though, even though, even if
이유(~때문에)	because of	because
기간(~동안)	for + 숫자 during + the 기간명사	while

- The renovation will be done on time **despite** the delivery delayed.
  (despite: 전치사 / the delivery: 명사 / delayed: (과거분사))
  지연된 배송에도 불구하고, 그 보수 공사는 정각에 끝날 것이다.

- **Although** the director didn't arrive, the meeting started on time.
  (Although: 접속사 / the director: 주어 / didn't arrive: 동사)
  그 임원이 도착하지 않았음에도 불구하고, 그 회의는 정각에 시작되었다.

개·념·완·성 연습 문제

Q1 괄호 안에 알맞은 것을 고르시오.

1. I usually brush my teeth [before / until] I eat breakfast.

2. Jack retired last month [because / because of] ill health.

3. [As / Because of] the sign was written in French, we couldn't read it.

4. New York's Christmas is featured in many movies [while / during] this time of the year.

5. [Despite / Although] he was sleepy, he kept watching TV. (14.기상직 9급)

Q2 다음 문장을 어법에 맞게 고치시오.

1. If you pay a fee, you cannot get in the museum.

2. Kathy was such shocked that she didn't know what to say.

3. Stand up too that you can see the performance better.

4. Unless you aren't busy, let's get together sometime next week.

정답 및 해설

Q1

1. before

해석 나는 주로 아침 먹기 전에 이를 닦는다.

해설 문맥상 '~까지'가 아닌 '~전에'가 자연스러우므로 before를 사용한다.

2. because of

해석 Jack은 건강이 안 좋아서 지난 달에 은퇴했다.

해설 뒤에 ill health라는 명사구가 있으므로 전치사가 필요하다.

3. As

해석 그 간판은 불어로 쓰였기 때문에, 우리는 읽을 수가 없었다.

해설 빈칸 뒤에 '주어 + 동사' 구성의 절이 수반되고 있으므로 접속사를 사용한다.

4. during

해석 New York의 크리스마스는 연중 이 기간 동안에 많은 영화에서 소개된다.

해설 빈칸 뒤에 오는 this time of the year가 명사구이므로 전치사가 필요하다.

5. Although

해석 그는 잠이 오지만, TV를 계속 봤다.

해설 빈칸 뒤에 '주어 + 동사' 구성의 절이 수반되고 있으므로 빈칸에는 접속사가 필요하다.

Q2

1. If → Unless

해석 만약 요금을 지불하지 않으면, 박물관에 입장할 수 없다.

해설 문맥상 '만약 ~하지 않으면'이 자연스러우므로 if 대신에 unless를 사용해야 한다.

2. such → so

해석 Kathy는 너무 쇼크를 받아서 어떤 말을 해야 할지 몰랐다.

해설 so ~ that 구문에서 중간에 형용사나 분사가 오는 경우, such를 사용하지 않고 so를 사용한다. such ~ that을 사용하는 경우는 중간에 반드시 명사가 들어가야 한다.

3. too that → so that

해석 공연을 더 잘 볼 수 있도록 일어서라.

해설 too that이라는 구문은 없다. '~할 수 있도록'을 표현하기 위해서는 so that을 사용해야 한다.

4. aren't → are

해석 너가 바쁘지 않으면, 다음 주 쯤에 모이자.

해설 unless 자체가 부정의 의미를 내포하고 있으므로 unless가 이끄는 문장 안에서 부정어를 다시 사용할 수 없다.

중요 포인트 **전치사와 접속사 모두 가능한 단어**

before(전에)	after(후에)	until(까지)
since((전)~이래로 / (접)~이래로, ~이기 때문에)		as((전)~로서 / (접)~할 때, ~때문에)
given(~을 고려해 볼 때)		

since와 as는 전치사로 사용할 때와 접속사로 사용할 때 뜻이 다르니 주의해야 한다.

3 접속부사

접속부사는 접속사가 아니라 접속사의 성질을 가진 '부사'이다. 따라서 접속사와 다르게 문장과 문장을 문법적인 기능으로는 연결하지 못하고, 의미만 연결을 한다. 부사이기 때문에 혼자서는 두 개의 절을 연결할 수 없다. 반드시 앞에 마침표나 세미콜론이 있어야 한다.

인과	therefore(따라서) accordingly(그에 따라서) afterwards(그 후에) consequently(결과적으로)
역접	however(그러나) but(그럼에도 불구하고) yet (그럼에도 불구하고) nevertheless(그럼에도 불구하고) nonetheless(그럼에도 불구하고)
부연	moreover(게다가) furthermore(게다가) besides(게다가)

• Because the homeowner had insurance, the damage was repaired at no cost.
집주인이 보험에 들었기 때문에, 피해는 비용 없이 복구되었다. [접속사]
= The homeowner had insurance. **Therefore**, the damage was repaired at no cost.
집주인은 보험이 있었다. 따라서 피해는 비용 없이 복구되었다. [접속부사]

• It was too late; **besides** we are exhausted. 너무 늦었다. 게다가 우리는 지쳤다.

• Draw up a budget. **Then** put it on my desk. 예산을 작성해라. 그리고 그것을 나의 책상 위에 두어라.

연습 문제

Q1 빈칸에 알맞은 것을 고르시오.

1. Everything changed [afterwards / after] we left home. (10. 지방직 9급)

2. He got up late [therefore / so] he was scolded.

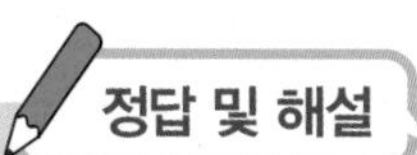

1. after
해석 우리가 집을 떠난 후에 모든 것들이 변했다.
해설 afterwards는 접속부사이므로 단독으로 절을 연결할 수 없다.

2. so
해석 그는 늦게 일어났다. 따라서 혼났다.
해설 therefore는 접속부사이므로 단독으로 절을 연결할 수 없다.

1. 괄호 안에 어법상 알맞은 것을 고르시오.

01 The presentation has been rescheduled until next week [so that / as] the equipment in the conference room needs to be repaired.

02 Tom made [so/ such] firm a decision that it was no good trying to persuade him. (14. 국가직 7급)

03 [During / While] the youth, it is nice to enjoy development of mind and body. (15.기상직 9급)

04 His address was [so / such] great that the entire audience appeared to support him. (17. 사복직 7급)

05 However [weary / wearily] you may be, you must do the project. (14. 국가직 9급)

06 [A child / Child] as he was, Tom had more sense than his elder brother. (10. 국가직 9급)

07 The investigation had to be handled with utmost care [lest / unless] suspicion be aroused. (19. 지방직 9급)

08 You cannot vote in this country [once / unless] you are a citizen.

09 The store is unique [in that / provided that] they only sell second-hand goods.

10 Next semester, we will be closing the lab for the summer [so / so that] we can clean up the lab.

정답 및 해설

01 as

| 해석 | 회의실에 있는 장비가 수리될 필요가 있어서 발표는 다음 주로 변경되었다.

| 해설 | so that은 '~하기 위해서'라는 뜻이다. 한편 as는 because와 같이 이유를 나타낼 수 있다.

02 so

| 해석 | Tom은 너무 확고한 결정을 해서 그를 설득하는 것은 소용없었다.

| 해설 | 'so + 형용사 + a + 명사 + that'의 어순을 기억해야 한다.

03 During

| 해석 | 젊은 동안에는, 마음과 신체의 발달을 즐기는 것이 좋다.

| 해설 | the youth가 명사구이므로 전치사가 필요하다.

04 so

| 해석 | 그의 연설은 매우 좋아서 청중 전체가 그를 지지하는 것처럼 보였다.

| 해설 | 'so + 형용사 + that' 구문이다.

05 weary

| 해석 | 너가 아무리 지쳤다 하더라도, 그 프로젝트는 끝내야 한다.

| 해설 | However 뒤에는 형용사나 부사가 온다. 이때 However 바로 뒤의 문장이 어떻게 끝나는지를 봐야 한다. 뒤의 문장이 be동사로 끝나기 때문에 형용사가 필요하다.

06 Child

| 해석 | 어린 아이지만, Tom은 그의 형보다 센스가 있다.

| 해설 | '형용사/부사/무관사명사 + as + 주어 + 동사' 구성의 구문이다.

07 lest

| 해석 | 의심의 여지가 발생하지 않도록, 그 조사는 극도의 주의를 기울여서 처리되어야 했다.

| 해설 | unless는 '만약 ~하지 않으면'이라서 문맥상 적절하지 않다. '~하지 않도록 하기 위해서'를 표현할 때는 'lest ~ 주어 + 동사'를 사용한다.

08 unless

| 해석 | 만약 너가 시민권자가 아니라면, 이 나라에서 투표를 할 수 없다.

| 해설 | '만약 ~가 아니라면'이 문맥상 자연스러우므로 unless가 정답이다.

09 in that

| 해석 | 그 가게는 중고품만을 판다는 측면에서 특별하다.

| 해설 | provided that은 '만약 ~라면'이라는 뜻을 가진 접속사이다. '~라는 점에서'라는 뜻으로는 in that을 사용해야 한다.

10 so that

| 해석 | 다음 학기에, 우리는 실험실을 청소하기 위해서 여름을 위해 실험실을 닫을 것이다.

| 해설 | so는 '따라서'라는 뜻이다. '~하기 위해서'라는 목적의 의미를 가지기 위해서는 so that을 사용한다.

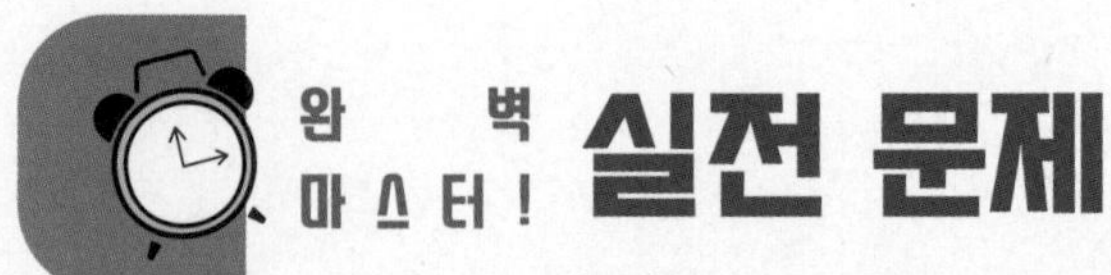

2. 어법상 틀린 부분을 바르게 고치시오.

01 Although the difficulties he has faced in managing the company, Mr. Kim was considered the best marketing manager.

02 Customer who hear music on an open telephone line during placed in hold are less likely to hang up.

03 Please refer to the enclosed manual or call one of our technicians unless you are unable to fine-tune your device.

04 However you may try hard, you cannot carry it out.

05 Eloquently though she was, she could not persuade him. (14. 서울시 9급)

06 He was so distracted by a text message to know that he was going over the speed limit. (17. 국가직 9급)

07 She wrote down what to buy at the store lest she not forget.

08 Loan agency has been closed for investigation due to claims were made that the owner dipped into overhead funds.

09 The social club is so exclusive that visitors are not permitted to use its service without accompanied by a member.

10 However Kathy prefers having a quick meal at the desk, Smith would rather have a leisurely lunch at a good restaurant.

정답 및 해설

01 Although → Despite

| 해석 | 그가 회사를 운영하는 데 있어서 직면한 어려움에도 불구하고, Kim은 최고의 마케팅 관리자로 여겨졌다.

| 해설 | the difficulties 뒤는 which가 생략된 구문이다. (which) he has faced in managing the company가 앞에 있는 명사 the difficulties를 수식하고 있으므로 접속사 Although가 아닌 전치사 Despite이 필요하다.

02 during → while

| 해석 | 통화 대기 중에 전화선에서 음악을 듣는 고객들은 전화를 덜 끊는다.

| 해설 | during 뒤에는 명사(구)가 와야 한다. (they are) placed in hold에서 부사절 접속사 뒤에는 '대명사 주어 + be동사'가 생략이 가능하므로 분사만 남은 구문이다. 따라서 분사 앞에는 접속사가 필요하다.

03 unless → if

| 해석 | 만약 장비를 미세 조정할 수 없으면, 동봉된 설명서를 참고하거나 우리 기술자 중 한 명에게 전화 주세요.

| 해설 | unable이 부정의 의미를 가지므로 unless와는 함께 사용할 수 없다.

04 However you may try hard
→ However hard you may try

| 해석 | 아무리 열심히 준비한다고 해도, 너는 그것을 수행할 수 없다.

| 해설 | However가 문두로 가서 양보부사절로 사용되는 경우 'However + 형용사/부사 + 주어 + 동사' 어순을 따라야 한다.

05 Eloquently → Eloquent

| 해석 | 그녀가 달변을 하긴 하지만, 그를 설득할 수는 없다.

| 해설 | '형용사 + though + 주어 + 동사'의 양보 부사절이다. 그리고 was라는 be동사로 문장이 끝나고 있으므로 부사가 아닌 형용사가 필요하다.

06 so → too

| 해석 | 그는 문자 메시지에 너무 정신이 팔려서 제한 속도를 넘은 것을 알 수 없었다.

| 해설 | '너무 ~해서 ~하지 못하다'라는 뜻을 표현할 때는 too ~ to R 구문을 사용해야 한다.

07 not 삭제

| 해석 | 그녀는 잊지 않도록 하기 위해서 가게에서 무엇을 구매할지를 적었다.

| 해설 | '~하지 않도록 하기 위해서'를 표현하기 위해서는 'lest + 주어 + (should) + R' 구문을 사용한다. 이때 부정어를 사용하지 않도록 조심해야 한다.

08 due to → because

| 해석 | 대출 기관은 오너가 간접비에 손을 댔다는 주장이 있었기 때문에 조사를 받기 위해서 문을 닫았다.

| 해설 | claims were made가 '주어 + 동사' 구성의 절이므로 전치사 due to가 아닌 접속사 because가 필요하다.

09 without → unless

| 해석 | 그 사교 클럽은 매우 배타적이어서 방문객들은 멤버가 동반하지 않으면 서비스를 이용하는 것이 허락되지 않는다.

| 해설 | without은 전치사이므로 뒤에 명사나 동명사가 와야 한다. (they are) accompanied by a member에서 (they are)가 생략된 구문이므로 접속사가 필요한다. 분사 앞에는 전치사가 아닌 접속사가 필요하다는 것을 꼭 기억하자.

10 However → While

| 해석 | Kathy는 책상 앞에서 빠른 식사를 먹는 것을 선호하는 반면, Smith는 좋은 레스토랑에서 여유로운 점심을 먹는 것을 좋아한다.

| 해설 | However가 양보부사절로 사용되기 위해서는 뒤에 반드시 형용사나 부사를 데리고 다녀야 한다. 또한 이 문장은 '~인 반면'이라는 뜻이 자연스러우므로 양보 접속사 While을 사용한다.

만점을 향해! 심화 문제

01 어법상 옳은 것은? (19. 지방직 9급)

① The paper charged her with use the company's money for her own purposes.

② The investigation had to be handled with the utmost care lest suspicion be aroused.

③ Another way to speed up the process would be made the shift to a new system.

④ Burning fossil fuels is one of the lead cause of climate change.

02 우리말을 영어로 잘못 옮긴 것을 고르시오. (14. 지방직 9급)

① 그가 전화를 하고 나서야 나는 지갑을 잃어버린 것을 알았다.
→ I did realize I had lost my wallet until he called me.

② 그를 보는 순간, 그가 범인이라는 감이 왔다.
→ The moment I saw him, I had a feeling that he was the criminal.

③ 그는 대통령 선거에서 누가 이기든 상관하지 않을 것이다.
→ He won't care who wins the presidential election.

④ 초록 단추를 눌러야 한다. 그렇지 않으면 작동하지 않을 것이다.
→ You have to press the green button; otherwise it won't work.

03 우리말을 영어로 잘못 옮긴 것을 고르시오. (14. 지방직 9급)

① 당신은 그 영화를 봤어야 했다.
→ You should have watched the movie.

② 당신을 성공으로 이끄는 것은 재능이 아니라 열정이다.
→ It is not talent but passion that leads you to success.

③ 시간을 엄수하는 것은 모든 사람들이 갖추어야 할 미덕이다.
→ Being punctual is the virtue everyone has to have.

④ 사람들은 나이가 들면서 엄해지는 경향이 있다.
→ People tend to be strict as though they got old.

04 다음 글에서 밑줄 친 부분 중 어법상 틀린 것은? (14. 지방직 9급 응용)

①Each time you appeared to whisk my children off for an hour ②that I could rest, or to bring dinner with a pitcher of iced tea, ③all I knew was ④that something incredibly wonderful had just happened.

정답 및 해설

01 ②

| **해석** | ① 신문은 그녀가 회사 돈을 그녀 자신의 목적을 위해 사용했다고 비난했다.
② 수사는 의혹이 발생하지 않기 위해서 극도로 조심스럽게 다뤄져야만 했었다.
③ 과정의 속도를 올리는 또 다른 방법은 새로운 시스템으로 변화하는 것이다.
④ 화석 연료를 태우는 것은 기후 변화의 주된 원인 중 하나이다.

| **해설** | ② 부사절 접속사 lest는 'lest (should) 동사원형'의 형태로 하지 않도록'이라는 부정의 의미를 가지고 있다. 이때 should는 생략할 수 있으므로 동사원형인 be가 온 것은 올바르다.

| **오답 분석** |

① 'charge A with B'는 'A를 B라는 이유로 비난하다, 고소하다'라는 뜻이다. 전치사 with의 목적어로 동사 use가 아닌 동명사 using이 와야 한다.

③ make는 타동사로 목적어에 해당하는 the shift가 있으므로 능동형을 사용해야 한다. 이 문장에서는 '~하는 것이다'라는 뜻이 성립하기 위해 be동사의 보어가 될 수 있는 to부정사 또는 동명사가 와야 한다. 따라서 made를 to make 혹은 making으로 고쳐야 한다.

④ 수량을 나타내는 'one of the' 뒤에는 복수형 명사가 온다. 따라서 cause를 causes로 고쳐야 한다. 또한 '가장 중요한'은 동사 lead가 아닌 형용사 leading으로 써야 한다.

02 ① I did realize → I didn't realize

| **해설** | ① '~하고 나서야 ~했다'라는 올바른 표현은 'not ~ until ~'이다. 따라서 I did realize가 아닌 I didn't realize를 써야 적절하다.

| **오답 분석** |

② the moment (that)가 접속사로 사용되어서 '접속사 + 주어 + 동사' 형태가 바르게 되었다.

③ 간접의문문 문장이다. who가 의문사로 사용되었으며, who는 의문대명사이므로 뒤에 나오는 동사 wins의 주어 역할이 가능하다.

④ 앞 문장이 끝나고, 세미콜론 뒤에 접속부사 otherwise가 와서 '그렇지 않으면'이라는 뜻으로 바르게 사용되었다.

03 ④ as though they got old → as they get old

| **해설** | ④ as though는 '마치 ~처럼'을 뜻하는 접속사이기 때문에 문맥상 맞지 않다. '~하면서, ~함에 따라'라는 뜻의 접속사로는 as가 적절하다. 또한 현재시제이므로 got이 아닌 get을 사용하여 as they get old가 되어야 한다.

| **오답 분석** |

① should have + p.p.가 사용되어 '했어야 했다'라는 뜻을 잘 나타내고 있는 옳은 문장이다.

② it is ~ that 강조 구문이 사용되었다. not talent but passion을 강조하고 있다.

③ 동명사인 Being punctual이 주어로 사용되었으니 동사의 수는 단수인 is로 수가 일치하고 있다. 그리고 virtue 뒤에는 목적격 관계대명사 (which)가 생략되어서 주어 + 동사의 문장이 바르게 이어지고 있다.

04 ② that → so that

| **해석** | 당신이 내가 쉴 수 있도록 한 시간 동안 나의 자녀들을 데려가기 위해 혹은 아이스티 한 주전자를 가지고 저녁을 가져오기 위해 나타날 때마다, 내가 알고 있는 전부는 무엇인가 놀라울 정도로 멋진 일이 막 발생했다는 것이었다.

| **해설** | ② that은 명사절이나 형용사절로 사용할 수 있지 단독으로 부사절 기능을 할 수 없다. 또한 that절 안에 동사가 could라는 조동사가 나오고 '~하기 위해서'라는 문맥을 가질 때는 목적을 나타내는 부사절 접속사 so that을 사용해야 한다.

| **오답 분석** |

① Each time은 접속사로 사용되었다. whenever와 같은 뜻이다.

③ 선행사가 all이고 목적격 관계대명사가 생략된 구문이다. 원래는 all (that) I knew라고 보면 된다.

④ be동사의 보어 자리에 명사절 접속사 that이 사용되고 있으므로 맞는 표현이다.

학습 내용

❶ '접속사 + 주어 + 동사'가 하나의 단어처럼 문장의 주어, 목적어, 보어 자리에 사용되면 명사절 접속사를 사용한다.

❷ that과 what을 구분한다(~하는 것).

- that(접속사) + 완전한 문장
- what(관계대명사) + 불완전한 문장

❸ if와 whether를 구분한다(~인지 아닌지).

- if절은 주어 자리나 전치사 뒤에는 올 수 없고, 바로 뒤에 or not과 함께 사용될 수 없다.
- whether의 3가지 형태(① whether S V, ② whether (or not) + to R, ③ whether A or B)

❹ 의문대명사와 의문부사를 구분한다.

- 의문대명사(who which, what) + 불완전한 문장
- 의문부사(when where, why, how) + 완전한 문장

❺ 복합 관계대명사와 복합 관계부사를 구분한다.

- 복합 관계대명사(whoever, whichever, whatever) + 불완전한 문장
- 복합 관계부사(whenever, wherever, however) + 완전한 문장

명사절 접속사

Chapter 19

명사절 접속사

1 명사절 접속사의 의미

명사절 접속사는 '접속사 + 주어 + 동사' 구성으로 되어 있는 절이 명사의 기능을 가져서 문장에서 주어, 목적어, 보어 자리에 사용되는 절을 의미한다. 즉, '주어 + 동사'가 포함된 절 자체가 문장에서 주어, 타동사의 목적어, 전치사의 목적어, 또는 보어 자리에 사용되는 것을 명사절이라고 한다.

1) 명사절

- That he is smart is true. 그가 똑똑한 것은 사실이다. **[명사절]**
  주어
- The problem is that we can't solve the issue at once. 문제는 우리가 당장 그 문제를 해결할 수 없다는 것이다. **[명사절]**
  보어
- We all know that he is capable of dealing with the situation.
  목적어
  우리 모두는 그가 그 상황을 해결할 수 있다는 것을 알고 있다. **[명사절]**

2) 형용사절

- This is **the book** which I bought the day before yesterday. 이 책은 내가 엊그제 구입한 것이다.
  명사 형용사절(the book 수식)

3) 부사절

- I didn't buy the electronic device (because it was more expensive than I thought.)
  이유 부사절(생략 가능)
  나는 그 전자장비가 (내가 생각했던 것보다 비싸서) 구입하지 않았다.

2 명사절 접속사의 종류

1 ~라는 것'(that/what)

'~라는 것'이라는 뜻으로 사용되는 명사절 접속사에는 that과 what이 있다. 접속사 뒤에 뒤따르는 절이 완전한 문장이면 that을, 주어나 목적어가 빠져 있는 불완전한 문장이면 what을 사용한다.

that은 접속사이므로 연결하는 기능만 하므로 뒤에 완전한 문장이 오고, what은 관계대명사(접속사 + 대명사)로 대명사 역할까지 하므로 뒤에는 주어나 목적어가 빠져 있는 불완전한 구조가 수반된다.

1) that(접속사) + 완전한 문장

• **That** he was promoted to the position is true. 그가 승진했다는 것은 사실이다.
That 주어 + be + p.p.(수동태는 목적어가 주어로 간 문장이니 완전한 구조이다)

다만 that절이 목적어로 사용되는 경우, 전치사 뒤에는 사용하지 않는다.

2) what(관계대명사) + 불완전한 문장

• **What** happened at the meeting is a secret. 미팅에서 일어났던 일은 비밀이다.
happened라는 동사의 주어가 없는 불완전한 구조

• **What** I didn't know was **that** she was promoted. 내가 몰랐던 것은 그녀가 승진했다는 것이다.
know라는 타동사의 목적어가 없다 / 수동태는 완전한 구조이다

① 주어

• **That** he will succeed is certain. 그가 성공할 것은 확실하다.

• **What** you said is not true. 너가 말한 것은 사실이 아니다.

② 목적어

• James suggests **that** he will write a new song. James는 그가 새로운 노래를 쓸 것을 제안했다.

• You decide **what** you need to do. 너가 해야 할 필요가 있는 것을 결정해라.

③ 보어

• The truth is **that** the Sun rises from the east. 사실은 해가 동쪽에서 뜬다는 점이다.

개·념·완·성 연습 문제

Q1 어법상 틀린 곳을 고치시오.

1. I think what John comes from Canada.

2. Mark prepared dinner, that Wendy watched TV.

3. It seems what the restaurant is going out of business.

4. The employee worked on that he had trouble with.

Q2 빈칸에 알맞은 것을 고르시오.

1. [What / That] appeared to be s shark was lurking behind the coral reef. (19. 국가직 9급)

2. [That / What] the adult smoking rate is gradually dropping is not good news for big tobacco companies. (12. 서울시 9급)

정답 및 해설

Q1

1. what → that

해석 내 생각에는 John은 캐나다 출신이다.

해설 think의 목적어로 명사절 접속사가 와야 한다. 뒤를 보면 come은 자동사이므로 완전한 문장이다. 따라서 that을 사용한다.

2. that → and

해석 Mark는 저녁을 준비했고, Wendy는 TV를 봤다.

해설 명사절 접속사 that 앞에는 타동사가 제시되거나 be동사가 제시되어 각각 목적어나 보어 역할을 하도록 사용해야 한다. 문제를 보면 콤마 뒤에 that이 있는데 콤마 뒤에는 명사절 접속사를 쓸 수 없다. 따라서 동일한 구조의 두 문장을 연결하는 등위접속사 and로 바꾸어야 한다.

3. what → that

해석 그 레스토랑이 폐점한 것 같다.

해설 it이 가주어이므로 그 뒤는 진주어로 that을 사용해야 한다.

4. that → what

해석 그 직원은 그가 문제가 있었던 것을 해결하려고 공을 들였다.

해설 전치사 뒤에서는 that을 사용하지 않는다. 그리고 뒤 문장은 with의 목적어가 없는 불완전 문장이므로 what으로 바꾸어야 한다.

1. What

해석 상어로 보어는 것이 산호 뒤에 숨어 있었다.

해설 동사 was와 어울리는 주어 자리이므로 명사절을 사용한다. 뒤 문장을 보면, 명사절의 주어가 없이 appeared라는 동사가 바로 나오므로 불완전 문장이다. 따라서 what이 정답이다.

2. That

해석 성인 흡연율이 점진적으로 떨어지고 있는 것은 커다란 담배 회사들에게는 좋은 소식이 아니다.

해설 동사 is와 어울리는 주어 자리이므로 명사절을 사용한다. 그리고 drop은 자동사이므로 접속사 뒤의 문장은 완전한 문장이다. 따라서 that이 정답이다.

2 '~인지, 아닌지(if/whether)

'~인지 아닌지'라는 뜻을 가진 명사절 접속사에는 if와 whether이 있다.

• **Whether** he comes or not is very important. 그가 올지 안 올지는 매우 중요하다.

1) if

'~인지, 아닌지'와 같이 의심이나 불확실을 나타낼 때 if와 whether를 사용할 수 있는데, if의 경우 위치 제한이 있다. 주어 자리에는 if가 올 수 없고, 전치사의 목적어로도 if가 올 수 없다. 한마디로 목적어 자리에만 사용이 가능하다.
그리고 명사절 접속사 뒤에 to R이나 or not이 수반되는 경우에도 if가 올 수 없다. 이때는 whether만 가능하다.

If	① 주어 자리(X) ② 전치사 뒤(X) ③ or not과 함께 사용(X)

• I wonder **whether(if)** you spare ten minutes on the phone next week.
(wonder: 타동사 / whether(if) you spare ten minutes on the phone next week: 목적어 자리(if/whether 둘 다 가능))
다음 주에 10분 정도 통화할 시간을 내줄 수 있으신지 궁금합니다.

• **Whether** he comes or not is not certain. 그가 올지 안 올지는 확실하지 않다. [If 안 됨]
(Whether he comes or not: 주어 자리(if 안 되고 whether만 가능))

= It is not certain **whether(if)** he will come (or not).
(whether(if) he will come (or not): 진주어 자리(if/whether 둘 다 가능))

= It is not certain whether or not he will come.
if + or not은 사용 불가능

= It is not certain if he will come.
진주어 자리(if 가능)

= It is not certain if he will come or not.
(or not이 뒤로 가는 경우 if 가능)

2) whether

whether는 다음과 같은 세 가지 형태로 사용이 가능하다.

① whether + 주어 + 동사

② whether (or not) to R

③ whether A or B

• I'm not sure whether I'm doing this right. 나는 이것을 제대로 하고 있는지 모르겠다.

• You have to choose whether (or not) to buy it. 너는 그것을 구매할지를 결정해야 한다.

• Whether he is smart or pretentious is debatable. 그가 똑똑한지 그런 척을 하는지는 논쟁의 여지가 있다.

개·념·완·성 연습 문제

Q1 [보기]에서 알맞은 것을 골라 빈칸을 채우시오.

that	what	if	whether

1. Kathy remembered ________________ she had seen Joe before.

2. I wonder _____________ I locked the front door.

3. John asked his wife _____________ she took the receipt or not.

4. _____________ do you suppose your father will do in this situation.

5. _____________ she is a singer is not important at this time.

6. The question is ____________ people will love this product.

7. The point depends on ____________ he got involved or not.

Q2 어법상 틀린 것을 고치시오.

1. I can't remember if did I close the windows.

2. She couldn't decide if to go or stay.

3. I disputed with them over if the decision was right.

Q3 빈칸에 알맞은 것을 고르시오.

1. [If / Whether] you pass the exam or not is up to you.

2. It is very difficult to determine [what / whether] he is qualified for the position.

3. Customer have concerns about [if / whether] the hardware store will be closed for renovations.

정답 및 해설

Q1

1. that

해석 Kathy는 그녀가 Joe를 그 전에 만난 것을 기억했다.

해설 remember라는 타동사의 목적어 자리이다. 빈칸 뒤에 오는 문장이 완전한 문장이므로 that이 정답이다.

2. if와 whether 둘 다 가능

해석 나는 내가 정문을 잠갔는지 모르겠다.

해설 '~인지 아닌지'라는 뜻을 가진 명사절 접속사에는 if와 whether가 있다. 타동사의 목적어 자리에는 둘 다 사용이 가능하다.

3. if와 whether 둘 다 가능

해석 John은 아내에게 영수증을 받았는지 안 받았는지를 물었다.

해설 '~인지, 아닌지'라는 뜻을 가진 명사절 접속사에는 if와 whether가 있다. 이 문장에서 asked는 4형식 동사로 사용되었고 his wife가 간접 목적어, 그 뒤가 직접 목적어 자리이다. 따라서 명사절 접속사를 사용해야 한다. 목적어 자리이므로 if와 whether 둘 다 가능하다.

4. what

해석 너는 너의 아버지가 이 상황에서 무엇을 할 거라고 생각하니?

해설 '무엇을'이라는 뜻을 가져야 하며 do라는 타동사의 목적어가 없으므로 what을 사용한다.

5. Whether

해석 그녀가 가수인지는 지금 시점에서 중요하지 않다.

해설 주어 자리이므로 if는 안 되고 whether만 가능하다.

6. Whether

해석 문제는 사람들이 이 제품을 좋아할지이다.

해설 if는 목적어 자리에만 사용이 가능하다. 이 문장은 be동사의 보어 자리이므로 if는 안 되고, whether만 가능하다.

7. Whether

해석 요지는 그가 관여했는지 안 했는지에 달렸다.

해설 전치사 on의 목적어 자리에 명사절 접속사가 사용되고 있다. 따라서 if는 안 되고, whether만 가능하다.

Q2

1. if did I close → if I closed

해석 내가 창문을 닫았는지를 기억할 수 없다.

해설 remember 뒤의 절은 remember라는 타동사의 목적어 자리에 있으므로 명사절이다. 명사절에서 어순은 '접속사 + 주어 + 동사'이다.

2. if → whether

해석 그녀는 갈지 안 갈지를 결정할 수 없었다.

해설 if 바로 뒤에는 or not이 올 수 없다. 다시 정리하자면 if or not은 안 되고, if ~ or not은 가능하다.

3. if →whether

해석 나는 그 결정이 옳은지에 관해서 그들과 논쟁했다.

해설 전치사 뒤에는 if를 사용할 수 없으므로 whether로 바꾸어야 한다.

Q3

1. Whether

해석 시험에 통과할지 떨어질지는 너에게 달렸다.

해설 주어 자리에서는 if를 사용할 수 없으므로 whether가 정답이다.

2. whether

해석 그가 그 직책에 자격이 될지를 결정하는 것은 매우 어렵다.

해설 진주어 자리에 명사절이 사용되고 있는데, 뒤의 문장이 완전하므로 what을 사용할 수 없다.

3. whether

해석 고객들은 그 철물점이 보수를 위해서 문을 닫을지에 관한 걱정이 있다.

해설 전치사의 목적어 자리에는 if가 올 수 없으므로 whether가 정답이다.

3 의문사

1) 의문사의 종류

의문사가 이끄는 절을 간접의문문이라고 한다. 간접의문문의 어순을 묻는 문제는 시험에 반드시 나온다. 어순은 '의문사 + 주어 + 동사' 순이다.

사용하는 의문사는 크게 의문대명사와 의문부사로 나뉜다. 뒤에 주어나 목적어가 없는 불완전한 문장이 수반되면 의문대명사를 사용하고, 뒤에 완전한 문장이 수반되면 의문부사를 사용한다.

의문대명사	who(누가~하는지) what(무엇이(무엇을) ~하는지) which(어느 것이(을) ~하는지)	+ V + O(주어 X) + S + V(목적어 X) **[불완전한 문장]**
의문부사	when(언제 ~하는지) where(어디서 ~하는지) how(어떻게 ~하는지) why(왜 ~하는지)	+ S + V + O **[완전한 문장]**

① 의문대명사

• Who **will be** the boss is uncertain. 누가 사장이 될지는 확실하지 않다.
주어 자리(명사절의 주어가 없으므로 불완전)

• The problem is who **will take** care of children. 문제는 누가 애들을 돌볼지이다.
목적어 자리(명사절의 주어가 없으므로 불완전)

• Please tell Mr. White which you **prefer**. White 씨에게 너는 어떤 것을 선호하는지를 말해 줘.
목적어 자리(명사절 동사 prefer의 목적어가 없으므로 불완전)

② 의문부사

• I asked when he is going to New York. 나는 그가 언제 New York에 갈지를 물었다.
목적어 자리(go는 완전 자동사이므로 완전한 문장)

• No one knew why the CEO suddenly retired. 아무도 왜 그 최고 경영자가 은퇴했는지 모른다.
목적어 자리(retire는 완전 자동사이므로 완전한 문장)

• I don't know how to place an advertisement. 나는 어떻게 광고를 내야 할지를 모른다.
목적어 자리(how + S + V + O는 how to R로 전환 가능)

개·념·완·성 연습 문제

Q1 틀린 부분을 바르게 고치시오.

1. Do you know when does the class begin?

2. Do you think who you are?

3. It's possible what Jim has forgotten to send the email.

Q2 빈칸에 알맞은 것을 고르시오.

1. What [you need / need you] can be arranged by the hotel.

2. He won't care [who / whom] wins the presidential election. (14. 사복직 9급)

3. He talked about [if / why] his family wants to live in the countryside.

4. The police asked me to explain [what / why] I hadn't reported the accident sooner. (02. 경찰2차)

정답 및 해설

Q1

1. when does the class begin
→ when the class will begin

해석 너는 수업이 언제 시작할지를 알고 있니?

해설 명사절 접속사로 의문사가 사용되는 것을 간접의문문이라고 하는데, 직접의문문과는 달리 '의문사 + 주어 + 동사' 어순을 취한다.

2. Do you think who you are
→ Who do you think you are

해석 너는 너가 누구라고 생각하니?

해설 주절이 do you think일 때 간접의문문을 포함하는 문장의 어순은 'Do you think +의문사 + 주어 + 동사'가 아니고 '의문사 + do you think + 주어 + 동사'가 되어야 한다.

3. what → that

해석 Jim이 이 메일 보내는 것을 잊은 것은 가능한 일이다.

해설 진주어 자리에 명사절이 사용되고 있다. 뒤 문장이 완전한 문장이므로 what 대신에 that을 사용해야 한다.

Q2

1. you need

해석 당신이 필요한 것은 호텔에 의해서 준비될 수 있다.

해설 간접의문문의 어순은 '의문사 + 주어 + 동사'이다.

2. who

해석 그는 누가 대선에서 이길지 상관하지 않는다.

해설 명사절로 간접의문문이 사용되고 있는데, 빈칸 뒤의 문장에 주어가 없으므로 주어 역할을 할 수 있는 who가 정답이다.

3. why

해석 그는 왜 그의 가족이 시골에서 살기를 원하는지에 관해서 이야기했다.

해설 전치사 뒤에는 if를 사용할 수 없다.

4. why

해석 경찰은 왜 내가 그 사고를 더 일찍 보고하지 않았는지를 설명할 것을 요구했다.

해설 명사절로 의문사가 사용되었다. 뒤에는 '주어 + 동사 + 목적어'를 다 갖춘 완전한 문장이 오고 있으므로 의문대명사가 아닌 의문부사 why가 들어가야 한다.

4 복합 관계대명사

1) 복합 관계대명사의 용법

관계대명사 뒤에 –ever가 붙은 복합 관계대명사도 명사절 접속사로 사용한다. 복합 관계대명사는 그 자체가 복합 관계대명사가 이끄는 명사절의 주어나 목적어 역할을 수행하므로, 뒤에는 주어나 목적어가 빠져 있는 불완전한 문장이 나온다.

복합 관계대명사	뒤따르는 형태
whoever(누구든지)	+ S(X) + V + O + S + V + O(X) [불완전한 문장]
whichever(어느 것이든)	
whatever(무엇이든지)	

- Whoever wants the book may have it. 이 책을 원하는 사람은 누구든지 가질 수 있다.
  주어 없음(불완전한 문장)
- Let's do what you want. 너가 원하는 것이 무엇이든지 하자.
  목적어 없음(불완전한 문장)

복합 관계대명사와 비슷한 복합 관계부사도 알아 두자. 둘의 차이가 중요하다. 복합 관계부사는 명사절로 사용할 수 없고 부사절로 사용한다. 그리고 복합 관계대명사와는 달리 뒤에는 완전한 문장이 와야 한다.

복합 관계부사	뒤따르는 형태
whenever(언제든지)	+ S + V + O [완전한 문장]
wherever(어디든지)	
however(아무리 ~하더라도) however + 형용사/부사 + 주어 + 동사(도치)	

- Wherever she goes, I will follow her. 그녀가 어디를 가든지 따라갈 것이다. [부사절]
  주어 완전 자동사(완전한 문장)
- Whenever she comes to Busan, she gives me a call.
  주어 완전 자동사(완전한 문장)
  그녀는 부산에 올 때마다 나에게 전화를 한다. [부사절]
- However hard I thought about it, I could not find a solution.
  부사 주어 동사(완전한 문장)
  아무리 머리를 싸고 생각해도 해결책이 없었다. [부사절]

개·념·완·성 연습 문제

Q1 빈칸에 알맞은 것을 고르시오.

1. He disagrees with [whatever / wherever] I say to him.

2. [Whoever / However] comes late will clean the classroom after school.

3. [Whatever / Whenever] he leaves the house, he always takes an umbrella. (14.기상직 9급)

4. The supervisor was advised to give the assignment to [whoever / whomever] he believed had a strong sense of responsibility.

5. No matter [what / how] cold it may be, you should let in some fresh air from time to time. (11. 지방직 7급)

정답 및 해설

Q1

1. whatever

해석 그는 내가 그에게 말하는 것은 무엇이든지 반대한다.

해설 문맥상 '무엇이든지'가 자연스러우므로 whatever가 정답이다. whatever가 이끄는 문장은 say라는 타동사의 목적어가 없으므로 불완전 문장이다.

2. Whoever

해석 가장 늦게 오는 사람은 누구든지 방과 후에 교실을 청소할 것이다.

해설 문맥상 '누구든지'가 자연스러우므로 whoever가 정답이다. 뒤따르는 문장은 주어가 없으므로 불완전 문장이다.

3. Whenever

해석 그가 집을 나설 때는 언제든지, 우산을 챙긴다.

해설 뒤에 콤마로 문장이 연결되고 있으므로 명사절이 아닌 부사절이 와야 한다. 그리고 빈칸 뒤에는 완전한 문장이 수반되고 있으므로 복합 관계부사인 whenever가 정답이다.

4. whoever

해석 그 관리자는 그 임무를 누구라도 그가 믿기에 강한 책임감이 있는 사람이라면 부여할 것을 충고받았다.

해설 빈칸 뒤에 있는 he believed는 삽입절로, 없다고 간주해야 한다. 그러면 뒤에는 had라는 동사가 바로 나오는 것이므로 주어 역할을 할 수 있는 whoever가 정답이 된다.

5. how

해석 아무리 춥다고 하더라도, 가끔씩 신선한 공기를 들이마셔야 한다.

해설 no matter how는 however와 같은 뜻이다. '아무리 ~하더라도'이다.

That **If/Whether** **When/Where/How/Why**	**+ S V O**(완전한 문장)

What	
Who	**+ ~~S~~ V O**(불완전한 문장)
Whoever/Whichever/Whatever	**+ S V ~~O~~**(불완전한 문장)

1. 괄호 안에 어법상 알맞은 것을 고르시오.

01 This guide book tells you where [should you / you should] visit in Hong Kong. (21. 국가직 9급)

02 The advertising team hopes [that / what] the new products will help increase the market awareness.

03 [Who / Whoever] leaves the office last will be required to make sure all the lights are off and lock all doors behind him.

04 [Whenever / Whatever] is said at this very private meeting is confidential and should not leave the room for any reason.

05 The people were stunned into silence as they slowly began to realize [that / what] the mayor's statement meant to their future as citizens in the city. (18. 경찰 1차)

06 For every mystery, there is someone trying to figure out [what / that] happened. (19. 서울시 9급)

07 [That / When] Laura has been with the company for over ten years was a testament to her dedication and commitment.

08 In addition, pattern books frequently contain pictures [that / what] may facilitate story comprehension. (15. 지방직 9급)

09 They questioned her regarding her skills instead of [if / whether] she had the appropriate experience.

10 [That / What] happens in a particular period does not have any significant effects on the long-term investors in the stock market. (13. 국가직 7급)

정답 및 해설

01 you should

| 해석 | 이 가이드 책자는 당신이 홍콩에서 어디를 방문해야 할지를 말해 준다.

| 해설 | tell은 4형식 동사로 뒤의 you가 간접 목적어이고, where 이하가 직접 목적어이다. 목적어 자리에 사용하는 의문문은 간접 의문문으로 어순에 주의해야 한다. '접속사 + 주어 + 동사'의 어순이 되어야 하므로 you should가 정답이다.

02 that

| 해석 | 그 광고팀은 새로운 제품이 시장의 인지도를 끌어올리는 데 도움을 줄 거라고 희망한다.

| 해설 | hope라는 타동사의 목적어 자리에 명사절 접속사를 쓰고 있다. 뒤의 문장이 주어, 동사, 목적어가 다 있는 완전한 문장이므로 that을 사용한다.

03 whoever

| 해석 | 사무실을 마지막으로 떠나는 사람은 누구든지 그 뒤의 조명을 끄고 모든 문을 잠그는 것을 확실히 하도록 요구된다.

| 해설 | 주어 자리에 명사절 접속사를 사용하는 경우이다. 둘 다 leaves라는 동사의 주어 역할을 할 수 있는데, who는 '누가'로 해석되고 whoever는 '누구든지'로 해석된다.

04 whatever

| 해석 | 이 사적 모임에서 이야기된 것은 무엇이든지 비밀이고 어떠한 이유로라도 이 방을 떠나서는 안 된다.

| 해설 | 주어 자리에 명사절 접속사가 사용되고 있다. whenever는 복합 관계부사이고, whatever는 복합 관계대명사인데, 명사절이 주어가 없는 불완전 문장이므로 복합 관계대명사 whatever가 정답이다.

05 what

| 해석 | 그 도시의 시민들로서 그들의 미래에 시장의 발표가 의미하는 바를 깨닫기 시작하면서, 사람들은 놀라서 침묵에 빠졌다.

| 해설 | realize라는 타동사의 목적어 자리에 명사절이 사용되고 있다. 뒤의 구조를 보면 meant라는 타동사의 목적어가 없는 불완전 문장이므로 what이 정답이다.

06 what

| 해석 | 모든 수수께끼에는 어떤 일이 일어났는지 알아내려는 사람이 있다.

| 해설 | figure out의 목적어 자리에 명사절이 사용되고 있다. 명사절이 주어가 없는 불완전 문장이므로 what이 정답이다.

07 That

| 해석 | Laura가 그 회사에 10년 이상 있었다는 것은 그녀의 몰두와 헌신의 증거이다.

| 해설 | 주어 자리에 명사절이 사용되고 있다. That과 When 뒤에 둘 다 완전한 문장이 올 수 있으므로 해석을 해 봐야 한다. 문맥상 '~라는 것'이 자연스러우므로 That이 정답이다.

08 that

| 해석 | 게다가 패턴 책은 이야기를 돕는 그림들을 자주 포함하고 있다.

| 해설 | 이 문장은 빈칸 앞에 pictures라는 선행사가 있다. 따라서 빈칸에는 명사절 접속사가 아닌 관계대명사가 필요하다. what은 선행사가 없을 때 사용하는 것이므로 주격 관계대명사 that이 정답이다.

09 whether

| 해석 | 그들은 그녀가 적절한 경력이 있는지가 아닌 그녀의 기술에 관해 질문했다.

| 해설 | 명사절 접속사 if는 전치사 뒤에는 사용할 수 없다.

10 What

| 해석 | 특정한 기간에 발생한 것은 증권 시장에서 장기적으로 중요한 영향을 미치지는 않는다.

| 해설 | 주어 자리에 명사절 접속사가 사용되고 있다. 뒤 문장의 구조를 보면 주어 없이 바로 happens라는 동사가 나오므로 불완전 문장이다. 따라서 what이 정답이다.

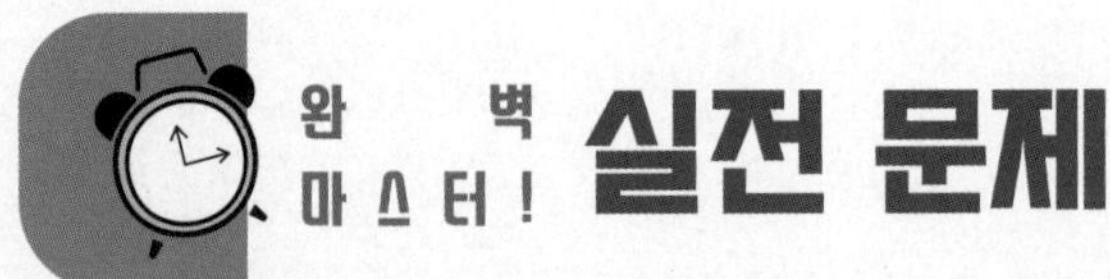

2. 어법상 틀린 부분을 바르게 고치시오.

01 Contrary to which many believe, urban agriculture is found in every city, where it is sometimes hidden, sometimes obvious. (21. 국가직 9급)

02 Not being able to sleep at night is why did I stop drinking coffee.

03 The interior design company will do its utmost to do whoever is given to it.

04 What air and noise pollution is a problem in many cities is very obvious.

05 With such a diverse variety of economic applications to choose from, it's important to decide what it is best. (13. 국가직 7급)

06 For those who have made an investment, that happens during the first year is an important indicator of how successful the company will be.

07 Passengers are reminded to check what they have all their personal possessions before leaving the business class lounge.

08 The class was unsure about if their teacher would be late.

09 As an advertiser, it is absolutely vital to understand that most customers expect and want from manufacturers.

10 Instruction manual specifically addresses whether to deal with the problems related to the installation.

정답 및 해설

01 which → what

| 해석 | 많은 사람들이 믿는 것과는 반대로, 도시 농업은 모든 도시에서 발견되는데, 이 곳에서 때로는 눈에 띄지 않고 때로는 확연하다.

| 해설 | 전치사 to의 목적어 자리에 명사절이 와야 한다. 그리고 명사절의 동사 believe의 목적어가 없는 불완전한 문장이므로 관계대명사 which를 명사절 접속사 what으로 고쳐야 한다.

02 why did I stop → why I stopped

| 해석 | 밤에 잠을 잘 수 없는 것이 내가 커피 마시는 것을 중단한 이유이다.

| 해설 | 주격 보어 자리에 명사절이 사용되고 있다. 간접의문문의 어순은 '접속사 + 주어 + 동사'가 되어야 한다.

03 whoever → whatever

| 해석 | 그 인테리어 디자인 회사는 무엇이 주어지든지 최선을 다할 것이다.

| 해설 | do라는 타동사의 목적어 자리에 명사절이 사용되고 있다. 문맥상 '누구든지'가 아닌 '무엇이든지'가 맞으므로 whatever로 바꾸어야 한다.

04 What → That

| 해석 | 많은 도시에서 대기와 소음 공해가 문제라는 것은 매우 명백하다.

| 해설 | 주어 자리에 명사절이 사용되고 있다. 명사절 자체의 구조가 완전한 문장이므로 what 대신에 that을 사용해야 한다.

05 what it is best → what is best

| 해석 | 그렇게 다양한 경제적인 앱이 선택 가능할 때, 어떤 것이 가장 좋은지를 결정하는 것이 중요하다.

| 해설 | decide라는 타동사의 목적어 자리에 명사절이 사용되고 있다. what은 명사절 자체의 주어나 목적어 역할을 하므로, 뒤에 나오는 문장은 주어나 목적어가 빠져 있는 불완전 구조가 되어야 한다. 따라서 it을 생략한다.

06 that → what

| 해석 | 투자를 하는 사람들에게 있어서, 첫해에 일어나는 것은 그 회사가 얼마나 성공적으로 될지에 관한 중요한 지표이다.

| 해설 | 주어 자리에 명사절 접속사가 사용되고 있다. 뒤의 문장은 주어 없이 happens라는 동사가 제시되는 불완전 문장이므로 that 대신에 what을 사용해야 한다.

07 What → That

| 해석 | 승객들은 비즈니스 클래스 라운지를 떠나기 전에 그들의 개인 소지품을 확인할 것을 요구받았다.

| 해설 | check이라는 타동사의 목적어 자리에 명사절 접속사가 사용되었다. 그리고 명사절의 구조를 보면, they가 주어, have가 동사, all their personal possessions가 목적어로 완전한 문장이 수반되고 있으므로 what이 아니라 that을 사용해야 한다.

08 if → whether

| 해석 | 그 수업은 선생님이 늦을지에 관해 확신할 수 없었다.

| 해설 | 전치사의 목적어 자리에 if는 사용될 수 없으므로 whether로 바꾸어야 한다.

09 that → what

| 해석 | 광고업자로서, 고객들이 제조사로부터 무엇을 기대하고 원하는지를 이해하는 것은 매우 중요하다.

| 해설 | understand라는 타동사의 목적어 자리에 명사절이 사용되고 있다. expect와 want의 목적어가 없는 불완전 문장이므로 that 대신에 what을 사용해야 한다.

10 whether → how

| 해석 | 사용 설명서는 설치와 관련된 문제를 어떻게 해결하는지를 다루고 있다.

| 해설 | whether 뒤의 to R 구조는 맞지만, 해석상 '~인지 아닌지'가 아닌 '어떻게'가 자연스러우므로 whether를 how로 바꾸어야 한다.

만점을 향해! 심화 문제

01 어법상 옳은 것은? (20. 국가직 9급)

① The traffic of a big city is busier than those of a small city.

② I'll think of you when I'll be lying on the beach next week.

③ Raisins were once an expensive food, and only the wealth ate them.

④ The intensity of a color is related to how much gray the color contains.

02 어법상 옳지 않은 것은? (17. 지방직 9급)

① You might think that just eating a lot of vegetables will keep you perfectly healthy.

② Academic knowledge isn't always that leads you to make right decisions.

③ The fear of getting hurt didn't prevent him from engaging in reckless behaviors.

④ Julie's doctor told her to stop eating so many processed foods.

03 다음 글에서 밑줄 친 부분 중 어법상 틀린 것은? (16. 지방직 7급 응용)

Advertisers know that ①<u>if</u> they present a claim they cannot support with evidence, they can be fined, so they avoid ②<u>making</u> explicit claims that can be checked for truth. Also, major advertisers know ③<u>what</u> their products differ from their competitors' products in very minor manners, so there is no point in making claims ④<u>that</u> their product is clearly superior in some way.

04 우리말을 영어로 옮긴 것 중에서 가장 적절한 것은? (19. 경찰 2차)

① 나는 창문 옆에 앉아 있는 그 소녀를 안다.
→ I know the girl sat by the door.

② 그 산을 오르는 데에는 대략 2시간이 걸린다.
→ That takes about two hours to climb the mountain.

③ 소풍 때문에 짜증이 나서 그녀는 카페를 떠났다.
→ Annoying by the noise, she left the cafe.

④ 자유는 책임을 동반한다는 사실을 우리는 인정해야 한다.
→ We should admit the fact that freedom is accompanied by responsibility.

01 ④

| 해석 | ① 대도시의 교통은 소도시의 그것보다 더 혼잡하다.
② 다음 주에 해변에 누워 있을 때 당신을 떠올릴 것이다.
③ 건포도는 한때 값비싼 음식이어서 부유층만이 그것을 먹었다.
④ 색의 농도는 그 색이 얼마나 많은 회색을 포함하고 있는지와 관련되어 있다.

| 해설 | ④ 전치사 to의 목적어로 의문사가 이끄는 명사절이 간접의문문이 되었는데 간접의문문의 어순은 '의문사 + 주어 + 동사'이다. 의문사 how much gray, 주어 the color, 동사 contains로 어순이 적절하다. 이때 how much gray는 의문사인 동시에 동사 contains의 목적어 역할을 한다.

| 오답 분석 |

① 비교급에서 지칭하는 비교 대상은 서로 일치시켜야 한다. 제시된 문장에서 비교 대상은 the traffic of a big city와 those of a small city이다. 이때 those(복수대명사)가 앞의 traffic(단수명사)을 받고 있지 않으므로 those를 단수 지시대명사인 that으로 고쳐야 한다. those → that

② 시간과 조건의 부사절에서는 현재시제가 미래시제를 대신하므로 when절의 미래시제를 현재시제로 고쳐야 한다. will be lying → am lying

③ 'the + 형용사'는 복수 보통명사를 의미하는데 제시된 문장의 the wealth에서 the 다음에 형용사가 아닌 명사 wealth가 위치하여 문법적으로 옳지 않다. 따라서 명사인 wealth를 형용사인 wealthy로 고쳐야 한다. the wealth → the wealthy

02 ② that → what

| 해석 | ① 당신은 아마 야채를 많이 먹으면 건강을 완벽히 유지할 수 있을 것이라고 생각할 것이다.
② 학업적 지식은 당신이 항상 올바른 결정을 내리도록 하지 않는다.
③ 상처 입을까 두려워하는 것은 당신의 무모한 행동에 대한 변명이 되지 않는다
④ 줄리의 의사는 그녀에게 가공식품을 지나치게 많이 섭취하지 말라고 하였다.

| 해설 | ② 보어의 역할을 하는 명사절을 이끌면서 leads의 주어가 될 수 있는 접속사를 사용해야 하므로 that이 아닌 what을 써야 한다.

| 오답 분석 |

① keep을 이용한 5형식 구조로 목적격 보어 자리에는 healthy(형용사)가 적합하다.

③ prevent A from ~ing 표현으로 적합한 표현이다.

④ stop ~ing 표현으로 '하던 것을 중단하다'라는 뜻이다. 그리고 food는 '음식'이라는 일반적 의미일 때에는 불가산명사이지만, '음식의 종류'를 의미할 때에는 가산명사로 사용되어서 foods와 같이 복수형으로 사용된다.

03 ③ what → that

| 해석 | 광고주들은 만약 그들이 증거를 가지고 뒷받침할 수 없다는 주장을 제시한다면 그들이 벌금을 물 수 있다는 것을 알고 있다. 따라서 광고주들은 진실에 대해 확인할 수 있는 명백한 주장을 하는 것을 회피한다. 또한 주요 광고주들은 그들의 제품이 대단히 사소한 면에서 경쟁사들의 제품과 다르다는 것을 알고 있다. 따라서 그들의 제품이 어떤 면에서 분명하게 우월하다는 주장을 하는 것은 의미가 없다.

| 해설 | ③ know라는 타동사의 목적어 자리에 명사절을 사용하고 있는데, differ는 자동사이므로 명사절의 구조가 완전하다. 따라서 what이 아닌 that을 사용해야 한다.

| 오답 분석 |

① that절 안에 부사절이 다시 사용된 것이다. that 이하의 if they present a claim they cannot support evidence가 부사절이다. 묶어서 없다고 보면 된다.

② avoid는 목적어로 동명사를 수반한다.

④ claims라는 명사를 동격절인 that절이 구체적으로 설명하는 구조이다.

04 ④

| 해설 | ④ the fact와 that은 동격절로 맞는 구조이다.

| 오답 분석 |

① sit은 자동사이므로 과거분사형으로 표시할 수 없다. sitting으로 바꾸어야 한다.

② '~하는 데 ~만큼 시간이 걸리다'는 'It take + 시간 + (for + 의미상 주어) + to R'을 사용해야 한다. 따라서 That을 It으로 바꾸어야 한다.

③ 분사구문인데 annoy는 감정 동사이다. 주절 주어 she가 감정을 느끼게 되는 것이므로 과거분사를 사용해야 한다. 따라서 Annoyed가 되어야 한다.

학습 내용

❶ 관계대명사의 종류와 격을 결정하는 방법을 이해한다.
- 선행사가 사람, 사물, 없는지 확인한다.
- 관계절에서 빠진 요소가 관계대명사의 격이다.

❷ 관계대명사 that을 사용하는 경우와 쓸 수 없는 경우를 공부한다.
- that을 사용하는 경우 : 선행사에 –thing, –body, all, 또는 수식어(최상급, 서수) 등이 붙는 경우
- that을 쓸 수 없는 경우 : 콤마 뒤와 전치사 뒤

❸ 선행사가 앞 문장 전체인 경우 관계대명사는 which를 사용한다.

❹ 관계대명사 뒤에는 불완전한 문장이 수반되지만, '전치사 + 관계대명사' 뒤에는 완전한 문장이 수반된다.

❺ 선행사가 시간, 장소, 방법, 이유와 같이 부사인 경우 관계부사를 사용하고, 그 뒤로는 완전한 문장이 수반된다.

관계대명사

Chapter 20

관계대명사

1 관계대명사

1 관계대명사의 종류와 해석

관계대명사는 두 개의 문장을 연결해 주는 접속사 기능과 앞에 나온 명사를 대신 받아 주는 대명사 기능을 동시에 한다. 따라서 관계대명사 앞에는 명사(선행사)가 있어야 한다. 뒤에는 불완전한 문장이 수반된다.

• I like the girl. 나는 그 소녀를 좋아한다. + The girl lives next door. 그 소녀는 옆집에 산다.

→ I like the girl **and she** lives next door. 나는 그 소녀를 좋아한다. 그리고 그녀는 옆집에 산다.

= I like the girl **who** lives next door. 나는 옆집에 사는 소녀를 좋아한다.

관계대명사 앞에 나온 명사를 선행사라 한다고 했다. 이 선행사가 사람인지, 사물인지, 없는지에 따라 사용하는 관계대명사는 달라진다. 또한 관계대명사 뒤에는 불완전한 문장이 수반되므로, 뒤 문장에서 빠진 요소를 확인해서 관계대명사의 격을 결정한다.

		주격	소유격	목적격
선행사	사람	who, that	whose	whom, that
	사물 / 동물	which, that	whose, of which	which, that
	복수	what	–	what
해석		그런데 그 명사는	그런데 그 명사의	그런데 그 명사를

2 격의 결정

관계대명사 뒤에는 불완전한 문장이 나오는데, 그 문장에서 빠져 있는 성분이 관계대명사의 격이 된다.

1) 주격 관계대명사

뒤에 주어가 없는 불완전한 문장이 온다.

• I know a woman **who lives** next door to me. 나는 나의 옆집에 사는 여자를 안다.
주격 관계대명사 + 동사(주어 없음)

• The car **which is** in the garage is out of order. 차고에 있는 그 차가 고장 났다.
주격 관계대명사 + 동사(주어 없음)

2) 목적격 관계대명사

뒤에 목적어가 없는 불완전한 문장이 온다.

- This is the book **which** I **bought** yesterday. 이것은 내가 어제 구매했던 책이다.
  목적격 관계대명사 + 주어 + 타동사(타동사의 목적어 없음)
- All employees **whom** the company **hired** should attend the seminar.
  목적격 관계대명사 + 주어 + 타동사(타동사의 목적어 없음)
  그 회사가 고용했던 모든 직원들은 그 세미나에 참석해야 한다.

3) 소유격 관계대명사

소유격 뒤에는 대명사가 올 수 없고 명사가 온다. 그리고 소유격 자체는 수식하는 역할을 하는 것이므로 주격이나 목적격과 다르게 뒤에는 완전한 구조의 문장이 온다.

- She bought the book **whose cover** is white. 그녀는 표지가 흰색인 책을 구입했다.
  소유격 관계대명사 + 명사 + be + 보어(2형식 완전한 문장)
- They will introduce a new car **whose design** is very innovative.
  소유격 관계대명사 + 명사 + be + 보어(2형식 완전한 문장)
  그들은 디자인이 매우 혁신적인 신차를 소개할 것이다.

개·념·완·성 연습 문제

Q1 다음 빈칸에 알맞은 관계대명사를 넣으시오.

1. The workers ____________ started to build the pyramids never saw them finished.

2. The woman ____________ name is Julia is a professor.

3. She is the girl _________ my brother met at the campus.

4. The gym at ___________ my colleague exercises is near our company.

5. ____________ I have in my pocket is my car key.

Q2 다음 문장을 어법에 맞게 고치시오.

1. The teacher whose we respect most retired last month. (18. 경찰 1차)

2. She never listens to the advice which I give it to her. (10. 경찰 1차)

3. Severe acute respiratory syndrome is caused by a virus that identified in 2003. (19. 서울시 9급)

4. The head of department, which receives twice the salary, has to take responsibility. (17. 지방직 9급)

정답 및 해설

Q1

1. who

해석 피라미드를 건축하기 시작했던 노동자들은 완성되는 것을 못 봤다.

해설 뒤에 동사가 두 개 있다. 이때는 어떤 것이 본동사인지를 파악해야 한다. saw가 본동사이고 빈칸에서 pyramids까지는 관계절이 된다. 선행사가 사람이며, 뒤에 동사가 나오고 있으므로 주격 관계대명사 who가 필요하다.

2. whose

해석 이름이 Julia라는 여성은 교수이다.

해설 뒤에 name이라는 일반명사가 있고, 그 뒤로 완전한 문장이 제시되어 있으므로 소유격 관계대명사 whose를 사용해야 한다.

3. whom

해석 그녀는 나의 동생이 캠퍼스에서 만났던 소녀이다.

해설 선행사가 사람이고, 뒤에 met이라는 타동사의 목적어가 없으므로 목적격 관계대명사 whom을 사용해야 한다.

4. which

해석 나의 동료가 운동하는 체육관은 우리 회사 근처에 있다.

해설 선행사가 사물이고, 전치사 at의 목적어가 없으므로 목적격 관계대명사 which를 사용해야 한다.

5. What

해석 내가 주머니에 가지고 있는 것은 차 열쇠이다.

해설 빈칸에서 pocket까지가 전체 문장에서의 주어 자리이므로 이 문장은 형용사절이 아닌 명사절이다. 명사절에서 '~것'으로 해석되는 것에는 that과 what이 있는데, 뒤따르는 명사절 자체가 완전한 구조이면 that, 명사절 자체가 불완전한 구조이면 what을 사용한다. 이 문장의 경우 뒤따르는 문장에서 have라는 타동사의 목적어가 없으므로 불완전 구조이다. 따라서 what이 정답이다.

Q2

1. whose → whom

해석 우리가 가장 존경하는 선생님은 지난 달에 은퇴했다.

해설 선행사가 사람이다. respect에 대한 목적어가 없으므로 소유격이 아닌 목적격 관계대명사를 사용해야 한다.

2. it 삭제

해석 그녀는 내가 해 주는 조언을 결코 듣지 않는다.

해설 which는 주격과 목적격으로 사용이 가능한데, 구분은 간단하다. 뒤에 동사가 바로 나오면 주격이고, 뒤에 주어가 나오면 목적격이다. 이 문장의 경우 뒤에 주어 I가 제시되어 있으므로 목적격이다. 그러면 관계절에는 목적어가 없는 불완전한 문장이 수반되어야 하므로 it을 삭제해야 한다.

3. identified → was identified

해석 중증 급성 호흡기 증후군은 2003년에 확인된 바이러스에 의해서 발생한다.

해설 주격 관계대명사 that은 앞에 있는 선행사 a virus를 받는 것이다. 바이러스는 2003년에 발견된 것이므로 관계절에서의 동사가 수동태가 되어야 한다.

4. which → who

해석 월급을 두 배로 받는 그 부서장이 책임을 져야 한다.

해설 선행사가 부서장으로 사람이다. 따라서 which 대신 who를 사용해야 한다.

3 주의해야 할 관계대명사

1) 관계대명사 that만 사용하는 경우

관계대명사 that은 선행사가 사람, 사물일 때 둘 다 사용이 가능하다. 그러니 꼭 that을 사용해야 하는 경우와 that을 사용할 수 없는 경우를 기억해야 한다. 다음과 같은 선행사가 나오면 꼭 that을 사용해야 한다.

① 선행사가 '사람 + 사물' 혹은 '사람 + 동물'일 때

- **A man and his dog** that were passing by were injured. 지나가고 있는 한 남자와 그의 개가 부상을 당했다.
  [who를 사용하면 dog가 '사람' 취급이 되고, which를 사용하면 man이 '사물' 취급이 되기 때문이다.]
- The story is about **a child and a tree** that get close to each other.
  이 이야기는 한 아이와 한 나무가 서로 친해지는 이야기이다.

② 선행사 앞에 수식어가 있는 경우(서수, 최상급, the only, the same, all)

• Man is **the only** animal **that** can speak. 인간은 말을 하는 유일한 동물이다.

• It's **the best food** **that** I've ever eaten. 이 음식은 내가 이제까지 먹었던 것 중에서 제일 맛있다.

• The doctor did **all** **that** was humanly possible. 그 의사는 인간적으로 할 수 있는 모든 것을 했다.

③ 의문사가 이끄는 의문대명사인 경우

• **Who** **that** has common sense can believe such a thing? 상식을 가진 어떤 이가 그런 것을 믿을 수 있는가?
[선행사가 사람이라고 해서 who를 사용하면, who가 연달아 두 번 사용되기 때문이다.]

④ –thing으로 끝나는 단어가 선행사일 때

선행사가 something, anything, nothing과 같이 –thing으로 끝나는 단어일 때 관계대명사는 that을 사용한다.

• There is **nothing** **that** you can do to get your mom and dad together again.
당신의 엄마와 아빠가 다시 합치게 하기 위해서 당신이 할 수 있는 것은 아무것도 없다.

개·념·완·성 연습 문제

Q1 빈칸에 알맞은 것을 고르시오.

1. This is exactly [what / that] I wanted.

2. Is there anything [which / that] I can do for you?

3. He was the only man [who / that] I knew in my neighborhood. (12. 경찰 1차)

정답 및 해설

Q1

1. what

해석 이것은 정확하게 내가 원했던 것이다.

해설 is 이하는 보어 자리에 사용된 명사절이다. 명사절에서 wanted라는 타동사의 목적어가 없으므로 what이 정답이다.

2. that

해석 내가 너를 위해 해줄 수 있는 것이 있을까?

해설 선행사가 anything, something, nothing과 같이 –thing이 붙은 명사일 때, 관계대명사로는 that을 사용한다.

3. that

해석 그는 내가 이 동네에서 아는 유일한 사람이다.

해설 선행사에 the only 같은 한정사가 포함되면 관계대명사로는 that을 사용한다.

2) 관계대명사 that을 쓸 수 없는 경우

① 콤마(,) 뒤

관계대명사 that은 계속적 용법에는 사용할 수 없다. that은 관계대명사뿐만 아니라 지시대명사로 사용할 수도 있어서 혼동을 피하기 위해 콤마 뒤에는 that을 사용하지 않는다.

보통 관계절은 앞의 명사(선행사)를 수식(한정적 용법)하는데, 관계대명사 앞에 콤마(,)를 찍으면 계속적 용법이 된다. 해석은 앞에서 뒤로 순차적으로 하면 된다.

- There is **a house** which I live in. 내가 살고 있는 집이 있다. [한정적 용법 : which는 that으로 교체 가능]
- There is a house, which I live in. 거기에 집이 하나 있는데, 내가 살고 있는 집이다. [계속적 용법 : that 사용 불가능]

② 전치사 뒤

관계절의 문장 끝에 전치사가 오는 경우, 그 전치사는 목적격 관계대명사 앞으로 이동 가능하다. 단 '전치사 + 관계대명사' 구문에서 전치사 뒤의 관계대명사로 that은 사용할 수 없다.

- This is the principle **which** the theory is based **on**. 이것은 그 이론이 근거로 하는 원칙이다.
  = This is the principle **that** the theory is based **on**.
  = This is the principle **on which** the theory is bases.
  ≠ This is the principle on that the theory is based. [X]

- Our company moved to the city in **which** the president lives now.
  우리 회사는 사장님이 현재 살고 있는 도시로 이전했다.

개·념·완·성 연습 문제

Q1 괄호 안에 알맞은 것을 고르시오.

1. It is important to eat food [who / that] is good for you.

2. You should wear shoes that [match / matches] your dress.

3. I stopped by the museum, [which / that] I'd never been to.

4. This is the project about [which / that] the manager talked at the seminar.

Q2 어법상 맞게 고치시오.

1. It was the main entrance for that she was looking. (14. 국가직 9급)

2. We were fortunate enough to visit the Grand Canyon, that has much beautiful landscape.

정답 및 해설

Q1

1. that

해석 몸에 좋은 음식을 먹는 것이 중요하다.

해설 선행사가 사물이므로 who가 아닌 that을 사용해야 한다.

2. match

해석 드레스에 어울리는 신발을 신어야 한다.

해설 주격 관계대명사 that이 shoes를 받고 있으므로 관계절의 동사 역시 복수가 되어야 한다.

3. which

해석 나는 한 번도 가 본 적이 없는 박물관에 들렸다.

해설 콤마 뒤에는 that을 사용할 수 없다. 따라서 which가 정답이다.

4. which

해석 이것이 매니저가 세미나에서 이야기했던 그 프로젝트이다.

해설 전치사 뒤에는 that을 사용할 수 없다. 따라서 which가 정답이다.

Q2

1. for that → for which

해석 이것이 그녀가 찾고 있었던 정문이다.

해설 전치사 뒤에 that을 사용할 수 없기 때문에 which로 바꾸어야 한다. that 이하 문장은 be looking for에서 for가 관계대명사 앞으로 이동한 것이다.

2. that → which

해석 우리는 많은 경치가 있는 Grand Canyon을 방문할 만큼 운이 좋았다.

해설 콤마 뒤에는 that을 사용하지 않는다. 선행사가 사물이고 뒤에 동사가 있으므로 which로 바꾸어야 한다.

3) which를 사용해야 하는 경우 : 선행사가 구나 앞 문장 전체인 경우

선행사가 한 단어가 아니라 구나 앞 문장 전체인 경우 관계대명사는 which로 받는다.

- Tom passed the state examination. Tom은 그 국가 시험을 통과했다.

  \+ **This** surprised everyone. 그것은 모두를 놀라게 했다. [this는 앞 문장 전체를 받는다.]

  → Tom passed the state examination **and this** surprised everyone.

  = Tom passed the state examination **which** surprised everyone.
  [이때 which는 앞 문장 전체를 선행사로 받는 관계대명사이다. 관계대명사 = 접속사 + 대명사]

- **His daughter was very intelligent,** **which** was a source of pride to him.
  그의 딸은 굉장히 똑똑했는데, 그것은 그의 자부심의 원천이었다.

- **She became a professor,** **which** was very difficult. 그녀는 교수님이 되었다. 그것은 매우 어려운 것이었다.

개·념·완·성 연습 문제

Q1 빈칸에 알맞은 것을 고르시오.

1. I do aerobics three times a week, [who / which] makes me stay in shape. (15. 경찰 3차)

2. Marks didn't say anything, [that / which] made me upset.

3. It will snow tomorrow, [that / which] is very unusual in Busan.

정답 및 해설

Q1

1. which

해석 나는 에어로빅을 1주일에 세 번 하는데, 그것은 나를 건강하게 만든다.

해설 선행사가 앞 문장 전체이므로 which를 사용한다.

2. which

해석 Marks는 아무 말도 안 했는데, 그것이 나를 화나게 만들었다.

해설 선행사가 앞 문장 전체이므로 which를 사용한다. 또한 콤마 뒤에는 that은 사용할 수 없다.

3. which

해석 내일 눈이 올 것이다. 그것은 부산에서 매우 드문 일이다.

해설 선행사가 앞 문장 전체이므로 which를 사용한다. 또한 콤마 뒤에는 that은 사용할 수 없다.

4) 관계사절 내에 삽입절이 있는 경우

주격 관계대명사 뒤에 S + think, believe, guess, suppose(인식, 확신 계열의 동사)가 나오면 이 '주어 + 동사'는 삽입절이라고 보면 된다. 없다고 보고 괄호를 친 다음에 문장 성분을 파악하면 된다.

이때 관계대명사의 격과 관계절 동사의 수 일치에 주의한다.

> 선행사 + 관계대명사 + **(S + think/say/believe/know/guess/feel)** + V

- This is the man **who** (we think) is reliable. 이분이 우리가 믿을 만하다고 생각하는 사람이다.
- Doing what (you think) is right does not necessarily mean doing the popular thing.
  네 생각에 옳은 일을 한다는 것은 반드시 남들이 하는 일을 한다는 것을 의미하지는 않는다.

개·념·완·성 연습 문제

Q1 빈칸에 알맞은 것을 고르시오.

1. This is the boy [who / whom] I believe deceived me. (12. 경찰 1차)

2. We can all avoid doing things that we know [damage / damages] the body. (14. 서울시 9급)

3. I saw a woman [who / whom] I thought was a friend of my mom's.

Q1

1. who

해석 이 녀석이 내가 생각하기에 나를 속인 소년이다.

해설 관계대명사 뒤의 I believe는 삽입절로, 없다고 본다. 그럼 빈칸 뒤에 바로 동사가 수반되고 있으므로 주격 관계대명사가 정답이다.

2. damage

해석 우리 모두는 우리가 알기에 신체를 손상시키는 일들을 피할 수 있다.

해설 that 뒤의 we know는 삽입절로, 없다고 본다. 그럼 that 앞의 선행사가 things로 복수명사이므로 관계절의 동사 역시 복수형이 되어야 한다.

3. who

해석 내 생각에 엄마 친구인 여성을 보았다.

해설 이 문장에서 관계대명사 뒤의 I thought는 삽입절로, 없다고 보고 괄호로 묶으면 된다. 그러면 문장 구성상 뒤에 was라는 동사가 나오는 것이므로 관계대명사는 주격이 되어야 한다.

5) 전치사 + 관계대명사

전치사는 관계사절 맨 끝에 위치하거나, '전치사 + 관계대명사'의 형태로 관계절 앞에 위치할 수 있다. '전치사 + 관계대명사' 형태일 경우, 그 뒤에는 완전한 문장이 온다. 올바른 전치사를 묻는 문제가 나오면 선행사를 관계절 맨 끝에 넣어서 고르면 된다.

- This is **the man**. 이 분이 그 사람이다.

\+ We can rely on **the man**. 우리는 그 사람을 믿을 수 있다.

→ This is the man **whom** we can rely **on.** 이분이 우리가 믿을 수 있는 사람이다.

= This is the man **on whom** we can rely.

개·념·완·성 연습 문제

Q1 두 문장이 같은 뜻이 되도록 관계대명사를 이용해서 빈칸에 알맞은 말을 쓰시오.

1. Seoul is the city. I was born in the city.

= Seoul is the city ________________ I was born.

2. Many people visit the gallery. Famous paintings are kept in the gallery.

= Many people visit the gallery ___________________ famous paintings are kept.

3. People loved the park. They went to the park last month.

= People loved the park ______________ they went last month.

4. The tourists came from China. The guide talked to the tourists.

= The tourists ___________________ the guide talked came from China.

5. This is the house. The writer wrote his first novel in the house.

= This is the house ______________ the writer wrote his first novel.

Q2 빈칸에 알맞은 것을 고르시오.

1. The man to [whom / that] I spoke was attractive.

2. This is the new table [in which / with which] I am satisfied.

3. His sense of responsibility urged him to undertake the dangerous task [which / for which] he eventually sacrificed himself. (14. 국가직 7급)

4. You will resent the person to [that / whom] you feel you cannot say no.

정답 및 해설

Q1

1. in which

해석 서울은 도시이다. 나는 이 도시에서 태어났다.
= 서울은 내가 태어난 도시이다.

해설 선행사가 사물이라서 관계대명사로 which를 사용한다. 그리고 be bone in에서 마지막에 있는 전치사 in은 관계대명사 앞으로 이동이 가능하다.

2. in which

해석 많은 사람들이 그 화랑에 방문한다. 유명한 그림들이 그 화랑에 있다.
= 많은 사람들이 유명한 그림들이 있는 그 화랑에 방문한다.

해설 선행사가 gallery이므로 관계대명사로 which를 사용한다. 그리고 be kept in에서 전치사 in이 관계대명사 앞으로 이동한다.

3. to which

해석 사람들은 그 공원을 좋아했다. 그들은 지난달에 그 공원에 갔다.
= 사람들은 지난달에 갔던 그 공원을 좋아했다.

해설 선행사가 the park로 사물이다. 따라서 관계대명사로 which를 사용한다. 그리고 they went to에서 전치사 to가 관계대명사 앞으로 이동한다.

4. to whom

해석 그 관광객들은 중국에서 왔다. 가이드가 관광객들에게 이야기했다.
= 가이드가 이야기를 건넸던 그 관광객들은 중국에서 왔다.

해설 선행사가 tourists로 사람이다. 따라서 관계대명사로 whom을 사용한다. 그리고 the guide talked to에서 전치사 to가 관계대명사 앞으로 이동한다.

5. in which

해석 여기는 그 집이다. 그 작가가 첫 번째 소설을 그 집에서 썼다.
= 이것은 그 작가가 첫 번째 소설을 썼던 그 집이다

해설 선행사가 house로 사물이다. 따라서 which를 사용한다. 그리고 the writer wrote in에서 전치사 in이 관계대명사 앞으로 이동한다.

Q2

1. whom

해석 내가 이야기했던 그 사람은 매력적이었다.

해설 전치사 뒤에는 that을 사용할 수 없다. 선행사가 사람이므로 whom을 사용한다.

2. with which

해석 이것은 내가 만족하는 테이블이다.

해설 be satisfied with에서 전치사가 관계대명사 앞으로 이동한 것이다.

3. for which

해석 책임감이 그로 하여금 결국 자신을 희생하게 한 위험한 일을 맡도록 재촉하였다.

해설 빈칸 뒤에는 '주어 + 동사 + 목적어'가 다 나오는 완전한 문장이 제시되어 있다. 따라서 목적격관계대명사 which는 단독으로 사용될 수 없다. 'sacrifice A for B' (B를 위해서 A를 희생시키다)에서 맨 뒤에 남은 전치사 for가 목적격 관계대명사 앞으로 이동해서 for which가 정답이 된다.

4. whom

해석 당신은 당신이 느끼기에 '아니요'라고 말할 수 없는 사람에게 분개할 것이다.

해설 전치사 뒤에는 목적격 관계대명사를 사용해야 하는데, that은 전치사 뒤에 사용할 수 없다. 이 문장에서 (you feel)은 삽입절이다. 원래 whom (you feel) you cannot say no to에서 전치사 to가 관계대명사 앞으로 이동한 구조이다.

6) 부정대명사 + of + 목적격 관계대명사

'부정대명사(all, most, some, both, none) + of + 관계대명사'의 구조를 주의하자. 여기에서 관계대명사는 전치사 뒤에 위치하므로 목적격이 되어야 한다. 또한 관계대명사 자리에는 일반 대명사 them을 사용하지 않도록 주의해야 한다.

• We hired ten workers, and all of them are bilingual.
우리는 열 명의 직원을 고용했다. 그리고 그들 모두는 두 개 국어를 구사한다. [두 문장을 접속사 and로 연결하고 있다.]

≠ We hired ten workers, all of them are bilingual.
[[X] 두 문장이 접속사 없이 콤마로는 연결될 수 없다. 따라서 접속사나 접속사의 기능을 포함하는 관계대명사가 필요하다.]

→ We hired ten workers, all of **whom** are bilingual. 우리는 열 명의 직원을 고용했는데 그들 모두는 두 개 국어를 구사한다.

마지막 문장에서 관계대명사 whom은 'and'와 'them'이 결합된 것이므로 접속사 기능을 포함하고 있다. 따라서 두 문장을 연결하는 기능을 할 수 있다. 이때 whom 자리에 them을 쓰지 않도록 주의해야 한다.

개·념·완·성 연습 문제

Q1 빈칸에 알맞은 것을 고르시오.

1. A tree provides homes for many creatures, all of [them / which] also use it for food. (18. 경찰 1차)

2. I saw two pictures of van Gogh, both of [them / which] left a deep impression on me.

3. Tom and Jane, neither of [who / whom] you've met before, are leaving with us.

정답 및 해설

Q1

1. which

해석 나무는 많은 생명체에게 집을 제공하는데, 그 생물들 모두는 그것을 또한 먹이로도 사용한다.

해설 접속사 and 없이 두 문장이 연결되고 있으므로 대명사가 아닌 관계대명사가 들어가야 한다.

2. which

해석 나는 반 고흐의 그림 두 점을 봤는데, 둘 다 내게 깊은 인상을 남겼다.

해설 두 문장을 콤마로는 연결할 수 없으므로 두 문장 사이에 접속사를 사용하거나 both of 뒤에 목적격 관계대명사를 사용해야 한다.

3. whom

해석 네가 전에 만난 적이 없는 Tom과 Jane이 우리와 함께 출발할 것이다.

해설 부정대명사 of 뒤에는 전치사 of와 연결되는 목적격 관계대명사를 사용해야 한다.

2 관계부사

1 관계부사의 개념

선행사가 사람이나 사물이 아닌, 시간, 장소, 방법, 이유와 같이 부사가 오는 경우에는 관계부사를 사용한다. 이때 관계부사는 '전치사 + 관계대명사'를 대신할 수 있고, 접속사와 부사의 역할을 수행한다.

• They didn't tell me **the time**. 그들을 나에게 그 시간을 말해 주지 않았다.
+ They could come back at that time. 그들은 그 시간에 돌아올 수 있다.
= They didn't tell me the time which they could come back at. 그들은 돌아올 수 있는 시간을 나에게 말해 주지 않았다.
= They didn't tell me the time **at which** they could come back.
= They didn't tell me the time **when** they could come back.

선행사	종류	해석
시간 the time	when	그런데 그 시간에
장소 the place	where	그런데 그 장소에
방법 the way	how	그런데 그 방법으로
이유 the reason	why	그런데 그 이유로

또한 관계부사는 접속사의 역할과 함께 부사 역할을 하므로, 뒤에는 완전한 문장이 온다.

• This is the house **where** he lives. 이 집은 그가 살고 있는 집이다. [where = in which]
• Do you know **the reason why** the teacher was angry? 선생님이 화난 이유를 혹시 아니? [why = for which]
• Please tell me (the way) **how** you solved the problem.
네가 어떻게 이 문제를 풀었는지 좀 말해 줘. [how = in which. the way와 how는 같이 사용할 수 없다.]

개·념·완·성 연습 문제

Q1 괄호 안에 알맞은 것을 고르시오.

1. The shop [where / which] I bought the shirt is having a summer sale next week.

2. He recommended some places [which / where] we can have nice seafood.

3. We are looking forward to the time [which / when] we can get together again. (17. 경찰 2차)

4. Trees must be fitted for the places [which / where] they live in. (18. 경찰 1차)

정답 및 해설

Q1

1. where

해석 내가 그 셔츠를 구입했던 그 가게는 다음 주에 여름 세일을 할 것이다.

해설 관계대명사와 관계부사 구분은 뒤의 문장 구조를 보고 파악할 수 있다. 불완전한 문장이 수반되면 관계대명사를, 완전한 문장이 수반되면 관계부사를 사용한다. 뒤따르는 문장이 '주어 + 동사 + 목적어'의 완전한 구조이므로 관계부사 where가 정답이다.

2. where

해석 그는 좋은 해산물을 먹을 수 있는 장소를 추천했다.

해설 선행사가 장소이고 뒤따르는 문장이 완전한 구조이므로 관계부사 where를 사용한다.

3. when

해석 우리는 우리가 다시 만날 수 있는 시간을 기대하고 있다.

해설 선행사가 시간이고 뒤따르는 문장이 완전한 구조이므로 관계부사 when을 사용한다.

4. which

해석 나무들은 그들이 사는 곳에 꼭 맞아야 한다.

해설 선행사가 장소이고 뒤따르는 문장을 보면 live는 자동사이지만, 전치사 in의 목적어가 없는 불완전한 문장이므로 which가 정답이 된다. 만약 전치사 in이 없는 문장이라면 완전한 문장이 되므로 where가 정답이 되고, where는 in which로 전환이 가능하다.

관계부사는 관계부사나 선행사 중에 어느 한쪽이 없어도 뜻이 확실한 경우에는 둘 중 하나를 생략할 수 있다. 반면 how는 선행사나 how 둘 중에 하나를 반드시 생략해야 한다. the way how는 쓰지 않는다. 그러나 the way that은 가능하다.

- This is **the place** (where) I worked hard. 여기는 내가 열심히 일했던 곳이다.

= This is (the place) **where** I worked hard.

- We ate dinner **in the place** (where) we saw the performance. 우리는 공연을 봤던 곳에서 저녁을 먹었다.

= We ate dinner (in the place) **where** we saw the performance.

- Can you show me **how** you solve the math problem? 그 수학 문제를 어떻게 풀었는지 알려 줄래?

= Can you show me **the way** you solve the math problem?

= Can you show me **the way that** solve the math problem?

≠ Can you show me the way how you solve the math problem? [X]

개·념·완·성 연습 문제

Q1 다음을 어법에 맞게 고치시오.

1. Is there any reason which they didn't open the store today?

2. This may be one of the reasons so many people struggling early in their retirement. (19. 소방직 9급)

정답 및 해설

Q1

1. which → why

해석 그들이 오늘 가게를 오픈하지 않은 이유가 있나요?

해설 선행사가 이유이고 뒤따르는 문장이 완전한 구조이므로 관계부사 why를 사용해야 한다.

2. struggling → struggle

해석 이것이 그렇게 많은 사람들이 은퇴 초기에 고생을 하는 이유 중 하나일 수 있다.

해설 reasons 뒤에서는 관계부사 why를 생략할 수 있다. 따라서 관계부사절이므로 뒤에는 완전한 문장이 와야 한다. struggling은 분사나 동명사이므로 동사형인 struggle로 바꾸어야 한다.

중요 포인트

관계대명사 vs 관계부사

뒤에 불완전한 문장이 나오면 관계대명사를, 완전한 문장이 나오면 관계부사를 사용한다.

1. 명사 + 관계대명사 + ~~S~~ V O

   \+ S V ~~O~~

2. 명사 + 관계부사 + S V O

중요 포인트

명사절 vs 형용사절

앞에 명사가 없으면 명사절을, 앞에 명사가 있으면 형용사절을 사용한다.

1. 명사절 : ~~명사~~ + that, if, whether, 의문사 부사 + S V O/C

   ~~명사~~ + who, which, what + ~~S~~ V O

   \+ S V ~~O~~

2. 형용사절 : 명사 + 관계대명사 + ~~S~~ V O

   (who, whom, which, that) + S V ~~O~~

   명사 + 관계부사 + S V O/C

   (when, where, how, why)

3 복합관계사

복합관계사는 관계사에 -ever가 붙은 것으로, 복합 관계대명사와 복합 관계부사가 있다.

1 복합 관계대명사

명사절과 부사절 역할을 한다. 뒤에는 불완전한 문장이 온다.

복합 관계대명사	명사절일 때 의미	부사절일 때 의미
whoever/whomever	~하는 사람이면 누구나 (= anyone who/whom)	~하는 사람이면 누구든지 간에
whichever	~하는 것이면 어느 것이든(제한) (=anything that)	~하는 것이면 어느 것이든지 간에
whatever	~하는 것이면 무엇이든 (=anything that)	~하는 것이면 무엇이든지 간에

• **Whoever** comes here first will get this. 가장 먼저 오는 사람은 누구든지 이것을 가질 것이다. [명사절]

• (**Whatever** they say,) I don't care. 그들이 무슨 말을 하든지, 나는 신경 쓰지 않는다. [부사절]

2 복합 관계부사

부사절 역할을 한다. 뒤에는 완전한 문장이 온다.

복합 관계부사	부사절일 때 의미
whenever + S + V + O	~할 때면 언제든지
wherever + S + V + O	~할 때면 어디든지
however + 형용사 + S + be + 부사 + S + V	아무리 ~하더라도(= no matter how)

개·념·완·성 연습 문제

Q1 괄호 안에 알맞은 것을 고르시오.

1. He disagree with [whatever / wherever] I say to him.

2. I'll be impressed by [whoever / wherever] can solve this problem.

정답 및 해설

Q1

1. whatever

해석 그는 내가 그에게 말하는 것은 무엇이든지 반대한다.

해설 빈칸 뒤는 전치사 with의 목적어 자리이므로 명사절이 들어가야 한다. 그리고 say라는 동사의 목적어가 없으므로 복합 관계대명사 whatever가 정답이다.

2. whoever

해석 나는 이 문제를 푸는 사람이 누구든지 간에 감동을 받을 것이다.

해설 전치사 by의 목적어 자리로 들어갈 명사절이 필요하다. 복합 관계대명사의 격은 빈칸 뒤 문장을 보고 결정한다. 이 문장의 경우 주어가 없으므로 복합 관계대명사는 주격인 whoever가 정답이다.

중요 포인트

복합 관계사에서 주의할 점

복합 관계사의 격의 결정은 주절에서의 빠진 요소가 아니라, 복합 관계절에서 생략된 것을 보고 결정한다. 즉 관계절에 주어가 없으면 주격, 목적어가 없으면 목적격으로 격이 되는 것이다.

- Give it to **whoever** wants it. 이것을 원하는 사람 누구에게든지 줘라.

  [복합 관계사 뒤에 주어가 없고 동사만 있으므로 주격이다. 주의해야 할 점은 앞에 있는 전치사 to를 보고 목적격을 고르면 안 된다는 것이다.]

- Give it to **whomever** you like. 이것을 네가 좋아하는 사람 누구에게든지 줘라.

  [복합 관계사 뒤에 '주어 + 동사' 문장이 있고 타동사 like의 목적어가 없으므로 목적격이다. 주의해야 할 점은 앞에 있는 전치사 to를 보고 목적격을 고르면 안 된다는 것이다.]

개·념·완·성 연습 문제

Q1 괄호 안에 알맞은 것을 고르시오.

1. [Whoever / Whomever] invites you will be welcomed.

2. [Whoever / Whomever] you invite will be welcomed.

정답 및 해설

Q1

1. Whoever

해석 당신을 초대하는 사람은 누구든지 환영받을 것이다.

해설 복합 관계대명사의 격의 결정은 관계절에서 빠진 요소가 무엇인지를 확인해야 한다. 뒤에 주어가 없이 바로 invites라는 동사가 나오므로 주격 관계대명사가 와야 한다.

2. Whomever

해석 당신이 초대하는 사람은 누구든지 환영받을 것이다.

해설 복합 관계대명사의 격의 결정은 관계절에서 빠진 요소가 무엇인지를 확인해야 한다. 뒤에 you invite라는 문장이 나오는데, invite라는 타동사의 목적어가 없으므로 목적격 관계대명사가 와야 한다.

개·념·완·성 연습 문제

Q1 괄호 안에 알맞은 것을 고르시오.

1. You may come to my house [wherever / whenever] you want.

2. No matter [how / when] young you are, you should take care of your health.

3. A gift card will be given to [whoever / whomever] completes the questionnaire. (20. 지방직 9급)

4. However [hard / hardly] you may try, you cannot pass the exam. (14. 지방직 9급)

5. The boss will give the assignment to [whoever / whomever] he believes has worked hard.

정답 및 해설

1. whenever

해석 너가 원하는 때 언제라도 우리 집에 올 수 있다.

해설 앞 문장 You may come to my house가 완전한 문장이므로 뒤에 나오는 문장은 부사절이다. 부사절에서는 복합 관계부사를 사용할 수 있는데, 문맥상 '어디라도'가 아닌 '언제라도'가 자연스러우므로 whenever를 사용한다.

2. how

해석 너가 아무리 어리다 하더라도, 건강을 돌봐야 한다.

해설 'no matter how + 형용사/부사'는 'however + 형용사/부사'와 같은 뜻을 가진다. 가져서 '아무리 ~하더라도'라는 양보 부사절로 사용한다.

3. whoever

해석 설문 조사지를 작성하는 누구라도 선물 카드를 받을 것이다.

해설 전치사 to의 목적어 자리에 명사절이 사용된 것이다. 뒤에 나오는 동사 completes의 주어가 될 수 있는 whoever가 정답이다.

4. hard

해석 너가 아무리 열심히 한다고 하더라도, 그 시험은 통과할 수 없다.

해설 however 뒤에는 형용사나 부사가 오는데, 이 문장의 경우 try라는 동사를 수식하는 부사 hard가 와야 한다. hardly는 부정 부사로 '좀처럼 ~하지 않다'라는 뜻이다.

5. whoever

해석 그 사장은 그 임무를 그가 생각하기에 열심히 일했던 사람에게 줄 것이다.

해설 전치사 to의 목적어 자리에 명사절이 사용된 것이다. 빈칸 뒤의 he believes는 삽입절이므로 없다고 가정하면, 빈칸 뒤에 has worked라는 동사가 바로 제시되는 셈이므로 주격인 whoever가 들어가야 한다.

1. 괄호 안에 어법상 알맞은 것을 고르시오.

01 The scholarship will be given to students [who / whom] want to pursue a master's degree.

02 The agency is representing photographers [who / whose] appeared in magazines.

03 The company has focused on the packing in [that / which] costumer goods are shipped.

04 David paid a recent visit to Chicago [where / which] he had grown and studied.

05 We conducted a survey on a number of workers, most of [who / whom] are employed and living in urban areas.

06 A seat lodge is a tent [which / where] Sioux Indians take a ritual sweat bath. (10. 국가직 9급)

07 The building was destroyed in a fire, the cause of [it / which] was never confirmed.

08 We drove on to the hotel, from [whose / which] balcony we could look down at the town. (17. 국가직 9급)

09 The old house [which / where] the late president grew up was turned into a museum.

10 After the accident, the hospital treated seven people, most of [them / whom] had only minor injuries.

01 who

| 해석 | 그 장학금은 석사 학위를 추구하는 학생들에게 수여될 것이다.
| 해설 | 선행사가 사람이고 빈칸 뒤에 동사가 있으므로 주격인 who가 정답이다.

02 who

| 해석 | 그 회사는 잡지에 실린 사진 작가들을 대표하고 있다.
| 해설 | 선행사가 사람이고 빈칸 뒤에 appeared라는 동사가 있으므로 주격인 who가 정답이다.

03 which

| 해석 | 그 회사는 소비자 제품을 선적해서 넣는 포장에 집중해 왔다.
| 해설 | 전치사 뒤에는 that을 사용할 수 없으므로 which가 정답이다.

04 where

| 해석 | David는 그가 자랐고 공부했던 시카고에 최근에 방문했다.
| 해설 | 선행사가 Chicago이므로 관계대명사와 관계부사 둘 다 가능하다. 이런 경우 뒤 문장의 구조를 살펴야 한다. 이 문장의 경우 완전한 문장이 수반되므로 관계부사 where가 정답이다.

05 whom

| 해석 | 우리는 많은 직원들에게 설문조사를 실시했는데, 그들 대부분은 도시에서 고용되어 있고 살고 있다.
| 해설 | 두 문장이 접속사 and 없이 연결되고 있으므로 접속사 역할을 할 수 있는 관계대명사를 사용해야 한다.

06 where

| 해석 | Seat lodge(일종의 한증막)는 Sioux 인디언들이 의식적인 땀 빼기 목욕을 하는 천막이다.
| 해설 | 선행사로 장소가 나오고, 뒤따르는 문장이 완전한 구조이므로 관계부사를 사용해야 한다.

07 which

| 해석 | 그 건물은 화재로 붕괴되었는데, 그것의 원인은 확인되지 않았다.
| 해설 | 두 문장이 접속사 없이 연결되고 있으므로 대명사가 아닌 관계대명사를 사용해야 한다.

08 whose

| 해석 | 우리는 호텔로 계속 운전해서 갔고, 그 호텔의 발코니에서 마을을 내려다볼 수 있었다.
| 해설 | '전치사 + 관계대명사'의 구조이다. 빈칸 뒤에 balcony라는 명사가 나오므로 소유격 관계대명사 whose가 정답이다.

09 where

| 해석 | 고인이 된 대통령이 자랐던 그 오래된 집은 박물관으로 전환되었다.
| 해설 | 선행사로 장소가 나왔고, 뒤따르는 문장이 완전한 구조이므로 관계부사를 사용한다.

10 whom

| 해석 | 사고 후에, 그 병원은 일곱 명을 치료했으며, 그들 대부분은 단지 약간의 부상만 입었다.
| 해설 | 문장끼리는 접속사 없이 콤마로는 연결될 수 없다. 따라서 대명사가 아닌 관계대명사가 필요하다.

2. 어법상 틀린 부분을 바르게 고치시오.

01 The water which she fell was freezing cold. (18. 경찰 3차)

02 Enclosed you will find the copy of the presentation when the general manager gave at the meeting.

03 They want to rent an apartment where they saw last week. (06. 서울시 9급 응용)

04 The hotel which they arrived was near the convention hall. (12. 경북 교행직)

05 She applied to the company which she had previously worked when just out of university.

06 There are also other conference rooms available at the hotel which the reception is being held.

07 The dietary supplements whichever come from plants are generally known to be safe, but some may interfere with a wound's capacity to heal.

08 He forget to visit the doctor's office at where he was scheduled to have a medical checkup yesterday.

09 The stock market which claims on the earnings of corporation are traded, is the most widely followed financial market in America. (17. 소방직 9급)

10 The homeowner appreciated the home's solar panels, which installed to reduce electrical costs.

정답 및 해설

01 which she fell → which she fell into

| **해석** | 그녀가 빠진 물은 몹시 차가웠다.

| 해설 | 이 문장에서 which는 목적격 관계대명사로 사용되었다. 그런데 관계절을 보면 동사 fall은 자동사이므로 목적어를 데리고 다닐 수 없다. 따라서 뒤에 전치사 into가 수반되어야 한다.

02 when → which

| **해석** | 동봉된 것은 오늘 총매니저가 회의에서 했던 발표의 사본이다.

| 해설 | presentation이 선행사이다. 뒤 문장에서 gave라는 타동사의 목적어가 없으므로 목적격 관계대명사 which로 바꾸어야 한다.

03 where → which

| **해석** | 그들은 지난 주에 봤던 아파트를 임대하기를 원한다.

| 해설 | 선행사가 사물이다. 뒤 문장에서 saw라는 동사의 목적어가 없으므로 목적격 관계대명사 which로 바꾸어야 한다.

04 which → at which

| **해석** | 그들이 도착했던 그 호텔은 집회장 근처에 있었다.

| 해설 | arrived는 자동사이므로 목적격 관계대명사를 받을 수 없다. 때문에 목적어를 받기 위해서는 전치사 at이 필요하다. 이때 전치사는 목적격 관계대명사 앞으로 이동이 가능하다.

05 which → for which

| **해석** | 그녀는 그녀가 대학을 막 졸업했을 때 일했던 그 회사에 지원했다.

| 해설 | work는 자동사이므로 목적격 관계대명사를 바로 받을 수 없다. 때문에 동사 뒤에 for라는 전치사가 필요하다. 그리고 전치사는 목적격 관계대명사 앞으로 이동할 수 있다.

06 which → where

| **해석** | 리셉션이 개최되고 있는 그 호텔은 다른 회의실 또한 이용 가능하다.

| 해설 | hotel은 사물로 봐서 관계대명사 which를 사용할 수도 있고, 장소로 봐서 관계부사 where를 사용할 수도 있다. 뒤의 문장을 보면 수동태 형태의 완전한 문장 구조이므로 관계부사 where나 '전치사 + 관계대명사' at which를 사용해야 한다.

07 whichever → which

| **해석** | 식물에서 추출한 식품 보충제는 일반적으로 안전하다고 알려졌지만, 일부는 상처가 치유하는 능력을 방해할 수 있다.

| 해설 | 복합 관계대명사 whichever는 anything which와 같은 표현으로 선행사를 포함하고 있다. 따라서 그 앞에 다시 선행사가 나올 수 없다. 이 문장은 선행사가 제시되어 있으므로 주격 관계대명사 which로 바꾸어야 한다.

08 at where → at which

| **해석** | 그는 어제 의료 검진을 받도록 예정되어 있던 그 의사의 사무실을 방문하는 것을 잊었다.

| 해설 | '전치사 + 관계대명사' = '관계부사'이다. 전치사와 관계부사를 같이 사용할 수는 없다. 따라서 at where를 where이나 at which로 고쳐야 한다.

09 which → where

| **해석** | 기업의 수익에 대한 권리가 거래되는 주식 시장은 미국에서 가장 활발한 금융 시장이다.

| 해설 | 선행사가 장소를 나타내고 있으며, 관계절 안의 구조가 완전한 문장이므로 관계대명사가 아닌 관계부사 where를 사용해야 한다.

10 which installed → which had been installed

| **해석** | 그 집주인은 전기 요금을 줄이도록 설치된 가정의 태양열 판에 대해 감사했다.

| 해설 | 선행사가 태양열 판이므로, 주격 관계대명사 뒤에 나오는 동사는 수동태가 되어야 한다. 그리고 설치된 것은 주절 동사보다 이전 시제이므로 과거완료시제를 사용해야 한다.

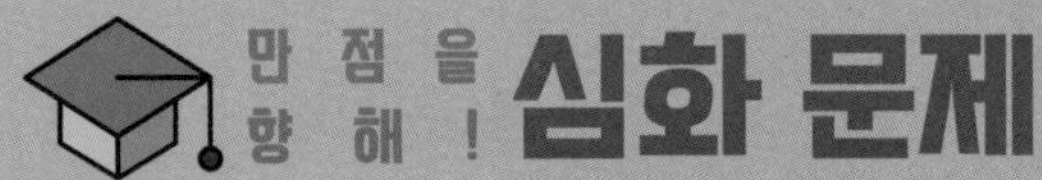

01 우리말을 영어로 잘못 옮긴 것은? (20. 서울시 9급)

① 보증이 만료되어서 수리는 무료가 아니었다.
→ Since the warranty had expired, the repairs were not free of charge.

② 설문지를 완성하는 누구에게나 선물 카드가 주어질 예정이다.
→ A gift card will be given to whomever completes the questionnaire.

③ 지난달 내가 휴가를 요청했더라면 지금 하와이에 있을 텐데.
→ If I had asked for a vacation last month, I would be in Hawaii now.

④ 그의 아버지가 갑자기 작년에 돌아가셨고, 설상가상으로 그의 어머니도 병에 걸리셨다.
→ His father suddenly passed away last year, and, what was worse, his mother became sick.

02 밑줄 친 부분 중 어법상 가장 옳지 않은 것은? (19. 서울시 9급)

Squid, octopuses, and cuttlefish are all ①<u>types</u> of cephalopods. ②<u>Each</u> of these animals has special cells under its skin that ③<u>contains</u> pigment, a colored liquid. A cephalopod can move these cells toward or away from its skin. This allows it ④<u>to</u> change the pattern and color of its appearance.

03 밑줄 친 부분 중 어법상 가장 옳지 않은 것은? (18. 지방직 9급)

I am writing in response to your request for a reference for Mrs. Ferrer. She has worked as my secretary ①<u>for the last three years</u> and has been an excellent employee. I believe that she meets all the requirements ②<u>mentioned</u> in your job description and indeed exceeds them in many ways. I have never had reason ③<u>to doubt</u> her complete integrity. I would, therefore, recommend Mrs. Ferrer for the post ④<u>what</u> you advertise.

정답 및 해설

01 ② whomever → whoever

| 해설 | ② 복합 관계대명사는 명사절이나 부사절을 이끌며 동시에 절 내에서 주어, 목적어, 보어 역할을 한다. anyone과 whom이 결합한 whomever는 목적격으로 쓰이는데 위치가 동사인 completes의 앞자리, 즉 주어 자리이므로 이를 주어 역할을 할 수 있는 주격 복합 관계대명사 whoever로 고쳐야 한다. 참고로, whoever가 이끄는 명사절이 전치사 to의 목적어가 된다.

| 오답 분석 |

① 보증이 만료된 시점이 더 이전의 일이므로 had p.p.를 사용한 것은 적절하며, '무료로'라는 표현인 free of charge 역시 올바르게 쓰였다. 또한 expire는 자동사이므로 능동형으로 쓴 것이 옳다.

③ If와 주절의 would로 보아 가정법이 사용되었음을 알 수 있다. 주절의 now를 통해 혼합 가정법임을 알 수 있는데, 가정법을 묻는 문제가 나오면 if절과 주절의 시제의 형태를 맞춰 봐야 한다. 혼합 가정법의 경우 if절에는 가정법 과거완료(had asked), 주절에는 가정법 과거시제(would be)를 쓰므로 모두 올바르게 쓰였다.

④ 과거 표시 어구인 last year에 맞게 과거시제(passed)의 사용이 적절하다. '설상가상으로'라는 표현인 what is worse 역시 문맥상 적절하다.

02 ③ contains → contain

| 해석 | 오징어, 문어, 갑오징어는 모두 두족류의 일종이다. 이 각각의 동물들은 특별한 세포를 피부 아래에 가지고 있는데, 그 세포들은 색이 있는 액체인 색소를 함유하고 있다. 두족류는 이 세포들을 피부 쪽으로 혹은 바깥쪽으로 이동시킬 수 있다. 이것은 두족류들이 외양의 패턴과 색을 바꿀 수 있게 한다.

| 해설 | ③ 관계대명사 that의 선행사는 skin이 아닌 special cells이므로 동사는 복수형이 되어야 한다. 따라서 contains를 contain으로 고쳐야 한다.

| 오답 분석 |

① all은 복수형 가산명사와 함께 제대로 사용되었다.

② 이들 동물 각각을 의미하므로 each가 올바르게 쓰였으며, each는 단수 취급한다. 따라서 뒤에 나오는 동사 has와 수가 일치하고 있다.

④ allow는 목적격 보어로 to부정사를 취하므로 to change가 올바르게 쓰였다.

| 어휘 |

- cephalopod 두족류 동물(문어 · 오징어 등)
- contain ~이 들어 있다 • pigment 색소
- appearance 외양, 외모

03 ④ what → which

| 해석 | 저는 귀하의 페러 부인에 대한 추천서 요청에 답변하고자 메일을 드립니다. 그녀는 지난 3년 동안 저의 비서로서 일을 해 왔으며 탁월한 직원이었습니다. 저는 그녀가 귀하의 직무 기술서에 언급된 모든 자격 요건을 충족하며, 여러 방면에서는 그것들(자격 요건)을 능가한다고 생각합니다. 그녀의 완벽한 성실성을 의심할 이유는 단 한 번도 없었습니다. 그러므로 저는 귀하가 공고한 직책에 Ferrer 부인을 추천하는 바입니다.

| 해설 | ④ 관계대명사 what은 선행사를 포함하므로 선행사 the post와 같이 사용하지 않는다. 관계대명사절은 목적어가 생략된 불완전한 문장이므로 목적격 관계대명사이면서 선행사(the post)가 올 수 있는 which 또는 that이 적절하다.

| 오답 분석 |

① 전치사 for는 기간을 나타내는 시간 표현으로 주로 완료시제에 사용한다. '지난 3년 동안'의 기간을 나타내므로 현재완료시제(has worked)와 적절하게 사용되었다.

② 동사의 성질을 가지고 있는 분사(mentioned)는 명사(requirements)를 수식하는 기능을 한다. 이때 타동사인 mention에 목적어가 없으므로 수동의 의미를 나타내는 과거분사가 적절하게 사용되었다.

③ to doubt가 명사(reason)를 수식하는 to부정사의 형용사적 용법으로 사용되었다. to부정사 역시 동사의 성질을 가지고 있는데 타동사 doubt에 목적어(integrity)가 있으므로 to부정사의 능동형이 적절하게 사용되었다.

| 어휘 |

- reference 추천서, 추천인 • requirement 필요한 것, 요건
- job description 직무 기술서 • in many ways 여러모로
- meet 충족시키다 • doubt 의심하다, 의심
- integrity 성실, 정직, 완전한 상태

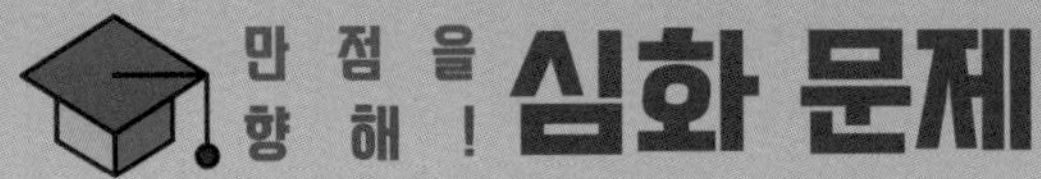

04 다음 글의 (A), (B), (C)에서 어법상 옳은 것을 모두 고른 것은? (15. 지방직 9급)

Pattern books contain stories that make use of repeated phrases, refrains, and sometimes rhymes. In addition, pattern books frequently contain pictures (A) [that / what] may facilitate story comprehension. The predictable patterns allow beginning second language readers to become involved (B) [immediate / immediately] in a literacy event in their second language. Moreover, the use of pattern books (C) [meet / meets] the criteria for literacy scaffolds by modeling reading, by challenging student's current level of linguistic competence, and by assisting comprehension through the repetition of a simple sentence pattern.

	(A)	(B)	(C)
①	that	immediate	meet
②	what	immediately	meets
③	that	immediately	meets
④	what	immediate	meet

정답 및 해설

04 ③

| 해석 | 패턴 책은 반복되는 구, 후렴 그리고 때때로 시를 사용하는 이야기를 포함한다. 게다가, 패턴 책은 흔히 이야기의 이해를 용이하게 해 주는 그림을 포함한다. 예측할 수 있는 패턴은 제2외국어 입문자들이 제2외국어를 읽고 쓰는 행위에 즉시 몰입하도록 하는 것을 포함한다. 게다가 패턴 책의 사용은 학생들의 최근(현재) 언어 능력 수준에 도전하며, 단순한 문장 패턴의 반복을 통해서 이해를 도움으로써 읽기의 표본이 되고, 이는 글을 쓰고 읽는 뼈대의 기준을 충족시킨다.

| 해설 | (A)에는 앞에 선행사가 있고 뒤에는 불완전한 문장이 오는 것으로 보아 관계대명사 that이 적절하다. (B)에는 앞의 과거분사를 수식할 수 있는 부사인 immediately가 와야 한다. (C)에는 문장의 주어가 the use, 즉 단수이므로 동사는 단수주어에 맞는 meets가 와야 한다.

| 어휘 |

- make use of ~을 사용하다
- refrain 자주 반복되는 말, 삼가다, 후렴
- facilitate 용이하게 하다, 촉진하다
- comprehension 이해
- be involved in ~에 연루되다, 몰두하다
- literacy 글을 읽고 쓸 줄 아는 능력
- criteria 표준, 기준 • scaffold 교수대, 공사장의 비계, 뼈대
- competence 능력, 적성, 역량 • repetition 반복, 중복

학습 내용

❶ It ~ that 강조 구문을 이해한다.

❷ 다양한 도치 구문을 이해한다.

- 장소/방향 부사구 + 동사 + 주어
- 부정부사 + 동사 + 주어(일반동사의 경우 do 동사를 이용해서 도치)
- 주격 보어 + be동사 + 주어(수 일치 주의)
- '~역시~하다'(긍정문) : S V, and so V S
- '~역시~하지 않다'(부정문) : S V(not 포함), and neither V S
S V(not 포함), nor V S
- Only + 부사(구/절) + 동사 + 주어
- So + 형용사/부사 + 동사 + 주어 + that S V

강조, 도치

Chapter 21

강조, 도치

1 강조

1 강조의 종류

문장에서 특정한 내용을 강조하기 위해서 아래와 같은 다양한 방법들이 사용된다.

1) 동사 강조

일반 동사를 강조할 때는 일반동사 앞에 do/dose/did를 넣어서 강조하다. 그리고 do/does/did에서 수와 시제가 다 반영이 되는 것이므로 뒤에는 항상 동사원형이 와야 한다.

do/does/did + R

• I **do** like the class. 저는 이 수업을 정말 좋아해요.

연습 문제

Q1 밑줄 친 문장을 강조해서 다시 쓰시오.

1. Tom loves tomato and fresh milk.

→

2. Jeffery left the meeting without a word.

→

정답 및 해설

1. Tom does love tomato and fresh milk.

해석 Tom은 토마토와 신선한 우유를 정말 좋아한다.

해설 일반동사를 강조할 때 do동사를 사용하는데, loves가 3인칭 단수 동사이므로 does를 사용하고 그 뒤의 동사는 원형으로 써야 한다.

2. Jeffery did leave the meeting without a world.

해석 Jeffery는 한마디도 없이 회의를 떠났다.

해설 일반동사를 강조할 때 do동사를 사용하는데, 과거시제이므로 did를 사용한다. 그리고 그 뒤의 동사는 원형으로 써야 한다.

2) 부정어 강조

not이나 never와 같은 부정어 뒤에 다음과 같은 표현을 사용하면 부정어를 강조할 수 있다.

부정어 + **at all, at bit, in the least**

- I **don't** like the class **at all.** 나는 이 수업이 전혀 마음에 들지 않는다.

3) It ~ that 강조 구문

가장 중요한 강조 구문이다. It is ~ that 사이에 주어, 목적어, 부사구(절)를 넣어서 강조하는 구문이다. that 뒤로는 강조하려고 뺀 요소를 제외한 나머지 성분을 순서대로 나열한다.

It is + 강조 대상(주어/목적어/부사구(절)) + that + 나머지 성분

- Laura lost the watch at the department store. Laura는 백화점에서 시계를 분실했다.
- It was **Laura** that lost the watch at the department store. 백화점에서 시계를 분실한 사람은 바로 Laura였다.
- It was **the watch** that Laura lost at the department store. Laura가 백화점에서 분실했던 것은 시계였다.
- It was **at the department** store that Laura lost the watch. Laura가 시계를 분실한 곳은 바로 백화점이었다.
- It was **me** who received the promotion. 승진 통보를 받는 사람은 나이다.
- It was **John's brother** who I saw at the theater yesterday. 어제 극장에서 내가 본 사람은 바로 John의 형이다.
  [강조 대상이 사람인 경우 that 대신에 who를 사용할 수 있다]

중요 포인트

It ~ that 강조 구문 vs It ~ that 가주어-진주어 구문

강조 구문은 that 이하는 강조 대상이 빠져 있는 불완전한 구조이다. 반면에 가주어·진주어 구문은 주어 자리에 있던 명사절 that 절이 너무 길어서 뒤로 뺀 것이므로 뒤에는 완전한 문장이 수반되어야 한다.

① It ~ that 강조 구문일 경우 뒤에 불완전 문장

② It ~ that 가주어 • 진주어 구문일 경우 뒤에 완전한 문장

- It was **the hunter** that found(동사) a rabbit(목적어) in front of the cave. 동굴 앞에서 토끼를 발견한 것은 바로 그 사냥꾼이었다.
  [주어에 해당하는 the hunter가 강조 대상으로 간 강조 구문]

- **It** was obvious **that the manager(주어) made(동사) a big mistake(목적어).** 매니저가 큰 실수를 한 것은 명백했다. [주어, 진주어 구문]

개·념·완·성 연습 문제

Q1 It ~that 강조 구문을 이용해서 밑줄 친 부분을 강조한 문장으로 쓰시오.

1. John paid for the meal yesterday.

→

2. I take vitamin C every morning.

→

3. The children built a sandcastle on the beach.

→

4. They met by chance at a local conventional market.

→

Q2 다음 문장을 어법에 맞게 고치시오.

1. They thought it uselessly to file a suit against the company. (09. 지방직 7급)

2. Charles think impossible to submit the report by tomorrow.

정답 및 해설

Q1

1. It was John that(who) paid for the meal yesterday.

해석 어제 식사값을 지불한 것은 바로 John이었다.

해설 주절 동사의 시제가 과거이므로 과거시제를 사용해야 한다. 따라서 It was ~ that을 사용한다.

2. It is vitamin C that I take every morning.

해석 내가 매일 먹은 것은 비타민 C이다.

해설 주절 동사의 시제가 현재이므로 It is ~ that을 사용한다.

3. It was on the beach that the children built a sandcastle.

해석 아이들이 모래성을 만들었던 곳은 해변이었다.

해설 주절 동사의 시제가 과거이므로 It was ~ that을 사용한다.

4. It was at a local conventional market they met by chance.

해석 그들이 우연히 만났던 곳은 지역 전통시장이었다.

해설 주절 동사의 시제가 과거이므로 It was ~ that을 사용한다.

Q2

1. uselessly → useless

해석 그들은 회사를 상대로 소송을 거는 것은 쓸모 없는 일이라고 생각했다.

해설 이 문장에서 think는 5형식 동사로 사용되고 있으므로 it은 가목적어이고 to 이하가 진목적어이다. 그리고 목적격 보어 자리에는 부사가 아닌 형용사를 사용해야 한다.

2. think impossible → think it impossible

해석 Charles는 내일까지 보고서를 제출하는 것은 불가능하다고 생각한다.

해설 think는 5형식 동사이다. 목적어 자리에 to 부정사를 사용하는 경우, 그것을 뒤로 빼고 목적어 자리에는 가목적어 it을 반드시 사용해야 한다.

2 도치

주어가 아닌 문장의 다른 성분이 문두에 오는 경우, 주어와 동사는 순서가 바뀌어 도치된다.

1 도치의 종류

1) 장소부사구 도치

장소나 방향를 나타내는 부사구나 유도부사 There, Here가 문두에 오는 경우, 주어가 명사이고 동사가 1형식 동사일 때 도치가 일어난다. 단, 주어가 대명사일 때는 도치되지 않는다. 장소부사구가 문두에 와서 도치가 발생하는 이유는 도치를 시킴으로써 청자나 독자의 기대감을 증폭시키고 '주어'를 강조하기 위함이다.

장소 및 방향부사구/There/Here + 동사 + 주어(명사) → 도치 O 장소 및 방향부사구/There/Here + 주어(대명사) + 동사 → 도치 X

주의할 점은 다음과 같다.

① 주어가 대명사인 경우 도치가 발생하지 않는다

• On the hill stood the strange man. 언덕 위에 이상한 사람이 서 있다.
장소부사구 동사 주어

• On the hill he stands talking with a strange man. 언덕 위에서 그는 이상한 사람과 이야기하며 서 있다. [도치 X]
장소부사구 주어 동사

• Here comes the subway. 지하철이 온다.
유도부사 동사 주어

• There he comes. 그가 온다. [도치 X]
유도부사 주어 동사

② 시간부사는 문두에 가도 도치가 발생하지 않는다

• At first sight I could easily imagine that the girl would become a good actress. [도치 X]
시간부사구 주어 동사
첫눈에 나는 그 소녀가 좋은 여배우가 될 것이라고 쉽게 상상할 수 있었다.

③ 대동사를 이용하지 않는다

보통 도치 구문은 일반동사의 경우 대동사 do를 이용해서 도치하지만, 장소/방향부사구가 문두에 가는 경우에는 동사 자체가 주어 앞으로 통째로 이동해서 도치가 이루어진다.

일반적 도치

• I never saw such a beautiful city. 이렇게 아름다운 도시는 못 봤다.

→**Never** did I see such a beautiful city.
부정부사 대동사 주어 동사원형

장소부사 도치

• The treasure came from the ancient grave. 그 보물은 고대 무덤에서 나왔다.

≠ From the ancient grave did the treasure come. [X]

→ **From the ancient grave** <u>came</u> <u>the treasure</u>.
장소부사구 동사 주어

개·념·완·성 연습 문제

Q1 빈칸에 알맞은 것을 고르시오.

1. On top of the rooftop [is / are] a luxurious penthouse.

2. There [has / have] been lots of changes in the world of sports lately.

3. Beneath the stamped imprint [was / were] notations from the bank in ink.

4. Right in front of the market [was / were] Market Square, which is the most famous market in the city.

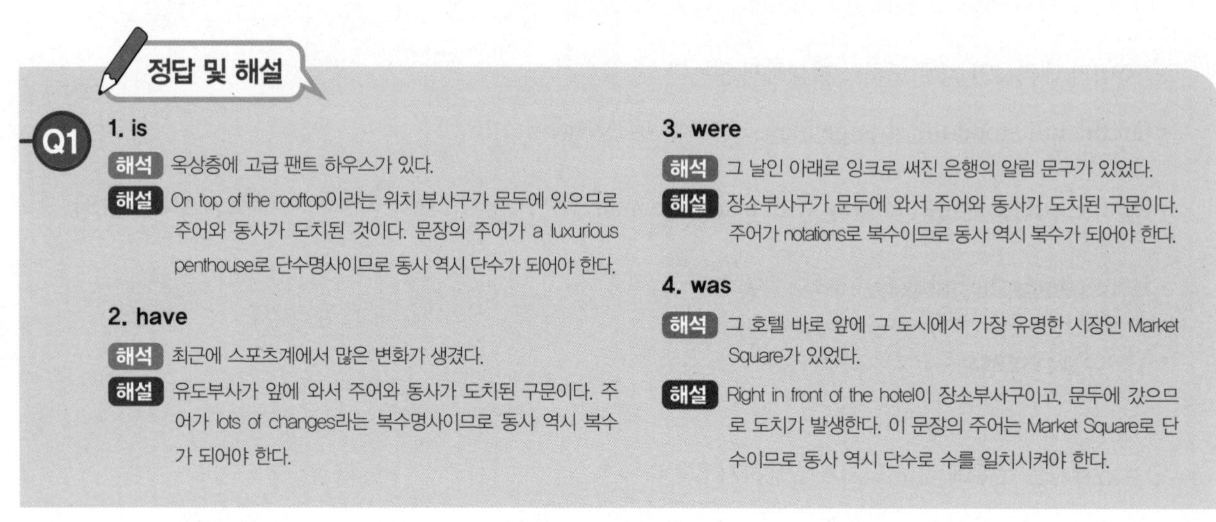

정답 및 해설

Q1

1. is

해석 옥상층에 고급 팬트 하우스가 있다.

해설 On top of the rooftop이라는 위치 부사구가 문두에 있으므로 주어와 동사가 도치된 것이다. 문장의 주어가 a luxurious penthouse로 단수명사이므로 동사 역시 단수가 되어야 한다.

2. have

해석 최근에 스포츠계에서 많은 변화가 생겼다.

해설 유도부사가 앞에 와서 주어와 동사가 도치된 구문이다. 주어가 lots of changes라는 복수명사이므로 동사 역시 복수가 되어야 한다.

3. were

해석 그 날인 아래로 잉크로 써진 은행의 알림 문구가 있었다.

해설 장소부사구가 문두에 와서 주어와 동사가 도치된 구문이다. 주어가 notations로 복수이므로 동사 역시 복수가 되어야 한다.

4. was

해석 그 호텔 바로 앞에 그 도시에서 가장 유명한 시장인 Market Square가 있었다.

해설 Right in front of the hotel이 장소부사구이고, 문두에 갔으므로 도치가 발생한다. 이 문장의 주어는 Market Square로 단수이므로 동사 역시 단수로 수를 일치시켜야 한다.

2) 부정부사 도치

부정의 의미를 가지는 부사가 문두에 오는 경우, 강조하기 위한 것으로 뒤에 나오는 주어와 동사는 도치된다.

부정부사	해석
never	결코 ~아니다
little	거의 ~아니다
hardly, scarcely, seldom, rarely	좀처럼 ~하지 않다
not only ~ but also	~일 뿐만 아니라 ~아니다
no sooner ~ than	~하자마자 ~하다
not until	~하고 나서야 비로소 ~하다
under no circumstances	어떠한 상황에서도 ~아니다
on no account	무슨 일이 있어도 ~아니다

부정부사 + 동사 + 주어

이때 동사가 일반동사인 경우 do, does, did를 이용해서 도치한다. 그리고 주어 뒤에는 동사원형이 와야 한다.

- I **never** imagined that you would become a professor. 나는 너가 교수가 되리라고는 상상도 못했다.
  = **Never did I imagine** that you would become a professor.
- **Not only did the samples arrive** two weeks late but they were also severely damaged.
  샘플이 2주 늦게 도착했을 뿐만 아니라 심각하게 손상이 되었다.

개·념·완·성 연습 문제

Q1 빈칸에 알맞은 것을 고르시오.

1. Little [do / did] we think that three months ago that we'd be working together. (19. 지방직 7급)

2. Under no circumstances [you should / should you] not leave here. (15. 지방직 9급)

정답 및 해설

Q1

1. did

해석 우리가 함께 일할 것이라고 3개월 전에는 생각하지 않았다.

해설 부정부사 Little이 문두에 있으므로 주어와 동사가 도치되어야 한다. 그리고 three months ago라는 과거 시간 부사구가 있으므로 시제는 과거가 되어야 한다.

2. should you

해석 어떠한 상황에서도 당신은 이곳을 떠나서는 안 된다.

해설 문두에 부정부사가 있으므로 주어와 동사가 도치되어서 should you의 어순이 되어야 한다.

3) 보어 도치

'주어 + be(불완전 자동사) + 보어'의 2형식 문장에서 보어가 문두에 가는 경우 주어와 동사가 도치된다.

- A tentative schedule is attached. 잠정적인 일정이 첨부되었다.
  = **Attached** is a tentative schedule.

4) so/neither 도치 구문

'~또한 그렇다'나 '~또한 그렇지 않다'와 같이 동의를 나타낼 때 주어와 동사가 도치된다. 긍정문과 부정문에서 사용되는 부사 구분 문제가 주로 출제된다.

또한 이 도치 구문에서는 동사의 형태를 묻는 문제가 주로 출제되는데, 앞에 문장의 동사가 be동사나 조동사이면, 그 be동사나 조동사를 그대로 사용한다. 반면, 앞 문장의 동사가 일반동사인 경우, 'do'동사를 인칭과 시제에 맞게 도치시킨다.

	형태	해석
긍정 동의	so + 동사 + 주어	주어 또한 ~하다
부정 동의	neither + 동사 + 주어	주어 또한 ~하지 않다
	nor + 동사 + 주어	주어 또한 ~하지 않다

- He **works** hard and **so** does his wife. 그는 열심히 일하고 그리고 그의 아내 또한 그러하다.
- He **didn't call me**, and **neither** did his wife. 그는 나를 부르지 않았고, 그의 아내 또한 부르지 않았다. [일반동사(did)로 일치]
- She **is** diligent and so **is** he. 그녀는 부지런하다, 그리고 그도 그렇다. [be동사로 일치]
- She **can't** attend the job fair and neither **can** I. 그녀는 취업 박람회에 참여할 수 없다. 그리고 나도 그렇다. [조동사로 일치]
- She **would** like to succeed and so **would** he. 그녀는 성공하고 싶어 한다. 그리고 그도 그렇다. [조동사로 일치]
- She **went** to the museum, and so **did** I. 그녀는 박물관에 갔다. 그리고 나도 그렇다. [일반동사(did)로 일치]

neither와 nor의 차이

둘 다 부정문에서 '~역시 아니다'라는 뜻을 가지고, 뒤에는 주어와 동사가 도치되어 나온다. 차이는 neither는 부사이므로 그 앞에 접속사 and가 제시되어야 한다. 반면 nor는 'and'와 'not'이 결합된 표현으로 그 자체가 접속사 기능을 가지고 있다. 따라서 앞에 접속사 없이 단독으로 사용된다.

- Stocks **are not** a safe investment, and neither **is** gold now.
  주식은 안전한 투자가 아니다. 금 역시 마찬가지이다.
  = Stocks **are not** a safe investment, nor **is** gold now.
- You can't go outside, and neither can you use the computer.
  너는 밖에 나갈 수도 없고, 컴퓨터를 사용할 수도 없다.
  = You **can't** go outside, nor **can** you use the computer.

개·념·완·성 연습 문제

Q1 괄호 안에 우리말과 일치하도록 so 또는 neither를 써서 B의 대답을 완성하시오.

1. A: She is good at math.

B: ________________________________. (나도 수학을 잘해)

2. A: Cathy won't forgive him.

B: ________________________________. (나도 그를 용서하지 않을 거야)

3. A: Jack can't speech Chinese.

B: ________________________________. (나도 중국어를 못해)

4. A: I went to Paris last winter.

B: ________________________________. (나도 지난 겨울에 파리에 갔어)

Q2 다음 문장을 어법에 맞게 고치시오.

1. Wooden spoons are excellent toys for children, and so plastic bottles are. (19. 국가직 9급)

2. As the mountain of material grows, so is the possibility of error.

정답 및 해설

Q1

1. so am I

해석 A : 그녀는 수학을 잘한다.

해설 '~또한 ~하다'를 나타낼 때는 so를 사용하는데 앞 문장에서 사용한 동사가 be동사이므로 1인칭 be동사인 am을 사용한다.

2. neither will I

해석 A : Cathy는 그를 용서하지 않을 것이다.

해설 '~또한 ~하지 않다'를 나타낼 때는 neither를 사용하는데 앞 문장에서 사용한 동사가 will이므로 그대로 will로 받는다.

3. Neither can I

해석 A : Jack은 중국어를 못해.

해설 '~또한 ~하지 않다'를 나타낼 때는 neither를 사용하는데 앞 문장에서 사용한 동사가 can이므로 그대로 can으로 받는다.

4. So did I

해석 A : 나는 지난 겨울에 파리에 갔다.

해설 '~또한 ~하다'를 나타낼 때는 so를 사용하는데 앞에 동사가 went라는 일반동사이므로 대동사 do로 받는다. 이때 시제를 일치해야 하는데, went가 과거시제이므로 did를 사용한다.

Q2

1. so plastic bottle are → so are plastic bottle

해석 나무 숟가락은 아이들에게 매우 좋은 장난감이고 플라스틱 병 또한 그렇다.

해설 '~또한 ~하다'라는 표현으로 so를 사용했기 때문에 그 뒤에는 주어와 동사가 도치되어야 한다.

2. is → does

해석 자료의 양이 늘어나는 것처럼 오류의 양도 그러하다.

해설 'so +동사 + 주어' 도치 구문에서 동사는 앞 문장의 동사 종류에 일치시켜야 한다. 앞 문장의 동사가 grows라는 일반동사이므로 do동사를 사용하고 주어가 the possibility이므로 수를 반영해서 동사를 does로 바꾸어야 한다.

5) only + 부사(구/절) 도치

'only + 부사'가 강조를 위해서 문두에 오는 경우, 주어와 동사는 도치된다.

Only + (then, recently, when/after/if + 주어 + 동사) + 동사 + 주어

- **Only recently** have we decided to move. 우리는 최근에 이사 가기로 결정했다.
  Only + 부사 have 동사 + 주어 + p.p.
- **Only after he had lost his health** did he realize the importance of it.
  Only after 주어 동사 동사 + 주어 + 동사원형

  그는 건강을 잃고 나서야 비로소 그것의 소중함을 알았다.

6) so + 형용사/부사 도치

so ~ that 구문에서 'so + 형용사/부사'가 문두에 나오는 경우, '대동사 + 주어'의 어순으로 도치된다.

So + 형용사/부사 + 동사 + 주어 + that S V 매우 ~해서 ~하다

- She came so late that she missed half of the movie. 그녀는 너무 늦게 도착해서 영화의 반을 놓쳤다.
  = **So late** did she come that she missed half of the movie.
- It was so cold that the outing was cancelled. 너무 추워서 야유회는 취소되었다.
  = **So cold** was it that the outing was canceled.

개·념·완·성 연습 문제

Q1 빈칸에 알맞은 것을 고르시오.

1. So [anxious / anxiously] was he end the conversation, he said abruptly 'I should return to the dissertation room'.

2. So diligently [he worked / did he work] that he was rewarded by the company.

정답 및 해설

Q1

1. anxious

해석 대화를 끝내기를 그는 열망해서 그는 갑자기 말했다. "해부실로 돌아가야 해요".

해설 he was so anxious that에서 so anxious가 문두로 가서 주어와 동사가 도치된 구문이다. 따라서 was라는 불완전 동사의 보어로, 형용사가 사용되어야 한다.

2. did he work

해석 그는 매우 근면하게 일해서 회사로부터 보상을 받았다.

해설 so diligently가 강조를 위해서 문두로 갔으므로 주어와 동사가 도치되어야 한다. worked는 일반동사이므로 did를 이용해서 도치하고 주어 뒤로는 동사원형을 사용한다.

7) as/that 도치

'~처럼'이라는 뜻의 접속사 as와 '~보다'라는 뜻의 접속사 than은 뒤에 나오는 동사가 be동사, 조동사, do동사일 때 주어와 동사가 도치된다.

as + 동사 + 주어	S가 ~한 것처럼
than + 동사 + 주어	S가 ~한 것보다

- Kevin **is** very tall, as **is** his father. Kevin은 그의 아버지처럼 매우 키가 크다.
- John **arrived** earlier than **did** his coworkers. John은 그의 동료들보다 일찍 도착했다.

연습 문제

다음 문장을 어법에 맞게 고치시오.

1. Theorists have a great deal more supportive testing behind them than does hypotheses.
2. The direction deserves commendation, so do all the actors.

정답 및 해설

Q1

1. does → do

해석 이론가들은 가설보다 그것들을 뒤에서 뒷받침하는 검증이 더 많다.

해설 than 뒤에 주어와 동사가 도치된 구문이다. 이때 주어와 동사의 수를 일치해야 한다. hypotheses가 복수명사이므로 동사는 does가 아니라 do로 바꾸어야 한다.

2. so → as

해석 모든 배우들이 찬사를 받는 것처럼 감독도 찬사받을 자격이 있다.

해설 so와 as 둘 다 뒤에 주어와 동사가 도치되어서 나올 수 있다. 이때 so는 부사이므로 반드시 앞에 접속사 and가 있어야 한다. 반면 as는 그 자체가 접속사이므로 접속사가 따로 필요 없다. 다라서 정답은 so를 as로 바꾸어야 한다.

as가 올 때 도치가 일어나지 않는 경우

'~처럼'이라는 뜻으로 쓰인 접속사 as가 문두에 오더라도, 2개 절의 주어가 같은 경우 도치가 일어나지 않는다.

- **The police department** assembled to discuss crime reports, as it does each month.
  경찰부는 매달 하는 것처럼 범죄 보고서를 토론하기 위해서 모였다.

개·념·완·성 연습 문제

Q1 빈칸에 알맞은 것을 고르시오.

1. I did [tell / told] you that you have to be more careful.

2. It was in 1592 [which / that] the war broke out.

3. I [can / can't] hardly believe what I'm looking at.

4. A: I don't remember her number.

B: [So / Neither] do I.

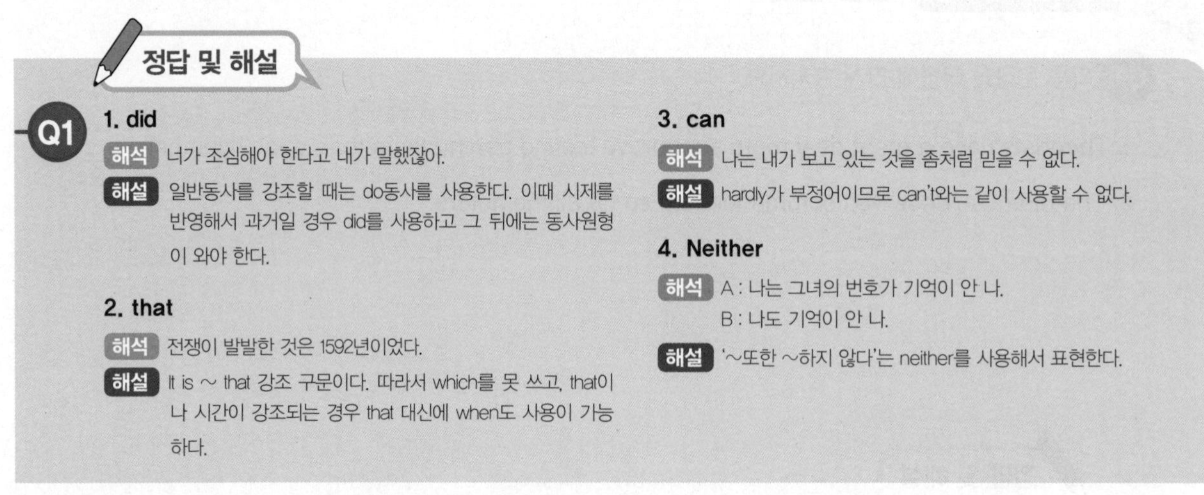

정답 및 해설

Q1

1. did

해석 너가 조심해야 한다고 내가 말했잖아.

해설 일반동사를 강조할 때는 do동사를 사용한다. 이때 시제를 반영해서 과거일 경우 did를 사용하고 그 뒤에는 동사원형이 와야 한다.

2. that

해석 전쟁이 발발한 것은 1592년이었다.

해설 It is ~ that 강조 구문이다. 따라서 which를 못 쓰고, that이나 시간이 강조되는 경우 that 대신에 when도 사용이 가능하다.

3. can

해석 나는 내가 보고 있는 것을 좀처럼 믿을 수 없다.

해설 hardly가 부정어이므로 can't와는 같이 사용할 수 없다.

4. Neither

해석 A : 나는 그녀의 번호가 기억이 안 나.
B : 나도 기억이 안 나.

해설 '~또한 ~하지 않다'는 neither를 사용해서 표현한다.

8) as 도치(양보부사절)

'as 형용사/부사 as'가 강조를 위해서 문두로 가는 경우 술어부(일부는 제외)가 주어 + 동사 앞에 위치하는 도치가 발생한다. 그리고 앞에 사용되는 as는 탈락이 가능해서 '형용사/부사 + 주어 + 동사'의 구조가 되고, 해석은 '비록 ~일지라도'로 양보로 해석이 된다.

- (As)**Young** as he may **be**, he is brave. 비록 어리지만, 그는 용감하다.
- **Odd** as this may **sound**, this theft of your works was legal. 비록 이상하게 들리겠지만, 당신 작품의 이 도난은 합법적이다.

명사도 문두에 갈 수 있는데, 이때 주의해야 할 점은 '무관사 + 명사'를 사용해야 한다는 점이다.

- Though he is **a child**, he is brave. 비록 어리지만, 그는 용감하다.

  = **Child** as he is, he is brave.

[관사를 사용하지 않은 이유는 원래 as child as에서 생략된 것으로 보면 된다. child는 부사 as의 수식을 받는 형용사 역할을 하기 때문에 앞에 관사를 사용하지 못한다.]

개·념·완·성 연습 문제

Q1 괄호 안에 알맞은 것을 고르시오.

1. [Anger / Angry] as he was when treated unfairly, Steve bore such insult patiently.

정답 및 해설

Q1

1. Angry

해석 부당하게 대우를 받았을 때 화가 났지만, Steve는 그러한 모욕을 인내하며 참았다.

해설 he was as angry as ~에서 as ~ as 사이에 있는 형용사 angry가 문두로 가서 도치된 구문이다. anger는 명사(화)로서 '그는 화였다'는 성립할 수 없으므로 정답이 될 수 없다.

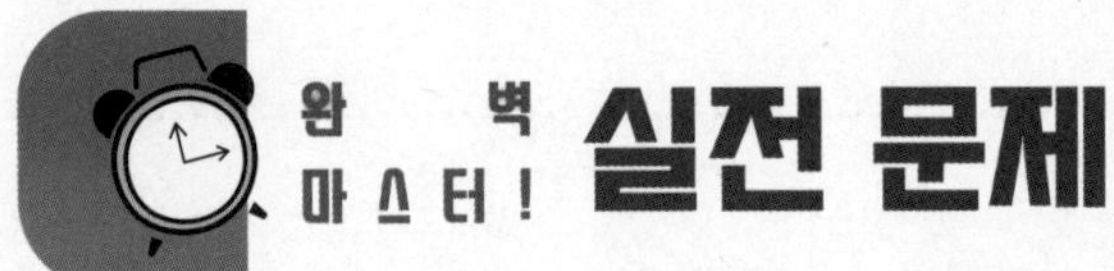

1. 괄호 안에 어법상 알맞은 것을 고르시오.

01 Never again [did lions cross / lions crossed] Richard's fence. (18. 법원직 9급)

02 Little [did he dream / he dreamed] that he could see his hometown again.

03 It took me more than 10 years [write / to write] my first essay.

04 You will understand why we find it difficult [wait / to wait]. (18. 서울시 9급)

05 Only after the seminar [did they realize / they realized] the seriousness of the economic depression. (17. 국가직 9급 응용)

06 [Hard / Never] have they encountered any serious problems with the new safety door lock system.

07 Kate sounded as if she were upset, [wasn't / didn't] she?

08 The sea has its current, as [do / have] the river and the lake. (14. 서울시 9급)

09 Not only has the number of baseball players increased but so [has / have] the values of the players. (19. 서울시 7급)

10 Independent agencies are in a better position to offer personal service than [do / are] those tied to a big chains.

정답 및 해설

01 did lions cross

| **해석** | 사자들이 Richard의 울타리를 두 번 다시 넘어오지 않았다.

| 해설 | 부정부사가 문두에 가서 강조되는 구문이므로 주어와 동사는 도치되어야 한다.

02 did he dream

| **해석** | 그는 그가 고향을 다시 보게 될지는 꿈도 꾸지 않았다.

| 해설 | Little이라는 부정부사가 문두에 갔으므로 주어와 동사는 도치되어야 한다.

03 to write

| **해석** | 나의 첫 수필을 쓰는 데는 10년 이상이 걸렸다.

| 해설 | 가주어 it이 주어 자리에 있으므로 to부정사가 진주어가 되어야 한다.

04 to wait

| **해석** | 너는 왜 우리가 기다리는 것이 어렵다고 생각하는지를 이해하게 될 것이다.

| 해설 | find는 5형식 동사이다. 목적어 자리에 가목적어 it이 사용되고 있으므로 뒤에는 진목적어로 to부정사가 와야 한다.

05 did they realize

| **해석** | 세미나가 끝나고 나서야, 그들은 경기 침체의 심각성을 깨닫게 되었다.

| 해설 | 'only + 부사'가 강조를 위해서 문두에 가는 경우, 뒤에 있는 주어와 동사는 도치된다.

06 Never

| **해석** | 그들은 새로운 안전 도어락 시스템을 사용하는 데 어떠한 문제도 직면하지 않아 왔다.

| 해설 | 빈칸 뒤에 주어와 동사가 도치되어 있으므로 빈칸에는 부정부사가 와야 한다. Hard는 일반부사로 '열심히'라는 뜻이다. Hardly가 되면 가능하다.

07 didn't

| **해석** | Kate가 화난 것처럼 들렸는데 그렇지 않았니?

| 해설 | 부가 의문문의 동사는 부사절이 아닌 주절 동사에 따라서 종류를 일치시켜야 한다. sounded가 일반동사이므로 부가 의문문을 만들 때는 대동사인 do동사를 이용해서 만든다. 그리고 시제가 과거이므로 didn't가 정답이다.

08 do

| **해석** | 강과 호수가 그런 것처럼 바다도 파도를 가지고 있다.

| 해설 | '~처럼'이라는 뜻의 접속사 as를 사용하면 주어와 동사가 도치된다. 이때 동사를 같은 계열끼리 일치시켜야 한다. 앞 문장에서 사용된 has는 조동사가 아닌 일반동사이므로 have로 받지 않고 do 동사로 받아야 한다.

09 have

| **해석** | 야구 선수들의 숫자가 증가했을 뿐만 아니라, 선수들의 몸값 역시 증가했다.

| 해설 | '~역시 ~하다'를 표현할 때는 so를 사용한다. 이때 앞에 사용된 동사 has는 뒤에 p.p.가 나오므로 조동사이다. 따라서 so 뒤에는 조동사 have를 사용해야 한다. 주어가 values라는 복수이므로 수를 일치시켜서 have가 정답이 된다.

10 are

| **해석** | 개인 대리점들이 거대한 가맹 가입 소속 대리점들보다 개인적인 서비스를 제공할 수 있는 더 나은 위치에 있다.

| 해설 | 'than 뒤에는 주어와 동사가 도치될 수 있는데 이때 동사는 앞 문장의 동사에 따라서 결정된다. 앞 문장의 동사가 are이므로 than 뒤의 동사 역시 be동사를 사용하고, those는 복수 취급하므로 are가 정답이 된다.

2. 어법상 틀린 부분을 바르게 고치시오.

01 Only lately sales figures have begun to show some growth in comparison to last year's total revenue.

02 Attached are the document file you've requested. (18. 국회직 9급)

03 Jackson applied for a transfer to Seoul branch office, also did some of his colleagues.

04 So intimate do they know each other that they speak in their own private code.

05 Only since the expensive vase broke has Annie was keeping the breakables upstairs.

06 Only after a consensus was taken the manager decided to forgo having his employees do mandatory overtime work.

07 I have never visited England, nor I have been to France.

08 Applicants that do not have the required documents will not be considered, and also will those that lack a clear career objective.

09 Never did the Carl's attention to detail interfered with his capacity to see the whole picture when making management decisions.

10 The store will not let you return your orders for a refund and will they replace any broken items.

정답 및 해설

01 sales figures have begun
→ have sales figures begun

| 해석 | 최근 들어서야 매출액이 작년 총수익과 비교해서 성장을 보이기 시작했다.

| 해설 | 'only + 부사'가 강조를 위해서 문두에 갔으므로 주어와 동사는 도치되어야 한다.

02 are → is

| 해석 | 첨부된 것은 당신이 요청하신 문서 파일입니다.

| 해설 | 주격 보어인 attached가 강조를 위해서 문두로 갔으니 주어와 동사가 도치되어야 한다. 이때 문장의 주어는 the document file이라는 단수명사이므로 동사 역시 단수가 되어야 한다.

03 also → and so

| 해석 | Jackson은 서울 지사로 전근을 지원했고, 그의 동료들 또한 지원했다.

| 해설 | '~또한 ~하다'라는 표현으로 'so + 동사 + 주어' 구문을 사용해야 한다. 이때 so는 부사이므로 두 문장을 연결해 주는 접속사 and가 필요하다.

04 intimate → intimately

| 해석 | 그들은 자기들끼리 너무 친밀하게 알고 있어서 자기들의 비밀 단어로 서로 이야기한다.

| 해설 | 'so + 형용사/부사 + that' 구문에서 'so + 형용사/부사'가 강조를 위해서 문두에 가면 주어와 동사가 도치된다. 이때 so 뒤에 형용사를 사용할지 부사를 사용할지는 그 뒤에 나오는 동사를 보고 결정한다. be동사가 나오면 형용사를 사용하고, 일반동사가 나오면 부사를 사용한다. 이 문장의 경우 know라는 일반 동사를 수식하는 부사가 필요하다. 따라서 intimate를 intimately로 고쳐야 한다. 그리고 주어와 동사를 도치하는 경우, 'be동사'의 경우 주어 앞으로 직접 나가지만, '일반동사'는 주어 앞으로 직접 나가지 못하고 대동사인 do가 앞으로 나가서 도치 구문을 만든다.

05 was → been

| 해석 | 비싼 꽃병이 깨지고 나서야, Annie는 깨지기 쉬운 것들을 위층에 보관해 오고 있다.

| 해설 | Only since the expensive vase broke가 'only + 부사절' 구조인데, 강조를 위해 문두에 갔으므로 주어와 동사가 도치되어야 한다. has 뒤에는 p.p.가 와야 하므로 was를 been으로 바꾸어야 한다.

06 the manager decided
→ did the manager decide

| 해석 | 합의가 이루어지고 나서야 비로소, 그 매니저는 직원들에게 의무적인 초과 근무를 시키지 않을 것으로 결정했다.

| 해설 | 'only + 부사절'이 문두에 갔으므로 주어와 동사가 도치되어야 한다. 이때 동사가 일반동사면 대동사 do를 사용하는데, 시제가 과거이므로 did를 사용하고 뒤에 나오는 동사는 원형으로 바꾸어야 한다.

07 nor I have → nor have I

| 해석 | 나는 영국에 못 가 봤고 프랑스에도 못 가 봤다.

| 해설 | '~또한 아니다'라는 표현은 'nor + 동사 + 주어' 구조가 되어야 한다.

08 and also → and neither

| 해석 | 필요한 서류를 갖추지 못한 지원자들은 고려되지 않을 것이고, 명확한 직업 목표가 결여된 지원자들 역시 고려되지 않을 것이다.

| 해설 | '~또한 아니다'라는 표현으로, 두 문장 사이에 접속사 and가 있으면 'neither + 동사 + 주어' 구문을 사용한다.

09 interfered → interfere

| 해석 | 경영 결정을 할 때 Carl의 세부 사항에 대한 관심이 전체 그림을 보는 그의 능력을 방해한 적이 없다.

| 해설 | 문두에 부정부사가 있으므로 주어와 동사가 도치된 구문이다. 대동사 did가 주어 앞에 있으므로 주어 뒤에 오는 동사의 형태는 원형이 되어야 한다.

10 and → and neither

| 해석 | 그 가게는 환불을 위해서 제품을 반납하게 하지 않을 것이며 고장 난 품목도 교체해 주지 않을 것이다.

| 해설 | and 뒤에 will they와 같이 주어와 동사가 도치되어 있고, '~또한 ~하지 않다'라는 뜻이므로 and를 and neither 또는 nor로 바꾸어야 한다.

01 어법상 옳은 것은? (17. 국가직 9급)

① They didn't believe his story, and neither did I.

② The sport in that I am most interested is soccer.

③ Jamie learned from the book that World War I had broken out in 1914.

④ Two factors have made scientists difficult to determine the number of species on Earth.

02 어법상 옳은 것은? (17. 지방직 9급)

① The oceans contain many forms of life that has not yet been discovered.

② The rings of Saturn are so distant to be seen from Earth without a telescope.

③ The Aswan High Dam has been protected Egypt from the famines of its neighboring countries.

④ Included in this series is "The Enchanted Horse," among other famous children's stories.

03 밑줄 친 부분 중 어법상 옳지 않은 것은? (17. 사복직 9급)

Allium vegetables—edible bulbs ①<u>including</u> onions, garlic, and leeks — appear in nearly every cuisine around the globe. ②<u>They</u> are fundamental in classic cooking bases, such as French mirepoix (diced onions, celery, and carrots), Latin American softito (onions, garlic, and tomatoes), and Cajun holy trinity (onions, bell peppers and celery). ③<u>While</u> we sometimes take these standbys for granted, the flavor of allium vegetables can not be replicated. And neither their health benefits ④<u>can</u>, which include protection from heart diseases and cancer.

정답 및 해설

01 ①

| **해석** | ① 그들은 그의 이야기를 믿지 않았고, 나 또한 믿지 않았다.
② 내가 가장 흥미 있어 하는 운동은 축구이다.
③ Jamie는 그 책에서 1차 세계대전이 1914년에 발발했다는 사실을 배웠다.
④ 두 요인으로 인하여 과학자들은 지구상의 종들의 숫자를 결정하는 데 어려움을 겪어 왔다.

| **해설** | ① 부정문 뒤에 등위 접속사 and로 연결된 절에서 '또한 그렇지 않다'를 표현할 때는 'Neither + 동사 + 주어'를 사용한다. 이때 도치가 된다는 것에 주의해야 한다.

| **오답 분석** |

② '전치사 + 관계대명사'는 가능하지만, 관계대명사 that은 앞에 전치사를 붙일 수 없다. 따라서 in that을 in which로 수정해야 한다.

③ 1차 세계대전이 1914년에 발발했다는 것은 '역사적인 사실'이므로 과거시제를 사용해야 한다. 따라서 had broken을 broke로 수정해야 한다.

④ 과학자들을 어렵게(difficult) 만든다는 것은 문맥적으로 어색하며, 형용사 difficult는 사람을 주어로 쓸 수 없다. 과학자들로 하여금 지구에 존재하는 종의 수를 알아내는 것을 어렵게 했다고 하기 위해서는 to부정사의 의미상의 주어로 'for + 명사'를 사용하는 것이 적절하다. 'It ~ for ~ to부정사'로 문장을 구성해야 한다. 따라서 'Two factors have made it difficult for scientists to determine the number of species on Earth'로 고쳐야 한다.

02 ④

| **해석** | ① 해양에는 아직 발견되지 않은 많은 형태의 생명체가 존재한다.
② 토성의 고리는 매우 뚜렷해서 지구에서도 망원경 없이 관측 할 수 없다.
③ 아스완댐은 이집트를 이웃 나라들의 기근으로부터 보호해 주었다.
④ 이 시리즈에 포함된 "마법에 걸린 말"은 아이들에게 유명한 이야기이다.

| **해설** | ④ 보어가 문두에 위치해서 주어와 동사가 도치된 문장으로, 올바른 표현이다. 주어가 The Enchanted Horse로 단수이고 동사 역시 is이므로 주어와 동사의 수가 일치하고 있다.

| **오답 분석** |

① 관계대명사인 that 뒤에 동사가 있는 것을 보아 선행사와 수 일치를 시켜야 한다. 선행사는 many forms이므로 has가 아닌 have가 되어야 한다.

② 문맥상 '너무 멀어서 볼 수 없다'가 되어야 하므로 too ~ to로 써야 한다. 따라서 so가 to가 되어야 한다.

③ has been protected 뒤에 목적어도 있고, 문맥상 댐이 이집트를 보호하는 것이 되어야 하므로 능동형인 has protected가 되어야 한다.

03 ④

| **해석** | 양파, 마늘, 리크를 포함한 식용구근인 파속 식물은 전 세계적으로 거의 대부분의 요리에서 등장한다. 파속 식물은 프랑스의 미르포아(사각으로 썬 양파, 샐러리, 당근), 라틴 아메리카의 소프리또(양파, 마늘, 토마토), 케이준 삼위 일체(양파, 피망, 샐러리)와 같은 고전적인 요리의 기본에서 필수적이다. 우리는 때때로 언제나 이용 가능한 파속 식물들을 당연한 것으로 받아들이지만, 파속 식물의 맛은 모방될 수 없다. 또 심장병과 암으로부터의 보호 효능이 포함되어 있는 그것들의 건강상의 이익들도 모방될 수 없다.

| **해설** | ④ '또한 아니다'를 표현할 때는 'neither + 조동사 + 주어'로 표현한다. ④번의 경우 도치가 되어 있지 않으므로 적합하지 않다. can이 neither 바로 뒤에 위치해야 한다.

| **오답 분석** |

① including은 '포함하는, 포함하여'라는 뜻의 전치사이다. 여러 가지를 열거 및 나열할 때는 including, such as, like 등을 사용한다. including 다음에 명사들(onions, garlic, and leeks)이 위치하고 있기 때문에 included를 사용할 수 없다.

② They는 대명사로 앞에 있는 Allium vegetables를 받기 때문에 문제가 없다.

③ while은 '~이긴 하지만'이라고 해석하며, 접속사이기 때문에 뒤에 '주어 + 동사'가 위치한다. 접속사인 while은 뒤의 구조도 맞고, 의미상으로도 맞는 표현이다(접속사는 구조와 의미를 둘 다 확인해야 한다).

| **어휘** |

- allium 파속 식물 • bulb 전구, 구근
- dice 깍둑 썰기를 하다 • fundamental 근본적인
- leek 리크(부추같이 생긴 채소) • replicate 복제하다
- take A for granted A를 당연시하다

04 우리말을 영어로 옮긴 것 중 가장 어색한 것은? (15. 지방직 9급)

① 그녀는 젊었을 때 더 열심히 일하지 않았던 것을 후회한다.
→ She regrets not having worked harder in her youth.

② 그는 경험과 지식을 둘 다 겸비한 사람이다.
→ He is a man of both experience and knowledge.

③ 분노는 정상적이고 건강한 감정이다.
→ Anger is a normal and healthy emotion.

④ 어떤 상황에서도 너는 이곳을 떠나면 안 된다.
→ Under no circumstances you should not leave here.

05 어법상 옳지 않은 것은? (14. 서울시 9급)

① At certain times may this door be left unlocked.

② Eloquent though she was, she could not persuade him.

③ So vigorously did he protest that they reconsidered his case.

④ The sea has its currents, as do the river and the lake.

⑤ Only in this way is it possible to explain their actions.

정답 및 해설

04 ④ you should not leave here
→ should you not leave here

| 해설 | ④ 부정 부사구인 Under no circumstances(어떤 상황에서도 ~가 아닌)가 문두에 있으므로 주어와 동사가 도치되어야 한다. → Under no circumstances should you not leave here.

| 오답 분석 |

① regret은 동명사를 목적어로 취하는데, 이때 부정어 not은 동명사 앞에 위치한다. 또한 완료시제를 사용하여 현재시제인 regrets보다 한 시제 더 앞선 시점을 나타낸다.

② 'of + 추상명사'는 명사를 수식하는 형용사적 의미이다.

③ anger는 추상명사이므로 관사를 붙이거나 복수형으로 쓸 수 없음이 원칙이다.

05 ① may this door be left
→ this door may be left

| 해석 | ① 어떤 시간대에는 이 문은 잠겨 있지 않을 수도 있다.
② 비록 그녀는 유창하게 말했지만, 그를 설득할 수 없었다.
③ 그가 매우 강하게 저항했기 때문에 그들은 그의 사건을 재고했다.
④ 바다가 조류를 가지고 있는 것처럼, 강과 호수도 그렇다.
⑤ 오직 이 방법으로만 그들의 행동을 설명할 수 있다.

| 해설 | ① 장소나 방향을 나타내는 부사구가 문두에 오는 경우에만 도치가 발생한다. 시간 부사구(at certain times)는 시간을 강조하기 위해 문장의 앞에 올 수 있다. 그러나 이 경우에는 주어와 동사를 도치하지 않는다. 따라서 this door와 may의 위치가 바뀌어야 한다.

| 오답 분석 |

② 양보절에서 보어인 eloquent가 문두로 도치된 올바른 문장이다.

③ 'so ~ that '구문에서 강조를 위해 so 이하가 문두로 이동하는 경우 도치가 일어난다.

④ 접속사 as가 이끄는 양태의 부사절에서 도치가 일어났으므로 옳다.

⑤ 'only + 부사'가 문두로 나오면 주어와 동사가 도치된다. it is가 도치되어서 is it로 바르게 표현되었다.

MEMO

공무원 합격을 위한
영뽀 시리즈

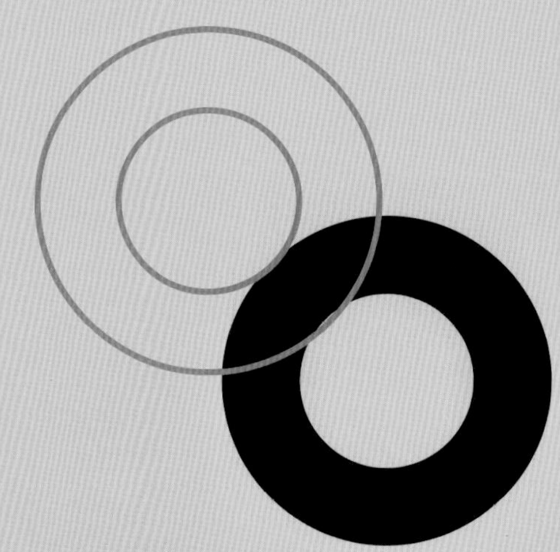

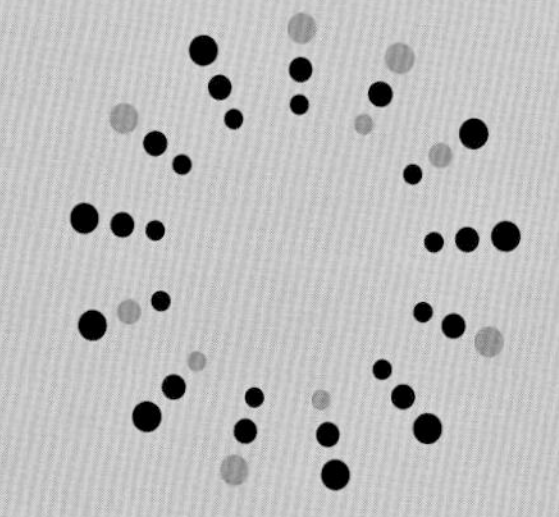

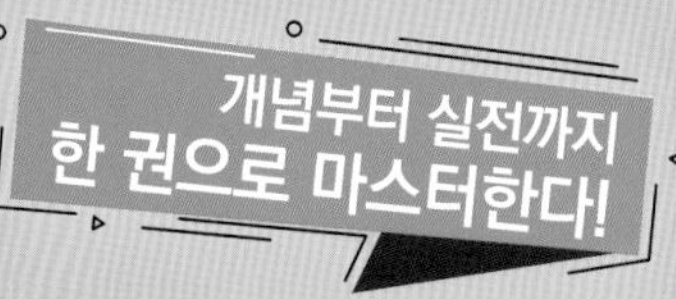

손태진

공무원 영어 뽀개기

문법

공무원 합격을 위한

영뽀 시리즈

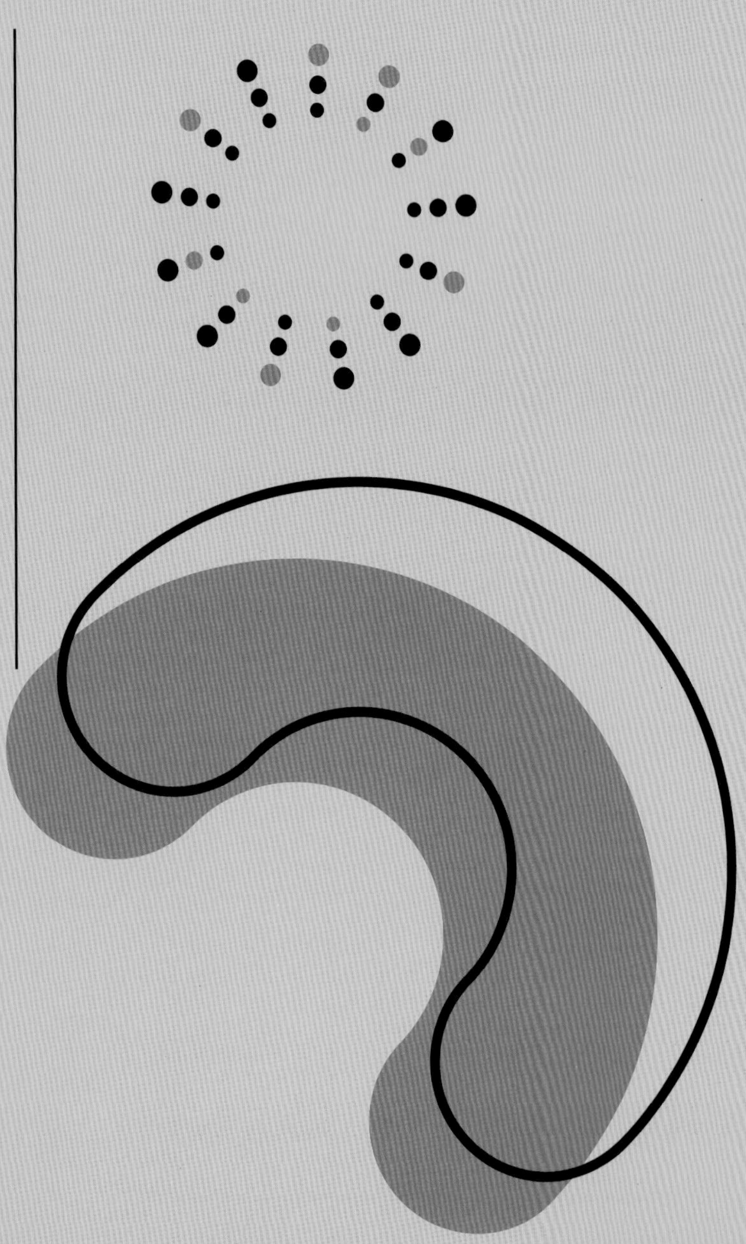

손태진 공무원 영어 뽀개기

문법

공무원 합격을 위한
영뽀 시리즈

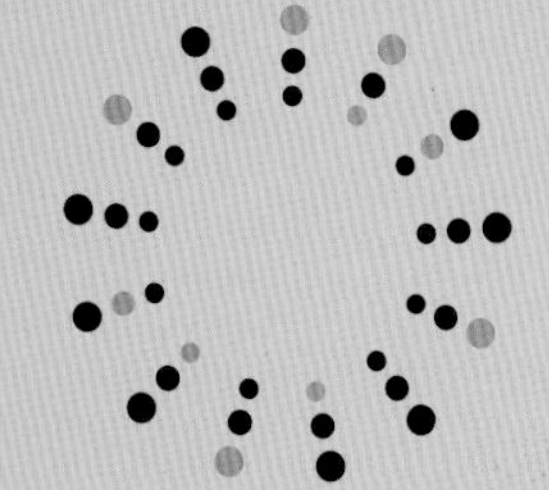

손태진
공무원 영어 뽀개기
문법